Nomos Universitätsschriften

Recht

Band 971

Christiana Bauer

Staatliche Maßnahmen zur Erhaltung einer flächendeckenden Arzneimittelversorgung

Eine Betrachtung unter verfassungsrechtlichen und europarechtlichen Gesichtspunkten

Nomos

Onlineversion
Nomos eLibrary

Die Deutsche Nationalbibliothek verzeichnet diese Publikation in der Deutschen Nationalbibliografie; detaillierte bibliografische Daten sind im Internet über http://dnb.d-nb.de abrufbar.

Zugl.: Bielefeld, Univ., Diss., 2019

ISBN 978-3-8487-6530-0 (Print)
ISBN 978-3-7489-0616-2 (ePDF)

1. Auflage 2020

Meiner Mutter Gabriele Wieser
und meiner Großmutter Anna Wieser

Vorwort

Die Arbeit wurde im Wintersemester 2019/2020 von der Juristischen Fakultät der Universität Bielefeld als Dissertation angenommen. Die Rechtsprechung und Literatur fanden Berücksichtigung bis zum Januar 2019.

Mein besonderer Dank gebührt meinem Doktorvater Herrn Prof. Dr. Franz C. Mayer. Während meines gesamten bisherigen juristischen Ausbildungsweges stand er mir mit Rat und Tat zur Seite und gewährte mir während meiner Tätigkeit als wissenschaftliche Mitarbeiterin an seinem Lehrstuhl viel Freiraum, um mein Promotionsprojekt zügig zum Abschluss bringen zu können. Als Ansprechpartner stand er mir dankenswerterweise während des gesamten Promotionsprojektes jederzeit zur Verfügung und begleitete das Verfassen der Arbeit mit konstruktiver Kritik.

Herrn Prof. Dr. Mattias Wendel danke ich für die zügige Erstellung des Zweitgutachtens und die angenehme Atmosphäre während der Verteidigung, wodurch das Promotionsverfahren einen schönen Abschluss fand.

Ferner gilt mein Dank Herrn Dr. Matthias Rose, Rechtsanwalt und Notar der Kanzlei Streitbörger aus Bielefeld, welcher durch eine Lehrveranstaltung während des Studiums den entscheidenden Impuls für die Auseinandersetzung mit dem deutschen Apothekenrecht setzte, hierdurch mein Interesse für dieses spannende Thema weckte und auch in der Folgezeit dankenswerterweise stets als Gesprächspartner zur Verfügung stand. Aus diesen Gesprächen ergaben sich für mich immer wieder neue Blickwinkel auf die Materie.

Herzlich danke ich auch allen Wegbegleitern, die mir während des Promotionsverfahrens zur Seite standen. Ohne ihren Zuspruch und ihre Geduld wäre diese Arbeit nicht zum Abschluss gekommen. Allen Korrekturlesern danke ich für die sorgfältige und gewissenhafte Durchsicht dieser Arbeit.

Zu guter Letzt danke ich von ganzem Herzen meinem Onkel Christian Wieser, der meinen Werdegang von Anbeginn an begleitet hat und mir nicht nur mit moralischer Unterstützung stets zur Seite stand. Mit seiner Hilfe erleichterte er mir meine Ausbildung ungemein.

Ich widme diese Arbeit meiner geliebten Mutter Gabriele Wieser und meiner geschätzten Großmutter Anna Wieser, die beide meinen Werdegang und den Abschluss dieser Arbeit leider nicht mehr erleben durften.

Bielefeld, Januar 2020 *Christiana Bauer*

Inhaltsverzeichnis

A. Einleitung 15

I. Vorgeschichte 15

II. Ziel der Arbeit 25

III. Offene Fragen und Gang der Untersuchung 27

B. Preisbindung für verschreibungspflichtige Arzneimittel 32

I. Vereinbarkeit mit dem Grundgesetz 33

1. Vereinbarkeit mit Art. 12 Abs. 1 GG 33

a) Dogmatik des Grundrechts 34

b) Schutzbereich 36

aa) Sachlicher Schutzbereich 37

bb) Persönlicher Schutzbereich 37

(1) Natürliche Personen (aus dem EU-Ausland) 38

(2) Juristische Personen gemäß Art. 19 Abs. 3 GG (aus dem EU-Ausland) 40

(a) Begriff der Juristischen Person 40

(b) Wesensmäßige Anwendbarkeit der Grundrechte 42

(aa) Allgemeine Kriterien 42

(bb) Anwendbarkeit auf Art. 12 Abs. 1 GG 43

(c) Juristische Person aus dem EU-Ausland 46

(3) Zwischenbefund 48

c) Eingriff 48

aa) Klassischer und moderner Grundrechtseingriff 48

bb) Besonderheiten bei Art. 12 Abs. 1 GG 50

(1) Vorliegen eines Eingriffs 50

(2) Intensität des Eingriffs 53

(a) Allgemeine Dogmatik 53

(b) Intensität des Eingriffs durch die Arzneimittelpreisbindung 55

d) Verfassungsrechtliche Rechtfertigung 56

aa) Verhältnismäßigkeit einer gesetzlichen Regelung 57

(1) Legitimer Zweck 57

(2) Geeignetheit der Maßnahme 59

(3) Erforderlichkeit der Maßnahme 62
(a) Höchstpreisregelung 65
(b) Sanfter Preiswettbewerb mit beschränkten Boni 66
(c) Abschaffung der Preisbindung (mit Abschaffung des Sachleistungsprinzips) 67
(4) Angemessenheit der Maßnahme 68
bb) Zwischenbefund 68
2. Ergebnis 69
II. Vereinbarkeit mit dem Europarecht 69
1. Kompetenzverteilung im Bereich des Gesundheitswesens 69
a) Kompetenztypen 69
b) Ausgestaltung der Kompetenzen im Gesundheitsbereich 71
2. Vorrangigkeit des Sekundärrechts 73
a) Differenzierung zwischen Primärrecht und Sekundärrecht 73
b) Einschlägiges Sekundärrecht im Bereich des Apothekenwesens 74
3. Vereinbarkeit mit der Warenverkehrsfreiheit 75
a) Anwendungsbereich 76
aa) Sachlicher Anwendungsbereich 76
(1) Handel mit Ware gemäß Art. 28 Abs. 2 AEUV 77
(2) Zwischen den Mitgliedstaaten 78
bb) Persönlicher Anwendungsbereich 80
cc) Territorialer Anwendungsbereich 81
b) Beeinträchtigung 82
aa) Verpflichtungsadressat 82
bb) Beeinträchtigungsformen 83
(1) Mengenmäßige Einfuhrbeschränkung 83
(2) Maßnahme gleicher Wirkung 84
(a) Definition nach der klassischen Formel 84
(b) Verengung der klassischen Formel 85
(aa) Keck-Formel in der ursprünglichen Ausgestaltung 87
(aaa) Bestimmte Verkaufsmodalitäten 88
(bbb) Unterschiedslose Geltung der Verkaufsmodalitäten 90

(ccc) Weder rechtlich noch tatsächlich eine Diskriminierung ausländischer Ware 91
(bb) Keck-Formel heute 91
(cc) Preisbindung als Maßnahme gleicher Wirkung 96
c) Rechtfertigung 100
aa) Kategorien von Rechtfertigungsgründen 101
bb) Verhältnis der Rechtfertigungsgründe zueinander 102
cc) Anwendung des Art. 36 S. 1 AEUV auf den einheitlichen Abgabepreis für verschreibungspflichtige Arzneimittel 103
(1) Gefährdungslage für ein Schutzgut des Art. 36 S. 1 AEUV 104
(2) Geeignetheit der Arzneimittelpreisbindung 111
(3) Erforderlichkeit der Arzneimittelpreisbindung 112
(4) Angemessenheit der Arzneimittelpreisbindung 114
dd) Anwendung der zwingenden Gründe des Allgemeinwohls auf den einheitlichen Abgabepreis für verschreibungspflichtige Arzneimittel 115
4. Vereinbarkeit mit den europäischen Grundrechten 117
III. Verhältnis des nationalen Rechts zum Europarecht 125

C. Bedürfnisprüfungen / territoriale Beschränkungen 126

I. Begriffsbestimmung 126
1. Begriffsbestimmung für das nationale Recht 126
2. Begriffsbestimmung für das Europarecht 131

II. Vereinbarkeit mit dem Grundgesetz 132
1. Bindungswirkung des Apothekenurteils 133
a) § 31 Abs. 1 BVerfGG 133
b) Umfang der Bindungswirkung 134
c) Abweichungsmöglichkeit des Gesetzgebers 136
2. Vereinbarkeit mit Art. 12 Abs. 1 GG 139
a) Schutzbereich 139
b) Eingriff 139
aa) Vorliegen eines Eingriffs 139

bb) Intensität des Eingriffs 140
(1) Stufenzuordnung 140
(2) Objektivität als Kriterium 141
cc) Zwischenbefund 141
c) Verfassungsrechtliche Rechtfertigung 142
aa) Verhältnismäßigkeit einer gesetzlichen Regelung 142
(1) Legitimer Zweck 142
(2) Fehlende Geeignetheit der Maßnahme 143
(a) Evidente Mittelverfehlung 143
(aa) Mittelverfehlung 143
(bb) Evidenz 145
(b) Zwischenbefund 146
bb) Zwischenbefund 146
3. Ergebnis 146

III. Vereinbarkeit mit dem Europarecht 146
1. Vorrangiges Sekundärrecht 146
2. Vereinbarkeit mit der Niederlassungsfreiheit 148
a) Art. 53 Abs. 2 AEUV 148
b) Anwendungsbereich der Niederlassungsfreiheit 150
aa) Sachlicher Anwendungsbereich 150
bb) Persönlicher Anwendungsbereich 154
cc) Territorialer Anwendungsbereich 154
c) Beeinträchtigung 154
aa) Verpflichtungsadressat 155
bb) Diskriminierung oder Beschränkung 155
d) Rechtfertigung 157
aa) Arten von Rechtfertigungsgründen 157
bb) Verhältnis der Rechtfertigungsgründe zueinander 159
cc) Anwendung auf territoriale Beschränkungen 160
(1) Zwingender Grund des Allgemeinwohls 160
(2) Verhältnismäßigkeit der territorialen Beschränkungen 161
(a) Geeignetheit der territorialen Beschränkungen 162
(b) Erforderlichkeit der territorialen Beschränkungen 163
(c) Angemessenheit der territorialen Beschränkungen 164
e) Zwischenbefund 166

IV. Verhältnis des nationalen Rechts zum Europarecht 166
V. Ergebnis 167

D. Versandhandelsverbot für Rx-Medikamente 168

I. Vereinbarkeit mit dem Grundgesetz 171
1. Vereinbarkeit mit Art. 12 Abs. 1 GG 171
a) Schutzbereich 171
aa) Sachlicher Schutzbereich 171
bb) Zwischenbefund 173
b) Eingriff 174
aa) Vorliegen eines Eingriffs 174
bb) Eingriffsintensität des Rx-Versandhandelsverbotes 175
(1) Berufsbildlehre 175
(2) Korrektur der Berufsbildlehre 177
c) Verfassungsrechtliche Rechtfertigung 180
aa) Legitimer Zweck 181
bb) Geeignetheit der Maßnahme 183
cc) Erforderlichkeit der Maßnahme 185
(1) Preiswettbewerb 186
(2) Wiederaufleben der Preisbindung für Rx-Medikamente 189
(3) Zwischenbefund 189
dd) Angemessenheit der Maßnahme 189
d) Ergebnis 191
2. Vereinbarkeit mit Art. 14 Abs. 1 GG 191
a) Verhältnis des Art. 14 Abs. 1 GG zu Art. 12 Abs. 1 GG 191
aa) Aufnahme des Betriebes einer Apotheke mit Versandhandel 193
bb) Apotheker mit bereits bestehender Versandstruktur 194
b) Ergebnis 195
3. Vereinbarkeit mit Art. 3 Abs. 1 GG 196
a) Verhältnis von Freiheitsrechten zu Gleichheitsrechten 196
b) Zwischenbefund 197
4. Ergebnis 197

II. Vereinbarkeit mit Europarecht 197
1. Vorrangiges Sekundärrecht 198
a) RL 2011/83/EU 198
b) RL 2001/83/EG 198

2. Vereinbarkeit mit der Warenverkehrsfreiheit 199
a) Anwendungsbereich 199
b) Beeinträchtigung 200
aa) Verpflichtungsadressat 200
bb) Beeinträchtigungsformen 201
(1) Mengenmäßige Einfuhrbeschränkung 201
(2) Maßnahme gleicher Wirkung 202
c) Rechtfertigung 203
aa) Anwendung des Art. 36 S. 1 AEUV auf das Versandhandelsverbot für verschreibungspflichtige Medikamente 204
(1) Gefährdungslage für ein Schutzgut des Art. 36 S. 1 AEUV 204
(2) Geeignetheit des Rx-Versandhandelsverbotes 208
(3) Erforderlichkeit des Rx-Versandverbotes 209
(a) Preiswettbewerb 210
(b) Wiederaufleben der Preisbindung für Rx-Medikamente 211
(4) Angemessenheit des Rx-Versandverbotes 211
bb) Anwendung zwingender Gründe des Allgemeinwohls auf das Rx-Versandverbot 213

III. Verhältnis des nationalen Rechts zum Europarecht 214

IV. Ergebnis 216

E. Schlussbetrachtung 218

Literaturverzeichnis 223

Internetquellenverzeichnis 239

A. Einleitung

I. Vorgeschichte

Das Wort Apotheke geht auf das lateinische Lehnwort „apotheca" zurück, welches dem griechischen Verb „apotithenai" entstammt, dies bedeutet ablegen, niederlegen oder aufbewahren[1]. Aufgrund dieser Übersetzung verstand man anfänglich unter einem Apotheker keine pharmazeutisch gebildete Person, sondern vielmehr einen Lagerverwalter/Lagerdiener[2]. Erst in der zweiten Hälfte des 13. Jahrhunderts entwickelte sich der Begriff Apotheke im heute verwendeten Sinne[3]. In diese Zeit fiel auch im Jahr 1241 der Abschluss eines Gesetzes unter der Regentschaft des Stauferkaisers Friedrich II, welches auch Regelungen für die Apothekerschaft enthielt[4]. In diesen Regelungen wird die Geburtsstunde des Apothekerstandes gesehen, sodass 1991 auch das Jubiläum „750 Jahre Berufsstand der Apotheker" gefeiert wurde[5]. Bereits in dieser Gesetzgebung war die Trennung von Arzt und Apotheker vorgesehen, ebenso eine Preisfestsetzung für die Arzneimittel und auch eine räumliche Beschränkung für Apothekenneugründungen[6]. Während der Apotheker bis zur Mitte des 19. Jahrhunderts Arzneimittel selbst herstellte, führte die industrielle Revolution dazu, dass dies mehr und mehr von der Industrie übernommen wurde[7]. Durch die weitgehende Übernahme der Arzneimittelherstellung durch die Industrie kam der Apotheker in seiner Tätigkeit vermehrt in die Rolle eines Zwischenhändlers, der nun zur Bevorratung dieser Fertigarzneimittel verpflichtet war[8]. Obwohl die Industrie die Herstellung in der Apotheke immer weiter zurückdrängte, verblieb für Teilbereiche die Herstellung bei den Apothe-

---

1 *Helmstädter/Hermann/Wolf*, S. 93; *Schmitz*, Band I, S. 448.
2 *Helmstädter/Hermann/Wolf*, S. 93.
3 *Helmstädter/Hermann/Wolf*, S. 93; *Schmitz*, Band I, S. 448f.
4 *Helmstädter/Hermann/Wolf*, S. 96; *Schmitz*, Band I, S. 449f.
5 *Helmstädter/Hermann/Wolf*, S. 96; *Schmitz*, Band I, S. 449f.
6 *Helmstädter/Hermann/Wolf*, S. 96f.
7 *Helmstädter/Hermann/Wolf*, S. 95.
8 *Schmitz*, Band II, S. 900. Teilweise wurde auch die Begrifflichkeit „Spezialität" unter anderem für Fertigarzneimittel verwendet, dieser Begriff geht auf das Französische – „specialité pharmaceutique" zurück (*Schmitz*, Band II, S. 899f.).

ken[9]. Zum Betrieb einer Apotheke war aber immer eine Erlaubnis notwendig[10]. Auch in den fünfziger Jahren als das Bundesverfassungsgericht über eine Regelung im bayerischen Gesetz über das Apothekenwesen entscheiden musste[11], war der Betrieb einer Apotheke an eine Erlaubnis geknüpft. Die zu prüfende Norm[12] knüpfte aber eine Apothekenerlaubnis an weitere Voraussetzungen. Danach konnte eine solche Erlaubnis nur erteilt werden, wenn neben weiteren zu erfüllenden Voraussetzungen auch ein öffentliches Interesse der Bevölkerung an der Versorgung mit Arzneimitteln bestand und anzunehmen war, dass die wirtschaftliche Grundlage sowohl der zu gründenden Apotheke als auch der bereits bestehenden Apotheken in der Nachbarschaft gesichert war[13]. Der Apotheker *Röber* erhob Verfassungsbeschwerde, da er in Traunreut bei Traunstein eine Apotheke eröffnen wollte[14]. Diesem Antrag wurde von der zuständigen Behörde nicht entsprochen, da der Regelung im bayerischen Apothekengesetz entsprechend durch eine bereits bestehende Apotheke in dieser Region kein öffentliches Interesse an der Versorgung mit Arzneimitteln bestand und dadurch die wirtschaftliche Grundlage sowohl der bestehenden Apotheke als auch der durch *Röber* neu zu gründenden Apotheke nicht gesichert gewesen wäre[15]. Neben der Etablierung der Drei-Stufen-Theorie, welcher heute noch Relevanz zukommt[16], hat das Bundesverfassungsgericht für das Apothekenrecht entschieden, dass die in Rede stehende Norm nicht mit der Berufsfreiheit in Einklang gebracht werden kann[17]. Trotz des Erfolges des Apothekers vor dem Bundesverfassungsgericht vergingen noch weitere zehn Jahre bis *Röber* den Schritt vom angestellten Apotheker in die Selbstständigkeit wagte[18].

Im Jahr 1960 hat der Bundestag das Gesetz über das Apothekenwesen erlassen[19]. Die darin enthaltenen Regelungen finden heute noch weitgehend Anwendung[20]. Damals wie heute verpflichtet § 1 Abs. 1 ApoG den Apothe-

---

9 *Schmitz*, Band II, S. 900f.
10 *Helmstädter/Hermann/Wolf*, S. 101ff.
11 *BVerfGE* 7, 377.
12 Art. 3 Abs. 1 ApothekenG (in der Fassung des Gesetzes vom 10.12.1955, GVBl. S. 267).
13 *BVerfGE* 7, 377 (380).
14 *Engel*, S. 34; *Schmitz*, Band II, S. 952f.
15 *Engel*, S. 34.
16 S.u. B., I., 1., c), bb), (2), S. 40ff.
17 S.u. C., II., S. 132f.
18 *Engel*, S. 36.
19 BGBl. I, 1960, S. 697; *Povel*, S. 49.
20 *Kieser*, Rn. 8.

ker dazu, dass er im öffentlichen Interesse eine ordnungsgemäße Arzneimittelversorgung der Bevölkerung sicherzustellen hat.

Bereits im Jahr 1964 musste sich das Bundesverfassungsgericht mit dem Gesetz über das Apothekenwesen beschäftigen – es hatte über das damals eingeführte unbeschränkte Mehrbesitzverbot[21] zu entscheiden. Danach war ein Apotheker auf den Betrieb einer Apotheke beschränkt und es wurde nur für eine Apotheke eine Apothekenbetriebserlaubnis erteilt. Dies sah das Bundesverfassungsgericht als einen verfassungskonformen Eingriff in die Berufsfreiheit an[22]. Mit diesem Urteil prägte das Bundesverfassungsgericht das Leitbild des „Apothekers in seiner Apotheke“[23]. Demnach leitet der Apotheker seine Apotheke persönlich und in eigener Verantwortung[24]. Bereits mit der Änderung des unbeschränkten Mehrbesitzverbotes hin zu der Möglichkeit eines beschränkten Mehrbesitzes mit dem Betrieb einer Hauptapotheke und drei Filialapotheken gemäß § 2 Abs. 4, 5 ApoG wurde das Leitbild des „Apothekers in seiner Apotheke“ etwas abgeschwächt[25]. Diese Regelung wurde ebenso wie die Liberalisierung des bis 2003 bestehenden Versandhandelsverbotes mit dem Gesetz zur Modernisierung der gesetzlichen Krankenversicherung verabschiedet[26].

Die Liberalisierung des bis 2003 bestehenden Versandverbotes für Arzneimittel stellt die nächste entscheidende Veränderung im Apothekenmarkt dar. Bis zum 31.12.2003 war der Versand mit apothekenpflichtigen Arzneimitteln, also mit verschreibungspflichtigen und verschreibungsfreien Medikamenten[27] an den Endverbraucher gemäß

21 Instruktiv zur alten Rechtslage: *Byrla*, A&R 2015, 154 (155f.); *Starck*, S. 7f.; *Taupitz*, S. 6f.; *Zuck/Lenz*, S. 10f. Teilweise gab es Diskussionen über die korrekte Begrifflichkeit, die Begrifflichkeit des Mehrbetriebsverbotes sei zielführender (*Taupitz*, S. 5ff.; *Taupitz/Schelling*, NJW 1999, 1751 (1751)).

22 *BVerfGE* 17, 232. Instruktiv zur alten Rechtslage: *Byrla*, A&R 2015, 154 (155); *Starck*, S. 7; *Taupitz*, S. 6f.

23 *BVerfGE* 17, 232 (240).

24 *Kieser*, Rn. 8.

25 Vgl. *Kieser*, Rn. 8.

26 Gesetz über den Verkehr mit Arzneimitteln (Arzneimittelgesetz) i.d.F.d. Bek. 11.12.1998 (BGBl I, 1998, S. 3586).

27 Das Arzneimittelgesetz kennt neben verschreibungspflichtigen und nicht verschreibungspflichtigen Arzneimitteln noch eine weitere, dieser Unterscheidung vorgelagerte Differenzierungsstufe. Man unterscheidet noch zwischen apothekenpflichtigen und frei verkäuflichen Arzneimitteln (*Wagner*, in: Martinek/Semler/Flohr, § 52 Rn. 30). Grundsätzlich sind alle Arzneimittel apothekenpflichtig, es sei denn sie sind von der Apothekenpflicht gemäß §§ 44, 45 AMG ausgenommen. Innerhalb der apothekenpflichtigen Arzneimittel unterscheidet man dann zwi-

§ 43 Abs. 1 AMG a.F.[28] verboten, mithin bestand für Arzneimittel ein grundsätzlicher Abgabevorbehalt zugunsten von Präsenzapotheken[29]. Bereits im Herbst 2003 hatte sich der Gesetzgeber mit § 43 Abs. 1 AMG n.F., welcher zum 1. Januar 2004 in Kraft getreten ist, für eine vollständige Liberalisierung ausgesprochen, sodass der Versand sowohl mit verschreibungsfreien als auch mit verschreibungspflichtigen Arzneimitteln an den Endverbraucher gemäß § 11a ApoG bzw. § 73 Abs. 1 S. 1 Nr. 1a AMG zugelassen wurde[30]. Dies stellte letztlich eine überschießende Liberalisierung im „vorauseilenden Gehorsam"[31] dar, da der Europäische Gerichtshof in seinem Urteil Deutscher Apothekerverband über das damals noch geltende Verbot des Versandes an den Endverbraucher erst noch zu entscheiden hatte. Noch vor Inkrafttreten der liberalisierenden Normen entschied der Europäische Gerichtshof am 11. Dezember 2003, dass ein Versandverbot für verschreibungspflichtige Arzneimittel mit Aspekten des Gesundheitsschutzes gerechtfertigt werden kann[32], während ein Versandverbot für nicht verschreibungspflichtige Arzneimittel einer Rechtfertigung nicht zugänglich ist[33].

---

schen verschreibungspflichtigen Arzneimitteln gem. § 48 AMG und nicht verschreibungspflichtigen Arzneimitteln, wobei nicht verschreibungspflichtige Arzneimittel oftmals als OTC-Medikamente betitelt werden. OTC steht für „over the counter" – dies bedeutet, dass diese Medikamente ohne ärztliche Verschreibung über die Theke der Apotheke abgegeben werden dürfen (*Wagner*, in: Martinek/Semler/Flohr, § 52 Rn. 33). Verschreibungspflichtige Arzneimittel werden oftmals als Rx-Arzneimittel bezeichnet (*Weber*, in: Weber, § 43 AMG Rn. 4).

28 Gesetz über den Verkehr mit Arzneimitteln (Arzneimittelgesetz) i.d.F.d. Bek. 11.12.1998 (BGBl I, 1998, S. 3586).

29 Vgl. *Kieser*, Rn. 4.

30 Gesetz zur Modernisierung der gesetzlichen Krankenversicherung (GKV-Modernisierungsgesetz – GMG) v. 14.11.2003 (BGBl. I, 2003, S. 2190).

31 *Dauses/Brigola*, in: Dauses/Ludwigs, C. I. Grundregeln, Rn. 233; vgl. *Henssler/Kleen/Riegler*, EuZW 2017, 723 (724); *Koch*, EuZW 2004, 50 (51).

32 *EuGH*, Urt. v. 11.12.2003, Rs. C-322/01, ECLI:EU:C:2003:664 – Deutscher Apothekerverband, Rn. 117ff. Dabei muss Beachtung finden, dass der EuGH auch noch zwischen in Deutschland zugelassenen und nicht in Deutschland zugelassenen Arzneimitteln unterschieden hat. Dabei hat er eine Prüfungsnotwendigkeit von zulassungspflichtigen, aber nicht zugelassenen Arzneimitteln verneint, da das Versandverbot in Einklang mit Art. 6 Abs. 1 RL 2001/83/EG steht (*EuGH*, Urt. v. 11.12.2003, Rs. C-322/01, ECLI:EU:C:2003:664 – Deutscher Apothekerverband, Rn. 54).

33 *EuGH*, Urt. v. 11.12.2003, Rs. C-322/01, ECLI:EU:C:2003:664 – Deutscher Apothekerverband, Rn. 112ff.

Nach dieser Entscheidung wurden sowohl inländische[34] als auch Versandapotheken aus dem europäischen Ausland[35] aktiv und verbrachten Arzneimittel per Postweg an den Endkunden.

Eine dieser ausländischen Versandapotheken versuchte neben dem Versandgeschäft auch durch die Eröffnung einer Präsenzapotheke auf dem deutschen Markt Fuß zu fassen[36]. Am 3. Juli 2006 eröffnete die niederländische Aktiengesellschaft DocMorris auf der Grundlage einer Genehmigung des saarländischen Gesundheitsministers eine Präsenzapotheke in Saarbrücken[37]. Diese Genehmigung stand im Widerspruch zu der auch heute noch geltenden Rechtslage im Apothekengesetz, wonach eine Apotheke gemäß § 1 Abs. 2 ApoG nur derjenige betreiben darf, der eine behördliche Erlaubnis erhalten hat. Diese Erlaubnis kann nur einer natürlichen Person erteilt werden[38]. Diese natürliche Person hat die Apotheke grundsätzlich in eigener Verantwortung und persönlich zu leiten, § 7 ApoG. Ferner ergibt sich durch einen Umkehrschluss aus § 8 ApoG, dass das Betreiben einer Apotheke in Form einer Kapitalgesellschaft ausgeschlossen ist. In einer Zusammenschau dieser Normen ergibt sich das sogenannte Fremdbesitzverbot[39].

Die Erteilung der Genehmigung durch den saarländischen Gesundheitsminister *Hecken* gründete auf der Annahme, dass die nationalen Regelun-

---

34 Aktuell auf dem deutschen Markt aktive Versandapotheken sind beispielsweise: Deutsche Internet Apotheke (https://www.deutscheinternetapotheke.de/?device=c&?keyword=deutsche%20versandapotheke&gclid=EAIaIQobChMI4LWdg_id2wIVB4wZCh3nnAgBEAAYASAAEgIMzfD_BwE, Stand: 15.01.2019); VersandApo (https://www.versandapo.de/online_apotheke?gclid=EAIaIQobChMI4LWdg_id2wIVB4wZCh3nnAgBEAAYAiAAEgLGS_D_BwE, Stand: 15.01.2019); Aponeo (https://www.aponeo.de/, Stand: 15.01.2019).

35 Als Beispiel hierfür können die auch heute noch aktiven ausländischen Versandapotheken genannt werden: Shop-Apotheke (https://www.shop-apotheke.com/apotheke_impressum.htm, Stand: 15.01.2019), die Europa-apotheek (https://www.europa-apotheek.com/impressum.htm, Stand: 15.01.2019) und DocMorris (https://www.docmorris.de/service/unternehmen/impressum, Stand: 15.01.2019).

36 https://www.docmorris.de/service/unternehmen/presse/pressemitteilungen/2006/docmorris-eroeffnet-niederlassung-in-saarbruecken (Stand: 15.01.2019).

37 *Semmroth*, NVwZ 2006, 1378 (1378).

38 Dies ergibt sich durch die §§ 1 III, 2 Abs. I, VII, VIII ApoG, denn die dort genannten, notwendigen Voraussetzungen können nur durch eine natürliche Person erfüllt werden (*Domeier/Weinreich*, in: Leupold/Glossner, 2. Teil Rn. 1027; *Kiefer*, S. 30f.).

39 *Kiefer*, S. 30f. Da diese Terminologie vom Gesetzgeber noch nie verwendet wurde, ist diese Benennung häufig terminologischer Kritik ausgesetzt gewesen: *Taupitz*, S. 14f.; *Zuck/Lenz*, Rn. 147.

gen mit der europarechtlichen Niederlassungsfreiheit in Widerspruch standen[40]. Diese Nichtanwendung der nationalen Vorgaben mündete nach einer Vorlage durch das Verwaltungsgericht Saarlouis[41] in der Feststellung der Europarechtskonformität der deutschen Regelung zum Fremdbesitzverbot durch den Europäischen Gerichtshof im Jahr 2009[42].

Neben der Frage, ob Kapitalgesellschaften eine Präsenzapotheke in Deutschland betreiben dürfen, war ferner ungeklärt, ob die Preisbindung für verschreibungspflichtige Arzneimittel auch im grenzüberschreitenden Handel Anwendung findet[43]. Dies führte zu einer Flut von divergierenden unterinstanzlichen Entscheidungen[44]. Auch zwischen zwei obersten Bundesgerichten bestand in dieser Frage Uneinigkeit. Während der Bundesgerichtshof von einer Anwendbarkeit der Preisbindungsregelungen auch im grenzüberschreitenden Verkehr ausgehen wollte[45], hatte dies der erste Senat des Bundessozialgerichts abgelehnt[46]. Um diese Rechtsfrage zu klären, sah sich der Bundesgerichtshof veranlasst, dies dem Gemeinsamen Senat der obersten Gerichtshöfe des Bundes vorzulegen[47]. Dieser verneinte die Notwendigkeit einer Vorlage zum Europäischen Gerichtshof[48] und bejahte die Anwendung der Preisvorgaben auch im grenzüberschreitenden Verkehr[49]. Nach dieser Entscheidung folgte die Aufnahme des § 78 Abs. 1 S. 4 AMG in das Arzneimittelgesetz[50]. Damit wurde die Geltung der Arzneimittelpreisbindung im grenzüberschreitenden Verkehr

40 *Kieser*, in: Saalfrank, § 11 Rn. 11.

41 *VG Saarlouis*, Beschluss v. 20.03.2007, 3 K 361/06, BeckRs 2008, 40472; *VG Saarlouis*, Beschluss v. 21.03.2007, 3 K 364/06, becklink 220313.

42 *EuGH*, Urt. v. 19.05.2009, verb. Rs. C-171, 172/07, ECLI:EU:C:2009:316 – Apothekerkammer des Saarlandes u.a.

43 S.u. B., II., S. 69ff.

44 Bejahend: *OLG Frankfurt am Main*, Urt. v. 29.11.2007 – 6 U 26/07, GRUR-RR 2008, 306; *OLG Hamburg*, Urt. v. 19.02.2009 – 3 U 225/06, BeckRs 2009, 20765; *OLG München*, Urt. v. 02.07.2009 – 29 U 3992/08, GRUR-RR 2010, 53; *OLG Stuttgart*, Urt. v. 10.12.2009 – 2 U 66/09, PharmR 2010, 123; *OLG Hamburg*, Urt. v. 25.03.2010 – 3 U 126/09, PharmR 2010, 410; *LG Saarbrücken*, Urt. v. 31.01.2007 – 71 O 103/06, BeckRs 2008, 10858; *LG Köln*, Urt. v. 23.10.2008 – 31 O 353/08, BeckRs 2008, 24144; Ablehnend: *OLG Hamm*, Urt. v. 21.09.2004 – 4 U 74/04, MMR 2005, 101; *OLG Köln*, Urt. v. 08.05.2009 – 6 U 213/08, GRUR-RR 2010, 79.

45 *BGH*, Beschluss v. 09.09.2010 – I ZR 72/08, GRUR 2010, 1130. Mit diesem Beschluss wurde die Frage zur Entscheidung an den GmS-OGB vorgelegt.

46 *BSGE* 101, 161 (166f.).

47 *BGH*, Beschluss v. 09.09.2010 – I ZR 72/08, GRUR 2010, 1130.

48 *GmS-OGB*, Beschluss v. 22.08.2012 – GmS-OGB 1/10, GRUR 2013, 417 (421).

49 *GmS-OGB*, Beschluss v. 22.08.2012 – GmS-OGB 1/10, GRUR 2013, 417 (417).

50 BGBl. 2012 I, 2192 (2212).

durch den Gesetzgeber normiert. Dies erweckte den Eindruck, dass diese Frage hinreichend geklärt war, Rechtssicherheit herrschte und dahingehend Klarheit bestand, dass der Versand von Arzneimitteln zulässig ist, aber verschreibungspflichtige Arzneimittel aus dem europäischen Ausland nur unter Einhaltung des einheitlichen Abgabepreises abgegeben werden durften. Dementsprechend unerwartet kam 2015 eine Vorlage des Oberlandesgerichts Düsseldorf[51] an den Europäischen Gerichtshof[52]. Diese Vorlage gründete auf einem Rechtsstreit zwischen der Deutschen Parkinson Vereinigung e.V. und der Zentrale zur Bekämpfung unlauteren Wettbewerbs e.V.[53]. Die Deutsche Parkison Vereinigung ist eine Vereinigung zur Selbsthilfe, die in einem Schreiben an die Mitglieder eine Kooperation mit der DocMorris N.V.[54] bewarb, wodurch die Mitglieder die Arzneimittel vom Partner DocMorris vergünstigt hätten beziehen können[55]. In diesen vergünstigten Bezugsmöglichkeiten von Arzneimitteln sah die Zentrale zur Bekämpfung unlauteren Wettbewerbs unlauteren Wettbewerb[56]. Das Oberlandesgericht Düsseldorf legte dem Europäischen Gerichtshof die Frage vor, ob § 78 Abs. 1 S. 4 AMG eine Maßnahme gleicher Wirkung im Sinne des Art. 34 AEUV sei und ob bei Annahme einer Maßnahme gleicher Wirkung eine Rechtfertigung möglich sei[57]. Dies verneinte der Europäische Gerichtshof im Oktober 2016 mit dem Argument, dass die Bundesrepublik Deutschland keine ausreichenden Nachweise für die Notwendigkeit dieser staatlichen Regulierungsmaßnahme vorgebracht habe[58].

Hatte sich der Apothekenmarkt von dieser Entscheidung noch nicht vollständig erholt, verfolgte DocMorris im April 2017 bereits die nächste Geschäftsstrategie und eröffnete in den Räumlichkeiten einer ehemaligen Präsenzapotheke in Hüffenhardt in Baden-Württemberg den ersten Apothekenautomaten mit Video-Beratung[59]. Dieser Apothekenautomat hatte

---

51 *OLG Düsseldorf*, Beschluss v. 24.03.2015 – I-20 U 149/13, GRUR-Int. 2015, 1054.

52 *Riegger*, GRUR-Prax 2015, 359 (359).

53 *EuGH*, Urt. v. 19.10.2016, Rs. C-148/15, ECLI:EU:C:2016:776 – Deutsche Parkinson Vereinigung.

54 Die N.V. ist die Aktiengesellschaft im niederländischen Recht (*Pentz*, in: Goette/Habersack, § 13e HGB Rn. 12).

55 *Rixen*, EuR 2017, 744 (744f.); *Schulz-Pabst*, ZJS 2017, 370 (370).

56 *Schulz-Pabst*, ZJS 2017, 370 (370).

57 *OLG Düsseldorf*, Beschluss v. 24.03.2015 – I-20 U 149/13, GRUR-Int. 2015, 1054.

58 *EuGH*, Urt. v. 19.10.2016, Rs. C-148/15, ECLI:EU:C:2016:776 – Deutsche Parkinson Vereinigung, Rn. 35ff.

59 https://www.docmorris.de/service/unternehmen/presse/pressemitteilungen2017/docmorris-eroeffnet-erste-videoberatung-mit-arzneimittelabgabe (Stand: 15.01.2019).

Lagerkapazitäten für bis zu 8000 ungekühlte und für bis zu 500 gekühlte Arzneimittelpackungen. Diese Arzneimittel konnten direkt vor Ort an dem Automaten erworben werden. In den Räumlichkeiten in Hüffenhardt hielt sich ein Mitarbeiter von DocMorris auf, der bei Benutzungsfragen rund um die Technik und die neue Art der Kommunikation unterstützte. Der Kunde wurde per Video-Telefonie mit einem Pharmazeuten in den Niederlanden verbunden, dieser führte dann die entsprechende Beratung durch und löste den Abgabevorgang aus[60]. Das Regierungspräsidium Karlsruhe untersagte innerhalb kürzester Zeit die Abgabe von Arzneimitteln durch diesen Automaten und versah diese Untersagungsverfügung auch mit der Anordnung der sofortigen Vollziehung[61]. Gegen diese Entscheidung legte DocMorris Rechtsmittel vor dem Verwaltungsgericht Karlsruhe ein[62] und stellte einen Antrag auf Wiederherstellung der aufschiebenden Wirkung, diesen nahm DocMorris aber vor einer Entscheidung im vorläufigen Rechtsschutz wieder zurück[63]. Ferner wurden gegen den Apothekenautomaten in Hüffenhardt mehrere wettbewerbsrechtliche Verfahren angestrengt, dabei bestätigte das Landgericht das in einer einstweiligen Verfügung gefundene Ergebnis[64] auch im Hauptsacheverfahren[65], nämlich dass der Betrieb eines Videoterminals mit Abgabefunktion nicht mit dem Wettbewerbsrecht in Einklang gebracht werden kann[66]. Für den 10. April 2019 sind nun die Berufsverhandlung am Oberlandesgericht Karlsruhe terminiert[67]. Aktuell ist der Apothekenautomat in Hüffenhardt

---

60 https://www.docmorris.de/service/unternehmen/presse/pressemitteilungen2017/docmorris-eroeffnet-erste-videoberatung-mit-arzneimittelabgabe (Stand: 15.01.2019); instruktiv zu den rechtlichen Problemen, die sich durch diesen Arzneimittelautomaten ergeben: *Kühling/Weck*, NVwZ 2017, 1725; *Wesser/Saalfrank*, 35ff.

61 https://rp.baden-wuerttemberg.de/rpk/Seiten/pressemitteilung.aspx?rid=758 (Stand: 15.01.2019).

62 https://www.ka-news.de/wirtschaft/regional/Streit-in-Karlsruhe-DocMorris-laesst-Apothekenautomaten-vorerst-wieder-anlaufen;art127,2050482 (Stand: 15.01.2019).

63 *Kühling/Weck*, NVwZ 2017, 1725 (1727); *Rohrer*, Aufgabe Eilantrag Hüffenhardt.

64 *LG Mosbach*, Urt. v. 12.07.2017 – 4 O 21/17 KfH, BeckRs 2017, 120131.

65 *LG Mosbach*, Urt. v. 21.12.2017 – 4 O 35/17 KfH, becklink 2008683 (dies wurde nicht im Wortlaut veröffentlicht, das LG Mosbach bestätigt damit die einstweilige Verfügung); *LG Mosbach*, Urt. v. 15.02.2018 – 4 O 39/17, 4 O 37/17, 3 O 9/17, 3 O 10/17, 3 O 11/17, PharmR 2018, 204.

66 *LG Mosbach*, Urt. v. 15.02.2018 – 4 O 39/17, 4 O 37/17, 3 O 9/17, 3 O 10/17, 3 O 11/17, PharmR 2018, 204 (204).

67 *Sucker-Sket*, Hüffenhardt: Im April 2019 wird wieder vor Gericht verhandelt.

geschlossen[68]. Ein Urteil des Verwaltungsgerichts Karlsruhe steht noch aus[69].

Da der Automat in Hüffenhardt geschlossen ist, liegt der Fokus der Debatte immer noch vermehrt auf der Nichtgeltung der Preisbindung im grenzüberschreitenden Verkehr und der damit verbundenen Inländerdiskriminierung[70]. Um dieser Inländerdiskrimierung zu begegnen, wurde bereits in der 18. Legislaturperiode durch das Bundesministerium für Gesundheit ein Referentenentwurf ausgearbeitet, welcher ein Verbot des Versandhandels mit verschreibungspflichtigen Arzneimitteln enthielt[71]. Ferner wurde ein Antrag der Fraktion DIE LINKE über ein Versandhandelsverbot mit Rx-Medikamenten in einer ersten Lesung im Bundestag behandelt[72] und anschließend an den Gesundheitssausschuss überwiesen[73]. Beide Vorstöße, den Rx-Versandhandel zu verbieten, wurden nicht vor der Bundestagswahl am 24. September 2017 zum Abschluss gebracht[74] und müssen nun durch den Grundsatz der Diskontinuität in der neuen Legislaturperiode erneut eingebracht werden[75]. Im Rahmen zäher Koalitionsverhandlungen haben sich die CDU/CSU-Fraktion und die SPD nun in ihrem Koalitionsvertrag darauf geeinigt, in der kommenden Legislaturperiode den Rx-Versandhandel verbieten zu wollen[76]. Im März 2018 wurde durch die gesundheitspolitische Sprecherin *Karin Maag* der CDU bekanntgegeben, dass erst zum Ende des Jahres 2018 mit einem erneuten Entwurf über

---

68 *Rohrer*, Dauerhaftes Verbot DocMorris-Automat.

69 *Rohrer*, Erneutes Verbot für DocMorris-Automat; für dieses Verfahren sei ein Termin in der ersten Hälfte des Jahres 2019 vorgesehen: *Sucker-Sket*, Hüffenhardt: Im April 2019 wird wieder vor Gericht verhandelt.

70 Instruktiv zur Inländerdiskriminierung: *Burmester*, Inländerdiskriminierung im Lichte gemeinschaftsrechtlicher Lösungen; *Lach*, Umgekehrte Diskriminierung im Gemeinschaftsrecht; *Wesser*, Grenzen zulässiger Inländerdiskriminierung.

71 https://www.bundesgesundheitsministerium.de/fileadmin/Dateien/3_Downloads/Gesetze_und_Verordnungen/GuV/V/Versandhandel-Verbot_RefE.pdf (Stand: 15.01.2019).

72 BT-Drucks. 18/10561, S. 3.

73 https://www.bundestag.de/dokumente/textarchiv/2017/kw03-de-arzneimittelversorgung/487082 (Stand: 15.01.2019).

74 https://www.bundeswahlleiter.de/bundestagswahlen/2017/termine.html (Stand: 15.01.2019).

75 Zum Grundsatz der Diskontinuität: *Klein*, in: Maunz/Dürig, Art. 39 GG Rn. 52. Mit weiteren Ausnahmen für Gesetzesentwürfe der Bundesregierung, wenn schon alle notwendigen Organe damit befasst wurden (*Klein*, in: Maunz/Dürig, Art. 39 GG Rn. 58).

76 *Koalitionsvertrag* zwischen CDU/CSU und SPD, S. 15.

ein Verbot des Rx-Versandhandels zu rechnen ist[77]. Im Juni kündigte Bundesgesundheitsminister *Spahn* hingegen in seinen regelmäßig stattfindenen Facebook-Diskussionen an, dass er im Oktober 2018 einen erneuten Entwurf zum Verbot des Versandhandels mit verschreibungspflichtigen Arzneimitteln vorlegen möchte[78]. Am 3. Juli 2018 übergab die Monopolkommission ihr 22. Hauptgutachten an die Bundesregierung und teilte dabei ihre Bedenken hinsichtlich eines Rx-Versandverbotes mit[79]. Diese Bedenken bestätigte die Monopolkommission erneut im Dezember 2018[80].

Erst im Dezember 2018, im Rahmen der Mitgliederversammlung der Bundesvereinigung Deutscher Apothekerverbände e.V., hat sich Bundesgesundheitsminister *Spahn* mündlich zu einem möglichen Gesetzgebungsvorhaben geäußert. Anstelle eines Rx-Versandhandelsverbotes soll nun ein 8-Punkte-Plan umgesetzt werden, dieser sieht Folgendes vor:

- Einbindung der Arzneimittelpreisverordnung in § 129 SGB V
- Begrenzung der Rabattmöglichkeit für ausländische Versender auf 2,50 € pro Packung
- Prüfung des Marktanteils der ausländischen Versender, sollte dieser Marktanteil über 5 % steigen, soll die Gewährung von Rabatten erneut überprüft und eingeschränkt werden
- Erhöhung der Bezahlung von Nacht- und Notdiensten durch Aufstockung des Nacht- und Notdienstfonds
- Beibehaltung der freien Apothekenwahl
- Apotheker sollen zukünftig weitere bezahlte Dienstleistungen erbringen dürfen
- Erhöhung der Vergütung für Betäubungsmittel
- Verbesserung der Qualität bei Versandhandel und Botendienst[81].

Es bleibt abzuwarten, ob und inwieweit diese Vorschläge in einen Gesetzgebungsentwurf münden.

---

77 https://www.apotheke-adhoc.de/nachrichten/detail/politik/maag-bittet-um-geduld-beim-rx-versandverbot-arzneimittelmarkt/ (Stand: 15.01.2019).

78 *Rohrer*, Vorschlag Spahn.

79 *Monopolkommission*, 22. Hauptgutachten, Rn. 59, 76.

80 *Monopolkommission*, Policy Brief, Dezember 2018, S. 5.

81 *Sucker*-Sket, Spahns Pläne für den Apothekenmarkt.

II. Ziel der Arbeit

Das Ziel dieser Arbeit ist es, staatliche Regulierungsmaßnahmen, die der Flächendeckung der Arzneimittelversorgung dienen, unter verfassungsrechtlichen und europarechtlichen Aspekten näher zu untersuchen. Dabei ist die Frage, ob eine Maßnahme der Flächendeckung tatsächlich dient, eine Tatsache[82] und damit Vorfrage, die nicht Gegenstand der Arbeit ist. Da dem Gesetzgeber in diesem Bereich ein mehr oder weniger großer Entscheidungsspielraum zukommt, können diese Wertungen aus guten Gründen übernommen werden[83]. Bei der Beurteilung der rechtlichen Vorgaben soll insbesondere ein Augenmerk darauf gerichtet werden, ob sich durch die Entscheidung des Europäischen Gerichtshofs in der Entscheidung Deutsche Parkinson Vereinigung eine Veränderung für die europarechtlichen Fragestellungen ergeben hat[84]. Ferner wird in einer Schlussbetrachtung eine Verbindung zwischen diesen drei staatlichen Regulierungsmaßnahmen unter rechtlichen Aspekten hergestellt.

Die Flächendeckung der Arzneimittelversorgung ist ein Teilbereich der ordnungsgemäßen Arzneimittelversorgung. § 1 AMG nennt als Zweck des Arzneimittelgesetzes, dass eine ordnungsgemäße Arzneimittelversorgung sicherzustellen ist. Nach der Rechtsprechung des Bundesverfassungsgerichts ist von einer ordnungsgemäßen Arzneimittelversorgung auszugehen, wenn sichergestellt ist, „daß [sic] die normalerweise, aber auch für nicht allzu fernliegende Ausnahmesituationen benötigten Heilmittel und Medikamente in ausreichender Zahl und in einwandfreier Beschaffenheit für die Bevölkerung bereitstehen, zugleich aber einem Missbrauch von Arzneimitteln nach Möglichkeit vorbeugt“ wird[85].

Diese Definition enthält keine unmittelbare Aussage zu der erforderlichen Anzahl an Apotheken, um eine flächendeckende Versorgung zu gewährleisten[86], doch mittelbar steht das Bereitstellen und -halten von Arzneimitteln in Zusammenhang mit der Frage, wie viele Apotheken in der Fläche erforderlich sind.

---

82 *Brauns*, StoffR 2015, 20 (26f.).

83 S.u. B., I., d), aa), S. 57ff.

84 *EuGH*, Urt. v. 19.10.2016, Rs. C-148/15, ECLI:EU:C:2016:776 – Deutsche Parkinson Vereinigung.

85 *BVerfGE* 7, 377 (414f.).

86 *Brauns*, StoffR 2015, 20 (22).

Bei der Frage der Flächendeckung der Versorgung steht insbesondere die Erreichbarkeit der Arzneimittel[87] im Vordergrund[88]. Eine Legaldefinition, wann von einer flächendeckenden Arzneimittelversorgung gesprochen werden kann, existiert nicht[89]. Es liegt nahe, in den Vorgaben der Rechtsprechung zumindest ein Indiz zu sehen, wann grundsätzlich eine ausreichende Flächendeckung der Versorgung mit Arzneimitteln angenommen werden kann.

Nach der Rechtsprechung des Bundesverwaltungsgerichts über die Zulässigkeit der Aufstellung von Rezeptsammelstellen muss insbesondere auf die Nutzer von öffentlichen Verkehrsmitteln Rücksicht genommen werden[90]. Der Zeitaufwand für den Erhalt von Arzneimitteln von der Abfahrt bis zur Rückankunft darf nicht mehr als eine Stunde betragen und die Entfernung zur nächsten Apotheke darf nicht weiter als 6 km sein[91]. Wird diese Entfernung überschritten, ist es nach der Rechtsprechung des Bundesverwaltungsgerichts möglich, eine Erlaubnis für den Betrieb einer Rezeptsammelstelle gemäß § 24 ApoBetrO zu erhalten[92]. Eine Rezeptsammelstelle wird gemäß § 24 Abs. 1 S. 2 ApoBetrO an abgelegenen Orten installiert, um dort eine ausreichende Arzneimittelversorgung sicherzustellen[93].

Der Europäische Gerichtshof hat seinerseits Feststellungen zur „Rechtzeitigkeit" der Arzneimittelversorgung getroffen. Aus einer Zusammenschau mehrerer Urteile ergibt sich folgende Definition: Eine gesundheitsrelevante Versorgung ist dann noch rechtzeitig, wenn der Zeitraum bis

---

87 *An der Heiden/Meyrahn*, Gutachten BMWi, S. 10f. gehen davon aus, dass es nicht Ziel der flächendeckenden Versorgung sein könne, dass an Orten, wo weder eine ärztliche Versorgung erfolgt noch Lebensmittel eingekauft werden können, eine Versorgung mit Arzneimitteln aufrechterhalten wird. Dabei wird übersehen, dass die Bezugspunkte falsch ausgewählt werden. Es kann nicht ausschlaggebend sein, ob ein Arzt oder ein Lebensmittelgeschäft vor Ort zur Verfügung steht. Zunächst ist die Verfügbarkeit von Arzneimitteln durch die Eigenheit der abgegebenen Ware ein solch sensibles Thema, dass ein Vergleich mit der Verfügbarkeit von Lebensmitteln nicht tauglich ist. Sodann kann gegen das Argument der fehlenden ärztlichen Versorgung die akutelle Situation in Stellung gebracht werden. Aktuell besteht ein Ärztemangel, inbesondere im Bereich der hausärztlichen Versorgung (http://www.kbv.de/html/themen_1076.php, Stand: 15.01.2019). Mithin darf nicht eine Mangelversorgung als Argument für eine andere Mangelversorgung herangezogen werden.

88 Vgl. *Dettling*, S. 178f.

89 *An der Heiden/Meyrahn*, Gutachten BMWi, S. 10, 58, 76.

90 *Cyran/Rotta*, § 24 ApoBetrO Rn. 45.

91 *BVerwGE* 45, 331 (331, 337f.).

92 *BVerwGE* 45, 331 (331, 337f.).

93 *Cyran/Rotta*, § 24 ApoBetrO Rn. 43ff.

zum Erhalt des Medikaments nicht über den Zeitraum hinausgeht, der bei Berücksichtigung der objektiven medizinischen Beurteilung des Bedarfs des Patienten unter Einbezug der jeweiligen Eigenheiten des Krankheitsfalls noch vertretbar ist[94]; zumindest mittelbar kann diese Definition auch dafür herangezogen werden, wann von einer flächendeckenden Arzneimittelversorgung gesprochen werden kann.

III. Offene Fragen und Gang der Untersuchung

Im ersten Kapitel wird die Preisbindung für verschreibungspflichtige Arzneimittel ausführlich auf ihre Vereinbarkeit mit der Berufsfreiheit und mit der Warenverkehrsfreiheit hin untersucht. Dabei gilt ein besonderes Augenmerk der Frage, ob und inwieweit der Keck-Formel noch Bedeutung zukommt und welche Folgen dies für die Einordnung der Preisbindung für verschreibungspflichtige Arzneimittel nach sich zieht. Ferner liegt ein weiterer Schwerpunkt auf der Frage, wie die Entscheidung des Europäischen Gerichtshofs zur Preisbindung für verschreibungspflichtige Arzneimittel im Hinblick auf die abgelehnte Rechtfertigung zu beurteilen ist. Schließlich muss die bislang kaum beleuchtete Frage geklärt werden, ob und wenn ja, welcher Einfluss der Grundrechte-Charta in diesem Kontext zukommt.

Im zweiten Kapitel wird nach einer Begriffsklärung sowohl für das nationale als auch für das Europarecht eine staatliche Regulierungsmaßnahme, die unmittelbar oder mittelbar für die Erteilung einer Apothekenbetriebserlaubnis auf das Vorliegen einer demografischen und/oder geografischen Notwendigkeit abstellt, unter verfassungsrechtlichen und europarechtlichen Aspekten untersucht, da dies eine weitere Lösungsmöglichkeit sein könnte, eine flächendeckende Versorgung zu gewährleisten. Dabei muss bei der verfassungsrechtlichen Beurteilung in einem ersten Schritt geklärt werden, ob und inwieweit dem Apothekenurteil des Bundesverfassungsgerichts für die verfassungsrechtliche Beurteilung auch heute noch

94 *EuGH*, Urt. v. 12.07.2001, Rs. C-157/99, ECLI:EU:C:2001:404 – Smits und Peerbooms, Rn. 60, 64, 103; *EuGH*, Urt. v. 13.05.2003, Rs. C-385/99, ECLI:EU:C:2003:270 – Müller-Fauré und van Riet, Rn. 41f.; *EuGH*, Urt. v. 16.05.2006, Rs. C-372/04, ECLI:EU:C:2006:325 – Watts, Rn. 119f. Bei der Betrachtung der Rechtsprechung des EuGH muss beachtet werden, dass die Rechtzeitigkeit der Arzneimittelversorgung nicht nur die Erreichbarkeit einer Apotheke voraussetzt, sondern auch ein ausreichendes Vorhalten der benötigten Arzneimittel (*Brauns*, StoffR 2015, 20 (27)).

Bindungswirkung zukommt, da das Bundesverfassungsgericht im Jahr 1958 bereits über eine solche staatliche Regulierungsmaßnahme zu entscheiden hatte. Lehnt man diese Bindungswirkung ab, stellt sich die Frage, ob eine solche Maßnahme nach den heutigen Maßstäben mit Art. 12 Abs. 1 GG in Einklang gebracht werden kann. Daran anschließend wird geklärt, ob und unter welchen Voraussetzungen eine solche staatliche Regulierungsmaßnahme mit dem Europarecht vereinbar ist.

Im dritten Kapitel wird die viel diskutierte Möglichkeit eines Versandhandelsverbotes für verschreibungspflichtige Arzneimittel untersucht. Neben der Vereinbarkeit mit der Berufsfreiheit gemäß Art. 12 Abs. 1 GG steht hier auch die Vereinbarkeit mit der Eigentumsgarantie gemäß Art. 14 Abs. 1 GG in Frage. Ferner stellt sich die Frage, ob das Verbot des Versandes von Rx-Arzneimitteln an den Endverbraucher nicht eine Ungleichbehandlung im Sinne des Art. 3 Abs. 1 GG darstellt. Für die Beurteilung der europarechtlichen Rechtslage wird entscheidend sein, ob ein solches Verbot mit der Warenverkehrsfreiheit in Einklang gebracht werden kann. Insbesondere die europarechtlichen Fragen, die sich bei einem Versandhandelsverbot mit verschreibungspflichtigen Arzneimitteln stellen können, sollen nicht nur unter Beachtung der Problemstellung, die sich aus dem Urteil des Europäischen Gerichtshofs aus dem Oktober 2016 ergeben kann, beurteilt werden, sondern auch unter Beachtung der Aussagen des Urteils des Europäischen Gerichtshofs in der Entscheidung Deutscher Apothekerverband. Diese Entscheidung ist im Jahr 2003 zu dem damals noch bestehenden Versandverbot mit verschreibungspflichtigen und auch verschreibungsfreien Arzneimitteln ergangen[95].

Bei all diesen Fragestellungen müssen zwei Aspekte beachtet werden, die im Hintergrund stets eine Rolle spielen.

Zunächst darf eines der zentralen Ziele der Europäischen Union nicht vernachlässigt werden – die Union errichtet gemäß Art. 3 Abs. 3 S. 1 EUV einen Binnenmarkt[96]. *Carstens* stellte bereits im Jahr 1957 sehr treffend auf zwei Komponenten des Binnenmarktes ab – er nannte dies die „zwei Gesichter des Binnenmarktes" – die Freiheit nach innen und die Einheit nach außen[97].

---

95 *EuGH*, Urt. v. 11.12.2003, Rs. C-322/01, ECLI:EU:C:2003:664 – Deutscher Apothekerverband.

96 KOM (2007) 724 endg., S. 3; *Hatje*, in: Schwarze, Art. 26 AEUV Rn. 16.

97 *Carstens*, ZaöRV 1957, 459 (460). In dieser Zeit war noch die von *Carstens* verwendete Begrifflichkeit des Gemeinsamen Marktes etabliert (*Hatje*, in: Schwarze, Art. 26 AEUV Rn. 7); damals bestand auch noch der Streit um die Abgrenzung zwischen Gemeinsamer Markt und Binnenmarkt (*Hatje*, in: Schwarze, Art. 26

Die Freiheit nach innen wird durch einen Raum ohne Binnengrenzen geschaffen[98]. Innerhalb dieses Raums wird der freie Verkehr von Waren, Personen, Dienstleistungen und Kapital gewährleistet, Art. 26 Abs. 2 AEUV. Die Aufzählung in Art. 26 Abs. 2 GG ist nicht abschließend, es fehlt die „Hilfsfreiheit" des freien Zahlungsverkehrs gemäß Art. 64 Abs. 2 AEUV[99]. Neben den Grundfreiheiten gewährleisten noch andere Aspekte die angestrebte Freiheit nach innen: Gemäß Art. 28 Abs. 1 AEUV sind zwischen den Mitgliedstaaten Ein- und Ausfuhrzölle verboten. Ferner spielt das europäische Wettbewerbsrecht für den Binnenmarkt eine wichtige Rolle[100].

Letztlich sollen innerhalb der Europäischen Union alle Hemmnisse für den Handel beseitigt[101] und die Märkte der Mitgliedstaaten zu einem einheitlichen Markt werden, sodass sich die Europäische Union einem echten Binnenmarkt – also einem Raum ohne jegliche Binnengrenzen – möglichst weitgehend annähert[102].

Durch die Herstellung eines Bezuges zu einem echten Binnenmarkt, dem sich die Europäische Union annähern soll, zeigt sich, dass der Binnenmarkt nicht „vollendet" sein kann, solange die Binnengrenzen noch bestehen. Das Bestehen der Binnengrenzen ergibt sich aus der heutigen Konstruktion der Europäischen Union als einem Staatenverbund[103]. In der Fortführung des Maastricht Urteils[104] wird in der Lissabon Entscheidung[105] des Bundesverfassungsgerichts festgestellt, dass die Mitgliedstaaten

---

AEUV Rn. 7ff.; *Kotzur*, in: Geiger/Khan/Kotzur, Art. 26 AEUV Rn. 4). Dies ist nun durch die Ersetzung des Begriffs Gemeinsamer Markt durch den Begriff des Binnemarktes hinfällig (*Hatje*, in: Schwarze, Art. 26 AEUV Rn. 9; *Terhechte*, in: Grabitz/Hilf/Nettesheim, Art. 3 EUV Rn. 38; *van Vormizeele*, in: v. der Groeben/Schwarze/Hatje, Art. 26 AEUV Rn. 7). Der Gedanke von *Carstens* ist aber auch auf die heutige Terminologie des Binnenmarktes übertragbar.

98 Der Gedanke der Marktintegration dominiert nach *Maduro* die europäische Verfassung: *Maduro*, S. 1.

99 *Terhechte*, in: Grabitz/Hilf/Nettesheim, Art. 3 EUV Rn. 39.

100 *Terhechte*, in: Grabitz/Hilf/Nettesheim, Art. 3 EUV Rn. 39.

101 *Carstens*, ZaöRV 1957, 459 (461); *Hatje*, in: Schwarze, Art. 26 AEUV Rn. 16.

102 *EuGH*, Urt. v. 05.05.1982, Rs. 15/81, ECLI:EU:C:1982:135 – Gaston Schul, Rn. 33; diese Rechtssache wurde durch den EuGH zu einer Zeit entschieden als noch die Begrifflichkeit des Gemeinsamen Marktes etabliert war (*Hatje*, in: Schwarze, Art. 26 AEUV Rn. 7).

103 *BVerfGE* 89, 155 (155, 188); 123, 267 (267, 348).

104 *BVerfGE* 89, 155.

105 *BVerfGE* 123, 267.

souverän bleiben und nur Teil einer auf Dauer angelegten, engen Verbindung zwischen den auch souverän bleibenden Mitgliedstaaten werden[106].

Das zweite Gesicht des Binnenmarktes – die Einheitlichkeit nach außen – wird insbesondere durch die Einführung eines gemeinsamen Außenzolls gemäß Art. 28 Abs. 1 a.E. AEUV und durch die Gemeinsame Handelspolitik gemäß Art. 206ff. AEUV herbeigeführt[107].

Sodann muss bei der Argumentation Eingang finden, dass Apotheken Arzneimittel abgeben. Arzneimittel haben einen ambivalenten Charakter[108]. Diesen Waren kommt neben einem Nutzen- auch ein Gefahrenpotential zu[109], denn jedes Arzneimittel wirkt bei der einnehmenden Person anders und damit individuell[110]. Aus diesem Grund gibt es mehrere Begrifflichkeiten, die diese Sonderstellung von Arzneimitteln umschreiben. Während das Bundesverwaltungsgericht von „Ware besonderer Art" spricht[111], betont der Europäische Gerichtshof den „besonderen Charakter"[112] der Arzneimittel.

Mithin stehen sich diese beiden Aspekte gegenüber, nach *Carstens* die Freiheit nach innen[113] und das damit verbundene Interesse, den Binnenmarkt zu fördern und die Sonderstellung der Waren, die in Apotheken oder auf dem Versandweg an den Kunden abgegeben werden.

Einer dieser beiden Aspekte kann in fast jeder Argumentation wiedererkannt werden. Im Bewusstsein dieser im Hintergrund stehenden Tatsachen erschließt sich manche spezielle Argumentation besser. Ferner kann insbesondere die Ambivalenz der Ware Arzneimittel erklären, warum im Bereich des Apothekenwesens staatliche Regulierungsmaßnahmen möglich sein müssen. Doch ist auch in diesem Bereich ein besonderes Augenmerk auf die jeweilige Begründung zu legen, denn mit solchen staatlichen Regulierungsmaßnahmen kann Protektionismus und Abschottung erreicht werden, sodass diese staatlichen Maßnahmen in einem System, wel-

---

106 *BVerfGE* 123, 267 (267, 348).

107 *Terhechte*, in: Grabitz/Hilf/Nettesheim, Art. 3 EUV Rn. 39.

108 *Dettling*, PharmR 2003, 194 (194f.).

109 *BVerfGE* 17, 232 (239); *Dettling*, PharmR 2003, 194 (194f.).

110 *BVerfGE* 17, 232 (239).

111 Vgl. *BVerwGE* 123, 236 (240); 131, 1 (5f.). So auch: *Kaapke*, S. 5; *Sandrock/Nawroth*, in: Dieners/Reese, § 9 Rn. 1.

112 *EuGH*, Urt. v. 21.03.1991, Rs. C-369/88, ECLI:EU:C:1991:137 – Delattre, Rn. 54; *EuGH*, Urt. v. 21.03.1991, Rs. C-60/89, ECLI:EU:C:1991:138 – Monteil und Samanni, Rn. 41.

113 *Carstens*, ZaöRV 1957, 459 (460).

ches auf Annäherung an einen echten Binnenmarkt ausgelegt ist[114], nur aufgrund sachgerechter Einwände bestehen können[115].

---

114 S.o. A., III., S. 27ff.

115 In diese Richtung *Craig/de Búrca*, S. 699; vom zugrundeliegenden Gedankengang ähnlich: *Di Fabio*, Gutachten, S. 2.

B. Preisbindung für verschreibungspflichtige Arzneimittel

Eine bereits erprobte Möglichkeit der staatlichen Regulierung im Bereich der Versorgung mit Arzneimitteln ist die Festsetzung eines einheitlichen Apothekenabgabepreises für verschreibungspflichtige Arzneimittel gemäß § 78 Abs. 1, 2 AMG i.V.m. §§ 1 – 3 AMPreisV. Die Verschreibungspflicht von Arzneimitteln ergibt sich aus § 48 AMG i.V.m. AMVV. Verschreibungspflichtige Arzneimittel werden im Gegensatz zu verschreibungsfreien Arzneimitteln gemäß § 34 Abs. 1 S. 1 SGB V von der gesetzlichen Krankenversicherung übernommen[116]; verschreibungsfreie Arzneimittel unterfallen seit 2004 auch nicht mehr der Arzneimittelpreisbindung, § 1 Abs. 4 AMPreisV[117]. Der einheitliche Abgabepreis ergibt sich grundsätzlich aus einem gemäß § 78 Abs. 3 AMG durch den Hersteller festzulegenden einheitlichen Abgabepreis. Diesen einheitlichen Abgabepreis kann der Hersteller frei bestimmen[118] und auf diesen einheitlichen Abgabepreis erfolgt dann schließlich ein Aufschlag gemäß § 2 AMPreisV für den Großhandel und gemäß § 3 AMPreisV für die Apotheken[119]. Gemäß § 78 Abs. 1 S. 4 AMG gelten diese Preisvorgaben auch für Arzneimittel, die gemäß § 73 Abs. 1 S. 1 Nr. 1a AMG im Wege des Versandes in den Geltungsbereich des Arzneimittelgesetzes verbracht werden.

---

116 *Czettritz*, in: Fuhrmann/Klein/Fleischfresser, § 25 Rn. 3. Mit dieser Ungleichbehandlung von verschiedenen Arzneimitteln hat sich auch das Bundesverfassungsgericht schon beschäftigt: *BVerfG*, Beschluss v. 12.12.2012, 1 BvR 69/09, PharmR 2013, 119.

117 BT-Drucks. 15/1525, S. 67, 166; *Hofmann*, in: Kügel/Müller/Hofmann, § 78 AMG Rn. 5; *Köhler*, PharmR 2016, 165 (165); *Rehmann*, in: Rehmann, § 78 AMG Rn. 1; *Wagner*, in: Martinek/Semler/Flohr, § 52 Rn. 34.

118 Der Hersteller des Arzneimittels ist grundsätzlich frei in der Bestimmung des Abgabepreises: *Sandrock/Nawroth*, in: Dieners/Reese, § 9 Rn. 153; *Wagner*, in: Martinek/Semler/Flohr, § 52 Rn. 34. Zu den wirtschaftlichen Zwängen, denen ein Hersteller unterliegen kann: *Wagner*, in: Martinek/Semler/Flohr, § 52 Rn. 34; *Willenbruch*, PharmR 2010, 321 (321).

119 Beispielhafte Berechnung eines Abgabepreises für Rx-Medikamente: *May/Bauer/Dettling*, S. 14. Das Gutachten von *An der Heiden/Meyrahn*, welches im März 2018 im Auftrag des Bundesministeriums für Wirtschaft und Energie veröffentlicht wurde, sieht eine abweichende Berechnung des Abgabepreises vor: *An der Heiden/Meyrahn*, Gutachten BMWi, S. 9.

I. Vereinbarkeit mit dem Grundgesetz

Im Jahr 2015 hatte sich das Bundesverfassungsgericht mit der Verfassungskonformität der Preisregulierung bei verschreibungspflichtigen Arzneimitteln, die aus dem Ausland nach Deutschland auf dem Versandweg verbracht werden, zu beschäftigen[120]. Diese Verfassungsbeschwerde wurde nicht zur Entscheidung angenommen, sodass es auf die Begründetheit nicht mehr ankam[121]. Dennoch hat das Bundesverfassungsgericht in einem obiter dictum[122] die Vermutung geäußert[123], dass § 78 Abs. 1 S. 4 AMG, der die Anwendung der Arzneimittelpreisverordnung auch auf Arzneimittel erweitert, die gemäß § 73 Abs. 1 S. 1 Nr. 1a AMG im Wege des Versandes an den Endverbraucher in den Geltungsbereich des AMG verbracht werden, wohl mit dem Verfassungsrecht, insbesondere mit Art. 12 Abs. 1 GG bzw. Art. 2 Abs. 1 GG, in Einklang steht. Da ein obiter dictum kein tragender Grund einer Gerichtsentscheidung ist – es handelt sich nur um eine Verlautbarung in einem passenden Kontext[124], wird im weiteren Fortgang die Vereinbarkeit der Preisbindung für verschreibungspflichtige Arzneimittel mit Art. 12 Abs. 1 GG untersucht.

1. Vereinbarkeit mit Art. 12 Abs. 1 GG

Für die Untersuchung der Vereinbarkeit mit Art. 12 Abs. 1 GG wird es nach einer Herleitung der allgemeinen Dogmatik zur Berufsfreiheit (dazu a)) darauf ankommen, ob der Schutzbereich der Berufsfreiheit eröffnet ist (dazu b)), in den durch die Preisbindung für Rx-Medikamente eingegriffen werden könnte (dazu c)). Entscheidend wird letztendlich sein, ob ein solcher Eingriff verfassungsrechtlich gerechtfertigt werden kann (dazu d)).

---

120 *BVerfG*, Beschluss v. 04.11.2015 – 2 BvR 282/13, 2 BvQ 56/12, NJW 2016, 1436, Rn. 17.

121 *BVerfG*, Beschluss v. 04.11.2015 – 2 BvR 282/13, 2 BvQ 56/12, NJW 2016, 1436, Rn. 6, 17.

122 Im vorliegenden Fall ist diese Aussage als obiter dictum einzustufen, da die Verfassungsbeschwerde unzulässig war (*BVerfG*, Beschluss v. 04.11.2015 – 2 BvR 282/13, 2 BvQ 56/12, NJW 2016, 1436, Rn. 7).

123 Zur Frage der Bindungswirkung von Bundesverfassungsgerichtsentscheidungen im Allgemeinen, s.u. C., II., 1., S. 133ff.

124 Vgl. *Creifelds*, S. 958. Zur Kritik an diesem Vorgehen siehe beispielsweise: *Kanzler*, DStR 2013, 1505 (1505f.).

a) Dogmatik des Grundrechts

Durch die Berufsfreiheit in Art. 12 Abs. 1 GG wird die Freiheit des Bürgers gesichert, der Tätigkeit nachzugehen, die seinen persönlichen Vorstellungen entspricht[125]. Während bei einem unbefangenen Blick Art. 12 Abs. 1 S. 1 GG die Freiheit der Berufswahl absichert, gewährleistet Art. 12 Abs. 1 S. 2 GG die Freiheit der Berufsausübung[126]. Nach dem Wortlaut steht die Berufswahlfreiheit gemäß Art. 12 Abs. 1 S. 1 GG im Gegensatz zur Freiheit der Berufsausübung in Art. 12 Abs. 1 S. 2 GG nicht unter einem Regelungsvorbehalt[127], sondern unterfällt entweder keinerlei gesetz-

---

125 *BVerfGE* 30, 292 (334); *Jarass*, in: Jarass/Pieroth, Art. 12 GG Rn. 2.

126 Vgl. *Ruffert*, in: Epping/Hillgruber, Art. 12 GG Rn. 18.

127 Nach dem Wortlaut des Art. 12 I 2 GG kann der Gesetzgeber die Berufsausübung durch oder aufgrund eines Gesetzes regeln. Die Verwendung eines Regelungsvorbehalts (*Sodan*, in: Sodan, Art. 12 GG Rn. 1) durch den Gesetzgeber ergibt sich aus der Historie, denn für das Gewerberecht wurde eine Regulierung für erforderlich gehalten (*Ruffert*, in: Epping/Hillgruber, Art. 12 GG Rn. 73). Dabei muss aber beachtet werden, dass der Begriff des „Gewerbes“ enger ist als der des „Berufs“ (*Bachof*, in: Grundrechte III/1, S. 155 (160); *Hesse*, Rn. 420). Ist ein Regelungsvorbehalt normiert, wird zum Teil vertreten, dass der Gesetzgeber nur ermächtigt sei, den Inhalt des Grundrechts durch Modalitäten, Verfahren und Formen zu konkretisieren; er dürfe hingegen den Gehalt des Grundrechts nicht verkürzen oder verändern (*Kingreen/Poscher*, Rn. 276). Ferner wird zum Teil ein besonders vorsichtiges Tätigwerden des Normgebers gefordert (*Kingreen/Poscher*, Rn. 276). Überwiegend wird vertreten, dass sich durch die abweichende Formulierung in Art. 12 I GG gegenüber anderen Grundrechten, die den Begriff des „Eingreifens“ verwenden, keine inhaltlichen Unterschiede ergeben (*Manssen*, in: v. Mangoldt/Klein/Starck, Art. 12 GG Rn. 6, 103; *Ruffert*, in: Epping/Hillgruber, Art. 12 GG Rn. 73). Zur Beschränkung des Art. 12 I GG muss der Gesetzgeber kein formelles Parlamentsgesetz erlassen, die Berufsfreiheit kann auch durch eine Rechtsverordnung oder Satzung, die auf einer formell gesetzlichen Ermächtigungsgrundlage basiert, beschränkt werden (*Breuer*, in: HStR VIII, § 171 Rn. 1f.; *Dietlein*, in: StaatsR IV/1, S. 1884f.; *Jarass*, in: Jarass/Pieroth, Art. 12 GG Rn. 28, 30; *Ruffert*, in: Epping/Hillgruber, Art. 12 GG Rn. 75f.; *Scholz*, in: Maunz/Dürig, Art. 12 GG Rn. 323, 326). Dabei muss unter Zugrundelegung der Wesentlichkeitstheorie das Parlament alle wesentlichen Fragen selbst regeln (*BVerfGE* 38, 373 (381); 94, 372 (390); *Jarass*, in: Jarass/Pieroth, Art. 12 GG Rn. 30). Letztlich stellt Art. 12 I 2 GG nur einen anders formulierten Gesetzesvorbehalt dar (*Jarass*, in: Jarass/Pieroth, Art. 12 GG Rn. 27; *Manssen*, in: v. Mangoldt/Klein/Starck, Art. 12 GG Rn. 6; *Ruffert*, in: Epping/Hillgruber, Art. 12 GG Rn. 73). Die Begrifflichkeit des Gesetzesvorbehaltes verwendet auch das Bundesverfassungsgericht seit geraumer Zeit (*BVerfGE* 54, 237 (246); 102, 197 (213); *Wieland*, in: Dreier, Art. 12 GG Rn. 80).

lichen Möglichkeiten der Beschränkung[128] oder möglicherweise nur den verfassungsimmanenten Schranken[129], also den Grundrechten Dritter oder Verfassungsgütern der Allgemeinheit[130]. Dies wurde bereits in den fünfziger Jahren durch das Bundesverfassungsgericht im Apotheken-Urteil anders gesehen[131]. Die Freiheit der Berufswahl in Art. 12 Abs. 1 S. 1 GG, auch im Hinblick auf den Arbeitsplatz und die Ausbildungsstätte, steht demnach der Freiheit der Berufsausübung in Art. 12 Abs. 1 S. 2 GG gegenüber. Dabei kann festgestellt werden, dass die Berufswahl bzw. auch die Wahl des Arbeitsplatzes oder des Ausbildungsplatzes der erste Schritt zur Berufsausübung ist und die Berufsausübung die fortgesetzte und immer wiederkehrende Bestätigung und Betätigung der Berufswahl[132]. Diese Teilbereiche[133] sind nur einzelne Abschnitte eines einheitlichen Vorgangs im Leben eines Menschen[134]. Aufgrund der fließenden Übergänge zwischen diesen Abschnitten und der damit verbundenen Untrennbarkeit[135] handelt es sich bei Art. 12 Abs. 1 GG um ein in Teilbereiche gegliedertes[136], einheitliches Grundrecht[137]. Trotz der Einheitlichkeit des Grundrechts und der damit verbundenen Anwendung des in Art. 12 Abs. 1 S. 2 GG normierten

---

128 *BVerfGE* 7, 377 (401); vgl. *Ipsen*, Rn. 634.

129 Zum Teil wurde die Zulässigkeit eines Rückgriffs auf die verfassungsimmanenten Schranken hinterfragt (siehe dazu: *Dietlein*, in: StaatsR IV/1, S. 1883).

130 Vgl. *Herdegen*, in: Maunz/Dürig, Art. 1 III GG Rn. 43.

131 *BVerfGE* 7, 377; *Ipsen*, Rn. 634; *Kingreen/Poscher*, Rn. 933.

132 *BVerfGE* 7, 377 (401); *Kingreen/Poscher*, Rn. 934; vgl. *Manssen*, in: v. Mangoldt/Klein/Starck, Art. 12 GG Rn. 2.

133 Zum Teil wird von zwei Teilbereichen gesprochen (*Jarass*, in: Jarass/Pieroth, Art. 12 GG Rn. 1), darunter wird dann die Wahl des Berufes und die Berufsausübung gefasst. Ferner wird auch eine Unterscheidung von vier Teilbereichen vorgenommen: Freiheit über die Wahl der Ausbildungsstätte, Freiheit der Berufswahl, die freie Arbeitsplatzwahl und die Freiheit der Berufsausübung (*Breuer*, in: HStR VIII, § 170 Rn. 56). *Schneider* unterteilt in sechs Teilbereiche: drei Freiheiten hinsichtlich der Wahl von Beruf, Arbeitsplatz und Ausbildungsplatz und drei weitere Freiheiten hinsichtlich der Ausübung in Beruf, am Arbeitsplatz und bei der Ausbildungsstätte (*Schneider*, in: Handbuch der Grundrechte V/II, § 113 Rn. 31).

134 *BVerfGE* 7, 377 (401, 406); 33, 303 (330); *Breuer*, in: HStR VIII, § 170 Rn. 56; vgl. *Manssen*, in: v. Mangoldt/Klein/Starck, Art. 12 GG Rn. 2.

135 *BVerfGE* 92, 140 (151); *Mann*, in: Sachs, Art. 12 GG Rn. 14; *Manssen*, in: v. Mangoldt/Klein/Starck, Art. 12 GG Rn. 2.

136 *Breuer*, in: HStR VIII, § 170 Rn. 56; *Sodan*, in: Sodan, Art. 12 GG Rn. 1.

137 *BVerfGE* 7, 377 (402); 95, 193 (214); *Breuer*, in: HStR VIII, § 170 Rn. 56; *Hesse*, Rn. 422; *Jarass*, in: Jarass/Pieroth, Art. 12 GG Rn. 1; *Manssen*, in: v. Mangoldt/Klein/Starck, Art. 12 GG Rn. 2; *Wolff*, in: Hömig/Wolff, Art. 12 GG Rn. 11.

Regelungsvorbehaltes auch auf Art. 12 Abs. 1 S. 1 GG[138] ergeben sich unterschiedliche Rechtfertigungsanforderungen. Regelungen, die die Berufsausübung[139] betreffen, unterliegen anderen Vorgaben als Regelungen im Bereich der Berufswahl[140]. Dieser Dogmatik aus den fünfziger Jahren wird von der Literatur bis heute weitestgehend[141] gefolgt.

b) Schutzbereich

Der Schutzbereich untergliedert sich in einen sachlichen und persönlichen Schutzbereich, während der sachliche Schutzbereich für die Ausübung des Apothekerberufs problemlos bejaht werden kann (dazu aa)), ergeben sich für den persönlichen Schutzbereich mehrere Problemkreise (dazu bb)).

---

138 *BVerfGE* 102, 197 (213); 110, 304 (321); 115, 277 (303f.); *Jarass*, in: Jarass/Pieroth, Art. 12 GG Rn. 27.

139 *Ipsen*, Rn. 653; *Jarass*, in: Jarass/Pieroth, Art. 12 GG Rn. 27, 44; *Manssen*, in: v. Mangoldt/Klein/Starck, Art. 12 GG Rn. 3. Eine Berufsausübungsregelung kann durch eine sachgerechte und vernünftige Erwägung des Gemeinwohls gerechtfertigt werden (*Manssen*, in: v. Mangoldt/Klein/Starck, Art. 12 GG Rn. 146 m.w.N.).

140 *Mann*, in: Sachs, Art. 12 GG Rn. 15. Bei Berufswahlregelungen erhöhen sich die Anforderungen (zu der Differenzierung bei den Berufswahlregelungen s.u. B., I., c), bb), (2), (a), S. 53f.). Eine subjektive Zulassungsschranke darf nur zum Schutz eines besonders wichtigen Gemeinschaftsgutes errichtet werden (*Mann*, in: Sachs, Art. 12 GG Rn. 131). Eine objektive Zulassungsschranke muss der Abwehr nachweisbarer oder höchstwahrscheinlich schwerwiegender Gefahren für ein überragend wichtiges Gemeinschaftsgut dienen (*Mann*, in: Sachs, Art. 12 GG Rn. 133).

141 *Ipsen*, Rn. 634. Zum Teil wird in der Literatur angenommen, dass die im Apothekenurteil eingeführte Drei-Stufen-Theorie (*BVerfGE* 7, 377 (405ff.)) mehr und mehr durch eine Verhältnismäßigkeitsprüfung ersetzt werde (*Wieland*, in: Dreier, Art. 12 GG Rn. 31, 94). Dies begründet sich damit, dass eine statische und unreflektierte Anwendung als nicht zielführend angesehen wird (*Wieland*, in: Dreier, Art. 12 GG Rn. 95). Sieht man in der Drei-Stufen-Theorie eine formalisierende Hilfestellung und Konkretisierung des Verhältnismäßigkeitsgrundsatzes (*Jarass*, in: Jarass/Pieroth, Art. 12 GG Rn. 33; *Kingreen/Poscher*, Rn. 975), wie auch die Rechtsprechung des BVerfG bereits im Kassenarzt-Urteil zu verstehen (*BVerfGE* 11, 30 (42ff.)) und durchlässig in der Anwendung ist, dann stehen diese Ansätze nicht in Widerspruch.

aa) Sachlicher Schutzbereich

Um sich auf den Schutz der Berufsfreiheit berufen zu können, muss ein Beruf ausgeübt werden. Nach der Rechtsprechung des Bundesverfassungsgerichts ist der Begriff des Berufes weit auszulegen[142]. „Er umfaßt [sic] nicht nur alle Berufe, die sich in bestimmten, traditionellen oder sogar rechtlich fixierten „Berufsbildern“ darstellen, sondern auch die vom Einzelnen frei gewählten und untypischen (erlaubten) Betätigungen, aus denen sich dann wieder neue, feste Berufsbilder ergeben mögen“[143]. Als Kurzformel wird Beruf als eine auf Dauer angelegte Betätigung, die der Schaffung und Erhaltung einer Lebensgrundlage dient[144], definiert. Auch im Rahmen dieser Kurzformel ist anerkannt, dass von Art. 12 Abs. 1 GG unselbstständige wie auch selbstständige Tätigkeiten geschützt werden[145]. Kontrovers diskutiert wird, ob und inwieweit das Kriterium der Erlaubtheit ein zusätzlicher Definitionsbestandteil ist[146]. Diese Frage wird noch im Kapitel zum Versandhandelsverbot zu erörtern sein – sollte der Versand mit Rx-Medikamenten verboten werden, könnte es sich um eine unerlaubte Tätigkeit handeln, sodass bei Bejahung der Erlaubtheit als Definitionsmerkmal diese Tätigkeit bereits schon nicht mehr in den Schutzbereich der Berufsfreiheit fallen würde[147].

Im Rahmen dieser Arbeit geht es um den selbstständigen Betrieb einer Apotheke. Dabei handelt es sich um eine auf Dauer angelegte Tätigkeit zur Finanzierung des Lebensunterhaltes des Apothekers, sodass der Betrieb einer Apotheke in den sachlichen Schutzbereich der Berufsfreiheit fällt.

bb) Persönlicher Schutzbereich

Der persönliche Schutzbereich der Berufsfreiheit gemäß Art. 12 Abs. 1 GG umfasst nach dem Wortlaut nur Deutsche im Sinne des Art. 116 GG. Es

---

142 *BVerfGE* 7, 377 (397).

143 *BVerfGE* 7, 377 (397).

144 *BVerfGE* 7, 377 (397); 50, 290 (362); 54, 301 (313); 105, 252 (265); 110, 304 (321); 111, 10 (28); 115, 276 (300); *Ipsen*, Rn. 635; *Mann*, in: Sachs, Art. 12 GG Rn. 45; *Sodan*, in: Sodan, Art. 12 GG Rn. 8; vgl. *Wolff*, in: Hömig/Wolff, Art. 12 GG Rn. 4.

145 *BVerfGE* 7, 377 (397f.); *Bachof*, in: Grundrechte III/1, S. 155 (182f.); *Scholz*, in: Maunz/Dürig, Art. 12 GG Rn. 267.

146 S.u. D., I., 1., a), aa), S. 171ff.

147 S.u. D., S. 168ff.

handelt sich um ein sogenanntes Deutschengrundrecht[148]. Ferner steht es als Individualgrundrecht bei einem unbefangenen Blick nur natürlichen Personen zu[149]. Damit zeichnen sich drei Problemkreise ab. Die Anwendung der Berufsfreiheit auf Nicht-Deutsche, insbesondere auf EU-Ausländer und die Anwendbarkeit auf juristische Personen, die möglicherweise ihren Sitz auch in einem anderen europäischen Mitgliedstaat haben[150].

Zur Klärung der Frage der persönlichen Schutzbereichseröffnung ist in einer Vorfrage festzustellen, dass sowohl natürliche Personen aus dem In- und Ausland als auch juristische Personen aus dem In- und Ausland Interesse am Betrieb einer Apotheke haben können. Gegenstand der auch in den Medien bekannt gewordenen Diskussion ist der Betrieb einer Präsenzapotheke durch eine niederländische Aktiengesellschaft[151]. Aufgrund des dargestellten engen Wortlautes des Art. 12 Abs. 1 GG und der Relevanz dieser Fragen für die auf dem Apothekenmarkt Agierenden muss geklärt werden, ob und inwieweit sich natürliche ausländische Personen und juristische Personen sowohl aus dem Inland als auch aus dem Ausland auf die Berufsfreiheit gemäß Art. 12 Abs. 1 GG berufen können.

(1) Natürliche Personen (aus dem EU-Ausland)

Unklar ist, ob sich auch natürliche Personen aus anderen europäischen Mitgliedstaaten auf die Berufsfreiheit gemäß Art. 12 Abs. 1 GG berufen können, da der Wortlaut des Art. 12 Abs. 1 GG als Deutschengrundrecht[152]

---

148 *Dietlein*, in: StaatsR IV/1, S. 1828; *Jarass*, in: Jarass/Pieroth, Art. 12 GG Rn. 12; *Mann*, in: Sachs, Art. 12 GG Rn. 33; *Ruffert*, in: Epping/Hillgruber, Art. 12 GG Rn. 33; *Schneider*, in: Handbuch der Grundrechte V/II, § 113 Rn. 47.

149 *Mann*, in: Sachs, Art. 12 GG Rn. 33, 37; *Schneider*, in: Handbuch der Grundrechte V/II, § 113 Rn. 47.

150 Als Beispiel kann die Verfassungsbeschwerde und der Antrag auf Erlass einer einstweiligen Anordnung einer niederländischen Aktiengesellschaft genannt werden, *BVerfG*, Beschluss v. 04.11.2015 – 2 BvR 282/13, BvQ 56/12, NJW 2016, 1436.

151 S.o. A., I., S. 19f.

152 *Dietlein*, in: StaatsR IV/1, S. 1828; *Jarass*, in: Jarass/Pieroth, Art. 12 GG Rn. 12; *Kloepfer*, VerfassungsR II, § 49 Rn. 14; *Mann*, in: Sachs, Art. 12 GG Rn. 33; *Ruffert*, in: Epping/Hillgruber, Art. 12 GG Rn. 33; *Schneider*, in: Handbuch der Grundrechte V/II, § 113 Rn. 47. Instruktiv zu den Deutschengrundrechten die Abhandlung von *Siehr*, Die Deutschengrundrechte des Grundgesetzes.

eine Begrenzung auf natürliche Personen, die Deutsche im Sinne des Art. 116 GG sind, enthält[153].

Teilweise wird eine strenge Auslegung am Wortlaut betrieben, die betont, dass der Wortlaut des Art. 12 Abs. 1 GG keine Ausdehnung auf EU-Ausländer zulasse[154]. Diesen Personen stehe dann ein grundrechtlicher Schutz aus Art. 2 Abs. 1 GG zu[155]. Dabei finde der Schutz zwar seine Basis in Art. 2 Abs. 1 GG, er nähere sich aber vom inhaltlichen Umfang an Art. 12 Abs. 1 GG an[156].

Mehrere schlagen vor, dass zumindest für EU-Ausländer im Rahmen einer europarechtskonformen Auslegung eine direkte Anwendung der Berufsfreiheit geboten sei[157]. Dies wird mit dem Anwendungsvorrang des Art. 18 AEUV begründet[158]. Durch das allgemeine Diskriminierungsverbot

---

153 *Jarass*, in: Jarass/Pieroth, Art. 12 GG Rn. 12; *Ruffert*, in: Epping/Hillgruber, Art. 12 GG Rn. 33; *Wieland*, in: Dreier, Art. 12 GG Rn. 56.

154 *BVerfGE* 78, 179 (196f.); 104, 337 (346); als zweifelhaft wird dies in der Entscheidung des *BVerfG* bezeichnet: *BVerfG*, Beschluss v. 04.11.2015 – 2 BvR 282/13, 2 BvQ 56/12, NJW 2016, 1436 Rn. 10; *Bauer*, NVwZ 1990, 1152 (1153); *Bauer/Kahl*, JZ 1995, 1077 (1077, 1081f.); *Manssen*, in: v. Mangoldt/Klein/Starck, Art. 12 GG Rn. 267; *Sachs*, BayVBl. 1990, 385 (385, 390); *Scholz*, in: Maunz/Dürig, Art. 12 GG Rn. 105. *Stern* lehnt eine Anwendung des Art. 12 I GG auf Drittstaatsangehörige und EU-Ausländer ab und sieht den verfassungsändernden Gesetzgeber in der Pflicht. Bis dahin sei eine Anwendung des Art. 2 I GG möglich (*Dietlein*, in: StaatsR IV/1, S. 1830f.).

155 *Schwerdtfeger*, in: DJT 1980, Band 1, A17 (A32f.); *Bachof* führt dies auf den Menschenwürdekern der Berufsfreiheit zurück, sodass ein Nicht-Deutscher im Bereich dieses Kerns auf einen vergleichbaren Schutz durch Art. 2 I GG bauen kann (*Bachof*, in: Grundrechte III/1, 155 (177f.)). *Dietlein*, in: StaatsR IV/1, S. 1830f.; *Kämmerer*, in: v. Münch/Kunig, Art. 12 GG Rn. 10; *Sodan*, in: Sodan, Art. 12 GG Rn. 19; *Wieland*, in: Dreier, Art. 12 GG Rn. 58. Zum Teil wird ein Schutz aus den Grundrechten für EU-Ausländer komplett verwehrt, diesen sei eine Berufung auf die Grundfreiheiten möglich, sodass auch ohne Gleichstellung im Rahmen des Grundgesetzes von einer verstärkten Position gegenüber Drittstaatsangehörigen ausgegangen werden könne (*Nolte/Tams*, JuS 2006, 31 (31f.)). Diese Ansicht verkennt den Anwendungsvorrang des Europarechts im Verhältnis zum nationalen Recht (vgl. *Ruffert*, in: Epping/Hillgruber, Art. 12 GG Rn. 37).

156 *BVerfG*, Beschluss v. 04.11.2015 – 2 BvR 282/13, 2 BvQ 56/12, NJW 2016, 1436 Rn. 11f. m.w.N.; *Schwerdtfeger*, in: DJT 1980, Band 1, A17 (A32f.).

157 *Breuer*, in: HStR VIII, § 170 Rn. 43; *Ehlers*, JZ 1996, 776 (781); *Jarass*, in: Jarass/Pieroth, Art. 12 GG Rn. 12; *Ruffert*, in: Epping/Hillgruber, Art. 12 GG Rn. 37.

158 *Breuer*, in: HStR VIII, § 170 Rn. 43; *Ruffert*, in: Epping/Hillgruber, Art. 12 GG Rn. 37; *Wernsmann*, JURA 2000, 657 (663); vgl. *Wolff*, in: Hömig/Wolff, Art. 12 GG Rn. 2.

gemäß Art. 18 AEUV wird jede Diskriminierung aufgrund der Staatsangehörigkeit untersagt.

Nach dieser Ansicht schlägt der Anwendungsvorrang des Europarechts durch, dabei handelt es sich nach *Breuer* nicht um eine „korrigierende Auslegung des Art. 12 GG“[159], sondern um „eine konsequente Auslegung und Anwendung der europarechtlichen Gleichstellung“[160], sodass sich auch EU-Ausländer gegen den Wortlaut auf Art. 12 Abs. 1 GG berufen können. Der verfassungsändernde Gesetzgeber wird aber als in der Pflicht stehend angesehen, eine wortlautkonforme Lösung zu schaffen[161]. Betont man die Änderungspflicht des verfassungsändernden Gesetzgebers, besteht ein hinreichender Ausgleich zwischen dem Anwendungsvorrang des Europarechts und dem ohne Zweifel bestehenden Wortlautargument.

(2) Juristische Personen gemäß Art. 19 Abs. 3 GG (aus dem EU-Ausland)

Der Wortlaut des Art. 19 Abs. 3 GG spricht auf den ersten Blick eine recht klare Sprache. Nach dem Wortlaut würde es naheliegen, die Grundrechtsfähigkeit von inländischen juristischen Personen grundsätzlich zu bejahen und daran anschließend zu prüfen, ob das einschlägige Grundrecht seinem Wesen nach auch von juristischen Personen geltend gemacht werden kann[162]. Trotz der Klarheit des Wortlauts wird die Frage der Grundrechtsfähigkeit von juristischen Personen im Allgemeinen und von ausländischen juristischen Personen im Besonderen intensiv diskutiert.

(a) Begriff der Juristischen Person

Um die Grundrechtsfähigkeit feststellen zu können, muss eine Definition der juristischen Person im Sinne des Art. 19 Abs. 3 GG gefunden werden. Unter einer juristischen Person im Gesellschaftsrecht versteht man eine

159 *Breuer*, in: HStR VIII, § 170 Rn. 43.
160 *Breuer*, in: HStR VIII, § 170 Rn. 43.
161 *Dietlein*, in: StaatsR IV/1, S. 1830f.; *Kluth*, JURA 2001, 371 (371); *Wernsmann* stellt dabei auf den Rechtsschein des Art. 12 I GG ab, der trotz der Nichtgeltung aufgrund des Anwendungsvorrangs den Anschein erwecke, dass er befolgt werden müsse (*Wernsmann*, JURA 2000, 657 (662f.)). *Kluth* stellt heraus, dass dadurch die praktische Wirksamkeit des Europarechts gefährdet sei (*Kluth*, JURA 2001, 371 (371)).
162 *BVerfGE* 21, 362 (368f.); *Povel*, S. 77.

rechtlich verselbstständigte Personenvereinigung oder Vermögensmasse, die vom Bestand der Mitglieder unabhängig und durch gesetzliche Anerkennung rechtsfähig und handlungsfähig ist[163]. Mithin muss es sich um ein Organisationsgebilde handeln, welches in umfassender Art und Weise ein Zuordnungssubjekt von Rechten und Pflichten sein kann[164]. In Anlehnung an die Notwendigkeit einer Vollrechtsfähigkeit[165] würde Personengesellschaften, denen es unter anderem eben an diesem Merkmal mangelt, die Grundrechtsträgerschaft nicht zugestanden[166]. Letztlich könnte so durch eine Veränderung des Gesellschaftsrechts über die Grundrechtsträgerschaft disponiert werden[167]. Das spricht dafür, Art. 19 Abs. 3 GG in einem weiteren Sinne zu verstehen als der Begriff der juristischen Person im einfachen Recht ausgelegt wird[168]. In der aktuellen Situation des Apothekenmarktes versuchen ausländische Kapitalgesellschaften Marktanteile zu gewinnen[169], dabei handelt es sich auch im Sinne des einfachen Rechts um eine „vollrechtsfähige" juristische Person des Privatrechts[170], sodass die Grundrechtsträgerschaft grundsätzlich gegeben ist.

---

163 *Sodan*, in: Sodan, Art. 19 GG Rn. 14; ausführlich dazu *Stadler*, § 15 Rn. 4ff.

164 *Dreier*, in: Dreier, Art. 19 III GG Rn. 44.

165 *Remmert*, in: Maunz/Dürig, Art. 19 III GG Rn. 37.

166 Vgl. *Sodan*, in: Sodan, Art. 19 GG Rn. 15.

167 *Dreier*, in: Dreier, Art. 19 III GG Rn. 47; *Remmert*, in: Maunz/Dürig, Art. 19 III GG Rn. 37; vgl. *Sodan*, in: Sodan, Art. 19 GG Rn. 15.

168 *Breuer*, in: HStR VIII, § 170 Rn. 45; *Isensee*, in: HStR IX, § 199 Rn. 22; *Kloepfer*, VerfassungsR I, § 49 Rn. 52; *Remmert*, in: Maunz/Dürig, Art. 19 III GG Rn. 37. *Isensee* stellt klar, dass es auch bei der Begrifflichkeit der juristischen Person im Sinne des Art. 19 III GG zu einer Loslösung des verfassungsrechtlichen Begriffs vom zivilrechtlichen Begriff kommt. Dies ist ähnlich wie beim Eigentumsbegriff des Art. 14 GG (*Hesse*, Rn. 444; *Isensee*, in: HStR IX, § 199 Rn. 22).

169 S.o. A., I., S. 19ff.

170 Uneinigkeit besteht im Hinblick auf die Grundrechtsfähigkeit von juristischen Personen des öffentlichen Rechts und von staatsabhängigen juristischen Personen des Privatrechts (umfängliche Gesamtbetrachtung dazu bei: *Rüfner*, in: HStR IX, § 196 Rn. 109ff. und *Stern*, in: StaatsR III/1, S. 1149). Von der Grundrechtsfähigkeit der juristischen Person des Privatrechts ist das Bundesverfassungsgericht auch in seiner Entscheidung im Jahre 1967 ausgegangen (*BVerfGE* 21, 362 (368)).

(b) Wesensmäßige Anwendbarkeit der Grundrechte

(aa) Allgemeine Kriterien

Gemäß Art. 19 Abs. 3 GG müssen die Grundrechte ihrem Wesen nach auf juristische Personen anwendbar sein, denn in dieser „ominösen Wesensklausel“[171] liegt nach Stern „der Schlüssel zum Verständnis des Art. 19 Abs. 3 GG“[172]. Die Frage aber, wann ein Grundrecht dem Wesen nach auf juristische Personen anwendbar ist, wird von der Rechtsprechung und Literatur uneinheitlich beantwortet.

Teilweise wird das „personale Substrat“ der Grundrechte in den Vordergrund gestellt[173]. Juristische Personen können sich nur auf Grundrechte berufen, wenn die Bildung und Betätigung der juristischen Person Ausdruck der freien Entfaltung der natürlichen Personen sind und der „Durchgriff“ auf die hinter der juristischen Person stehenden natürlichen Personen dies als erforderlich und sinnvoll erscheinen lassen[174]. Dieser Ansatz, der auf den Sinn und den Zweck der Grundrechte abstellt, nämlich Schutz der individuellen Freiheit des Einzelnen vor Eingriffen des Staates[175], wird vielfach auch als Durchgriffstheorie[176] bzw. Durchgriffsthese[177] bezeichnet. Diese Verknüpfung der Grundrechtsträgerschaft der juristischen Person mit den dahinterstehenden natürlichen Personen führt dazu, dass der Grundrechtsschutz der juristischen Personen nach dieser Ansicht nur ein abgeleiteter Schutz ist[178].

Eine andere Ansicht fragt, ob eine grundrechtstypische Gefährdungslage der juristischen Person gegenüber dem Hoheitsträger besteht. Auch damit lässt sich bemessen, ob und inwieweit Grundrechte von einer juristischen Person geltend gemacht werden können[179]. Eine grundrechtstypische Ge-

---

171 *Stern*, in: StaatsR III/1, S. 1110.

172 *Stern*, in: StaatsR III/1, S. 1110.

173 *BVerfGE* 21, 362 (369); beschreibend, aber ablehnend: *Dreier*, in: Dreier, Art. 19 III GG Rn. 32; *Sodan*, in: Sodan, Art. 19 GG Rn. 19.

174 *BVerfGE* 21, 362 (369); *Dreier*, in: Dreier, Art. 19 III GG Rn. 32.

175 *BVerfGE* 21, 362 (369).

176 *Dreier*, in: Dreier, Art. 19 III GG Rn. 32; instruktiv zum Durchgriffsargument *Storr*, S. 205ff.

177 *Huber*, in: v. Mangoldt/Klein/Starck Art. 19 III GG Rn. 209; *Povel*, S. 77.

178 *BVerfGE* 21, 207 (208); *Dreier*, in: Dreier, Art. 19 III GG Rn. 32; *Sachs*, in: Sachs, Art. 19 GG Rn. 48; *Tettinger*, in: Handbuch der Grundrechte II, § 51 Rn. 26.

179 *Dreier*, in: Dreier, Art. 19 III GG Rn. 34; *Isensee*, in: HStR IX, § 199 Rn. 49; *Kröger*, JuS 1981, 26 (29); *Mutius*, in: Bonner Kommentar, Art. 19 III GG Rn. 114; *Rüfner*, in: HStR IX, § 196 Rn. 63.

fährdungslage für eine juristische Person kann angenommen werden, wenn die juristische Person der staatlichen Gewalt ausgesetzt ist und ihre Rechte verteidigen muss[180]. Letztlich steht dann die juristische Person dem Staat wie eine natürliche Person gegenüber.

Bei einer Durchsicht der Rechtsprechung des Bundesverfassungsgerichts kann man feststellen, dass es zu einer Durchmischung dieser beiden Ansätze kommt[181]. Diese beiden Ansätze stellen sich demnach nicht als Gegensatzpaare dar, vielmehr ist eine ergänzende Anwendung bei der Beurteilung der Frage der Grundrechtsträgerschaft sinnvoll, sodass durch Art. 19 Abs. 3 GG im Ergebnis eine Erweiterung der Grundrechtsberechtigten erfolgt ist[182]. Dem Sinn und Zweck des Art. 19 Abs. 3 GG entspricht es indessen nicht, dem Kollektiv, welches hinter der juristischen Person steht, weitergehende Rechte als einer natürlichen Person nur aufgrund des Zusammenschlusses zu einer juristischen Person einzuräumen[183].

Da im europäischen Ausland Apotheken unter anderen rechtlichen Rahmenbedingungen betrieben werden dürfen, bis dato aber der Betrieb einer Apotheke durch eine ausländische Kapitalgesellschaft, welche eine juristische Person des Privatrechts ist, im Vordergrund stand[184], ergibt sich die grundsätzliche Grundrechtsträgerschaft sowohl aus der Durchgriffsthese als auch unter dem Aspekt der grundrechtstypischen Gefährdungslage.

(bb) Anwendbarkeit auf Art. 12 Abs. 1 GG

Neben der Frage, ob und wenn ja, welche juristischen Personen sich grundsätzlich auf Grundrechte des Grundgesetzes berufen können, muss davon losgelöst betrachtet werden, welche Grundrechte konkret Nicht-Natürlichen-Personen zustehen können[185]. Diese Frage bemisst sich nach dem Inhalt des jeweiligen Grundrechts[186]. Das Bundesverfassungsgericht spricht von der „Eigenart“ des in Rede stehenden Grundrechts[187]. Die Berufsfreiheit gemäß Art. 12 Abs. 1 GG ist nach der heute unstreitig beste-

---

180 *Isensee*, in: HStR IX, § 199 Rn. 50.

181 *BVerfGE* 45, 63 (79); 61, 82 (102, 105); 106, 28 (43f.); *Dreier*, in: Dreier, Art. 19 III GG Rn. 34; vgl. *Tettinger*, in: Handbuch der Grundrechte II, § 51 Rn. 35ff.

182 *Dreier*, in: Dreier, Art. 19 III GG Rn. 27.

183 Vgl. *Povel*, S. 79.

184 *BVerfG*, Beschluss v. 04.11.2015, 2 BvR 282/13, 2 BvQ 56/12, NJW 2016, 1436.

185 *Dreier*, in: Dreier, Art. 19 III GG Rn. 35; vgl. *Rüfner*, in: HStR IX, § 196 Rn. 71.

186 *Dreier*, in: Dreier, Art. 19 III GG Rn. 35.

187 *BVerfGE* 95, 28 (35).

henden Auslegung ein Grundrecht, welches dem Wesen nach auf eine juristische Person anwendbar ist[188]. In seiner anfänglichen Rechtsprechung im ersten Band betonte das Bundesverfassungsgericht noch den persönlichkeitsbezogenen Charakter der Berufsfreiheit, indem es die Grundrechtsberechtigung bei Art. 12 Abs. 1 GG mit der Zugehörigkeit zum deutschen Staat in Verbindung gebracht hat[189] und in nachfolgenden Entscheidungen eine Rückführung der Berufsfreiheit auf das allgemeine Persönlichkeitsrecht aus Art. 2 Abs. 1 GG i.V.m. Art. 1 Abs. 1 GG vornahm[190]. Resultierend aus diesem Persönlichkeitsbezug ist es auch schlüssig, dass die Grundrechtsträgerschaft von juristischen Personen für die Berufsfreiheit zunächst abgelehnt wurde[191]. Heute wird der Berufsbegriff weiter verstanden[192]. Danach ist ein Beruf nicht nur eine Tätigkeit, die aufgrund einer empfundenen Berufung gewählt und betrieben wird, sondern jede auf Erwerb gerichtete Handlung, die sich nicht in einem einmaligen Erwerbsakt erschöpft[193]. Wegen der Betonung des Erwerbszwecks können sich Kapitalgesellschaften, die Versandhandel betreiben möchten, heute grundsätzlich auf Art. 12 Abs. 1 GG berufen.

Auf einfachrechtlicher Ebene war lange Zeit unklar und bis Anfang der 90er Jahre sogar bestritten, ob ein freier Beruf in der Form einer Kapitalgesellschaft betrieben werden konnte[194]. Ein freier Beruf ist nach einer gängigen Definition die Erbringung einer höchstpersönlichen, eigenverantwortlichen und weisungsfreien Leistung[195], die den unbegrenzten Einsatz von fremden Arbeitskräften ausschließt[196]. Die Ablehnung, einen freien Beruf in der Rechtsform einer Kapitalgesellschaft betreiben zu können, wurde

---

188 *BVerfGE* 21, 261 (266); 22, 380 (383); 30, 292 (312); 50, 290 (363); 53, 1 (13); 65, 196 (209f.); 97, 228 (253); 102, 197 (208); 106, 275 (298); 111, 366 (372); 114, 196 (244); 115, 205 (229); 118, 168 (202, 205); siehe dazu aus der umfangreichen Literatur: *Jarass*, in: Jarass/Pieroth, Art. 12 GG Rn. 13; *Kloepfer*, VerfassungsR II, § 70 Rn. 50; *Manssen*, in: v. Mangoldt/Klein/Starck, Art. 12 GG Rn. 268f.; *Ruffert*, in: Epping/Hillgruber, Art. 12 GG Rn. 38; *Sodan*, in: Sodan, Art. 12 GG Rn. 19; *Wieland*, in: Dreier, Art. 12 GG Rn. 56.

189 *BVerfGE* 1, 264 (274).

190 *BVerfGE* 30, 292 (334); 71, 183 (201); 75, 284 (292); 77, 84 (112f.).

191 *Rüfner*, AöR 1964, 261 (307ff.).

192 *BVerfGE* 97, 228 (252f.); 102, 197 (212f.). Diese erweiterte Auslegung wurde bereits durch das Bundesverwaltungsgericht sehr früh vertreten: *BVerwGE* 3, 304 (306); 6, 145 (147); 8, 14 (14f.); 8, 121 (122).

193 *BVerfGE* 30, 292 (312); 50, 290 (363); *Manssen*, in: v. Mangoldt/Klein/Starck, Art. 12 GG Rn. 268; vgl. *Ruffert*, in: Epping/Hillgruber, Art. 12 GG Rn. 38.

194 Statt vieler: *Lenz*, in: Meilicke, § 1 PartGG Rn. 7.

195 *Lenz*, in: Meilicke, § 1 PartGG Rn. 7; *Taupitz*, Standesordnungen, S. 40ff.

196 *Povel*, S. 82.

mit den Eigenheiten der freien Berufe gerechtfertigt[197], mit welchen die Besonderheiten einer juristischen Person nicht in Einklang zu bringen waren[198]. Durch die Erbringung einer freien Dienstleistung durch eine Kapitalgesellschaft werde die persönliche Haftung aufgegeben, eine juristische Person sei von Anonymität geprägt und es kämen weisungsgebundene Angestellte zum Einsatz[199]. Inzwischen ist indessen für freie Berufe weitgehend anerkannt, dass die Berufsträger ihren Tätigkeiten auch in der Rechtsform einer Kapitalgesellschaft nachgehen können[200].

Losgelöst von der Frage, ob ein freier Beruf in der Rechtsform einer Kapitalgesellschaft ausgeübt werden kann, muss geklärt werden, ob sich eine Kapitalgesellschaft, die die Tätigkeiten eines freien Berufs ausführt, auf die Berufsfreiheit berufen kann. Dies wurde lange Zeit mit der Begründung abgelehnt, dass die jeweilige Tätigkeit eines freien Berufs durch ein Vertrauensverhältnis geprägt wird, welches zwischen den Beteiligten besteht und nicht durch eine juristische Person ausgeführt werden kann[201]. Diesem Ansatz ist unter zwei Gesichtspunkten zu widersprechen: Es liegt erstens nahe, dass der Ansatz, welcher die Berufung einer Kapitalgesellschaft, die einen freien Beruf betreibt, auf die Berufsfreiheit gemäß Art. 12 Abs. 1 GG ablehnt, auf die ursprüngliche Annahme zurückzuführen ist, dass freie Berufe generell nicht in der Rechtsform einer Kapitalgesellschaft ausgeübt werden können[202]. Zweitens ist der hier in Rede stehende Fall des Betriebs einer Apotheke etwas anders gelagert, da der Apotheker nicht nur einen freien Beruf ausübt, sondern auch ein Gewerbe im Sinne des Handelsgesetzbuches betreibt[203]. Aus dieser Doppelstellung des

---

197 Ausführlich dazu: *Taupitz*, Standesordnungen, S. 40ff.

198 *BVerfGE* 21, 227 (232); *Taupitz*, NJW 1992, 2317 (2317f.).

199 Vgl. *Taupitz*, NJW 1992, 2317 (2317f.).

200 *Jaeger*, in: Ziemons/Jaeger, § 1 GmbHG Rn. 8; beispielhaft genannt werden kann die Anwalts-GmbH gemäß § 59c BRAO (*Römermann*, in: Römermann, § 59c BRAO Rn. 1) oder auch die Steuerberater-GmbH gemäß § 49 I StBerG (*Jaeger*, in: Ziemons/Jaeger, § 1 GmbHG Rn. 8). Zur grundsätzlichen Akzeptanz durch das BVerfG siehe beispielsweise: *BVerfGE* 135, 90. Dabei muss Beachtung finden, dass die Frage des Betriebs eines freien Berufs in Form einer Kapitalgesellschaft auch eine Frage des Berufsrechts ist. Für Apotheker ist in Deutschland in der berufsrechtlichen Regelung des Fremdbesitzverbotes festgeschrieben, dass nur natürliche Personen eine Apotheke betreiben können.

201 *OVG* Koblenz, Urt. v. 19.12.1979 – 2 A 60/78, NJW 1980, 1866 (1867); *Ganster*, S. 584ff.

202 S.o. B., I., 1., b), bb), (2), (b), (bb), S. 44f.

203 *BVerfGE* 94, 372 (392); vgl. *Povel*, S. 84; *Tamke*, S. 30.

Apothekers – Freiberufler und Gewerbetreibender[204] – ergibt sich die Möglichkeit der Berufung auf die Berufsfreiheit gemäß Art. 12 Abs. 1 GG.

(c) Juristische Person aus dem EU-Ausland

Gemäß § 73 Abs. 1 Nr. 1a AMG können Versandhandelsapotheken aus dem EU-Ausland Medikamente nach Deutschland auf dem Versandweg verbringen, wenn sie nach dem jeweiligen nationalen Recht dazu befugt sind und das jeweilige nationale Recht des Mitgliedstaates den Anforderungen des deutschen Rechts an den Versandhandel entspricht. Zur Gewährleistung der Transparenz, in welchem Land die Standards, die Deutschland an den Versandhandel mit Arzneimitteln stellt, eingehalten werden, veröffentlicht das Bundesministerium für Gesundheit gemäß § 73 Abs. 1 S. 3 AMG regelmäßig eine Liste mit den Mitgliedstaaten, welche den Anforderungen entsprechen[205]. Da der Wortlaut des Art. 19 Abs. 3 GG auf inländische juristische Personen abstellt[206], ist für ausländische Versandapotheken aufgrund des in Deutschland geltenden Fremdbesitzverbotes[207] von hoher Relevanz, ob ihnen der Schutz der Berufsfreiheit zuteil wird. Mithin ist für die ausländischen Versandapotheken entscheidend, wie der Begriff der inländischen juristischen Person auszulegen ist.

Eine juristische Person ist nach der Sitztheorie dann eine inländische juristische Person, wenn sich das tatsächliche Aktionszentrum und damit der effektive Sitz im Inland befindet[208]. Der Sitz in Deutschland ist dann effektiv, wenn dort die überwiegende Anzahl der Entscheidungen getroffen

---

204 Vgl. *Kieser*, in: Saalfrank, § 11 Rn. 23; *Tamke*, S. 29f.

205 Veröffentlicht im Bundesanzeiger: BAnz. Nr. 91 v. 23.06.2010, S. 2172; dazu auch: *Sodan*, in: Sodan, Krankenversicherungsrecht, § 27 Rn. 37.

206 *Ruffert*, in: Epping/Hillgruber, Art. 12 GG Rn. 38; *Dietlein*, in: StaatsR IV/1, S. 1835ff.

207 S.o. A., I., S. 19.

208 *BVerfGE* 21, 207 (208f.); *Dreier*, in: Dreier, Art. 19 III Rn. 79 m.w.N.; *Guckelberger*, AöR 2004, 618 (627), wobei *Guckelberger* von einem effektiven Verwaltungsschwerpunkt spricht, dabei handelt es sich wohl nur um eine andere Begrifflichkeit. Vgl. *Heintzen*, in: Handbuch der Grundrechte II, § 50 Rn. 10; bei *Jarass* ergibt sich diese Definition aus einem Umkehrschluss: *Jarass*, in: Jarass/Pieroth, Art. 19 GG Rn. 22; *Remmert*, in: Maunz/Dürig, Art. 19 III GG Rn. 78; *Sachs*, in: Sachs, Art. 19 GG Rn. 54; *Sodan*, in: Sodan, Art. 19 GG Rn. 16; *Ziekow*, S. 527ff., *Ziekow* stellt die weiteren vertretenen Ansätze gegenüber.

werden, auf den Satzungssitz kommt es dabei nicht an[209]. Möchte man für DocMorris, die ausländische Versandapotheke in der Rechtsform einer Kapitalgesellschaft, die auf dem deutschen Apothekenmarkt am auffälligsten aktiv geworden ist[210] und auch immer noch aktiv bleiben möchte[211], wie sich durch aktuelle Marketingkampagnen zeigt[212], den effektiven Sitz beurteilen, liegt es wohl nahe, diesen nicht in Deutschland anzunehmen, sondern in den Niederlanden, denn die Entscheidungen für den deutschen Markt werden in Heerlen, unweit der deutschen Grenze, getroffen[213].

Letztlich erübrigt sich die Frage nach dem effektiven Sitz einer juristischen Person, die sich innerhalb der Europäischen Union niedergelassen hat, unter einem anderen Aspekt. Auch wenn nach der Rechtsprechung des Bundesverfassungsgerichts die Auslegung des Wortes „inländisch" dahingehend, dass sich auch juristische Personen des Privatrechts aus dem EU-Ausland auf Art. 19 Abs. 3 GG berufen können, zu weitgehend ist[214], kommt das Bundesverfassungsgericht doch zu einem ähnlichen Ergebnis. Aus dem Anwendungsvorrang der Grundfreiheiten des Europarechts und dem Gedanken des allgemeinen Diskriminierungsverbotes gemäß Art. 18 AEUV folge eine Anwendungserweiterung des Art. 19 Abs. 3 GG auf juristische Personen aus dem europäischen Ausland[215]. Dieser Anwendungserweiterung liegt ein ähnlicher Gedanke zugrunde, wie sich dieser auch für EU-ausländische natürliche Personen bei Art. 12 Abs. 1 GG ergibt[216]. Auch bei Art. 19 Abs. 3 GG wäre der verfassungsändernde Gesetzgeber aufgerufen, eine wortlautkonforme Lösung herbeizuführen[217].

---

209 *Remmert*, in: Maunz/Dürig, Art. 19 III GG Rn. 78 m.w.N.

210 Als Beispiel lässt sich hier der Eröffnung einer Apotheke im Saarland als Kapitalgesellschaft benennen, die letztlich am europarechtskonformen Fremdbesitzverbot scheiterte: https://www.pharmazeutische-zeitung.de/index.php?id=29935 (Stand: 15.01.2019).

211 Dies zeigt sich auch durch die Eröffnung eines Apotheken-Automaten in Hüffenhardt durch DocMorris im Jahr 2017: *Tebroke*, Weitere Apotheken-Automaten.

212 *Rohrer*, DocMorris nennt sich jetzt „Apotheke".

213 Dies liegt zumindest bei Betrachtung der Pressemitteilungen nahe: https://www.docmorris.de/service/unternehmen/presse/pressemitteilungen/2016 (Stand: 15.01.2019).

214 *BVerfGE* 129, 78 (94ff.).

215 *BVerfGE* 129, 78 (97); 143, 246 (317).

216 S.o. B., I., 1., b), bb), (1), S. 38ff.

217 Hier überzeugt wie bei Art. 12 I GG das Argument des Rechtsscheins von *Wernsmann*. Auch Art. 19 III GG erweckt trotz der Nicht-Geltung aufgrund des Anwendungsvorrangs den Anschein, dass er befolgt werden müsse (*Wernsmann*,

(3) Zwischenbefund

Der persönliche Schutzbereich ist sowohl für natürliche Personen aus dem europäischen Ausland als auch für juristische Personen auch aus einem anderen Mitgliedstaat der Europäischen Union eröffnet.

c) Eingriff

Die Festlegung eines einheitlichen Abgabepreises für verschreibungspflichtige Arzneimittel stellt einen Eingriff in die Berufsfreiheit dar. Durch den Eingriffsbegriff werden diejenigen staatlichen Handlungen im Hinblick auf das zu schützende Rechtsgut sichtbar gemacht, die das Grundrecht nur dann nicht verletzen, wenn sie sich rechtfertigen lassen[218].

aa) Klassischer und moderner Grundrechtseingriff

In der Grundrechtsdogmatik ist eine Differenzierung zwischen klassischem und modernem Eingriffsbegriff anerkannt[219]. Art. 12 Abs. 1 GG bietet grundsätzlich Schutz vor staatlichem Handeln, welches unter diese Begriffe gefasst werden kann[220].

Ein klassischer Eingriff hat vier Voraussetzungen[221]. Das staatliche Handeln muss von Finalität und Unmittelbarkeit geprägt sein[222]. Für eine Finalität muss die staatliche Handlung zielgerichtet auf eine Beeinträchtigung des grundrechtlichen Schutzbereichs ausgelegt sein, mithin darf es sich nicht nur um eine unbeabsichtigte Folge eines anderen zielgerichteten Handelns des Staates handeln[223]. Ferner ist für das Vorliegen der Unmittel-

---

JURA 2000, 657 (662)). Dies spricht für eine klarstellende Anpassung des Wortlauts.

218 *Dietlein*, in: StaatsR IV/1, S. 1841f.

219 *Sodan*, in: Sodan, Art. 1 GG Vorb. Rn. 47f.

220 *Ruffert*, in: Epping/Hillgruber, Art. 12 GG Rn. 51; *Scholz*, in: Maunz/Dürig, Art. 12 GG Rn. 300.

221 *Dreier*, in: Dreier, Vorb. Rn. 124; *Ipsen*, Rn. 143; *Peine*, in: Handbuch der Grundrechte III, § 57 Rn. 20.

222 *BVerfGE* 105, 279 (299f.); *Herdegen*, in: Maunz/Dürig, Art. 1 III GG Rn. 39; *Jarass*, in: Jarass/Pieroth, Vorb. vor Art. 1 GG Rn. 27; *Kingreen/Poscher*, Rn. 292; *Sachs*, in: StaatsR III/2, S. 84; *Sachs*, in: Sachs, Vor Art. 1 GG Rn. 80ff.; *Sodan*, in: Sodan, Art. 12 GG Rn. 20, Vorb. Art. 1 GG Rn. 47.

223 *Kingreen/Poscher*, Rn. 292.

barkeit eine ununterbrochene Kausalkette zwischen staatlichem Handeln und Verkürzung der Freiheit notwendig[224]. Als weitere Voraussetzung ist die Notwendigkeit eines Rechtsakts anerkannt, es muss sich also um eine rechtsförmige Aktivität im Gegensatz zu einer tatsächlichen Aktivität handeln, die ferner imperativ, also mit Befehl und Zwang, durchgesetzt werden kann[225].

Diese Definition ist aber zu eng und damit nicht ausreichend, um jegliches staatliche Handeln, welches rechtfertigungsbedürftig ist, zu erfassen[226]. Deswegen wurde der sogenannte moderne Eingriffsbegriff entwickelt[227]. Darunter werden auch solche staatlichen Handlungen gefasst, die zu einer faktischen und mittelbaren Beeinträchtigung führen[228]. Ferner werden auch die verbleibenden Kriterien des klassischen Eingriffsbegriffs ausgeweitet[229]. Letztlich ergibt sich bei einer Erweiterung aller vier Kriterien folgende Definition: Ein Eingriff ist nach dem modernen Eingriffsverständnis bei jeglichem staatlichen Handeln gegeben, welches dem Einzelnen ein Handeln, das dem Schutzbereich eines Grundrechts unterfällt, ganz oder teilweise unmöglich macht. Dabei kommt es nicht darauf an, ob diese Wirkung beabsichtigt (final) oder unbeabsichtigt, unmittelbar oder mittelbar, rechtsförmig oder faktisch und mit oder ohne Befehl und Zwang eintritt[230].

224 *Peine*, in: Handbuch der Grundrechte III, § 57 Rn. 20.

225 *Kingreen/Poscher*, Rn. 292; *Peine*, in: Handbuch der Grundrechte III, § 57 Rn. 20; *Sachs*, in: Sachs, Vor Art. 1 GG Rn. 80, 82.

226 *Ipsen*, Rn. 143; *Kloepfer*, VerfassungsR II, § 51 Rn. 26; vgl. *Lübbe-Wolff*, S. 69ff.; *Peine*, in: Handbuch der Grundrechte III, § 57 Rn. 29ff.; *Sachs*, in: StaatsR III/2, S. 128; vgl. *Sachs*, in: Sachs, Vor Art. 1 GG Rn. 83.

227 *Kingreen/Poscher*, Rn. 293; *Peine*, in: Handbuch der Grundrechte III, § 57 Rn. 31.

228 *Jarass*, in: Jarass/Pieroth, Vorb. vor Art. 1 GG Rn. 28; *Peine*, in: Handbuch der Grundrechte III, § 57 Rn. 31; *Sachs*, in: Sachs, Vor Art. 1 GG Rn. 83, wobei *Sachs* den Begriff der „sonstigen Beeinträchtigungen“ wählt, da zwischen der Benennung „mittelbar“ bzw. „faktisch“ meist nicht genau unterschieden wird. Zum Teil werden diese staatlichen Handlungen auch als Rechtsakte ohne imperative Wirkung und als Realakte klassifiziert (*Manssen*, in: v. Mangoldt/Klein/Starck, Art. 12 GG Rn. 79).

229 *Kingreen/Poscher*, Rn. 294.

230 *Kingreen/Poscher*, Rn. 294; *Kloepfer*, VerfassungsR II, § 51 Rn. 31.

bb) Besonderheiten bei Art. 12 Abs. 1 GG

(1) Vorliegen eines Eingriffs

Auch wenn im Rahmen des Art. 12 Abs. 1 GG die üblichen Regeln der Grundrechtsdogmatik[231] gelten und damit verbunden auch die beiden erläuterten Eingriffsbegriffe grundsätzlich einschlägig sind, hat sich für Art. 12 Abs. 1 GG eine eigene, etwas abgewandelte Dogmatik entwickelt[232].

Insbesondere wegen der Erweiterungen[233] durch den modernen Eingriffsbegriff bedarf es im Bereich des Art. 12 Abs. 1 GG einer Etablierung von Zurechnungskriterien und damit verbunden einer restriktiven Auslegung[234], um ein Ausufern von staatlichen Handlungen, die in Art. 12 Abs. 1 GG eingreifen könnten, zu vermeiden[235]. Eine solche restriktive Auslegung erweist sich gerade im Bereich des öffentlichen Wirtschaftsrechts als notwendig, ansonsten müssten viele Vorschriften, die nur eine Auswirkung oder eine Rückwirkung auf die berufliche Tätigkeit haben, am Maßstab des Art. 12 Abs. 1 GG geprüft werden[236].

Als restriktives Kriterium wurde die sogenannte berufsregelnde Tendenz der staatlichen Handlung eingeführt. Eine solche ist gegeben, wenn die Handlung des Staates einen Bezug zur beruflichen Betätigung aufweist[237]. Liegt keine solche berufsregelnde Tendenz vor, kommt nur ein Eingriff in die allgemeine Handlungsfreiheit gemäß Art. 2 Abs. 1 GG in Betracht[238].

---

231 Vgl. *Kloepfer*, VerfassungsR II, § 70 Rn. 54.

232 *Dietlein* spricht davon, dass sich die Dogmatik zu Art. 12 GG von der allgemeinen Grundrechtsdogmatik abkopple (*Dietlein*, in: StaatsR IV/1, S. 1844). Vgl. *Manssen*, in: v. Mangoldt/Klein/Starck, Art. 12 GG Rn. 73ff. m.w.N. zur Rechtsprechung insbesondere auch im Hinblick der Notwendigkeit einer berufsregelnden Tendenz.

233 *Friauf* spricht davon, dass mittelbare Lenkungsmaßnahmen, die in ihrer sachlichen Intensität einem unmittelbarem staatlichen Eingriff entsprechen, die Grundrechte in gleicher Weise zu achten haben, wie ein unmittelbar staatlicher Eingriff (*Friauf*, S. 41). Vgl. *Kloepfer*, VerfassungsR II, § 70 Rn. 54.

234 *Manssen*, in: v. Mangoldt/Klein/Starck, Art. 12 GG Rn. 74.

235 Vgl. *BVerfGE* 97, 228 (253f.).

236 *BVerfGE* 111, 191 (213); *Kloepfer*, VerfassungsR II, § 70 Rn. 55.

237 *BVerfGE* 13, 181 (185); 95, 267 (302); *Kloepfer*, VerfassungsR II, § 70 Rn. 55.

238 *Kloepfer*, VerfassungsR II, § 70 Rn. 55. Zum Teil wird dann von einer berufsneutralen Zwecksetzung gesprochen (*Mann*, in: Sachs, Art. 12 GG Rn. 96). Allgemein zum Verhältnis zwischen Art. 12 I GG und Art. 2 II GG: *Scholz*, in: Maunz/Dürig, Art. 12 GG Rn. 122ff. m.w.N.

Innerhalb der berufsregelnden Tendenz erfolgt eine Differenzierung zwischen objektiven und subjektiven berufsregelnden Tendenzen[239]. Eine objektive berufsregelnde Tendenz liegt vor, wenn sich das staatliche Handeln in beachtlichem Rahmen oder unmittelbar auf den Beruf auswirkt[240]. Dies ist nach der Rechtsprechung des Bundesverfassungsgerichts zu bejahen, wenn durch das staatliche Handeln die Rahmenbedingungen der Berufsausübung verändert werden und ein enger Zusammenhang zur Berufsausübung besteht[241]. Eine subjektive berufsregelnde Tendenz ist gegeben, wenn die Handlung des Staates gerade auf die Regelung des Berufes abzielt[242].

Wendet man sich nun der Einordnung einer konkreten staatlichen Maßnahme, wie beispielsweise der Preisbindung für verschreibungspflichtige Medikamente zu, kann man feststellen, dass in Teilen der allgemeinen Literatur zur Berufsfreiheit eine Trennung zwischen der Frage des Vorliegens eines Eingriffs und der Intensität eines Eingriffs unterbleibt[243]. Vielmehr wird sofort auf eine Einstufung hinsichtlich der Intensität des staatlichen Handelns abgestellt[244]. Dadurch wird zwar implizit das Vorliegen eines Eingriffs bejaht, doch ist dies zumindest dogmatisch unsauber und verkürzt. Bevor man von der Intensität eines staatlichen Handelns auf das Vorliegen eines Eingriffs schließt, sollte systematisch aufgearbeitet werden, ob nach den herkömmlichen Grundsätzen ein Eingriff vorliegt[245]. Für diesen Ansatz spricht, dass man die Intensität eines staatlichen Handelns im Hinblick auf Art. 12 Abs. 1 GG erst dann bestimmen kann, wenn man festgestellt hat, dass die Schwelle zum Eingriff überschritten wurde[246].

---

239 *Kloepfer*, VerfassungsR II, § 70 Rn. 56.

240 *Wolff*, in: Hömig/Wolff, Art. 12 GG Rn. 6.

241 *BVerfGE* 13, 181 (186); 111, 191 (213).

242 *Kloepfer*, VerfassungsR II, § 70 Rn. 56; *Wolff*, in: Hömig/Wolff, Art. 12 GG Rn. 6.

243 *Hofmann*, in: Schmidt-Bleibtreu/Hofmann/Henneke, Art. 12 GG Rn. 55; *Ipsen*, Rn. 652ff.; *Kingreen/Poscher*, Rn. 953ff.; differenzierend: *Kloepfer*, VerfassungsR II, § 70 Rn. 54ff., 75ff.; *Ruffert*, in: Epping/Hillgruber, Art. 12 GG Rn. 51ff., 93ff.; *Sodan*, in: Sodan, Art. 12 GG Rn. 20, 30ff.; *Wolff*, in: Hömig/Wolff, Art. 12 GG Rn. 6, 15ff.

244 *Hofmann*, in: Schmidt-Bleibtreu/Hofmann/Henneke, Art. 12 GG Rn. 55; *Kingreen/Poscher*, Rn. 917ff.

245 S.o. B., I., 1., c), aa), S. 48ff.

246 Dafür spricht auch, dass der Frage der Intensität an sich erst auf der Rechtfertigungsebene entscheidende Bedeutung zukommt, da das Bundesverfassungsgericht je nach Intensität der staatlichen Maßnahme unterschiedliche Anforderungen an die Maßstäbe einer Rechtfertigung stellt (*BVerfGE* 7, 377 (405ff.)). Mithin ergibt sich auch daraus im Umkehrschluss, dass die Feststellung des Vorliegens eines Eingriffs doch entscheidend ist.

Durch die Preisbindung für verschreibungspflichtige Arzneimittel möchte der Staat vordergründig eine flächendeckende Arzneimittelversorgung sicherstellen und damit die Gesundheit der Bevölkerung schützen. Die Verkürzung des Schutzes des Art. 12 Abs. 1 GG stellt dabei nicht nur eine unbeabsichtige Nebenfolge dar[247]. Ferner tritt die Verkürzung des Grundrechts auch unmittelbar und rechtsförmig ein. Da beispielsweise in Nordrhein-Westfalen gemäß Art. 6 Abs. 1 Nr. 6 HeilBerG NRW die Kammern zur Beseitigung berufswidriger Zustände belastende Verwaltungsakte erlassen können und gemäß §§ 1 Abs. 2 S. 2, 18 Abs. 1 Nr. 1 BO[248] auch die Abgabe von verschreibungspflichtigen Arzneimitteln unterhalb des einheitlichen Abgabepreises als berufswidriges Verhalten eingestuft wird, kann dies auch auch mit Befehl und Zwang durchgesetzt werden, sodass bereits nach dem engsten Eingriffsbegriff ein Eingriff in den Schutzbereich gegeben ist[249]. Auch unter Zugrundelegung des modernen Eingriffsbegriffes kann ein Eingriff bejaht werden, da dieser eine Erweiterung des klassischen Eingriffsbegriffs darstellt[250]. Im Übrigen begründet sich das Vorliegen einer berufsregelnden Tendenz wie folgt:

80% des Gesamtumsatzes[251] einer Apotheke werden mit Rx-Medikamenten[252] erwirtschaftet, sodass ein Apotheker seinen Lebensunterhalt insbesondere durch den Verkauf von verschreibungspflichtigen Arzneimitteln bestreitet und die Pflicht zur Einhaltung eines einheitlichen Abgabepreises für verschreibungspflichtige Arzneimittel damit einen hinreichenden Bezug zur Berufstätigkeit aufweist. Ferner ist die berufsregelnde Tendenz eine objektive, denn durch die Festlegungen zur Arzneimittelpreisbindung werden die Rahmenbedingungen für die Abgabe von Arzneimitteln geändert, dies steht auch in dem notwendigen engen Zusammenhang zur Berufsausübung[253]. Durch die Feststellung des Vorliegens eines Eingriffs ist aber noch nicht geklärt, welche Intensität das konkrete staatliche Handeln hat.

---

247 S.o. B., I., 1., c), aa), S. 48ff.

248 https://www.aknr.de/service/berufsordnung.php (Stand: 15.01.2019).

249 Die Argumentation von *Koenig/Bache* zum Rx-Versandhandelsverbot kann auf die Preisbindung für verschreibungspflichtige Medikamente übertragen werden: *Koenig/Bache*, PharmR 2009, 261 (262).

250 S.o. B., I., 1., c), aa), S. 49.

251 *Korf/Bauer*, PZ 2017, 20 (26); *May/Bauer/Dettling*, S. 13.

252 Rx-Präparate dürfen nur aufgrund einer ärztlichen Verschreibung abgegeben werden (*Weber*, in: Weber, § 43 AMG Rn. 1).

253 Vgl. *Willenbruch*, PharmR 2010, 321 (321).

(2) Intensität des Eingriffs

Neben der Frage, ob ein Eingriff in den Schutzbereich des Art. 12 Abs. 1 GG vorliegt, muss geprüft werden, welcher Teilbereich[254] des einheitlichen Grundrechts der Berufsfreiheit durch die Normierung einer Preisbindung für verschreibungspflichtige Arzneimittel betroffen ist. Nach der Rechtsprechung des Bundesverfassungsgerichts kann auf drei Stufen in das Grundrecht der Berufsfreiheit eingegriffen werden[255].

(a) Allgemeine Dogmatik

Der Staat kann durch eine Maßnahme in die konkrete Ausgestaltung der Betätigung eingreifen (Wie der Betätigung – Berufsausübung)[256] oder auch eine Festlegung hinsichtlich der Aufnahmemöglichkeit einer beruflichen Betätigung treffen (Ob der Tätigkeit – Berufswahl)[257].

Eine Regelung betrifft die Berufsausübung (1. Stufe)[258], wenn nur die Modalitäten der Berufstätigkeit[259] (Art und Weise) näher ausgestaltet werden[260]. Dabei handele es sich grundsätzlich um eine relativ geringe Beschränkung der Berufsfreiheit[261].

---

254 S.o. B., I., 1., a), S. 35, Fn. 133.

255 *BVerfGE* 7, 377 (405ff.). Statt vieler aus der Literatur: *Mann*, in: Sachs, Art. 12 GG Rn. 125; *Manssen*, in: v. Mangoldt/Klein/Starck, Art. 12 GG Fn. 139ff. *Mann* stellt heraus, dass die Drei-Stufen-Theorie heute nicht mehr sklavisch angewendet wird, es zeigt sich aber immer noch, dass eine Abstufung innerhalb des Grundrechts der Berufsfreiheit notwendig und erforderlich ist (*Mann*, in: Sachs, Art. 12 GG Rn. 125).

256 *BVerfGE* 7, 377 (405f.); *Sodan*, in: Sodan, Art. 12 GG Rn. 30; *Wieland*, in: Dreier, Art. 12 GG Rn. 69; *Wolff*, in: Hömig/Wolff, Art. 12 GG Rn. 8.

257 *Kingreen/Poscher*, Rn. 953; vgl. *Wieland*, in: Dreier, Art. 12 GG Rn. 69.

258 *Kloepfer*, VerfassungsR II, § 70 Rn. 78.

259 *Hofmann*, in: Schmidt-Bleibtreu/Hofmann/Henneke, Art. 12 GG Rn. 61; *Kloepfer*, VerfassungsR II, § 70 Rn. 78; *Wolff*, in: Hömig/Wolff, Art. 12 GG Rn. 8.

260 *BVerfGE* 7, 377 (405f.); *Manssen*, in: v. Mangoldt/Klein/Starck, Art. 12 GG Rn. 140.

261 *Jarass*, in: Jarass/Pieroth, Art. 12 GG Rn. 34; *Ruffert*, in: Epping/Hillgruber, Art. 12 GG Rn. 94. Von dem Vorliegen einer Berufsausübungsregelung auf eine geringe Intensität zu schließen, greift laut *Manssen* zu kurz (*Manssen*, in: v. Mangoldt/Klein/Starck, Art. 12 GG Rn. 141). Auch Berufsausübungsregeln können so schwerwiegend sein, dass der Betroffene den Beruf aufgeben muss (*Ipsen*, JuS 1990, 634 (635f.); *Manssen*, in: v. Mangoldt/Klein/Starck, Art. 12 GG Rn. 141; *Schwabe*, DÖV 1969, 734 (737)). *Ipsen* zeigt dies am Beispiel des Kassenarztur-

Betrifft eine staatliche Maßnahme die Berufswahl, erfolgt eine Differenzierung zwischen subjektiven und objektiven Zulassungsvoraussetzungen[262]. Eine subjektive Zulassungsvoraussetzung (2. Stufe)[263] ist gegeben, wenn die Wahlmöglichkeit eines Berufs vom Vorliegen bestimmter persönlicher und beeinflussbarer Faktoren abhängt[264]. Unter diese beeinflussbaren Faktoren fallen unter anderem Eigenschaften, Erfahrungen, Kenntnisse, Fähigkeiten, Abschlüsse und sonstige persönliche Leistungen[265]. Letztlich können subjektive Zulassungsvoraussetzungen durch den Bewerber beeinflusst werden, denn die gesetzlichen Maßnahmen nehmen die persönlichen Eigenschaften, die für die Berufswahl notwendig sind, als Maßstab[266].

Objektive Zulassungsvoraussetzungen (3. Stufe)[267] stellen den schwerwiegendsten Eingriff in die Berufsfreiheit dar[268], denn dabei handelt es sich um objektive Vorgaben, die von der Person grundsätzlich nicht beeinflusst werden können[269]; sie sind der Beeinflussung durch den Grundrechtsträger vollständig entzogen[270]. Eine objektive Berufszulassungsschranke kann dazu führen, dass derjenige, der alle Voraussetzungen für die Berufswahl erfüllt, also insbesondere die notwendige Ausbildung durchlaufen hat, den Beruf unter Umständen bei Nichtvorliegen der objektiven Zulassungsvoraussetzung nicht ergreifen kann[271].

---

teils (*BVerfGE* 11, 30). Sollte sich eine Berufsausübungsregelung wie eine Berufswahlregelung auswirken, muss diese an den erhöhten Anforderungen gemessen werden (*Ruffert*, in: Epping/Hillgruber, Art. 12 GG Rn. 95 m.w.N.).

262 *BVerfGE* 7, 377 (406); *Kingreen/Poscher*, Rn. 953ff.; *Manssen*, in: v. Mangoldt/Klein/Starck, Art. 12 GG Rn. 147f.; *Sodan*, in: Sodan, Art. 12 GG Rn. 32f.

263 *Kloepfer*, VerfassungsR II, § 70 Rn. 79.

264 *Kingreen/Poscher*, Rn. 960; *Kloepfer*, VerfassungsR II, § 70 Rn. 79.

265 *BVerfGE* 103, 172 (184); *Kingreen/Poscher*, Rn. 960; *Kloepfer*, VerfassungsR II, § 70 Rn. 79.

266 *Kloepfer*, VerfassungsR II, § 70 Rn. 79; *Mann*, in: Sachs, Art. 12 GG Rn. 130.

267 *BVerfGE* 7, 377 (405); *Kloepfer*, VerfassungsR II, § 70 Rn. 79.

268 *Jarass*, in: Jarass/Pieroth, Art. 12 GG Rn. 36; *Ruffert*, in: Epping/Hillgruber, Art. 12 GG Rn. 99.

269 *Mann*, in: Sachs, Art. 12 GG Rn. 130. Zu der Unterscheidung, ob nicht auch bei objektiven Zulassungskriterien zumindest eine mittelbare Beeinflussung über einen Wechsel des Wohnsitzes möglich ist, s.u. C., II., 2., b), bb), (2), S. 141ff.

270 *BVerfGE* 7, 377 (407); 9, 338 (345); *Scholz*, in: Maunz/Dürig, Art. 12 GG Rn. 363.

271 *Hofmann*, in: Schmidt-Bleibtreu/Hofmann/Henneke, Art. 12 GG Rn. 55; *Sodan*, in: Sodan, Art. 12 GG Rn. 33.

(b) Intensität des Eingriffs durch die Arzneimittelpreisbindung

Die Vorgaben, ein Gut nur für einen bestimmten Preis an den Kunden abgeben zu dürfen, berühren nur die Modalitäten der Berufsausübung, mithin die Art und Weise der Ausübung des Berufs, sodass in die Berufsausübungsfreiheit[272] durch den einheitlichen Abgabepreis für verschreibungspflichtige Arzneimittel eingegriffen wird[273].

272 Teilweise wird die Preisfreiheit nicht dem Schutz der Berufsfreiheit unterstellt, sondern als Unterfall der Vertragsfreiheit behandelt (*Manssen*, in: v. Mangoldt/Klein/Starck, Art. 12 GG Rn. 70). Dies begründe sich damit, dass die Vertragsfreiheit als unbenanntes Freiheitsrecht unter Art. 2 I GG zu fassen sei, denn die alleinige Wichtigkeit für berufliches Handeln reiche nicht aus (*Manssen*, in: v. Mangoldt/Klein/Starck, Art. 12 GG Rn. 70). Dem steht entgegen, dass die Preisgestaltung einen nicht unerheblichen Einfluss auf die Existenzgrundlage hat und damit in Beziehung zur Schaffung und Erhaltung einer Lebensgrundlage steht (siehe Defintion eines Berufs: B., I., 1., b), aa), S. 37), sodass solche Eingriffe auch an den Rechtfertigungsanforderungen der Berufsfreiheit gemessen werden müssen (vgl. *Becker*, NZS 2003, 561 (566); *Breuer*, in: HStR VIII, § 170 Rn. 89; *Ipsen*, Kartellrechtliche Preiskontrolle, S. 79f.). Diese Auslegung trifft seit längerer Zeit auf Zuspruch in der Rechtsprechung und Literatur: *BVerfGE* 47, 285 (321); 101, 331 (347); 110, 226 (251); 117, 163 (181); *BVerfG*, Beschluss v. 17.08.2004 – 1 BvR 378/00, NJW 2005, 273 (274); *Mann*, in: Sachs, Art. 12 GG Rn. 79; *Ossenbühl*, AöR 1990, 1 (21f.); *Papier/Krönke*, PharmR 2015, 269 (272).

273 *BVerfGE* 68, 193 (216ff.); vgl. *Kämmerer*, in: v. Münch/Kunig, Art. 12 GG Rn. 27; *Mand*, WRP 2015, 950 (956); *Mann*, in: Sachs, Art. 12 GG Rn. 79 m.w.N.; *Papier/Krönke*, PharmR 2015, 269 (272); *Rehmann*, in: Rehmann, § 78 AMG Rn. 3; *Wolff*, in: Hömig/Wolff, Art. 12 GG Rn. 8. *Scholz* benennt Preisvorschriften als typische Berufsausübungsregelungen: *Scholz*, in: Maunz/Dürig, Art. 12 GG Rn. 343. Im Jahr 1986 hat sich das Bundesverfassungsgericht mit der Verfassungsmäßigkeit einer Preisbindung für Bücher befasst. Diese wurde zwar als verfassungskonform eingestuft. Diese Beurteilung kann aber nicht auf die Arzneimittelpreisbindung übertragen werden, denn die damalige Ausgestaltung einer Preisbindung für Bücher beruhte auf einer vertraglichen Bindung zwischen Privatpersonen gem. § 16 GWB a.F: *BVerfG*, Beschluss v. 26.11.1986 – 1 BvR 1091/85, NJW 1987, 1397. Teilweise wird die Preisbindung ins Verhältnis zu den Niederlassungsbeschränkungen als milderes Mittel angesehen, denn dadurch kann die Zahl der Vertriebsstellen mittelbar reguliert werden: Wissenschaftlicher Dienst des Bundestages, WD 9-3000-065/16, S. 10; *Mand*, WRP 2015, 950 (951, 956).

d) Verfassungsrechtliche Rechtfertigung

Die Berufsfreiheit wird durch die Preisbindung für verschreibungspflichtige Arzneimittel nicht verletzt, da dieser Eingriff auf einer gesetzlichen Grundlage basiert[274], verhältnismäßig ist und mithin gerechtfertigt werden kann.

---

274 Nach dem Wortlaut des Art. 12 I 2 GG kann der Gesetzgeber die Berufsausübung durch oder aufgrund eines Gesetzes regeln. Die Verwendung eines Regelungsvorbehalts (*Sodan*, in: Sodan, Art. 12 GG Rn. 1) durch den Gesetzgeber ergibt sich aus der Historie, denn für das Gewerberecht wurde eine Regulierung für erforderlich gehalten (*Ruffert*, in: Epping/Hillgruber, Art. 12 GG Rn. 73). Dabei muss aber beachtet werden, dass der Begriff des „Gewerbes" enger ist als der des Berufs (*Bachof*, in: Grundrechte III/1, S. 155 (160); *Hesse*, Rn. 420). Ist ein Regelungsvorbehalt normiert, wird zum Teil vertreten, dass der Gesetzgeber nur ermächtigt sei, den Inhalt des Grundrechts durch Modalitäten, Verfahren und Formen zu konkretisieren, er dürfe hingegen den Gehalt des Grundrechts nicht verkürzen oder verändern (*Kingreen/Poscher*, Rn. 276). Noch weitergehender wird zum Teil ein besonders vorsichtiges Tätigwerden des Normgebers gefordert (*Kingreen/Poscher*, Rn. 276). Überwiegend wird vertreten, dass sich durch die abweichende Formulierung in Art. 12 I GG gegenüber anderen Grundrechten, die den Begriff des „Eingreifens" verwenden, keine inhaltlichen Unterschiede ergeben (*Manssen*, in: v. Mangoldt/Klein/Starck, Art. 12 GG Rn. 6, 103, *Ruffert*, in: Epping/Hillgruber, Art. 12 GG Rn. 73). Zur Beschränkung des Art. 12 Abs. 1 GG muss der Gesetzgeber kein formelles Parlamentsgesetz erlassen, die Berufsfreiheit kann auch durch eine Rechtsverordnung oder Satzung, die auf einer formell gesetzlichen Ermächtigungsgrundlage basiert, beschränkt werden (*Breuer*, in: HStR VIII, § 171 Rn. 1f.; *Dietlein*, in: StaatsR IV/1, S. 1884f.; *Jarass*, in: Jarass/Pieroth, Art. 12 GG Rn. 28, 30; *Ruffert*, in: Epping/Hillgruber, Art. 12 GG Rn. 75f.; *Scholz*, in: Maunz/Dürig, Art. 12 GG Rn. 323, 326). Dabei muss unter Zugrundelegung der Wesentlichkeitstheorie das Parlament alle wesentlichen Fragen selbst regeln (*BVerfGE* 38, 373 (381); 94, 372 (390); *Jarass*, in: Jarass/Pieroth, Art. 12 GG Rn. 30). Letztlich stellt Art. 12 I 2 GG nur einen anders formulierten Gesetzesvorbehalt dar (*Jarass*, in: Jarass/Pieroth, Art. 12 GG Rn. 27; *Manssen*, in: v. Mangoldt/Klein/Starck, Art. 12 GG Rn. 6; *Ruffert*, in: Epping/Hillgruber, Art. 12 GG Rn. 73). Die Begrifflichkeit des Gesetzesvorbehaltes verwendet auch das Bundesverfassungsgericht seit geraumer Zeit (*BVerfGE* 54, 237 (246); 102, 197 (213); *Wieland*, in: Dreier, Art. 12 GG Rn. 80).

aa) Verhältnismäßigkeit einer gesetzlichen Regelung

Die Verhältnismäßigkeit[275] der Vorgaben in der Arzneimittelpreisverordnung, die zu einer Preisbindung für verschreibungspflichtige Medikamente führen, ist gegeben, wenn ein legitimes Ziel[276] verfolgt wird, welches geeignet[277], erforderlich[278] und angemessen[279] sein muss.

(1) Legitimer Zweck

Ein legitimer Zweck ist gegeben, wenn das Handeln des Gesetzgebers am Gemeinwohl orientiert ist[280]. Bei der Beurteilung der jeweiligen Zwecke kommt dem Gesetzgeber ein weiter Beurteilungsspielraum zu[281], dadurch wird es nur in den seltensten Fällen an einem legitimen Zweck einer gesetzgeberischen Entscheidung mangeln[282].

Das Ziel, welches der Gesetzgeber durch die Arzneimittelpreisbindung für verschreibungspflichtige Arzneimittel erreichen möchte, ist die Sicherstellung einer ordnungsgemäßen Arzneimittelversorgung[283] und damit der

---

275 *BVerfGE* 94, 372 (389f.); 101, 331 (347); 102, 197 (213); 106, 181 (191f.); 117, 163 (182); 121, 317 (346); *Hofmann*, in: Schmidt-Bleibtreu/Hofmann/Henneke, Art. 12 GG Rn. 53; *Kloepfer*, VerfassungsR II, § 70 Rn. 76.

276 *BVerfGE* 36, 47 (59); 128, 1 (48); *Dreier*, in: Dreier, Vorb. Rn. 146; *Ruffert*, in: Epping/Hillgruber, Art. 12 GG Rn. 89; *Sodan*, in: Sodan, Art. 12 GG Rn. 29, Vorb. Art. 1 Rn. 63.

277 *Hesse*, Rn. 318; *Jarass*, in: Jarass/Pieroth, Art. 12 GG Rn. 42; *Kloepfer*, VerfassungsR II, § 70 Rn. 76; *Sodan*, in: Sodan, Art. 12 GG Rn. 29, Vorb. Art. 1 Rn. 64.

278 *Hesse*, Rn. 318; *Jarass*, in: Jarass/Pieroth, Art. 12 GG Rn. 43; *Manssen*, in: v. Mangoldt/Klein/Starck, Art. 12 GG Rn. 137.

279 *Dreier*, in: Dreier, Vorb. Rn. 149; *Hesse*, Rn. 318; *Hofmann*, in: Schmidt-Bleibtreu/Hofmann/Henneke, Art. 12 GG Rn. 53; *Ipsen*, Rn. 680; *Sodan*, in: Sodan, Art. 12 GG Rn. 29, Vorb. Art. 1 Rn. 66.

280 *BVerfGE* 36, 47 (59); *Ipsen*, Rn. 673; vgl. *Kämmerer*, in: v. Münch/Kunig, Art. 12 GG Rn. 57.

281 Vgl. *BVerfGE* 81, 156 (189); *Ipsen*, Rn. 673; vgl. *Ruffert*, in: Epping/Hillgruber, Art. 12 GG Rn. 88f.

282 *Dreier*, in: Dreier, Vorb. Rn. 146.

283 *GmS-OGB*, Beschluss v. 22.08.2012 – GmS-OGB 1/10, GRUR 2013, 417 (418); *BGH*, Urt. v. 05.03.2015 – I ZR 185/13, GRUR 2015, 1033 (1034); BT-Drucks. 11/5373, S. 27; BT-Drucks. 17/9341, S. 66; *Dettling*, A&R 2008, 118 (120); *Hofmann*, in: Kügel/Müller/Hofmann, § 78 AMG Rn. 50; vgl. *Köhler*, PharmR 2016, 165 (167); *Mand*, NJW 2010, 3681 (3682); *ders.*, WRP 2015, 950 (951); *May/Bauer/Dettling*, S. 10ff.

Schutz der Gesundheit der Bevölkerung, welcher höchster Rang zukommt[284]. Diesem Ziel liegt die Annahme zugrunde, dass durch die Arzneimittelpreisbindung ein ruinöser Preiswettbewerb zwischen den Apotheken[285] im Bereich der verschreibungspflichtigen Arzneimittel verhindert, die Existenz von Apotheken gesichert und letztlich eine ausreichende Apothekendichte gewährleistet wird[286]. Durch eine ausreichende Apothekendichte ist eine Versorgung der Bevölkerung mit Arzneimitteln rechtzeitig[287] und in Wohnortnähe[288] möglich[289]. Ferner soll auch gewährleistet werden, dass ein kranker und auf ein Medikament angewiesener Patient

---

284 *BVerfGE* 17, 269 (276); 107, 186 (196).

285 *BVerfG*, Beschluss v. 19.02.2002 – 1 BvR 1385/01, NJW 2002, 3693 (3694f.); *GmS-OGB*, Beschluss v. 22.08.2012 – GmS-OGB 1/10, GRUR 2013, 417 (418); *Witt/Gregor*, PharmR 2016, 481 (481).

286 *OLG Hamm*, Urt. v. 21.09.2004 – 4 U 74/04, MMR 2005, 101 (104); *Dettling*, PharmR 2003, 401 (407); *ders.*, GRUR-Prax 2013, 177 (178); *Hofmann*, in: Kügel/Müller/Hofmann, § 78 AMG Rn. 13; *Ludyga*, ZVertriebsR 2017, 95 (96); *Tamke*, S. 38f.

287 Der EuGH definiert die „Rechtzeitigkeit" für Leistungen im Gesundheitswesen in einer Zusammenschau mehrerer Urteile dahingehend, dass die Versorgung dann noch rechtzeitig ist, wenn der Zeitraum bis zum Erhalt des Medikaments nicht über den Zeitraum hinausgeht, der bei Berücksichtigung der objektiven medizinischen Beurteilung des Bedarfs des Patienten unter Einbezug der jeweiligen Eigenheiten des Krankheitsfalls noch vertretbar ist: *EuGH*, Urt. v. 12.07.2001, Rs. C-157/99, ECLI:EU:C:2001:404 – Smits und Peerbooms, Rn. 60, 64, 103; *EuGH*, Urt. v. 13.05.2003, Rs. C-385/99, ECLI:EU:C:2003:270 – Müller-Fauré und van Riet, Rn. 41f.; *EuGH*, Urt. v. 16.05.2006, Rs. C-372/04, ECLI:EU:C:2006:325 – Watts, Rn. 119f. Diese Definition kann vom Rechtsgedanken her auf die Beurteilung einer ordnungsgemäßen Arzneimittelversorgung übertragen werden, wobei diese Frage vom BVerwG noch spezifischer im Hinblick auf die räumliche Entfernung zur nächsten Apotheke und zum Zeitbedarf für das Erreichen einer Apotheke beantwortet wurde (*BVerwGE* 45, 331 (331, 337f.)). Vgl. *Dettling*, A&R 2008, 118 (120).

288 Bei der Beurteilung der Wohnortnähe muss inbesondere auf die Nutzer von öffentlichen Verkehrsmitteln Rücksicht genommen werden. Nach der Rechtsprechung des Bundesverwaltungsgerichts darf der Zeitaufwand für den Erhalt von Arzneimitteln von der Abfahrt bis zur Rückankunft nicht mehr als eine Stunde betragen und die Entfernung zur nächsten Apotheke darf nicht mehr als 6 km betragen, ansonsten ist die Arzneimittelversorgung nicht mehr als ordnungsgemäß einzustufen: *BVerwGE* 45, 331 (331, 337f.). Damit wird neben dem geografischen Element der Entfernung auch noch ein zeitliches Element durch die Inbezugnahme der Verkehrsverhältnisse aufgenommen.

289 *Dettling*, PharmR 2003, 401 (407); *ders.*, A&R 2008, 118 (120); *Hofmann*, in: Kügel/Müller/Hofmann, § 78 AMG Rn. 13; *May/Bauer/Dettling*, S. 12.

keinen Preisvergleich oder Preisverhandlungen vornehmen muss[290]. Überdies soll durch die Arzneimittelpreisbindung auch das Arzneimittelpreisniveau gesteuert[291] bzw. gesenkt werden[292], denn dem einheitlichen Abgabepreis für verschreibungspflichtige Arzneimittel kommt insbesondere im Bereich der gesetzlich Versicherten eine kostenvermindernde Funktion zu[293]. Durch das Verbot von Rabatten und anderen Vorteilen, die mit dem Einkauf in Verbindung stehen, soll ein verantwortungsvoller Umgang mit der Inanspruchnahme von Arzneimitteln durch die Versicherten gewährleistet werden[294].

(2) Geeignetheit der Maßnahme

Die gesetzliche Festlegung, dass ein einheitlicher Abgabepreis für verschreibungspflichtige Arzneimittel im weitesten Sinne der Gesundheit der Bevölkerung dient, ist eine geeignete Maßnahme. Eine Maßnahme ist dann geeignet, wenn dadurch der gemeinwohlorientierte Zweck gefördert wird[295], wobei teilweise bereits die Möglichkeit der Zweckerreichung als ausreichend eingestuft wird[296]. Bei der Beurteilung der Frage der Geeignetheit von staatlichen Maßnahmen, die in Art. 12 Abs. 1 GG eingreifen, kommt dem Gesetzgeber üblicherweise ein recht weitgehender Einschätzungsspielraum zu[297]. Je nach zu regelnder Sachmaterie, der Bedeutung der beeinträchtigten Rechtsgüter und den Erkentnismöglichkeiten des Ge-

---

290 BT-Drucks. 17/9341, S. 66; vgl. *Dettling*, PharmR 2003, 401 (407); vgl. *ders.*, GRUR-Prax 2013, 177 (178); vgl. *Heßhaus*, in: Spickhoff, § 78 AMG Rn. 2; vgl. *Kozianka/Hußmann*, PharmR 2017, 10 (12); *Kuck/Rotta*, in: May/Bauer/Dettling, S. V, *May/Bauer/Dettling*, S. 13; *Tamke*, S. 38f.; vgl. *Witt/Gregor*, PharmR 2016, 481 (482).

291 *Kieser*, Rn. 234.

292 *BGH*, Urt. v. 22.02.1984 – I ZR 13/82, GRUR 1984, 748 (749); BT-Drucks. 7/4557, S. 5f.; vgl. *Mand*, NJW 2010, 3681 (3682); *May/Bauer/Dettling*, S. 13.

293 *Witt/Gregor*, PharmR 2016, 481 (482).

294 *Witt/Gregor*, PharmR 2016, 481 (482).

295 *Ipsen*, Rn. 675; *Stern*, in: StaatsR III/2, S. 776ff.

296 *BVerfGE* 96, 10 (23); 100, 313 (373); 103, 293 (307); 113, 167 (234); 115, 276 (308); 116, 202 (224); 117, 163 (188f.); 126, 112 (144); *Sachs*, in: Sachs, Art. 20 GG Rn. 150.

297 Vgl. *Breuer*, in: HStR VIII, § 171 Rn. 23; *Ipsen*, Rn. 675; *Wieland*, in: Dreier, Art. 12 GG Rn. 116ff.

setzgebers[298] misst das Bundesverfassungsgericht in der heutigen Zeit[299] gesetzgeberische Maßnahmen an einem Evidenzmaßstab[300], einer Vertretbarkeitskontrolle[301] oder einer verstärkten Kontrolle[302]. Da die Annahme des Gesetzgebers, dass einheitliche Abgabepreise für eine flächendeckende Arzneimittelversorgung sorgen, zumindest in Teilen von Prognosen und Wertungen abhängig ist[303], unterfällt diese staatliche Maßnahme nur dem reduzierten Prüfungsumfang[304] des Evidenzmaßstabes. Bei der Beurteilung der Geeignetheit eines einheitlichen Abgabepreises kann festgestellt werden, dass sich wirtschaftswissenschaftliche Theorien als Hintergrundfolie ergeben[305]. *Dettling* beschreibt hierbei den neoklassischen Ansatz und die Verhaltensökonomie, diese gründen auf allgemeinen wirtschaftswissenschaftlichen Annahmen zum Preiswettbewerb[306]. Während die neoklassische Theorie insbesondere mit der Preis-Absatz-Funktion argumentiert, diese konkretisiert die Abhängigkeit zwischen der Preishöhe und der Nachfragehöhe durch mathematische Berechnung[307], berücksichtigt die Verhaltensökonomie auch andere Aspekte, wie den Stellenwert der Gesundheit[308]. Das alleinige Kriterium des Preises ist im Gesundheitswesen kein taugliches Steuerungskriterium, vielmehr sollte die Hilfsbedürftigkeit von Menschen im Vordergrund stehen, die sich aus der jeweiligen persönlichen Krankheitsgeschichte ergibt[309]. Mithin darf sich die Beurteilung, ob und inwieweit ein einheitlicher Abgabepreis für verschreibungspflichtige Arzneimittel zur flächendeckenden Versorgung beiträgt, nicht in mathematischen Berechnungen erschöpfen, vielmehr ist der erweiterte Blickwinkel der Verhaltensökonomie anzulegen und es sind die gesundheitsrelevanten Aspekte der Preisbindung für Rx-Medikamente mitzuberücksichti-

298 *BVerfGE* 50, 229 (332); Wissenschaftlicher Dienst des Bundestages, WD 3-3000-241/16, S. 5; *Hesse*, Rn. 320; *Sachs*, in: Sachs, Art. 20 GG Rn. 151.

299 In den ersten Urteilen hat das Bundesverfassungsgericht noch aufgrund eigener Überlegungen entschieden (*BVerfGE* 7, 377 (413ff.); 11, 30 (43ff.)); *Wieland*, in: Dreier, Art. 12 GG Rn. 117.

300 *Dreier*, in: Dreier, Vorb. Rn. 147; *Hesse*, Rn. 320.

301 *BVerfGE* 25, 1 (12f., 17); 30, 250 (263); 39, 210 (225f.).

302 *BVerfGE* 7, 377 (415); 11, 30 (45); 17, 269 (276ff.); *Hesse*, Rn. 320.

303 Diese Wertungen und Prognosen liegen auch dem Gutachten von *May/Bauer/Dettling* zugrunde.

304 *Sachs*, in: Sachs, Art. 12 GG Rn. 145.

305 Ausführlich dazu: *Dettling*, S. 34ff.

306 *Dettling*, S. 34f.

307 *Dettling*, S. 35.

308 Vgl. *Dettling*, S. 36.

309 *Dettling*, S. 39.

gen. Durch die Preisbindung für verschreibungspflichtige Arzneimittel wird eine ausreichende Existenzgrundlage für die Apotheken vor Ort geschaffen, denn ca. 80 % des Umsatzes erwirtschaften die Apotheken mit verschreibungspflichtigen Arzneimitteln[310]. Die Absicherung einer ausreichenden Existenzgrundlage dient dem Schutz der Bevölkerung. Mangelt es den Apotheken an einer ausreichenden Existenzgrundlage, besteht das Risiko, dass die Apotheker ihren gesetzlichen Pflichten im Hinblick auf die Beschäftigung geschulter Mitarbeiter, ordnungsgemäße Lagerung der Arzneimittel oder ähnliches unter Umständen nicht mehr oder nur noch schwerlich nachkommen können[311]. Ferner ist ein weiteres Indiz für die Geeignetheit der Arzneimittelpreisbindung für verschreibungspflichtige Arzneimittel, dass bis dato wohl noch kein nationales Gericht an der Geeignetheit dieser gesetzgeberischen Maßnahme gezweifelt hat[312]. Ein Antrag auf konkrete Normenkontrolle wurde jedenfalls noch nicht an das Bundesverfassungsgericht gestellt, obwohl ausreichende Möglichkeiten bestanden hätten, da eine Vielzahl von Verfahren über die Arzneimittelpreisbindung in den letzten Jahren rechtshängig waren[313]. Überdies ist die Frage, ob und inwieweit eine Regulierung des Abgabpreises für verschreibungspflichtige Arzneimittel zu einer flächendeckenden Arzneimittelversorgung beiträgt, eine wertungs- und prognoseabhängige Tatsachenfrage. Gerade unter Zugrundelegung des Evidenzmaßstabes ist von der Geeignetheit der Preisbindung zur Erhaltung der flächendeckenden Versorgung und damit vom Schutz der Gesundheit auszugehen. Für diese Auslegung sprechen noch zwei weitere Argumente:

Das Bundesverfassungsgericht hat in einer Entscheidung im Jahr 2015 in einem obiter dictum[314] die Verfassungskonformität der Arzneimittelpreis-

---

310 *Korf/Bauer*, PZ 2017, 20 (26); *May/Bauer/Dettling*, S. 13.

311 Vgl. *Hebeler*, JA 2008, 413 (413f.).

312 Vgl. *May/Bauer/Dettling*, S. 6.

313 Bejahend: *OLG Frankfurt am Main*, Urt. v. 29.11.2007 – 6 U 26/07, GRUR-RR 2008, 306; *OLG Hamburg*, Urt. v. 19.02.2009 – 3 U 225/06, BeckRs 2009, 20765; *OLG München*, Urt. v. 02.07.2009 – 29 U 3992/08, GRUR-RR 2010, 53; *OLG Stuttgart*, Urt. v. 10.12.2009 – 2 U 66/09, PharmR 2010, 123; *OLG Hamburg*, Urt. v. 25.03.2010 – 3 U 126/09, PharmR 2010, 410; *LG Saarbrücken*, Urt. v. 31.01.2007 – 71 O 103/06, BeckRs 2008, 10858; *LG Köln*, Urt. v. 23.10.2008 – 31 O 353/08, BeckRs 2008, 24144; Ablehnend: *OLG Hamm*, Urt. v. 21.09.2004 – 4 U 74/04, MMR 2005, 101; *OLG Köln*, Urt. v. 08.05.2009 – 6 U 213/08, GRUR-RR 2010, 79.

314 S.o. B., I., S. 33.

bindung für verschreibungspflichtige Arzneimittel bestätigt[315]. Ferner argumentieren auch zwei Gutachten für die Geeignetheit der Arzneimittelpreisbindung bei verschreibungspflichtigen Arzneimitteln. Einerseits argumentieren *May/Bauer/Dettling*, welche sich mit den Folgen des Wegfalls der Preisbindung für verschreibungspflichtige Arzneimittel und einer Lösungsmöglichkeit –Verbot des Rx-Versandhandels – auseinandersetzen, in diese Richtung. Daneben befasst sich ein Gutachten, welches im März 2018 im Auftrag des Bundesministeriums für Wirtschaft und Engergie veröffentlicht wurde, mit der „Ermittlung und des Ausmaßes von Änderungen der in der Arzneimittelpreisverordnung (AmPreisV) geregelten Preise“[316]. Mithin ergibt sich bereits aus der Grundkonzeption des Gutachtens, dass von der Geeignetheit der Maßnahme zur Erhaltung einer flächendeckenden Versorgung ausgegangen wird[317]. Festzuhalten ist, dass diese gesetzgeberische Maßnahme nicht evident ungeeignet ist[318].

(3) Erforderlichkeit der Maßnahme

Die Erforderlichkeit einer Maßnahme ist gegeben, wenn keine gleich wirksame, aber mildere Maßnahme ersichtlich ist[319]. Mit anderen Worten darf dem Gesetzgeber keine andere Möglichkeit der Regelung verbleiben, die das angestrebte Ziel in gleicher Weise erfüllt, aber die grundrechtlichen Freiheiten weniger belastet[320]. Bei der Beurteilung dieser Frage kommt dem Gesetzgeber ein weiter Einschätzungs- und Prognosespielraum zu[321]. Im Falle von drohenden Gefahren für die Allgemeinheit ist der Spielraum

---

315 *BVerfG*, Beschluss v. 04.11.2015 – 2 BvR 282/13, 2 BvQ 56/12, NJW 2016, 1436, Rn. 17.

316 *An der Heiden/Meyrahn*, Gutachten BMWi.

317 *An der Heiden/Meyrahn*, Gutachten BMWi.

318 *May/Bauer/Dettling*, S. 110.

319 *BVerfGE* 53, 135 (145); 67, 157 (176); 68, 193 (218f.); *Dreier*, in: Dreier, Vorb. Rn. 148; vgl. *Hesse*, Rn. 318; *Huster/Rux*, in: Epping/Hillgruber, Art. 20 GG Rn. 196; *Jarass*, in: Jarass/Pieroth, Art. 20 GG Rn. 119.

320 *BVerfGE* 100, 313 (375); 110, 141 (164); 115, 276 (309); 116, 202 (225); 117, 163 (189); 118, 168 (193f.); 120, 274 (321); *Hofmann*, in: Schmidt-Bleibtreu/Hofmann/Henneke, Art. 20 GG Rn. 72; *Huster/Rux*, in: Epping/Hillgruber, Art. 20 GG Rn. 196; *Leisner*, in: Sodan, Art. 20 GG Rn. 68; *Sommermann*, in: v. Mangoldt/Klein/Starck, Art. 20 Abs. 3 GG Rn. 314.

321 *BVerfGE* 50, 290 (332ff.); 81, 156 (193f.); 90, 145 (173); auch ableitbar aus *Burk*, S. 122f.; *Hofmann*, in: Schmidt-Bleibtreu/Hofmann/Henneke, Art. 20 GG Rn. 72; *Povel*, S. 147.

des Gesetzgebers nach der Rechtsprechung des Bundesverfassungsgerichts erst überschritten, wenn die damit verbundenen Überlegungen so von Fehlern behaftet sind, dass sie unter Zugrundelegung vernünftiger Maßstäbe nicht geeignet sind, die angestrebte Maßnahme zu tragen[322]. Dabei muss beachtet werden, dass dieser Einschätzungsspielraum dem Gesetzgeber insbesondere bei der Vorbereitung eines neuen Gesetzes zukommt[323]. Stellt der Gesetzgeber jedoch anschließend fest, dass die mit dem Gesetz herbeigeführte Lösung unzureichend ist, muss er diese Entscheidung korrigieren[324].

Die Arzneimittelpreisbindung für verschreibungspflichtige Arzneimittel wurde vom Gesetzgeber als mildere Maßnahme im Verhältnis zu den Niederlassungsbeschränkungen eingeführt[325], die in Deutschland nicht mit dem Verfassungsrecht in Einklang gebracht werden können[326]. Durch die Preisbindung für verschreibungspflichtige Arzneimittel soll eine flächendeckende und ordnungsgemäße Arzneimittelversorgung gesichert[327] und damit mittelbar die Niederlassung von Apotheken im Bundesgebiet gesteuert werden[328].

Als mildere, aber gleich wirksame Mittel kommen nach dem Urteil des Europäischen Gerichtshofs vom 19. Oktober 2016 mehrere mögliche gesetzgeberische Maßnahmen in Frage[329].

Alle momentan mehr oder weniger ausführlich diskutierten abweichenden Ansätze[330] könnten indessen je nach konkreter Ausgestaltung in mehr oder weniger großem Umfang mit dem Sachleistungsprinzip gem.

---

322 *BVerfGE* 30, 292 (317); 37, 1 (20); 77, 84 (106); 110, 141 (158).

323 *BVerfGE* 25, 1 (17); *Jarass*, in: Jarass/Pieroth, Art. 20 GG Rn. 122f.

324 *BVerfGE* 25, 1 (13); 50, 290 (335); 57, 139 (162f.); 95, 267 (314f.); *Jarass*, in: Jarass/Pieroth, Art. 20 GG Rn. 122f.

325 Wissenschaftlicher Dienst des Bundestages, WD 9-3000-065/16, S. 10; *Dettling*, APR 2008, 10 (13); *ders.*, A&R 2008, 118 (120); *ders.*, GRUR-Prax 2013, 177 (178); *Kieser*, Rn. 234; *Mand*, WRP 2015, 950 (951).

326 S.u. C., II., S. 132ff.

327 S.o. B., I., 1., d), aa), (1), S. 57ff.

328 Wissenschaftlicher Dienst des Bundestages, WD 9-3000-065/16, S. 10; vgl. *Dettling*, A&R 2008, 118 (120); *ders.*, GRUR-Prax 2013, 177 (178); *Mand*, WRP 2015, 950 (951).

329 *EuGH*, Urt. v. 19.10.2016, Rs. C-148/15, ECLI:EU:C:2016:776 – Deutsche Parkinson Vereinigung.

330 *Brauns*, StoffR 2015, 20 (30) geht davon aus, dass mildere Maßnahmen möglich sein, spezifiziert dies aber nicht ausreichend.

§ 2 Abs. 2 SGB V in Konflikt treten[331] oder zu dessen Abschaffung führen[332]. Das Sachleistungsprinzip steht in Zusammenhang mit dem System der Gesetzlichen Krankenversicherung, denn für diese Versicherten werden die notwendigen Leistungen in natura zur Verfügung gestellt[333]. Die Mehrzahl der Bevölkerung in Deutschland ist in der gesetzlichen Krankenversicherung versichert[334]. Da auch das Sachleistungsprinzip einer gesetzlichen Änderungsmöglichkeit unterliegt[335], ist für jede Maßnahme gesondert zu prüfen, ob es sich um eine mildere, aber gleich wirksame Maßnahme handelt.

---

331 Eine endgültige Beurteilung ist insbesondere im Hinblick auf das Sachleistungsprinzip schwierig, da oftmals nur Begrifflichkeiten in den Raum gestellt werden, aber eine Beschreibung der genauen Ausgestaltung unterbleibt. Als Beispiel kann hierfür die Aussage der AOK Baden-Württemberg genannt werden: https://www.apotheke-adhoc.de/index.php?id=65&L=1&tx_aponews_newsdetail%5Baction%5D=show&tx_aponews_newsdetail%5Bcontroller%5D=News&tx_aponews_newsdetail%5BnewsItem%5D=44551&tx_aponews_newsdetail%5Bnewscategory%5D=10&tx_aponews_newsdetail%5B%40widget_4%5D%5BcurrentPage%5D=2&tx_aponews_newsdetail%5B%40widget_4%5D%5BitemsPerPage%5D=1&cHash=7a9c78331a345f18ee2fe7eb0cc8c363 (Stand: 15.01.2019).

332 *May/Bauer/Dettling*, S. 113ff.

333 *Joussen*, in: Rolfs/Giesen/Kreikebohm/Udsching, § 2 SGB V Rn. 5ff.; *Krauskopf*, in: Wagner/Knittel, § 2 SGB V Rn. 8f.; *Reese/Stallberg*, in: Dieners/Reese, § 17 Rn. 60. Dabei muss bedacht werden, dass die Terminologie des Sachleistungsprinzips eigentlich zu kurz greift, da auch Dienstleistungen in das Portfolio der gesetzlichen Krankenkassen fallen (*Joussen*, in: Rolfs/Giesen/Kreikebohm/Udsching, § 2 SGB V Rn. 5).

334 https://www.gkv-spitzenverband.de/gkv_spitzenverband/presse/zahlen_und_grafiken/zahlen_und_grafiken.jsp (Stand: 15.01.2019). Geht man von einer Bevölkerungsanzahl im Jahr 2018 von 82,9 Millionen Menschen in Deutschland aus: https://www.destatis.de/DE/ZahlenFakten/GesellschaftStaat/Bevoelkerung/Bevoelkerung.html (Stand: 15.01.2019), entsprechen die ca. 73,3 Millionen Gesetzlich Versicherten ca. 88,42 % der deutschen Bevölkerung.

335 Die Abschaffung des Sachleistungsprinzips wie *May/Bauer/Dettling* dies richtigerweise betonen, darf für die Gesundheitsversorgung in Deutschland nicht unterschätzt werden. Ohne Sachleistungsprinzip müssten die erkrankten Patienten in Vorleistung treten, um ihre Medikamente zu erhalten. Es ist zumindest nicht auszuschließen, dass dies für einen großen Teil der Bevölkerung je nach Einnahmehäufigkeit des Medikaments und je nach Höhe des Preises eine Schwierigkeit darstellt (*May/Bauer/Dettling*, S. 114).

(a) Höchstpreisregelung

Eine mildere, aber gleich wirksame Maßnahme könnte in der Festlegung von Höchstpreisen für verschreibungspflichtige Arzneimittel[336] zu sehen sein[337]. Im Gegensatz zu Festpreisen kann dann zumindest in einem gewissen Umfang ein Preiswettbewerb stattfinden[338]. Nur zum Schutz der Verbraucher vor übervorteilender Behandlung durch Ausnutzung einer Notsituation durch überhöhte Preise wird eine Grenze gesetzt. Bei der Einführung von Höchstpreisen ist zu befürchten, dass ein preislicher race-to-the-bottom auch im oftmals gut versorgten städtischen Bereich einsetzen könnte, sodass aufgrund des entstehenden Kostendrucks eine Umsatzverschiebung einsetzen wird[339]. Dies kann zu einer Existenzgefährdung der niedergelassenen Apotheker führen, was zunächst möglicherweise den Apothekern die Einhaltung der Verpflichtungen beim Betrieb einer Apo-

---

336 Ausführlicher hat sich damit bereits *Dettling* beschäftigt: *Dettling*, APR 2008, 10; *ders.*, APR 2008, 34. Dabei muss beachtet werden, dass eine generelle Übertragung der damaligen Ansätze nur mit Vorsicht möglich ist, da seitdem die Rechtsentwicklung weiter fortgeschritten ist und es einer genaueren Konkretisierung der angestrebten Veränderung des Preisgefüges bedürfte.

337 Generalanwalt *Szpunar*, Schlussanträge v. 02.06.2016, Rs. C-148/15, ECLI:EU:C:2016:394 – Deutsche Parkinson Vereinigung, Rn. 77. Diese Idee wurde von der AOK Baden-Württemberg nach dem EuGH Urteil wieder aufgegriffen: https://www.apotheke-adhoc.de/index.php?id=65&L=1&tx_aponews_newsdetail%5Baction%5D=show&tx_aponews_newsdetail%5Bcontroller%5D=News&tx_aponews_newsdetail%5BnewsItem%5D=44551&tx_aponews_newsdetail%5Bnewscategory%5D=10&tx_aponews_newsdetail%5B%40widget_4%5D%5Bc urrentPage%5D=2&tx_aponews_newsdetail%5B%40widget_4%5D%5BitemsPerPage%5D=1&cHash=7a9c78331a345f18ee2fe7eb0cc8c363 (Stand: 15.01.2019). Die AOK Baden-Württemberg geht davon aus, dass bei der Einführung von Höchstpreisen eine Verlagerung von Apotheken auf das Land erfolgen wird („Stadtflucht"), da dort dann höhere Preise für Medikamente aufgerufen werden könnten. Dagegen spricht, aber dass dann die Erhaltung einer notwendigen Gesundheitsversorgung vom Verhandlungsgeschick des Einzelnen abhängen würde. Eben diese Verhandlungen sollen erkrankten Menschen erspart bleiben, denn wie nannte es *Dettling*, im Falle einer Krankheit wird aus einem „homo oeconomicus" oftmals ein ein „homo defectus" (*Dettling*, GRUR-Prax 2013, 177 (178)). Dieser Wechsel vom „homo oeconomicus" hin zum „homo defectus" findet natürlich auch im Bereich der nicht preisgebundenen, verschreibungsfreien Arzneimittel statt. Dies ist als nicht so gravierend einzustufen, denn der Leidensdruck bei Krankheiten, die mit verschreibungspflichtigen Arzneimitteln behandelt werden müssen, ist wohl meist größer.

338 Generalanwalt *Szpunar*, Schlussanträge v. 02.06.2016, Rs. C-148/15, ECLI:EU:C:2016:394 – Deutsche Parkinson Vereinigung, Rn. 77.

339 *Dettling*, APR 2008, 34 (36f.).

theke erschweren bzw. unmöglich machen könnte[340] und sodann ein Apothekensterben nach sich ziehen kann[341]. Mithin wäre eine Normierung von Höchstpreisen für die Abgabe von verschreibungspflichtigen Arzneimitteln kein gleich wirksames, aber milderes Mittel[342].

(b) Sanfter Preiswettbewerb mit beschränkten Boni

Als weitere mildere, gleich wirksame Maßnahme wird ein sogenannter „sanfter Preiswettbewerb"[343] diskutiert. Der sanfte Preiswettbewerb wäre darin zu sehen, dass in einem gewissen Bereich den Apotheken ein Bewegungsspielraum verbleiben würde, in dem sie geringe Rabatte an den Endkunden weitergeben dürften[344]. Dies wurde nach dem Urteil des Europäischen Gerichtshofs im Jahr 2016 insbesondere durch zwei SPD-Politiker präferiert[345] und durch die Monopolkommission in ihrem 18. Hauptgutachten aufgegriffen[346], wobei sich die Begrenzung des Boni bei diesem Vorschlag aus der Höhe der Zuzahlung ergibt[347]. Durch diesen flexiblen, von den Apotheken zu bestimmenden Bestandteil eines Teilbetrages des Preises könnten die Apotheken ähnlich wie Versandhandelsapotheken aus dem europäischen Ausland nach dem Urteil des Europäischen Gerichtshofs[348] den bestellenden Personen einen Bonus im Bereich der Rx-Medika-

340 S.o. B., I., 1., d), aa), (2), S. 61.
341 Vgl. *Dettling*, APR 2008, 34 (36f.).
342 *Mand* zieht diesen Schluss zwar bei einer Prüfung der Europarechtskonformität der Preisbindung für verschreibungspflichtige Arzneimittel (*Mand*, WRP 2015, 950 (956)), dieser ist aber auf der Ebene der Erforderlichkeit auch auf das Verfassungsrecht übetragbar.
343 *May/Bauer/Dettling*, S. 105, 115f.
344 *Koenig*, PharmR 2017, 233 (234f.); *Rohrer*, Boni-Deckel, Versandhandel.
345 *Rohrer*, Boni-Deckel, Versandhandel.
346 *Monopolkommission*, 18. Hauptgutachten, BT-Drucks. 17/2600, S. 54ff. Etwas unklar zeigt sich die Aussage der Monopolkommission in den weiteren Veröffentlichungen. Im 22. Hauptgutachten und im Policy Brief präferiert sie einerseits eine Aufhebung des einheitlichen Abgabepreises, sieht aber andererseits vor, dass die Apotheken bis zur Höhe der Zuzahlung Rabatte gewähren dürften (*Monopolkommission*, 22. Hauptgutachten, Rn. 74; *Monopolkommission*, Policy Brief, Dezember 2018, S. 3f.).
347 *Monopolkommission*, 18. Hauptgutachten, BT-Drucks. 17/2600, S. 54ff.; *Monopolkommission*, 22. Hauptgutachten, Rn. 75; *Monopolkommission*, Policy Brief, Dezember 2018, S. 3f.
348 *EuGH*, Urt. v. 19.10.2016, Rs. C-148/15, ECLI:EU:C:2016:776 – Deutsche Parkinson Vereinigung.

mente zukommen lassen[349]. Wie sich aus dem wettbewerbsökonomischem und gesundheitspolitischem Gutachten von *May/Bauer/Dettling* ergibt, wäre ein solch sanfter Preiswettbewerb zwar eine mildere Maßnahme, es liegt aber nahe, dass es an der gleichen Wirksamkeit im Hinblick auf den Schutz und die Gewährleistung einer gleichmäßigen und flächendeckenden Versorgung mangelt[350]. Dies begründet sich nach *May/Bauer/Dettling* damit, dass die Kumulierung zwischen Preisbindung auf der einen Seite und einem geringen Preiswettbewerb auf der anderen Seite zu einer Verminderung der Apothekendichte führen würde, insbesondere im ländlichen Bereich[351]. Diese Argumentation ist inbesondere aufgrund des weitgehenden Einschätzungsspielraums[352] hinreichend, um den sanften Preiswettbewerb zwar als mildere, aber nicht gleich wirksame Maßnahme einzustufen.

(c) Abschaffung der Preisbindung (mit Abschaffung des Sachleistungsprinzips)

Verneint man bereits bei Höchstpreisregelungen oder einem sanften Preiswettbewerb die gleiche Wirksamkeit der Maßnahme zum Schutz der Gesundheit, wie dies durch die Preisbindung für verschreibungspflichtige Arzneimittel gewährleistet wird, muss dies erst recht für die vollständige Abschaffung der Preisbindung für verschreibungspflichtige Arzneimittel[353] gelten. Mithin ist die Abschaffung der Preisbindung für verschreibungspflichtige Arzneimittel kein gleich wirksames Mittel[354]. Dieser Maßnahme fehlt es aber auch für sich betrachtet an der gleichen Wirksamkeit wie der Preisbindung, da eine vollständige Freigabe der Preise im Bereich

---

349 *May/Bauer/Dettling*, S. 105, 115f.

350 *May/Bauer/Dettling*, S. 105, 115f.

351 *May/Bauer/Dettling*, S. 105.

352 S.o. B., I., 1., d), aa), (3), S. 62ff.

353 Dies forderte der *EuGH*, Urt. v. 19.10.2016, Rs. C-148/15, ECLI:EU:C:2016:776 – Deutsche Parkinson Vereinigung, Rn. 38.

354 *Mand*, WRP 2015, 950 (956f.). *Mand* stellt dies für die Frage der Verhältnismäßigkeit im europarechtlichen Sinne fest, diese Argumentation lässt sich auf das Verfassungsrecht übertragen.

der verschreibungspflichtigen Arzneimittel zu einer Zunahme des Wettbewerbs führen[355] und letztlich in ein Apothekensterben münden würde[356].

(4) Angemessenheit der Maßnahme

Die Angemessenheit einer staatlichen Maßnahme kann bejaht werden, wenn ein angemessener Ausgleich zwischen der Schwere des Eingriffs in das Grundrecht und der Wichtigkeit des öffentlichen Zwecks, der mit der Maßnahme verfolgt wird, gegeben ist[357]. Mithin muss eine adäquate Zweck-Mittel-Relation gegeben sein[358]. Die Preisbindung für verschreibungspflichtige Arzneimittel greift auf der Stufe einer Berufsausübungsregelung[359] in die Berufsfreiheit ein, um mit einer ordnungsgemäßen und flächendeckenden Versorgung mit Arzneimitteln[360] die Volksgesundheit zu schützen. Die Volksgesundheit kann als vernünftiger Grund des Gemeinwohls eingestuft werden, da mit dem Argument des Schutzes der Volksgesundheit sogar objektive Zulassungsschranken grundsätzlich gerechtfertigt werden können[361]. Mithin steht der Eingriff in die Berufsfreiheit im Verhältnis mit dem zu schützenden Gemeinwohlbelang in einem angemessenen Verhältnis.

bb) Zwischenbefund

Die Preisbindung für verschreibungspflichtige Arzneimittel ist eine verhältnismäßige staatliche Maßnahme.

---

355 *May/Bauer/Dettling*, S. 113f.

356 Vgl. *May/Bauer/Dettling*, S. 114f. Dies ergibt sich bereits daraus, dass Apotheken 80% des Umsatzes mit verschreibungspflichtigen Arzneimitteln erwirtschaften: *Korf/Bauer*, PZ 2017, 20 (26).

357 *BVerfGE* 50, 217 (227); 99, 202 (212f.); 105, 17 (36); 115, 320 (345f.); 118, 168 (195f.); 120, 274 (321f.); 133, 277 (322f.); *Dreier*, in: Dreier, Vorb. Rn. 149.

358 *Dreier*, in: Dreier, Vorb. Rn. 149.

359 S.o. B., I., 1., c), bb), (2), (a), S. 53ff.

360 S.o. A., II., S. 25ff.

361 *BVerfGE* 7, 377 (414); 9, 39 (52); 17, 269 (276); *Povel*, S. 137; *Scholz*, in: Maunz/Dürig, Art. 12 GG Rn. 352; *Umbach*, in: Umbach/Clemens, Art. 12 GG Rn. 100f.

2. Ergebnis

Mithin steht die Preisbindung für verschreibungspflichtige Arzneimittel mit dem im Grundgesetz garantierten Grundrecht der Berufsfreiheit in Einklang.

II. Vereinbarkeit mit dem Europarecht

Neben der Frage, ob eine Preisbindung für Rx-Medikamente mit dem nationalen Verfassungsrecht in Einklang zu bringen ist, wird seit dem Urteil des Europäischen Gerichtshofs aus dem Jahr 2016 auch darüber diskutiert, ob dieses Urteil ein Fehlurteil war, da der Europäische Gerichtshof die Europarechtswidrigkeit der nationalen Regelung festgestellt hat. Ausgangspunkt für die Klärung der Europarechtskonformität der Preisbindung für Rx-Medikamente ist die in den Verträgen vorgesehene Kompetenzverteilung zwischen Deutschland und der Europäischen Union im Allgemeinen und im Gesundheitsbereich im Speziellen (dazu 1.). Daneben kommt es auch darauf an, ob für das Apothekenwesen eine sekundärrechtliche Ausgestaltung erfolgt ist (dazu 2.). Mangelt es an einer solchen sekundärrechtlichen Ausgestaltung wird es entscheidend darauf ankommen, ob die Preisbindung für Rx-Arzneimittel mit der Warenverkehrsfreiheit in Einklang gebracht werden kann (dazu 3.).

1. Kompetenzverteilung im Bereich des Gesundheitswesens

a) Kompetenztypen

Die Europäische Union darf nur im Rahmen begrenzter Einzelermächtigungen handeln, Art. 5 Abs. 1 S. 1, Abs. 2 EUV. Es besteht in Abgrenzung zu einem Staat nicht die Kompetenz, jede Materie aufgrund einer umfassenden Verbands- und Organkompetenz zu regeln[362], folglich fehlt es der Europäischen Union an der Kompetenz-Kompetenz[363]. Gemäß Art. 5 Abs. 2 S. 2 EUV verbleiben die Bereiche, die nicht an die Europäi-

362 *Craig/de Búrca*, S. 73f.; *Streinz*, in: Streinz, Art. 5 EUV Rn. 8.

363 *Kotzur*, in: Geiger/Khan/Kotzur, Art. 2 AEUV Rn. 2; *Nettesheim*, in: Grabitz/Hilf/Nettesheim, Art. 1 AEUV Rn. 18; vgl. *Nettesheim*, in: Oppermann/Classen/Nettesheim, § 11 Rn. 3.

sche Union übertragen wurden, im Zuständigkeitsbereich der Mitgliedstaaten. Die durch das Prinzip der begrenzten Einzelermächtigung notwendige spezielle Zuweisung von Zuständigkeiten an die Europäische Union von den Mitgliedstaaten erfolgt in Form von ausschließlichen, geteilten, koordinierenden und unterstützenden Zuständigkeiten gemäß Art. 2 AEUV[364]. Durch die Art. 3 bis 6 AEUV werden die jeweiligen inhaltlichen Bereiche unter einen der Kompetenztypen gefasst[365], wobei aber beachtet werden muss, dass sich die jeweilige kompetenzbegründende Norm gemäß Art. 2 Abs. 6 AEUV aus den Bestimmungen der Verträge ergibt[366] und damit die Art. 3 bis 6 AEUV nicht zur Kompetenzbegründung herangezogen werden können. Für die Bereiche des Art. 3 AEUV besteht eine ausschließliche Kompetenz. Eine ausschließliche Kompetenz gem. Art. 2 Abs. 1 S. 1 Hs. 1 AEUV ist gegeben, wenn grundsätzlich nur die Europäische Union gesetzgeberisch tätig werden kann. Eine mitgliedstaatliche Handlungsmöglichkeit besteht gem. Art. 2 Abs. 1 S. 1 Hs. 2 AEUV nur, wenn die Mitgliedstaaten von der Union hierzu ermächtigt wurden oder die Mitgliedstaaten Rechtsakte der Europäischen Union durchführen. Eine geteilte Zuständigkeit für die Politikbereiche des Art. 4 AEUV führt dazu, dass grundsätzlich die Europäische Union und die Mitgliedstaaten nebeneinander tätig werden können, Art. 2 Abs. 2 S. 1 AEUV. Dabei nehmen die Mitgliedstaaten gemäß Art. 2 Abs. 2 S. 2 AEUV ihre Zuständigkeit nur dann und nur in dem Rahmen wahr, soweit die Union noch nicht tätig geworden ist. Die geteilte Kompetenz zwischen der Europäischen Union und den Mitgliedstaaten stellt den Regelfall der Kompetenzverteilung dar[367].

Eine weitere Zuständigkeitsform der Europäischen Union ist die Unterstützungs- und Koordinierungszuständigkeit gemäß Art. 2 Abs. 3, 5 AEUV. In diesen Bereichen, welche in Art. 6 AEUV näher ausgeführt werden, verbleibt die Zuständigkeit vorrangig bei den Mitgliedstaaten[368], dabei koordiniert oder unterstützt die Europäische Union das Handeln der Mitgliedstaaten[369].

---

364 Dazu: *Craig/de Búrca*, S. 73; *Kotzur*, in: Geiger/Khan/Kotzur, Art. 2 AEUV Rn. 2.

365 *Haratsch/Koenig/Pechstein*, Rn. 165; *Streinz*, in: Streinz, Art. 5 EUV Rn. 13.

366 Dazu: *Kotzur*, in: Geiger/Khan/Kotzur, Art. 2 AEUV Rn. 2.

367 *Haratsch/Koenig/Pechstein*, Rn. 168; *Kotzur*, in: Geiger/Khan/Kotzur, Art. 2 AEUV Rn. 4; *Streinz*, in: Streinz, Art. 4 AEUV Rn. 2.

368 *Streinz*, in: Streinz, Art. 2 AEUV Rn. 12.

369 *Kotzur*, in: Geiger/Khan/Kotzur, Art. 2 AEUV Rn. 6; *Vedder*, in: Vedder/Heintschel von Heinegg, Art. 2 AEUV Rn. 21.

b) Ausgestaltung der Kompetenzen im Gesundheitsbereich

Gemäß Art. 6 S. 2 lit. a) AEUV besteht für den Bereich des Schutzes und der Verbesserung der menschlichen Gesundheit grundsätzlich eine Unterstützungs-, Koordinierungs- und Ergänzungskompetenz[370]. Der genaue Umfang dieser Kompetenz ergibt sich aus der jeweiligen konkreten Norm des AEUV[371], im Falle des Gesundheitswesens aus Art. 168 AEUV.

Grundsätzlich stellt die Erhaltung eines hohen Niveaus im Gesundheitswesen gemäß Art. 168 Abs. 1 UAbs. 1 AEUV eine Querschnittsmaterie dar[372]. Danach ist bei allen unionspolitischen Aktivitäten sicherzustellen, dass ein hohes Gesundheitsschutzniveau erreicht wird[373]. Auch in Art. 9 AEUV ist in einer allgemeinen Querschnittsklausel ein hohes Gesundheitsschutzniveau normiert. Dabei ist aufgrund der abweichenden Formulierung in Art. 9 AEUV im Vergleich zu Art. 168 Abs. 1 UAbs. 1 AEUV festzustellen, dass Art. 168 Abs. 1 UAbs. 1 AEUV eine höhere rechtliche Bindung zukommt. Während Art. 9 AEUV davon spricht, dass die Europäische Union nur einem hohen Niveau Rechnung tragen muss, normiert Art. 168 Abs. 1 UAbs. 1 AEUV die Pflicht der Europäischen Union zur Sicherstellung eines hohen Gesundheitsschutzniveaus[374].

Die Europäische Union ist im Rahmen der geltenden Verträge weitestgehend nicht in der Lage, eine eigene Politik im Gesundheitswesen zu verfolgen, die das Handeln der Mitgliedstaaten ersetzen könnte[375]. Gemäß Art. 168 Abs. 7 S. 1 AEUV hat die Europäische Union bei ihren Aktivitäten vielmehr die Verantwortung jedes einzelnen Mitgliedstaates bei der Festlegung der Gesundheitspolitik, der Organisation des Gesundheitswesens und der medizinischen Versorgung gemäß Art. 168 Abs. 7 S. 1 AEUV zu wahren. Art. 168 Abs. 7 AEUV wurde durch den Vertrag von Lissabon

370 Eine Ausnahme von diesem Kompetenzgefüge ist Art. 4 II lit. k AEUV, demnach besteht für gemeinsame Sicherheitsanliegen im Gesundheitsbereich eine geteilte Kompetenz gem. Art. 2 II AEUV, welche in Art. 168 IV spezifiziert wird (*Vedder*, in: Vedder/Heintschel von Heinegg, Art. 4 AEUV Rn. 5, Art. 168 AEUV Rn. 9).

371 *Vedder*, in: Vedder/Heintschel von Heinegg, Art. 6 AEUV Rn. 3.

372 *Janda*, in: Enzyklopädie EuR 5, § 9 Rn. 17ff.; *Lübbig*, in: Pechstein/Nowak/Häde, Art. 168 AEUV Rn. 13; *Niggemeier*, in: v. der Groeben/Schwarze/Hatje, Art. 168 AEUV Rn. 9; *Vedder*, in: Vedder/Heintschel von Heinegg, Art. 168 AEUV Rn. 4.

373 *Lübbig*, in: Pechstein/Nowak/Häde, Art. 168 AEUV Rn. 13.

374 *Lübbig*, in: Pechstein/Nowak/Häde, Art. 168 AEUV Rn. 13.

375 *Craig/de Búrca*, S. 86f.; *Hancher/Sauter*, CMLR 2010, 117 (121); vgl. *Kotzur*, in: Geiger/Khan/Kotzur, Art. 168 AEUV Rn. 7.

noch klarer formuliert als die Vorgängerreglung in Art. 152 AEUV[376]. In den Verantwortungsbereich der Mitgliedstaaten fällt die Verwaltung des Gesundheitswesens, die medizinische Versorgung und die Koordinierung der Mittel, die dafür bereitgestellt werden, Art. 168 Abs. 7 S. 2 AEUV.

Der Europäische Gerichtshof hat den Art. 168 Abs. 7 AEUV dahingehend konkretisiert, dass das Unionsrecht insbesondere ein System der sozialen Sicherheit, welches auch die Organisation der Erbringung von Diensten im Gesundheitswesen betrifft, unberührt lässt[377]. Danach obliegt es den Mitgliedstaaten, auf welchem Niveau und in welcher Ausgestaltung der Schutz von Gesundheit und Leben erfolgen soll[378]. Dabei ist aber der hohe Stellenwert von Leben und Gesundheit zu beachten, denn diesen Gütern kommt höchster Rang zu[379]. Dies entbindet die Mitgliedstaaten bei der Ausübung dieser Zuständigkeit aber nicht von der Einhaltung des Unionsrechts, insbesondere müssen die Vertragsbestimmungen über die Grundfreiheiten beachtet werden[380]; diese Bestimmungen untersagen es den Mitgliedstaaten, ungerechtfertigte Beschränkungen der Ausübung dieser Freiheiten im Bereich der Gesundheitsversorgung einzuführen oder beizubehalten. Seit jeher ist aber anerkannt, dass gesundheitsrelevante Aspekte der Verwirklichung des Binnenmarktes in Form eines Rechtfertigungsgrundes Grenzen setzen können[381].

Da sich die Tätigkeit eines Apothekers nicht nur in der Aushändigung des Arzneimittels als Ware besonderer Art[382] erschöpft, sondern ihm auch inbesondere im Bereich der nicht verschreibungspflichtigen Arzneimittel eine Informations- und Beratungsleistung gemäß § 20 ApoBetrO zu-

---

376 *Mand/Burk*, A&R 2010, 51 (58).

377 *EuGH*, Urt. v. 01.06.2010, verb. Rs. C-570, 571/07, ECLI:EU:C:2010:300 – Péréz/Gómez, Rn. 43.

378 *EuGH*, Urt. v. 10.03.2009, Rs. C-169/07, ECLI:EU:C:2009:141 – Hartlauer, Rn. 30; *EuGH*, Urt. v. 01.06.2010, verb. Rs. C-570, 571/07, ECLI:EU:C:2010:300 – Péréz/Gómez, Rn. 44.

379 *EuGH*, Urt. v. 01.06.2010, verb. Rs. C-570, 571/07, ECLI:EU:C:2010:300 – Péréz/Gómez, Rn. 44; vgl. *Lux*, in: Lenz/Borchardt, Art. 36 AEUV Rn. 12.

380 *EuGH*, Urt. v. 10.03.2009, Rs. C-169/07, ECLI:EU:C:2009:141 – Hartlauer, Rn. 29; *EuGH*, Urt. v. 19.05.2009, Rs. C-531/06, ECLI:EU:C:2009:315 – Kommission/Italien, Rn. 35; *EuGH*, Urt. v. 19.05.2009, verb. Rs. C-171, 172/07, ECLI:EU:C:2009:316 – Apothekerkammer des Saarlandes u.a., Rn. 18; *EuGH*, Urt. v. 01.06.2010, verb. Rs. C-570, 571/07, ECLI:EU:C:2010:300 – Péréz/Gómez, Rn. 43; *Hancher/Sauter*, CMLR 2010, 117 (122); *Janda*, in: Enzyklopädie EuR 5, § 9 Rn. 22.

381 *Kotzur*, in: Geiger/Khan/Kotzur, Art. 168 AEUV Rn. 1.

382 *BVerfGE* 17, 232 (239); *May/Bauer/Dettling*, S. 10, 15.

kommt, um eine ordnungsgemäße Anwendung eines Medikaments zu gewährleisten, handelt es sich bei der Aufrechterhaltung einer ausreichenden Apothekenstruktur, die durch eine Arzneimittelpreisbindung für verschreibungspflichtige Arzneimittel zumindest gefördert wird[383], um eine Organisationsstruktur im Bereich des Gesundheitswesens, sodass dies unter Art. 168 Abs. 7 AEUV gefasst werden kann[384].

2. Vorrangigkeit des Sekundärrechts

Um klären zu können, ob und inwieweit die Preisbindung für Rx-Medikamente mit der Warenverkehrsfreiheit in Einklang steht, ist zu prüfen, ob es einschlägiges Sekundärrecht für diese Materie gibt. Neben der allgemeinen Differenzierung zwischen Primärrecht und Sekundärrecht (dazu a)), kommt es darauf an, ob die Europäische Union Sekundärrecht für den Bereich der Arzneimittelpreisbindung erlassen hat (dazu b)). Hat die Europäische Union für das Arzneimittelpreisrecht Sekundärrecht erlassen, müssen sich die mitgliedstaatlichen Maßnahmen an diesem Maßstab messen lassen, soweit dadurch eine abschließende Regelung getroffen wird[385], wobei bei der Auslegung des Sekundärrechts das Primärrecht Berücksichtigung finden muss[386].

a) Differenzierung zwischen Primärrecht und Sekundärrecht

Das Primärrecht umfasst zunächst das Vertragsrecht[387]. Demnach gründet sich die Union gemäß Art. 1 Abs. 3 EUV, Art. 1 Abs. 2 AEUV auf dem Vertrag über die Arbeitsweise der Europäischen Union (AEUV), dem Vertrag über die Europäische Union (EUV) und die gemäß Art. 6 Abs. 1 EUV den

383 *May/Bauer/Dettling*, S. 110.

384 *Janda* argumentiert so, dass der Vertriebsweg vom Europarecht ungeregelt ist (*Janda*, Enzyklopädie EuR 5, § 9 Rn. 95).

385 *EuGH*, Urt. v. 14.03.2013, Rs. C-216/11, ECLI:EU:C:2013:162 – Kommission/Frankreich, Rn. 26ff.; *Kingreen*, in: Calliess/Ruffert, Art. 36 AEUV Rn. 18; *Leible/T. Streinz*, in: Grabitz/Hilf/Nettesheim, Art. 34 AEUV Rn. 42, Art. 35 AEUV Rn. 22.

386 *Gärditz*, in: Rengeling/Middeke/Gellermann, § 34 Rn. 59; *Leible/T. Streinz*, in: Grabitz/Hilf/Nettesheim, Art. 34 AEUV Rn. 42.

387 *Biervert*, in: Schwarze, Art. 288 AEUV Rn. 11; *Nettesheim*, in: Oppermann/Classen/Nettesheim, § 9 Rn. 19.

Verträgen gleichrangige Grundrechte-Charta. Ferner zählen gemäß Art. 51 EUV ebenso gleichrangig die Anhänge und Protokolle zu den Verträgen zum Primärrecht. Auch die Beitrittsverträge gemäß Art. 49 Abs. 2 AEUV und die künftigen Vertragsänderungen nach Art. 48 EUV[388] sind Bestandteil des primären Unionsrechts. Neben dem geschriebenen primären Unionsrecht ist auch ein ungeschriebenes Unionsrecht anerkannt[389]. Darunter versteht man das Gewohnheitsrecht und die allgemeinen Rechtsgrundsätze der Europäischen Union[390].

Es besteht neben dem Primärrecht das Sekundärrecht, welches durch die Europäische Union erlassen werden kann. Um mit den Worten des Europäischen Gerichtshofs zu sprechen, ist das Primärrecht „Grundlage, Rahmen und Grenze"[391] der Möglichkeiten der sekundären Rechtssetzung durch die Europäische Union[392]. Das Sekundärrecht, meist in den Handlungsformen des Art. 288 AEUV, ist ein aus dem Primärrecht abgeleitetes Recht[393], sodass es normhierarchisch unter dem Primärrecht steht[394].

b) Einschlägiges Sekundärrecht im Bereich des Apothekenwesens

Eine vorliegend einschlägige sekundärrechtliche Regelung wurde durch die europäische Union im Bereich der einheitlichen Abgabepreise für verschreibungspflichtige Arzneimittel nicht erlassen. Weder Art. 4 Abs. 3 der Richtlinie zur Schaffung eines Gemeinschaftskodexes für Humanarzneimittel (2001/83/EG)[395] noch Art. 1 Abs. 2 der Verordnung zur Festlegung von Gemeinschaftsverfahren für die Genehmigung und Überwachung von Human- und Tierarzneimitteln und zur Errichtung einer Europäischen

---

388 *Schroeder*, in: Streinz, Art. 288 AEUV Rn. 17.

389 *Haratsch/Koenig/Pechstein*, Rn. 59.

390 *Haratsch/Koenig/Pechstein*, Rn. 59; *Nettesheim*, in: Oppermann/Classen/Nettesheim, § 9 Rn. 26ff.

391 *EuGH*, Urt. v. 05.10.1978, Rs. 26/78, ECLI:EU:C:1978:172 – Viola, Rn. 9/14.

392 *Nettesheim*, in: Oppermann/Classen/Nettesheim, § 9 Rn. 64.

393 *Haratsch/Koenig/Pechstein*, Rn. 60; *König*, in: Schulze/Zuleeg/Kadelbach, § 2 Rn. 2; *Nettesheim*, in: Grabitz/Hilf/Nettesheim, Art. 288 AEUV Rn. 30; *Nettesheim*, in: Oppermann/Classen/Nettesheim, § 9 Rn. 65; *Streinz*, Rn. 4.

394 *Bievert*, in: Schwarze, Art. 288 AEUV Rn. 11; *Craig/de Búrca*, S. 105, 111; *Haratsch/Koenig/Pechstein*, Rn. 60; *Ruffert*, in: Calliess/Ruffert, Art. 288 AEUV Rn. 8.

395 Richtlinie 2001/83/EG des Europäischen Parlaments und des Rates vom 6. November 2001 zur Schaffung eines Gemeinschaftskodexes für Humanarzneimittel, ABl. L 311 v. 28.11.2001, S. 67–128.

Arzneimittel-Agentur (726/2004/EG)[396] stellen eine sekundärrechtliche Regelung über die Arzneimittelpreise in einem Mitgliedstaat dar, denn diese Sekundärrechtsakte berühren nach ihrem ausdrücklichen Wortlaut nicht die Zuständigkeit der mitgliedstaatlichen Behörden im Hinblick auf die Festsetzung der Arzneimittelpreise. Vielmehr werden die in den Mitgliedstaaten existierenden Preisregelungen für Arzneimittel durch die sich immer noch in Kraft befindliche Transparenzrichtlinie (RL 89/105/EWG)[397] grundsätzlich anerkannt, dabei wird den Mitgliedstaaten die Pflicht zu einer transparenten Gestaltung des Verfahrens auferlegt[398]. Nach den Erwägungsgründen der Transparenzrichtlinie soll ein allgemein zugänglicher Überblick über die einzelstaatlichen Preisregulierungsmaßnahmen ermöglicht werden[399], dies stellt aber eine Verfahrensregelung dar[400]. Eine Aussage zur Zulässigkeit oder ein Maßstab zur Beurteilung der Zulässigkeit der jeweiligen nationalen Preisregelungen für Arzneimittel ist damit nicht verbunden.

Damit besteht im vorliegenden Kontext kein vorrangiges, einschlägiges Sekundärrecht, sodass die mitgliedsstaatliche Maßnahme einer Arzneimittelpreisbindung für verschreibungspflichtige Arzneimittel am Maßstab des Primärrechts zu messen ist.

3. Vereinbarkeit mit der Warenverkehrsfreiheit

Zur Klärung, ob ein einheitlicher Abgabepreis für verschreibungspflichtige Arzneimittel mit der Warenverkehrsfreiheit in Einklang gebracht werden kann, kommt es zunächst darauf an, ob eine solche mitgliedstaatliche Maßnahme in den Anwendungsbereich der Warenverkehrsfreiheit fällt (dazu a)). Sodann kommt es entscheidend darauf an, ob dieser einheitliche Abgabepreis eine Beeinträchtigung der Warenverkehrsfreiheit darstellt (da-

396 Verordnung (EG) Nr. 726/2004 des Europäischen Parlaments und des Rates vom 31. März 2004 zur Festlegung von Gemeinschaftsverfahren für die Genehmigung und Überwachung von Human- und Tierarzneimitteln und zur Errichtung einer Europäischen Arzneimittel-Agentur, ABl. L 136 v. 30.04.2004, S. 1-33.

397 Richtlinie 89/105/EWG des Rates vom 21. Dezember 1988 betreffend die Transparenz von Maßnahmen zur Regelung der Preisfestsetzung bei Arzneimitteln für den menschlichen Gebrauch und ihre Einbeziehung in die staatlichen Krankenversicherungssysteme, ABl. L 40 v. 11.02.1989, S. 8-11.

398 *Wodarz*, in: Sodan, KrankenversicherungsR, § 27 Rn. 11.

399 Vgl. *Wodarz*, in: Sodan, KrankenversicherungsR, § 27 Rn. 11.

400 *Wodarz*, in: Sodan, KrankenversicherungsR, § 27 Rn. 11.

zu b)) und ob diese mögliche Beeinträchtigung einer Rechtfertigung zugänglich ist (dazu c)).

a) Anwendungsbereich

aa) Sachlicher Anwendungsbereich

Sinn und Zweck der Warenverkehrsfreiheit[401] ist es, dass der grenzüberschreitende Warenverkehr vor Zöllen/mengenmäßigen Beschränkungen und Maßnahmen gleicher Wirkung geschützt werden soll. Aus diesem Sinn und Zweck der Norm lässt sich auch der sachliche Anwendungsbereich der Warenverkehrsfreiheit erschließen[402]. Gemäß Art. 28 Abs. 2 AEUV i.V.m. Art. 34, 35 AEUV muss es sich um eine Ware handeln, die aus einem Mitgliedstaat der Europäischen Union oder aus einem Drittstaat stammt, Drittlandware muss sich in den Mitgliedstaaten im freien Verkehr befinden[403]. Mithin ist der Begriff der Ware der Dreh-

401 Da ein Apotheker bei der Herausgabe der Ware auch zur Erbringung einer Beratungsleistung gem. § 20 I ApoBetrO verpflichtet ist, könnte auch die Dienstleistungsfreiheit gem. Art. 56 AEUV einschlägig sein. Dem steht aber entgegen, dass bei einer Gesamtleistung auf den Schwerpunkt der Leistung abzustellen ist (*Leible/T. Streinz*, in: Grabitz/Hilf/Nettesheim, Art. 34 AEUV Rn. 45; *Müller-Graff*, in: v. der Groeben/Schwarze/Hatje, Art. 34 AEUV Rn. 278ff. Zum Teil stellt der EuGH auch auf die Zweitrangigkeit einer Grundfreiheit ab: *EuGH*, Urt. v. 26.05.2005, Rs. C-20/03, ECLI:EU:C:2005:307 – Burmanjer u.a., Rn. 35; *EuGH*, Urt. v. 02.12.2010, Rs. C-108/09, ECLI:EU:C:2010:725 – Ker Optika, Rn. 43). Die Beratung durch den Apotheker ohne die Herausgabe des Medikaments erzielt keinerlei Wirkung bei einem erkrankten Patienten, sodass der Schwerpunkt der Leistung bei der Warenverkehrsfreiheit liegt. Dadurch unterscheidet sich der Arzneimittelversand von der Übersendung eines Lotteriescheins durch einen Lotteriebetreiber. In diesen Fällen soll durch die Einfuhr der Ware „Lotterieschein“ nachgelagert eine Dienstleistung erbracht werden (*EuGH*, Urt. v. 24.03.1994, Rs. C-275/92, ECLI:EU:C:1994:119 – Schindler, Rn. 24ff.; *Haltern*, in: Pechstein/Nowak/Häde, Art. 34 AEUV Rn. 14; *Müller-Graff*, in: v. der Groeben/Schwarze/Hatje, Art. 34 AEUV Rn. 279; *Pache*, in: Schulze/Zuleeg/Kadelbach, § 10 Rn. 66). Ferner ist die Dienstleistungsfreiheit gem. Art. 57 I aE AEUV subsidiär (*Becker*, in: Schwarze, Art. 34 AEUV Rn. 24).

402 *Schroeder*, in: Streinz, Art. 34 AEUV Rn. 18.

403 *Khan/Eisenhut*, in: Vedder/Heintschel von Heinegg, Art. 34 AEUV Rn. 7; *Schroeder*, in: Streinz, Art. 34 AEUV Rn. 20; *van Vormizeele*, in: v. der Groeben/Schwarze/Hatje, Art. 28 AEUV Rn. 20. Eine Ware aus einem Drittland befindet sich gem. Art. 29 AEUV im freien Verkehr in der Europäischen Union, wenn die Einfuhrförmlichkeiten erfüllt sind, die vorgeschriebenen Zölle/Abgaben glei-

und Angelpunkt des Tatbestandes[404], welcher aber im AEUV nicht legaldefiniert ist[405]. Ferner verbietet Art. 34 AEUV Maßnahmen „zwischen den Mitgliedstaaten“[406], sodass der Sachverhalt grundsätzlich einen grenzüberschreitenden Bezug aufweisen muss[407].

(1) Handel mit Ware gemäß Art. 28 Abs. 2 AEUV

Von einer Ware im europarechtlichen Sinne kann gesprochen werden, wenn es sich um einen körperlichen Gegenstand[408] handelt, dem Geldwert zukommt[409] und der Gegenstand von Handelsgeschäften[410] sein kann[411]. Arzneimittel, die von einer Privatperson zum persönlichen Gebrauch ein-

---

cher Wirkung erhoben und diese nicht ganz oder teilweise rückvergütet worden sind.

404 *Haltern*, in: Pechstein/Nowak/Häde, Art. 34 AEUV Rn. 4. *Kotzur* stellt fest, dass die Warenverkehrsfreiheit der Dreh- und Angelpunkt des Binnenmarktes sei und absichtsvoll als erste Grundfreiheit genannt sei (*Kotzur*, in: Geiger/Khan/Kotzur, Art. 34 AEUV Rn. 1).

405 *Kotzur*, in: Geiger/Khan/Kotzur, Art. 28 AEUV Rn. 16; *Terhechte*, in: Schwarze, Art. 28 AEUV Rn. 18.

406 *Khan/Eisenhut*, in: Vedder/Heintschel von Heinegg, Art. 34 AEUV Rn. 6; *Kotzur*, in: Geiger/Khan/Kotzur, Art. 34 AEUV Rn. 4; *Schroeder*, in: Streinz, Art. 34 AEUV Rn. 20.

407 *Khan/Eisenhut*, in: Vedder/Heintschel von Heinegg, Art. 34 AEUV Rn. 6; *Leible/T. Streinz*, in: Grabitz/Hilf/Nettesheim, Art. 34 AEUV Rn. 33; *Pache*, in: Schulze/Zuleeg/Kadelbach, § 10 Rn. 62 m.w.N.

408 Das Kriterium der Körperlichkeit wurde erstmals in: *EuGH*, Urt. v. 14.07.1977, Rs. 1/77, ECLI:EU:C:1977:130 – Bosch GmbH/Hauptzollamt Hildesheim, Rn. 4 aufgegriffen. Zu den problematischen Fällen der Körperlichkeit: *Haltern*, in: Pechstein/Nowak/Häde, Art. 34 AEUV Rn. 6, *Haltern/Janson*, in: Pechstein/Nowak/Häde, Art. 28 AEUV Rn. 34 m.w.N.

409 Das Kriterium des Geldwerts wurde vom *EuGH* erstmals in: *EuGH*, Urt. v. 10.12.1968, Rs. 7/68, ECLI:EU:C:1968:51 – Kommission/Italien, Rn. 1 thematisiert. Zu weiteren Problemfällen: *Haltern/Janson*, in: Pechstein/Nowak/Häde, Art. 28 AEUV Rn. 35f.

410 Diesem Kriterium kommt kaum mehr Bedeutung zu: *Haltern*, in: Pechstein/Nowak/Häde, Art. 34 AEUV Rn. 6; *Haltern/Janson*, in: Art. 28 AEUV Rn. 37.

411 *EuGH*, Urt. v. 10.12.1968, Rs. 7/68, ECLI:EU:C:1968:51 – Kommission/Italien, Rn. 1; *Haltern*, in: Pechstein/Nowak/Häde, Art. 34 AEUV Rn. 6; *Kellerhals*, in: Enzyklopädie EuR 4, § 6 Rn. 23; *Khan/Eisenhut*, in: Vedder/Heintschel von Heinegg, Art. 29 AEUV Rn. 10; *Schroeder*, in: Streinz, Art. 34 AEUV Rn. 19; *Terhechte*, in: Schwarze, Art. 28 AEUV Rn. 18ff.; *van Vormizeele*, in: v. der Groeben/Schwarze/Hatje, Art. 28 AEUV Rn. 21 mit weiteren Hinweisen zu allgemeinen Problemfällen im Bereich des Warenbegriffs.

geführt werden, unterfallen dem Begriff der Ware im Sinne des Unionsrechts[412], sodass dies erst recht für Arzneimittel gilt, die im Wege des Versandhandels aus einem Mitgliedstaat der Europäischen Union an einen Patienten in einem anderen Mitgliedstaat abgegeben werden[413].

(2) Zwischen den Mitgliedstaaten

Gemäß Art. 34 AEUV sind staatliche mengenmäßige Einfuhrbeschränkungen und Maßnahmen gleicher Wirkung zwischen den Mitgliedstaaten verboten[414], sodass der Sachverhalt grundsätzlich einen grenzüberschreitenden Bezug aufweisen muss[415]. In der Rechtsprechung des Europäischen Gerichtshofs genießt dieses Kriterium eine eher nachrangige Bedeutung[416]. An einem grenzüberschreitenden Bezug fehlt es jedenfalls dann, wenn es sich um einen reinen Inlandssachverhalt handelt[417], sodass sich die staatli-

412 *EuGH*, Urt. v. 07.03.1989, Rs. C-215/87, ECLI:EU:C:1989:111 – Schumacher/Hauptzollamt Frankfurt am Main-Ost, Rn. 7ff.

413 Dies ergibt sich auch aus den Schlussanträgen der Generalanwälte und der Rechtsprechung des EuGH in den DocMorris-Entscheidungen aus den Jahren 2003 und 2016 zumindest implizit, denn es wird das Vorliegen einer Maßnahme gleicher Wirkung wie eine mengenmäßige Einfuhrbeschränkung gemäß Art. 28 EGV/Art. 34 AEUV geprüft: *EuGH*, Urt. v. 11.12.2003, Rs. C-322/01, ECLI:EU:C:2003:664 – Deutscher Apothekerverband, Rn. 76; Generalanwältin *Stix-Hackl*, Schlussanträge v. 11.03.2003, Rs. C-322/01, ECLI:EU:C:2003:147 – Deutscher Apothekerverband, Rn. 39ff.; *EuGH*, Urt. v. 19.10.2016, Rs. C-148/15, ECLI:EU:C:2016:776 – Deutsche Parkinson Vereinigung, Rn. 20ff., 27; Generalanwalt *Szpunar*, Schlussanträge v. 02.06.2016, Rs. C-148/15, ECLI:EU:C:2016:394 – Deutsche Parkinson Vereinigung, Rn. 16ff.; in diesem Sinne auch: *Janda*, in: Enzyklopädie EuR 5, § 9 Rn. 15.

414 *Becker*, in: Schwarze, Art. 34 AEUV Rn. 19f.; *Khan/Eisenhut*, in: Vedder/Heintschel von Heinegg, Art. 34 AEUV Rn. 6; *Kotzur*, in: Geiger/Khan/Kotzur, Art. 34 AEUV Rn. 4; *Schroeder*, in: Streinz, Art. 34 AEUV Rn. 20.

415 *Becker*, in: Schwarze, Art. 34 AEUV Rn. 15; *Kellerhals*, in: Enzyklopädie EuR 4, § 6 Rn. 25; vgl. *Khan/Eisenhut*, in: Vedder/Heintschel von Heinegg, Art. 34 AEUV Rn. 6; *Leible/T. Streinz*, in: Grabitz/Hilf/Nettesheim, Art. 34 AEUV Rn. 33; *Pache*, in: Schulze/Zuleeg/Kadelbach, § 10 Rn. 62 m.w.N.

416 *Kutzscher*, S. 34ff.; *Leible/T. Streinz*, in: Grabitz/Hilf/Nettesheim, Art. 34 AEUV Rn. 33; *Pache*, in: Schulze/Zuleeg/Kadelbach, Art. 34 AEUV Rn. 62.

417 *EuGH*, Urt. v. 18.02.1987, Rs. 98/86, ECLI:EU:C:1987:89 – Ministère public/Mathot, Rn. 9; *Becker*, in: Schwarze, Art. 34 AEUV Rn. 19; *Khan/Eisenhut*, in: Vedder/Heintschel von Heinegg, Art. 34 AEUV Rn. 6; *Leible/T. Streinz*, in: Grabitz/Hilf/Nettesheim, Art. 34 AEUV Rn. 33; vgl. *Schroeder*, in: Streinz, Art. 34 AEUV Rn. 21.

chen Maßnahmen nicht behindernd auf die Einfuhr auswirken können, sondern eine Wirkung nur auf die einheimischen Produkte gegeben ist[418]. Dabei muss aber beachtet werden, dass ein grenzüberschreitender Bezug durch den Europäischen Gerichtshof bereits angenommen wird, wenn durch eine Maßnahme eine potentielle Behinderung des grenzüberschreitenden Warenverkehrs bejaht werden kann[419].

Gemäß § 78 Abs. 1 S. 4 AMG gelten die Preisvorgaben auch für Arzneimittel, die von ausländischen Versandapotheken gemäß § 73 Abs. 1 S. 1 Nr. 1a AMG zulässigerweise nach Deutschland an die Patienten versendet und damit eingeführt werden, sodass bereits damit ein Transfer von Waren zwischen den Mitgliedstaaten und damit ein grenzüberschreitender Bezug gegeben ist. Dieser Einordnung steht auch nicht entgegen, dass in Deutschland an Endverbraucher nur in Deutschland zugelassene Arneimittel abgegeben werden dürfen[420]. Auch wenn eine Versandapotheke aus dem EU-Ausland aufgrund der Vorgaben des Europarechts dasselbe Produkt an den Endverbraucher abgibt, liegt trotzdem ein innerunionaler Handel vor[421], da eine Ablehnung dessen zwei Aspekte verkennt. Zum einen wird dabei übersehen, dass dieses Arzneimittel durch einen Transfer aus dem Ausland nach Deutschland von den Versandapotheken abgegeben wird und damit unabhängig von der versendeten Ware eine Bewegung über die Grenze stattfindet. Zum anderen ist der Schluss, dass ein Arzneimittel, welches in Deutschland nach den geltenden sekundärrechtlichen Vorgaben abgegeben werden darf, automatisch ein inländisches Produkt ist, zu kurz gegriffen. Es handelt sich vielmehr um eine Ausrichtung eines Produktes auf den deutschen Markt. Mithin ist davon aus-

---

418 *Müller-Graff*, in: v. der Groeben/Schwarze/Hatje, Art. 34 AEUV Rn. 263.

419 *EuGH*, Urt. v. 07.05.1997, verb. Rs. C-321-324/94, ECLI:EU:C:1998:495 – Pistre, Rn. 44ff.; *EuGH*, Urt. v. 22.10.1998, Rs. C-184/96, ECLI:EU:C:1998:495 – Kommission/Frankreich, Rn. 17ff.; *EuGH*, Urt. v. 05.12.2000, Rs. C-448/98, ECLI:EU:C:2000:663 – Guimont, Rn. 14ff.; *Frenz*, Hdb. EuR 1, Rn. 768f.; *Pache*, in: Schulze/Zuleeg/Kadelbach, § 10 Rn. 62.

420 Gem. Art. 6 I RL 2001/83/EG darf ein Arzneimittel erst innerhalb eines Mitgliedstaates abgegeben werden, wenn die mitgliedstaatliche Behörde eine Genehmigung dafür erteilt hat. Ein weiterer Weg ein Arzneimittel in einem Mitgliedstaat abgegeben zu dürfen, ergibt sich aus einer Genehmigung im Sinne der Verordnung (EG) Nr. 726/2004 i.V.m. Verordnung (EG) Nr. 1901/2006 i.V.m. Verordnung (EG) Nr. 1394/2007. Als weitere Voraussetzung muss die Verpackung des abzugebenden Arzneimittels in der Amtssprache des jeweiligen Mitgliedstaates abgefasst sein, Art. 63 I 1, 54, 59, 62 RL 2001/83/EG; *Dettling*, S. 220.

421 A.A. *Dettling*, S. 220f.

zugehen, dass es Arzneimittel gibt, die für den deutschen Markt zugelassen sind, aber nicht in Deutschland hergestellt werden und damit von den Versandapotheken auch nicht aus Deutschland exportiert werden können, um sie dann wieder nach Deutschland einzuführen.

bb) Persönlicher Anwendungsbereich

Für die Warenverkehrsfreiheit ist der persönliche Anwendungsbereich nicht von Relevanz[422], denn die Warenverkehrsfreiheit ist eine Produktverkehrsfreiheit[423], die losgelöst von der Staatsangehörigkeit oder dem Sitz einer juristischen Person beurteilt werden kann[424]. Ein ausreichender Bezug zur Europäischen Union wird durch das Kriterium der Unionsware hergestellt[425], mithin kann sich auch ein Drittstaatsangehöriger auf die Warenverkehrsfreiheit berufen[426], wenn er Waren verkauft, herstellt oder kauft, die gemäß Art. 28 Abs. 2 AEUV aus den Mitgliedstaaten stammen oder ihren Ursprung in einem Drittland haben, sich aber in den Mitgliedstaaten im freien Verkehr befinden[427].

Gemäß § 73 Abs. 1 S. 1 Nr. 1a 1. Alt. AMG dürfen ausländische Versandapotheken nach Deutschland versenden, wenn ihnen entweder eine Versandhandelserlaubnis gemäß § 11a ApoG erteilt wurde oder Arzneimittel gemäß § 73 Abs. 1 S. 1 Nr. 1a 2. Alt. AMG aus der Europäischen Union und aus Vertragsstaaten des Abkommens des Europäischen Wirtschaftsraums[428] an einen Endverbraucher versendet werden, sofern die ausländi-

---

422 Vgl. *Epiney*, in: Ehlers, § 8 Rn. 16; wohl ebenso im Ergebnis: *Haltern*, in: Pechstein/Nowak/Häde, Art. 34 AEUV Rn. 28; *Leible/T. Streinz*, in: Grabitz/Hilf/Nettesheim, Art. 34 AEUV Rn. 31; *Röhl*, JURA 2006, 321 (323).

423 *Leible/T. Streinz*, in: Grabitz/Hilf/Nettesheim, Art. 34 AEUV Rn. 31.

424 *Becker*, in: Schwarze, Art. 34 AEUV Rn. 7f.; *Jarass*, EuR 2000, 705 (708); vgl. *Khan/Eisenhut*, in: Vedder/Heintschel von Heinegg, Art. 34 AEUV Rn. 14; *Leible/T. Streinz*, in: Grabitz/Hilf/Nettesheim, Art. 34 AEUV Rn. 31.

425 *Becker*, in: Schwarze, Art. 34 AEUV Rn. 8; *Pache*, in: Schulze/Zuleeg/Kadelbach, § 10 Rn. 68; *Schroeder*, in: Streinz, Art. 34 AEUV Rn. 24.

426 *Jarass*, EuR 2000, 705 (708); *Kellerhals*, in: Enzyklopädie EuR 4, § 6 Rn. 21; vgl. *Kotzur*, in: Geiger/Khan/Kotzur, Art. 34 AEUV Rn. 5; *Pache*, in: Schulze/Zuleeg/Kadelbach, § 10 Rn. 68; *Schroeder*, in: Streinz, Art. 34 AEUV Rn. 24.

427 *Lux*, in: Lenz/Borchardt, Art. 34 AEUV Rn. 8.

428 Beschluss 94/1/EG, EGKS des Rates und der Kommission v. 13. Dezember 1993 über den Abschluß des Abkommens über den Europäischen Wirtschaftsraum zwischen den Europäischen Gemeinschaften und ihren Mitgliedstaaten sowie der Republik Österreich, der Republik Finnland, der Republik Island, dem

sche Apotheke nach dem jeweiligen Heimatrecht zum Versandhandel berechtigt ist und eine Vergleichbarkeit[429] der Vorgaben zum Versandhandel zwischen dem ausländischen Recht und dem deutschen Recht besteht. In den aktuell diskutierten Fällen geht es um Versand aus den Niederlanden, dabei handelt es sich mithin um Unionsware[430].

cc) Territorialer Anwendungsbereich

Der territoriale Anwendungsbereich der Warenverkehrsfreiheit erstreckt sich gemäß Art. 52 EUV i.V.m. Art. 355 AEUV auf den Geltungsbereich der Verträge, mithin auf das Hoheitsgebiet der Mitgliedstaaten[431]. Aber auch hier muss Beachtung finden, dass sich die Warenverkehrsfreiheit auf Waren aus Drittländern erstreckt, wenn sich diese gemäß Art. 28 Abs. 2 AEUV i.V.m. Art. 29 AEUV im freien Verkehr der Mitgliedstaaten befinden[432].

Fürstentum Liechtenstein, dem Königreich Norwegen, dem Königreich Schweden und der Schweizerischen Eidgenossenschaft, ABl. L 1 v. 03.01.1994, S. 1. Dieses Abkommen besteht heute nur noch aus „Rumpf-Staaten" (vgl. *Herdegen*, Int. WirtschaftsR, § 12 Rn. 5), nämlich Island, Fürstentum Liechtenstein, Norwegen und Schweiz. In diesem Abkommen sind beispielweise in Art. 11, 12, 13, 16 EWR-Abkommen Vorschriften enthalten, die sich an die Ausgestaltungen der Warenverkehrsfreiheit im Europarecht anlehnen (*Herdegen*, in: Int. WirtschafsR, § 12 Rn. 19; *Müller-Graff*, in: v. der Groeben/Schwarze/Hatje, Vorb. zu den Art. 34-37 AEUV Rn. 27; Art. 34 AEUV Rn. 266). Auf die Versendung aus dem europäischen Wirtschaftsraum ist nicht weiter einzugehen, da aktuell die ausländischen Versandapotheken aus den Niederlanden versenden. Genannt werden können hier die Shop-Apotheke (https://www.shop-apotheke.com/apotheke_impressum.htm, Stand: 15.01.2019), die Europa-apotheek (https://www.europa-apotheek.com/impressum.htm, Stand: 15.01.2019) und DocMorris (https://www.docmorris.de/service/unternehmen/impressum, Stand: 15.01.2019).

429 Zur Prüfung dieser Vergleichbarkeit muss gem. § 73 I 3 AMG in regelmäßigen Abständen eine Liste herausgegeben werden, welche Länder diesem vergleichbaren Sicherheitsstandard entsprechen (*Kügel*, in: Kügel/Müller/Hofmann, § 73 AMG Rn. 24). Veröffentlicht im Bundesanzeiger: BAnz. Nr. 91 v. 23.06.2010, S. 2172.

430 Genannt werden können hier die Shop-Apotheke (https://www.shop-apotheke.com/apotheke_impressum.htm, Stand: 15.01.2019), die Europa-apotheek (https://www.europa-apotheek.com/impressum.htm, Stand: 15.01.2019) und DocMorris (https://www.docmorris.de/service/unternehmen/impressum, Stand: 15.01.2019).

431 *Leible/T. Streinz*, in: Grabitz/Hilf/Nettesheim, Art. 34 AEUV Rn. 32.

432 S.o. B., II., 3., a), bb), S. 80f.

Da die Abgabe von apothekenpflichtigen Arzneimitteln in Deutschland gemäß § 43 AMG nur in Apotheken oder mit behördlicher Erlaubnis auf dem Wege des Versandes insbesondere aus dem europäischen Ausland erfolgt[433], ist der territoriale Anwendungsbereich der Warenverkehrsfreiheit für den Versand von Arzneimitteln durch Apotheken aus einem Mitgliedstaat der Europäischen Union gemäß Art. 52 EUV i.V.m. Art. 355 AEUV fraglos eröffnet.

b) Beeinträchtigung

aa) Verpflichtungsadressat

Durch die Grundfreiheiten werden primär die Mitgliedstaaten[434], mithin die gesamte staatliche Hoheitsgewalt[435], verpflichtet, keine weiteren mengenmäßigen Beschränkungen oder Maßnahmen gleicher Wirkung zu erlassen[436], bereits bestehende behindernde Maßnahmen zu beseitigen[437] und die Berechtigten[438] vor Beeinträchtigungen der Warenverkehrsfreiheit durch Dritte zu schützen[439]. Erlässt ein Mitgliedstaat Normen, die einen einheitlichen Abgabepreis für verschreibungspflichtige Arzneimittel festschreiben, handelt es sich um eine mitgliedstaatliche Maßnahme, sodass

---

433 S.o. B., II., 3., a), bb), S. 80f.

434 *EuGH*, Urt. v. 24.11.1982, Rs. 249/84, ECLI:EU:C:1982:402 – Kommission/Irland, Rn. 27f.; *EuGH*, Urt. v. 28.09.2006, Rs. C-282/04, ECLI:EU:C:2006:608 – Kommission/Niederlande, Rn. 22; *Lux*, in: Lenz/Borchardt, Art. 34 AEUV Rn. 11; *Pache*, in: Schulze/Zuleeg/Kadelbach, § 10 Rn. 43, 69. Dies ergibt sich aus dem ursprünglichen Charakter der europarechtlichen Verträge als völkerrechtliche Verträge, *Kellerhals*, in: Enzyklopädie EuR 4, § 6 Rn. 15; *Pache*, in: Schulze/Zuleeg/Kadelbach, § 10 Rn. 43.

435 *EuGH*, Urt. v. 05.11.2002, Rs. C-325/00, ECLI:EU:C:2002:633 – Kommission/Deutschland, Rn. 17; *EuGH*, Urt. v. 15.12.1993, Rs. C-292/92, ECLI:EU:C:1993:932 – Hünermund, Rn. 15ff.; *Becker*, in: Schwarze, Art. 34 AEUV Rn. 83; *Haltern*, in: Pechstein/Nowak/Häde, Art. 34 AEUV Rn. 29; *Khan/Eisenhut*, in: Vedder/Heintschel von Heinegg, Art. 34 AEUV Rn. 10.

436 *Schroeder*, in: Streinz, Art. 34 AEUV Rn. 25f.

437 *Schroeder*, in: Streinz, Art. 34 AEUV Rn. 25f.

438 S.o. B., II., 3., a), bb), S. 80f.

439 *EuGH*, Urt. v. 09.12.1997, Rs. C-265/95, ECLI:EU:C:1997:595 – Kommission/Frankreich, Rn. 30; *EuGH*, Urt. v. 12.06.2003, Rs. C-112/00, ECLI:EU:C:2003:333 – Schmidberger, Rn. 57, 62; *Haltern*, in: Pechstein/Nowak/Häde, Art. 34 AEUV Rn. 29; *Pache*, in: Schulze/Zuleeg/Kadelbach, § 10 Rn. 71; *Schroeder*, in: Streinz, Art. 34 AEUV Rn. 25f.

ein durch die Grundfreiheiten Verpflichteter handelt, vor dessen Handlungen durch die Grundfreiheiten Schutz gewährt wird.

bb) Beeinträchtigungsformen

Als Beeinträchtigungen kommen mengenmäßige Einfuhr- und Ausfuhrbeschränkungen und Maßnahmen gleicher Wirkung gemäß Art. 34, 35 AEUV in Frage.

(1) Mengenmäßige Einfuhrbeschränkung

Die Etablierung eines einheitlichen Abgabepreises für verschreibungspflichtige Arzneimittel betrifft allenfalls die Einfuhr der Arzneimittel aus einem Mitgliedstaat der Europäischen Union nach Deutschland. Eine mengenmäßige Ausfuhrbeschränkung gemäß Art. 35 AEUV kommt nicht in Frage. Eine mengenmäßige Einfuhrbeschränkung ist anzunehmen, wenn es sich um ein vollständiges oder teilweises Verbot der Einfuhr handelt[440]. Einfuhrverbote[441] und Kontingentierungen[442], die beide unter diese Defintion gefasst werden können, kommen heute kaum mehr vor[443]. Dies zeigt sich auch an der Normierung eines einheitlichen Abgabepreises für Rx-Medikamente. Damit wird den ausländischen Versandapotheken gerade nicht die Einfuhr an sich verboten, sondern es wird vielmehr die Abgabe des Medikaments nach der Einfuhr mit einem bestimmten Preis belegt. Folglich handelt es sich bei den einheitlichen Abgabepreisen für verschreibungspflichtige Arzneimittel nicht um eine mengenmäßige Einfuhrbeschränkung.

---

440 *EuGH*, Urt. v. 12.07.1973, Rs. 2/73, ECLI:EU:C:1973:89 – Geddo, Rn. 7; *Khan/Eisenhut*, in: Vedder/Heintschel von Heinegg, Art. 34 AEUV Rn. 19; *Kotzur*, in: Geiger/Khan/Kotzur, Art. 34 AEUV Rn. 6; *Pache*, in: Schulze/Zuleeg/Kadelbach, § 10 Rn. 73.

441 *Müller-Graff*, in: v. der Groeben/Schwarze/Hatje, Art. 34 AEUV Rn. 21f.

442 *Müller-Graff*, in: v. der Groeben/Schwarze/Hatje, Art. 34 AEUV Rn. 19f.

443 *Haltern*, in: Pechstein/Nowak/Häde, Art. 34 AEUV Rn. 57; *Khan/Eisenhut*, in: Vedder/Heintschel von Heinegg, Art. 34 AEUV Rn. 19; *Leible/T. Streinz*, in: Grabitz/Hilf/Nettesheim, Art. 34 AEUV Rn. 55; *Müller-Graff*, in: v. der Groeben/Schwarze/Hatje, Art. 34 AEUV Rn. 27; *Pache*, in: Schulze/Zuleeg/Kadelbach, § 10 Rn. 73.

(2) Maßnahme gleicher Wirkung

(a) Definition nach der klassischen Formel

In der für die Auslegung der Grundfreiheiten grundlegenden Entscheidung Dassonville hat der Europäische Gerichtshof eine Maßnahme gleicher Wirkung als jede Handelsregelung definiert, „die geeignet ist, den innergemeinschaftlichen Handel unmittelbar oder mittelbar, tatsächlich oder potentiell zu behindern"[444]. Bereits in der Entscheidung Dassonville war der Schritt zur Auslegung der Warenverkehrsfreiheit als Beschränkungsverbot angelegt, bei dem es auf die unterschiedliche Behandlung von In- und Auslandsware nicht mehr ankommt[445]. Erstmalig zur Anwendung kam die Warenverkehrsfreiheit in ihrer Ausgestaltung als Beschränkungsverbot aber in der Entscheidung Cassis de Dijon[446]. Gegenstand der Cassis de Dijon-Entscheidung war eine unterschiedslos wirkende staatliche Maßnahme[447], denn die Bundesmonopolverwaltung für Branntwein verbot den Verkauf des Cassis in Deutschland mit der Begründung, dass dieser mit einem Alkoholgehalt von 15 bis 20 Vol.-% nicht den Vorgaben des für alle geltenden Branntweinmonopolgesetzes entsprach, wonach Liköre einen Alkoholgehalt von 32 Vol.-% haben müssen[448]. An diesem Sachverhalt wird deutlich, dass bei der Anwendung der Dassonville-Formel weder eine offene noch versteckte Diskriminierung[449] erforderlich ist, noch kommt es auf eine Absicht an, dass durch die staatliche Maßnahme inlän-

---

444 *EuGH*, Urt. v. 11.07.1974, Rs. 8/74, ECLI:EU:C:1974:82 – Dassonville, Rn. 5.

445 *EuGH*, Urt. v. 11.07.1974, Rs. 8/74, ECLI:EU:C:1974:82 – Dassonville, Rn. 5; *Craig* und *de Búrca* beschreiben das Vorliegen einer Diskriminierung als hinreichende, aber nicht notwendige Bedingung: *Craig/de Búrca*, S. 665, 668; vgl. *Haltern*, in: Pechstein/Nowak/Häde, Art. 34 AEUV Rn. 68; *Kotzur*, in: Geiger/Khan/Kotzur, Art. 34 AEUV Rn. 8, 15; *Schroeder*, in: Streinz, Art. 34 AEUV Rn. 39.

446 *EuGH*, Urt. v. 20.02.1979, Rs. 120/78, ECLI:EU:C:1979:42 – Cassis de Dijon; S. 665; nach *Craig* und *de Búrca* wurde in Dassonville der Samen gesät, der in Cassis de Dijon Früchte trug, *Craig/de Búrca*, S. 668, 674; *Leible/T. Streinz*, in: Grabitz/Hilf/Nettesheim, Art. 34 AEUV Rn. 69.

447 *Kotzur*, in: Geiger/Khan/Kotzur, Art. 34 AEUV Rn. 15; *Leible/T. Streinz*, in: Grabitz/Hilf/Nettesheim, Art. 34 AEUV Rn. 69.

448 Generalanwalt *Capotorti*, Schlussanträge v. 16.01.1979, Rs. 120/78, ECLI:EU:C:1979:3 – Cassis de Dijon, Rn. 1; *EuGH*, Urt. v. 20.02.1979, Rs. 120/78, ECLI:EU:C:1979:42 – Cassis de Dijon, Rn. 1ff.

449 Zum Diskriminierungsbegriff s.u. C., III., 2., c), bb), S. 155ff.

dische Produkte geschützt werden sollen[450]. Im Vordergrund steht mithin nur die Frage, ob die staatliche Maßnahme handelsbeschränkend wirkt[451].

(b) Verengung der klassischen Formel

Die Weite der Dassonville-Formel[452] führte dazu, dass die Möglichkeit bestand, jede Regelung des nationalen Wirtschaftsrechts – mithin jede Regelung, die die geschäftliche Freiheit nur potentiell beschränken könnte – am Maßstab der Warenverkehrsfreiheit überprüfen zu lassen[453]. Diese Überprüfungsmöglichkeit von lästigen staatlichen Maßnahmen, die aber keinen engeren Bezug zur Einfuhr der Ware hatten, erschien letztlich zu weitgehend[454]. Vom ursprünglichen Sinn und Zweck der Warenverkehrsfreiheit, welcher darin zu sehen ist, dass der europäische Binnenmarkt gemäß Art. 26 AEUV gewährleistet und mitgliedstaatlicher Protektionismus verhindert wird, hatte man sich immer weiter entfernt[455]. Um diese Überprüfungsmöglichkeit rein staatlicher Maßnahmen, die mit der Wareneinfuhr in keinem Zusammenhang stehen, auszuschließen, unternahm der Europäische Gerichtshof mehrere Restriktionsversuche[456]. Diese Restrikti-

---

450 *Haltern*, in: Pechstein/Nowak/Häde, Art. 34 AEUV Rn. 68.

451 *Haltern*, in: Pechstein/Nowak/Häde, Art. 34 AEUV Rn. 68.

452 *Chalmers*, ICLQ 1993, 269 (269) nennt die weite Dassonville-Formel „a dangerous and misleading myth"; *Derlén/Lindholm*, CJEL 2010, 191 (196); *Gormley*, Fordham ILJ 2007, 1637 (1647); *Horsley*, CMLR 2009, 2001 (2001, 2003, 2009); *Koutrakos*, ELR 2001, 391 (391); *Maduro*, S. 61; *Mayer*, EuR 2003, 739 (796); *Steiner*, CMLR 1992, 749 (752); *Sweet*, The European Court of Justice, in: The Evolution of EU Law, S. 121 (137).

453 *EuGH*, Urt. v. 24.11.1993, verb. Rs. C-267, 268/91, ECLI:EU:C:1993:905 – Keck und Mithouard, Rn. 14; *Brigola*, EuZW 2012, 248 (248); *Holst*, EuR 2018, 87 (91); *Khan/Eisenhut*, in: Vedder/Heintschel von Heinegg, Art. 34 AEUV Rn. 27; *Leible/T. Streinz*, in: Grabitz/Hilf/Nettesheim, Art. 34 AEUV Rn. 75; ähnlich: *Maduro*, S. 78f.; *Matthies*, Artikel 30 EG-Vertrag nach Keck, in: FS Everling, Band 1, S. 803 (806); *Pache*, in: Schulze/Zuleeg/Kadelbach, § 10 Rn. 76; *Schroeder*, in: Streinz, Art. 34 AEUV Rn. 41; *Snell*, CMLR 2010, 437 (446f.); *Weatherill*, CMLR 1996, 885 (885, 904); *White*, CMLR 1989, 235 (235f.).

454 *Craig/de Búrca*, S. 678; *Holst*, EuR 2018, 87 (91); *O'Leary*, Free Movement of Persons and Services, in: The Evolution of EU Law, S. 499 (499); *Schroeder*, in: Streinz, Art. 34 AEUV Rn. 41; *Tryfonidou*, LIEU 2007, 167 (171).

455 *Leible/T. Streinz*, in: Grabitz/Hilf/Nettesheim, Art. 34 AEUV Rn. 13, 16.

456 In den Anfängen versuchte der *EuGH* eine Restriktion durch einen hinreichend engen Bezug zur Warenverkehrsfreiheit herzustellen (*EuGH*, Urt. v. 14.07.1981, Rs. 155/80, ECLI:EU:C:1981:177 – Oebel, Rn. 15f.; *EuGH*, Urt. v. 31.03.1982,

onsversuche des Europäischen Gerichtshofs wurden im Grundsatz gebilligt[457], doch die Art und Weise der Begrenzung wurde als widersprüchlich und in sich nicht konsistent kritisiert[458]. Als Reaktion darauf führte der Europäische Gerichtshof in der Entscheidung Keck und Mithouard im Jahre 1993 eine verallgemeinerungsfähige verengende Auslegung und Klarstellung herbei[459]. Auch wenn dieser verengenden Auslegung des Europäischen Gerichtshofs nicht nur durch den Generalanwalt Lenz eine Undeutlichkeit im Ton bescheinigt wurde[460], handelt es sich beim Urteil Keck

---

Rs. 75/81, ECLI:EU:C:1982:117 – Blesgen, Rn. 9ff.; *Khan/Eisenhut*, in: Vedder/Heintschel von Heinegg, Art. 34 AEUV Rn. 26; *Leible/T. Streinz*, in: Grabitz/Hilf/Nettesheim, Art. 34 AEUV Rn. 75; allgemein dazu: *Prete*, LIEI 2008, 133 (144)). Auch als Reaktion auf die Erweiterung durch die Dassonville-Formel und als Restriktion kann wohl die Erweiterung der Rechtfertigungsmöglichkeiten in der Cassis de Dijon Rechtsprechung gesehen werden: *EuGH*, Urt. v. 20.02.1979, Rs. 120/78, ECLI:EU:C:1979:42 – Cassis de Dijon, Rn. 8; *Khan/Eisenhut*, in: Vedder/Heintschel von Heinegg, Art. 34 AEUV Rn. 21.

457 *Leible/T. Streinz*, in: Grabitz/Hilf/Nettesheim, Art. 34 AEUV Rn. 75.

458 Generalanwalt *Tesauro*, Schlussanträge v. 27.10.1993, Rs. C-292/92, ECLI:EU:C:1993:863 – Hünermund, Rn. 8ff., 12ff.; vgl. *Brigola*, EuZW 2012, 248 (248); *Dauses/Brigola*, in: Dauses/Ludwigs, C. I. Grundregeln, Rn. 135; vgl. *Holst*, EuR 2018, 87 (91); vgl. *Prete*, LIEI 2008, 133 (139).

459 *EuGH*, Urt. v. 24.11.1993, verb. Rs. C-267, 268/91, ECLI:EU:C:1993:905 – Keck und Mithouard, Rn. 16; dazu: *Weatherill*, CMLR 1996, 885 (885).

460 *Lenz*, NJW 1994, 1633 (1633). Diese Kritik begründete sich wohl in der pauschalen und wenig konkreten Inbezugnahme der vorhergehenden und nun überholten Rechtsprechung des Europäischen Gerichtshofs (*EuGH*, Urt. v. 24.11.1993, verb. Rs. C-267, 268/91, ECLI:EU:C:1993:905 – Keck und Mithouard, Rn. 16); *Barnard*, ELR 2001, 35 (42) enthält auch weitergehende Kritik, mit der Aussage, dass es sich bei dem Kriterium der bestimmten Verkaufsmodalitäten um eine „Zwangsjacke" handele; *Gormley*, Fordham ILJ 2007, 1637 (1655); *Reich*, CMLR 1994, 459 (465, 470) kritisiert auch, dass der EuGH eine Klärung herbeiführen wollte und Unsicherheit geschaffen hat; *Steindorff*, ZHR 1994, 149 (159f.); *Streinz*, EuZW 2003, 37 (39f.); *Tryfonidou*, LIEI 2007, 167 (174); vgl. *Weyer*, S. 386. Der ehemalige Richter am EuGH *Joliet* begründet diese pauschale Benennung mit der Vielzahl der Urteile, die bis zur Keck-Entscheidung der Warenverkehrsfreiheit ergangen waren. Hätte eine konkrete Benennung erfolgen sollen, hätte man alle Urteile am Maßstab der Keck-Formel überprüfen müssen. Dies hätte zu einer nicht hinnehmbaren Verzögerung der Entscheidung in der Rechtssache Keck und Mithouard geführt: *Joliet*, GRUR Int. 1994, 979 (986); *Weatherill*, CMLR 1996, 885 (887) stört sich an der Formalisierung der Keck-Formel und daran, dass die Restriktionen der Keck-Formel möglicherweise auch ins Gegenteil – in einen nicht ausreichenden Schutz des Binnenmarktes – umschlagen könnten.

und Mithouard um eine der Leitentscheidungen zur Warenverkehrsfreiheit[461].

(aa) Keck-Formel in der ursprünglichen Ausgestaltung

Nach der Keck-Rechtsprechung sind nationale Beschränkungen oder Verbote, die als bestimmte Verkaufsmodalitäten eingeordnet werden können, nicht geeignet, den Handel zwischen den Mitgliedstaaten im Sinne der Dassonville-Formel[462] unmittelbar oder mittelbar, tatsächlich oder potentiell zu behindern, wenn diese mitgliedstaatlichen Vorgaben für alle Wirtschaftsteilnehmer gelten, die ihre Tätigkeit im Inland ausüben und der Absatz der inländischen und ausländischen Erzeugnisse rechtlich und tatsächlich in gleicher Weise berührt wird[463].

Eine verlässliche Beurteilung des einheitlichen Abgabepreises für verschreibungspflichtige Arzneimittel als mögliche Maßnahme gleicher Wirkung kann insbesondere unter Beachtung der Entscheidung des Gemeinsamen Senates der obersten Gerichtshöfe des Bundes[464] nur gelingen, wenn auch eine Einordnung unter die ursprüngliche Ausgestaltung der Keck-Formel erfolgt.

---

461 Vgl. *Becker*, in: Schwarze, Art. 34 AEUV Rn. 47; vgl. *Brigola*, EuZW 2012, 248 (248); vgl. *Dauses/Brigola*, in: Dauses/Ludwigs, C. I. Grundregeln, Rn. 138; vgl. *Kingreen*, in: Calliess/Ruffert, Art. 36 AEUV Rn. 50; *Leible/T. Streinz*, in: Grabitz/Hilf/Nettesheim, Art. 34 AEUV Rn. 82; *Maduro*, S. 104; *Roth*, CMLR 1994, 845 (845); *Snell*, CMLR 2010, 437 (437); *Streinz*, EuZW 2003, 37 (39f.).

462 S.o. B., II., 3., b), bb), (2), (a), S. 84f.

463 *EuGH*, Urt. v. 24.11.1993, verb. Rs. C-267, 268/91, ECLI:EU:C:1993:905 – Keck und Mithouard, Rn. 16.

464 *GmS-OGB*, Beschluss v. 22.08.2012 – GmS-OGB 1/10, GRUR 2013, 417.

(aaa) Bestimmte Verkaufsmodalitäten

Verkaufsmodalität[465] wurde vom Europäischen Gerichtshof noch nicht positiv definiert[466]. Berücksichtigt man aber den Kontext der Entscheidung Kommission/Griechenland des Europäischen Gerichtshofs – Gegenstand dieser Rechtssache war die Frage nach der Apothekenpflichtigkeit von Säuglingsmilch[467] – kann diesem Urteil zumindest ein Definitionsversuch entnommen werden. Danach ist eine Regelung, „die eine Beschränkung der kommerziellen Freiheit der Wirtschaftsteilnehmer bewirkt, ohne sich auf die Merkmale der erfassten Erzeugnisse selbst zu erstrecken", weil „nur die Modalitäten des Absatzes" einer Regelung unterworfen werden[468], als Verkaufsmodalität einzustufen. Noch prägnanter gelang wohl Generalanwalt *Tesauro* in seinem Schlussantrag zur Entscheidung Hünermund eine Definition: „Wer verkauft was, wann darf verkauft werden, wo und wie darf verkauft werden"[469]. Legt man diese beiden Definitionselemente zugrunde, liegt der Schluss der Literatur nahe, die dem Begriff der Verkaufsmodalitäten den Begriff der produktbezogenen Regelung gegenüberstellt[470]. Solche produktbezogenen Regelungen fallen bereits an diesem Prüfungspunkt aus der Keck-Formel und bedürfen einer Rechtferti-

465 In der Literatur wird anstelle des Begriffs der Verkaufsmodalität auch die Begrifflichkeit der vertriebsbezogenen Regelung verwendet (*Khan/Eisenhut*, in: Vedder/Heintschel von Heinegg, Art. 34 AEUV Rn. 30; *Schroeder*, in: Streinz, Art. 34 AEUV Rn. 43, 51ff.). Eine Kategorie, die den Verkauf eines Produkts betreffen und eine Kategorie, die das Produkt charakterisiert, wurde bereits von *White* im Jahre 1989 hergeleitet: *White*, CMLR 1989, 235 (246ff.); diese Verbindung ziehen: *Maduro*, S. 84ff.; *Oliver*, in: Oliver, Rn. 6.62.

466 Generalanwalt *Szpunar*, Schlussanträge v. 02.06.2016, Rs. C-148/15, ECLI:EU:C:2016:394 – Deutsche Parkinson Vereinigung, Rn. 23; *Kellerhals*, in: Enzyklopädie EuR 4, § 6 Rn. 40; *Müller-Graff*, in: v. der Groeben/Schwarze/Hatje, Art. 34 AEUV Rn. 252; *Streinz*, EuZW 2003, 37 (41).

467 *EuGH*, Urt. v. 29.06.1995, Rs. C-391/92, ECLI:EU:C:1995:199 – Kommission/Griechenland, Rn. 1ff.

468 *EuGH*, Urt. v. 29.06.1995, Rs. C-391/92, ECLI:EU:C:1995:199 – Kommission/Griechenland, Rn. 13, 15.

469 Generalanwalt *Tesauro*, Schlussanträge v. 27.10.1993, Rs. C-292/92, ECLI:EU:C:1993:863 – Hünermund, Rn. 20, dieser spricht aber nicht von Verkaufsmodalitäten, sondern von „Modalitäten der Ausübung der Handelstätigkeit".

470 *Becker*, in: Schwarze, Art. 34 AEUV Rn. 48; *Haltern*, in: Pechstein/Nowak/Häde, Art. 34 AEUV Rn. 106; *Khan/Eisenhut*, in: Vedder/Heintschel von Heinegg, Art. 34 AEUV Rn. 30; *Pache*, in: Schulze/Zuleeg/Kadelbach, § 10 Rn. 77; *White* hatte diese Differenzierung bereits vor der Keck-Entscheidung vorgeschlagen: *White*, CMLR 1989, 235 (246ff.).

gung[471]. Regelungen sind produktbezogen, wenn sie sich auf die Beschaffenheit des Produkts beziehen. Als Beispiele hierfür kann man Regelungen über Form, Abmessungen, Verpackung und Etikettierung nennen[472].

Betrachtet man die Definition des Europäischen Gerichtshofs, fällt ins Auge, dass dieser von „bestimmten" Verkaufsmodalitäten spricht[473]. Dies wird von Teilen der Literatur zum Anlass genommen, um darin eine weitere Differenzierung zu sehen[474]. Daraus könnte man schließen, dass es als Gegensatzpaar nicht nur produktbezogene Regelungen geben kann, sondern auch „sonstige" Verkaufsmodaliäten, welche nicht unter die Keck-Rechtsprechung gefasst werden können[475]. Während *Leible/T. Streinz* unter „sonstigen Verkaufsmodalitäten" solche Verkaufsmodalitäten fassen, die zwar unterschiedslos wirken, aber den Warenverkehr trotzdem empfindlich berühren[476], stellt *Schroeder* auf unterschiedslos wirkende Verkaufsmodalitäten ab, die unverhältnismäßig sind[477]. Mithin wird eine dritte Kategorie von staatlichen Regelungen geschaffen. Dem stehen Stimmen in der Literatur gegenüber, die dem Bestimmtheitskriterium keinen weiteren Inhalt zumessen und das Vorliegen von „bestimmten" Verkaufsmodalitäten annehmen, wenn die weiteren Kriterien der Keck-Formel vorliegen[478].

Die Etabilierung einer dritten Kategorie stellt im Grunde eine tiefergehende Kritik an der Formalisierung dar[479], die mit der Keck-Rechtspre-

---

471 *Pache*, in: Schulze/Zuleeg/Kadelbach, § 10 Rn. 77; *Schroeder*, in: Streinz, Art. 34 AEUV Rn. 50.

472 *EuGH*, Urt. v. 24.11.1993, verb. Rs. C-267, 268/91, ECLI:EU:C:1993:905 – Keck und Mithouard, Rn. 16; *Heermann*, GRUR Int. 1999, 579 (581); *Kingreen*, in: Calliess/Ruffert, Art. 36 AEUV Rn. 49; *Leible/T. Streinz*, in: Grabitz/Hilf/Nettesheim, Art. 34 AEUV Rn. 80; *Pache*, in: Schulze/Zuleeg/Kadelbach, § 10 Rn. 77.

473 *EuGH*, Urt. v. 24.11.1993, verb. C-Rs. 267, 268/91, ECLI:EU:C:1993:905 – Keck und Mithouard, Rn. 16.

474 *Koutrakos*, ELR 2001, 391 (393); *Leible/T. Streinz*, in: Grabitz/Hilf/Nettesheim, Art. 34 AEUV Rn. 81; *Schroeder*, in: Streinz, Art. 34 AEUV Rn. 49f.

475 *Koutrakos*, ELR 2001, 391 (393); *Leible/T. Streinz*, in: Grabitz/Hilf/Nettesheim, Art. 34 AEUV Rn. 81.

476 *Leible/T. Streinz*, in: Grabitz/Hilf/Nettesheim, Art. 34 AEUV Rn. 81.

477 *Schroeder*, in: Streinz, Art. 34 AEUV Rn. 48.

478 *Glöckner*, in: Heermann/Schlingloff, Art. 62 AEUV Rn. 47; *ders.*, in: Schulze/Zuleeg/Kadelbach, § 17 Rn. 20; *Heermann*, GRUR Int. 1999, 579 (583); *ders.*, in: Heermann/Schlingloff, Art. 34 AEUV Rn. 116; aus dem Kontext zu schließen, beurteilt auch *Müller-Graff*, in: v. der Groeben/Schwarze/Hatje, Art. 34 AEUV Rn. 252ff., 258 dies so; *Streinz*, EuZW 2003, 37 (41f.).

479 *Becker*, in: Schwarze, Art. 34 AEUV Rn. 48; vgl. *Craig/de Búrca*, S. 695; vgl. *Oliver/Roth*, CMLR 2004, 407 (413).

chung etabliert wurde, da staatliche Maßnahmen möglich sind, die sich einer Zuordnung nach vertriebs- und produktbezogener Regelung entziehen[480]. Dieser Ansatz übersieht, dass durch die Schaffung einer dritten Kategorie nur eine weitere Formalisierung herbeigeführt wird, womit weiterhin nicht alle staatlichen Regelungen kategorisiert werden können[481]. Insgesamt erscheint es überzeugender, eine „bestimmte Verkaufsmodalität" anzunehmen, wenn die weiteren Voraussetzungen der Keck-Formel vorliegen[482]. Der durch *Leible/T. Streinz* und *Schroeder* erkannten und benannten Problemlage sollte durch eine grundsätzliche Fortentwicklung der Keck-Formel begegnet werden[483], die möglicherweise durch eine Einzelfallbetrachtung gelingen kann[484].

(bbb) Unterschiedslose Geltung der Verkaufsmodalitäten

Durch das zweite Erfordnernis der Keck-Formel, die Geltung der mitgliedstaatlichen Vorgaben für alle Wirtschaftsteilnehmer, die ihre Tätigkeit im Inland ausüben, werden offen diskriminierende Maßnahmen von der Keck-Formel ausgenommen und stellen Maßnahmen gleicher Wirkung dar[485]. *Schroeder* kritisiert an dieser Auslegung, dass bei der Prüfung der Warenverkehrsfreiheit nicht der Handelnde der Anknüpfungspunkt sei, sondern vielmehr die Ware[486]. Berücksichtige man dies, müsse man zu dem Ergebnis kommen, dass diesem Kriterium der Keck-Formel keine Bedeutung zukommt[487]. Im Ergebnis wird sich an der Bewertung einer Maßnahme aufgrund dieses Kriteriums nichts ändern, da Regelungen, die zu einer unterschiedlichen Behandlung von in- und ausländischen Produkten

480 *Dauses/Brigola*, in: Dauses/Ludwigs, C. I. Grundregeln, Rn. 138.
481 Ähnlich vom Gedankengang: Generalanwalt *Bot*, Schlussanträge v. 08.07.2008, Rs. C-110/05, ECLI:EU:C:2006:646 – Kommission/Italien, Rn. 90.
482 Dies sieht mit einem kritischen Unterton auch *Oliver*, in: Oliver, Rn. 6.64 so. Die Betonung der „Bestimmtheit" im Sinne von *Leible/T. Streinz* entspricht in Teilen den Veränderungen der Keck-Formel, die auch im Laufe der Zeit in der Rechtsprechung des EuGH ersichtlich wurde.
483 S.u. B., II., 3., b), bb), (2), (b), (bb), S. 91ff.
484 *Becker*, in: Schwarze, Art. 34 AEUV Rn. 48f; *Leible*, WRP 1997, 517 (521).
485 *Leible/T. Streinz*, in: Grabitz/Hilf/Nettesheim, Art. 34 AEUV Rn. 77. *Haltern* übergeht dieses Kriterium vollständig: *Haltern*, in: Pechstein/Nowak/Häde, Art. 34 AEUV Rn. 121ff.
486 *Schroeder*, in: Streinz, Art. 34 AEUV Rn. 46.
487 *Schroeder*, in: Streinz, Art. 34 AEUV Rn. 46.

führen, über das letzte Kriterium der Keck-Formel hinreichend eingeordnet werden können[488].

(ccc) Weder rechtlich noch tatsächlich eine Diskriminierung ausländischer Ware

Durch das letzte Kriterium der Keck-Formel, die Berührung des Absatzes von inländischen und ausländischen Produkten in gleicher Weise[489], soll eine schlechtere Behandlung von eingeführten Waren verhindert werden[490]. Eine ausländische Ware wird schlechtergestellt, wenn sie rechtlich oder tatsächlich diskriminiert wird[491]. Liegt eine solche Diskriminierung vor, greift die Keck-Formel nicht ein, die staatliche Regelung stellt eine Maßnahme gleicher Wirkung dar[492] und bedarf nach der ursprünglichen Ausgestaltung der Keck-Formel einer Rechtfertigung.

(bb) Keck-Formel heute

Ob und inwieweit der Keck-Formel weiterhin Geltung zukommt, wird in der Literatur weiterhin anhaltend diskutiert[493]; ferner wurde die Keck-Formel unter anderem von einigen Generalanwälten wiederholt kritisiert[494].

---

488 S.u. B., II., 3., b), bb), (2), (b), (aa), (ccc), S. 91.

489 *EuGH*, Urt. v. 24.11.1993, verb. Rs. C-267, 268/91, ECLI:EU:C:1993:905 – Keck und Mithouard, Rn. 16.

490 *Müller-Graff*, in: v. der Groeben/Schwarze/Hatje, Art. 34 AEUV Rn. 259; *Schroeder*, in: Streinz, Art. 34 AEUV Rn. 47.

491 *Pache*, in: Schulze/Zuleeg/Kadelbach, § 10 Rn. 77.

492 Vgl. *Heermann*, in: Heermann/Schlingloff, Art. 34 AEUV Rn. 116; *Pache*, in: Schulze/Zuleeg/Kadelbach, § 10 Rn. 77.

493 Bereits *Maduro* hinterfragte, ob die Keck-Formel taugliche Kriterien enthält: *Maduro*, S. 83ff.; *Brigola*, EuZW 2012, 248 (253); *Cremer/Bothe*, EuZW 2015, 413 (416f.); *Dauses/Brigola*, in: Dauses/Ludwigs, C. I. Grundregeln, Rn. 135ff.; *Haltern*, in: Pechstein/Nowak/Häde, Art. 34 AEUV Rn. 109ff.; *Kingreen*, in: Calliess/Ruffert, Art. 36 AEUV Rn. 52ff.; *Leible/T. Streinz*, in: Grabitz/Hilf/Nettesheim, Art. 34 AEUV Rn. 84ff.

494 Generalanwalt *Jacobs*, Schlussanträge v. 24.11.1994, Rs. C-412/93, ECLI:EU:C:1994:393 – Leclerc-Siplec, Rn. 38ff.; Generalanwalt *Maduro*, Schlussanträge v. 30.03.2006, verb. Rs. C-158, 159/04, ECLI:EU:C:2006:212 – Alfa Vita Vassilopoulos, Rn. 34ff.; Generalanwältin *Kokott*, Schlussanträge v. 14.12.2006, Rs. C-142/05, ECLI:EU:C:2006:782 – Mickelsson und Roos, Rn. 65ff.; Generalanwalt *Bot*, Schlussanträge v. 08.07.2008, Rs. C-110/05, ECLI:EU:C:2006:646 –

Die Keck-Formel wurde aber durch den Europäischen Gerichtshof nie ausdrücklich aufgegeben[495], wie dies in der Entscheidung Keck und Mithouard für die vorhergehende Rechtsprechung festgestellt wurde[496]. Trotz einer fehlenden ausdrücklichen Aufhebung der Keck-Formel ist auffällig, dass die Keck-Formel seit der Rechtssachen Ker-Optika[497] nur mehr in der Rechtssache Visnapuu im Jahr 2015 Anwendung fand[498], obwohl in Schlussanträgen der Generalanwälte, die diesen beiden Entscheidungen nachfolgten, die Keck-Formel zur Argumentation herangezogen wurde[499]. Die Rechtssachen Ker-Optika[500] und Visnapuu[501] wurde nach der weiteren Leitentscheidung im Bereich der Warenverkehrsfreiheit Kommission/Italien[502] entschieden. In der Entscheidung Kommission/Italien stand eine italienische Regelung zur Diskussion, die die Nutzung eines Anhängers mit Kradfahrzeugen verbat[503]. Ob und inwieweit nationale Regelungen, die zu einer Nutzungsbeschränkung führen, unter die Keck-Formel gefasst werden können, war lange Zeit insbesondere in den Schlussanträgen der Generalanwälte eine viel diskutierte Frage[504]. Um für die Fragen der Nutzungsmöglichkeiten Klarheit zu schaffen, hat der Europäische Gerichtshof

---

Kommission/Italien, Rn. 77f. (im Verfahren Kommission/Italien muss beachtet werden, dass die mündliche Verhandlung wiedereröffnet wurde und Generalanwalt *Bot* den zweiten Schlussantrag verfasste: Generalanwalt *Bot*, Schlussanträge v. 08.09.2008, Rs. C-110/05, ECLI:EU:C:2006:646 – Kommission/Italien, Rn. 30); *Kingreen*, in: Calliess/Ruffert, Art. 36 AEUV Fn. 136; *Maduro*, S. 83ff.

495 *Glöckner*, in: Heermann/Schlingloff, Art. 62 AEUV Rn. 53.

496 *EuGH*, Urt. v. 24.11.1993, verb. Rs. C-267, 268/91, ECLI:EU:C:1993:905 – Keck und Mithouard, Rn. 16.

497 *EuGH*, Urt. v. 02.12.2010, Rs. C-108/09, ECLI:EU:C:2010:725 – Ker-Optika, Rn. 51.

498 *EuGH*, Urt. v. 12.11.2015, Rs. C-198/14, ECLI:EU:C:2015:751 – Visnapuu, Rn. 103ff.

499 Generalanwalt *Bot*, Schlussanträge v. 03.09.2015, Rs. C-333/14, ECLI:EU:C:2015:527 – The Scotch Whisky Association, Rn. 52ff.; Generalanwalt *Szpunar*, Schlussanträge v. 02.06.2016, Rs. C-148/15, ECLI:EU:C:2016:394 – Deutsche Parkinson Vereinigung, Rn. 20ff.

500 *EuGH*, Urt. v. 02.12.2010, Rs. C-108/09, ECLI:EU:C:2010:725 – Ker-Optika.

501 *EuGH*, Urt. v. 12.11.2015, Rs. C-198/14, ECLI:EU:C:2015:751 – Visnapuu.

502 *EuGH*, Urt. v. 10.02.2009, Rs. C-110/05, ECLI:EU:C:2009:66 – Kommission/Italien.

503 *EuGH*, Urt. v. 10.02.2009, Rs. C-110/05, ECLI:EU:C:2009:66 – Kommission/Italien, Rn. 1.

504 Generalanwältin *Kokott*, Schlussanträge v. 14.12.2006, Rs. C-142/05, ECLI:EU:C:2006:782 – Mickelsson und Roos, Rn. 65ff.; Generalanwalt *Bot*, Schlussanträge v. 08.07.2008, Rs. C-110/05, ECLI:EU:C:2006:646 – Kommission/Italien, Rn. 77f. (im Verfahren Kommission/Italien muss beachtet werden, dass

2009 in der Entscheidung Kommission/Italien ein abweichendes Prüfprogramm entwickelt[505], welches von Teilen der Literatur mit dem Namen „Drei-Stufen-Test" versehen wurde[506]. Während der Europäische Gerichtshof in der Rechtssache Ker-Optika die Vorgaben aus dem Urteil Kommission/Italien in abstrakter Form nur erwähnt[507], dann aber die Vorgaben der Keck-Rechtsprechung konkret anwendet[508], prüft er in der Entscheidung Visnapuu nur die Keck-Formel[509]. Aus dieser Verwendung der Keck-Formel auch durch den Europäischen Gerichtshof in seinen Urteilen nach Einführung des Drei-Stufen-Tests kann geschlossen werden, dass die Keck-Formel auch in ihrer ursprünglichen Ausgestaltung noch fortbesteht[510]. Der Drei-Stufen-Test könnte damit neben der ursprünglichen Keck-Formel stehen oder auch nur eine Umgestaltung derselben sein. Inhaltlich fasst der Drei-Stufen-Test auf den ersten beiden Stufen eine bereits bekannte und hergebrachte Rechtsprechung zusammen – das Diskriminierungsver-

---

die mündliche Verhandlung wiedereröffnet wurde und Generalanwalt *Bot* den zweiten Schlussantrag verfasste: Generalanwalt *Bot*, Schlussanträge v. 08.09.2008, Rs. C-110/05, ECLI:EU:C:2006:646 – Kommission/Italien, Rn. 30; *Kingreen*, in: Calliess/Ruffert, Art. 36 AEUV Fn. 136; *Snell*, CMLR 2010, 437 (455); *Spaventa*, ELR 2009, 914 (915)); zusammenfassend: *Kingreen*, in: Calliess/Ruffert, Art. 36 AEUV Rn. 53ff.

505 *EuGH*, Urt. v. 10.02.2009, Rs. C-110/05, ECLI:EU:C:2009:66 – Kommission/Italien, Rn. 33ff.

506 *Dietz/Streinz*, EuR 2015, 50 (52); *Leible/T. Streinz*, in: Grabitz/Hilf/Nettesheim, Art. 34 AEUV Rn. 85ff. *Cremer/Bothe* sprechen von einer Dreistufenprüfung: *Cremer/Bothe*, EuZW 2015, 413 (413). Eine solche Benennung ist in der englischen Literatur weitestgehend nicht ersichtlich: *Barnard*, CLJ 2009, 575 (592f.); *Craig/de Búrca*, S. 687ff.; *Derlén/Lindholm*, CJEL 2010, 191 (214f., 222) sprechen von „three alternative tests" bzw. von „three-part-definition"; *Pecho*, LIEI 2009, 275 (260); *Scott*, The Multi-Level Governance of Climate Change, in: The Evolution of EU law, S. 805 (825); *Snell*, CMLR 2010, 437 (455); *Spaventa*, ELR 2009, 914 (915, 917) spricht von einem „market access test"; *Tryfonidou*, ELR 2010, 36 (47ff.); *Wennerås* und *Bøe Moen* nennen das Prüfprogramm „market hindrance test", wie beispielsweise ELR 2001, 387 (395) zu entnehmen ist.

507 *EuGH*, Urt. v. 02.12.2010, Rs. C-108/09, ECLI:EU:C:2010:725 – Ker-Optika, Rn. 48f.; *Dietz/Streinz*, EuR 2015, 50 (53).

508 *EuGH*, Urt. v. 02.12.2010, Rs. C-108/09, ECLI:EU:C:2010:725 – Ker-Optika, Rn. 51ff.; *Dietz/Streinz*, EuR 2015, 50 (53).

509 *EuGH*, Urt. v. 12.11.2015, Rs. C-198/14, ECLI:EU:C:2015:751 – Visnapuu, Rn. 103ff.

510 Vgl. *Holst*, EuR 2018, 87 (96).

bot und das Gebot der gegenseitigen Anerkennung[511]. Beeinträchtigungen auf der ersten Stufe sind „Maßnahmen eines Mitgliedstaates, mit denen bezweckt oder bewirkt wird, Erzeugnisse aus anderen Mitgliedstaaten weniger günstig zu behandeln", auf der zweiten Stufe handelt es sich um Beeinträchtigungen, wenn „Waren aus anderen Mitgliedstaaten, die dort rechtmäßig hergestellt und in den Verkehr gebracht worden sind, bestimmten Vorschriften entsprechen müssen, selbst wenn diese Vorschriften unterschiedslos für alle Erzeugnisse gelten"[512]. Das dritte Kriterium des Drei-Stufen-Tests stellt die mögliche „Neuerung" dar[513]. Danach handelt es sich bei jeder sonstigen Maßnahme um eine Beeinträchtigung, die den Zugang zum Markt eines Mitgliedstaates für Erzeugnisse aus anderen Mitgliedstaaten behindert[514]. Dabei kann aber festgestellt werden, dass die Verwendung eines Marktzugangskriteriums doch nicht so neu ist, wie sie auf den ersten Blick erscheint[515]. Bereits 1993 hat der Europäische Gerichtshof festgestellt, dass staatliche Maßnahmen, die der Keck-Formel unterfallen, nicht geeignet sein können, „den Marktzugang für Erzeugnisse zu versperren oder stärker zu behindern, als sie dies für inländische Erzeugnisse tun"[516]. Ferner hat der Europäische Gerichtshof in der ersten DocMorris-Entscheidung aus dem Jahr 2003 im Rahmen des letzten Kriteriums der Keck-Formel – der gleichen Berührung des Absatzes in- und ausländischer

511 *EuGH*, Urt. v. 20.02.1979, Rs. 120/78, ECLI:EU:C:1979:42 – Cassis de Dijon, Rn. 6; *EuGH*, Urt. v. 26.06.1997, Rs. C-368/95, ECLI:EU:C:1997:325 – Familiapress, Rn. 8; *Kingreen*, in: Calliess/Ruffert, Art. 36 AEUV Rn. 54.

512 *EuGH*, Urt. v. 10.02.2009, Rs. C-110/05, ECLI:EU:C:2009:66 – Kommission/Italien, Rn. 33ff.

513 *Kingreen*, in: Calliess/Ruffert, Art. 36 AEUV Rn. 54.

514 *EuGH*, Urt. v. 10.02.2009, Rs. C-110/05, ECLI:EU:C:2009:66 – Kommission/Italien, Rn. 37.

515 *Barnard*, CLJ 2009, 575 (592) geht davon aus, dass der Marktzugangsgedanke auch schon in den Entscheidungen Dassonville und Cassis de Dijon enthalten war; *Kellerhals*, in: Enzyklopädie EuR 4, § 6 Rn. 41; *Kingreen*, in: v. Bogdandy/Bast, S. 732; *Koutrakos*, ELR 2001, 391 (394); *Prete*, LIEI 2008, 133 (146f.); vgl. *Wennerås/Bøe Moen*, ELR 2001, 387 (393, 398); a.A. *Oliver*, in: Oliver 6.87.

516 *EuGH*, Urt. v. 24.11.1993, verb. Rs. C-267, 268/91, ECLI:EU:C:1993:905 – Keck und Mithouard, Rn. 17; *Derlén/Lindholm*, CJEL 2010, 191 (202); vgl. *Holst*, EuR 2018, 87 (94); *Kellerhals*, in: Enzyklopädie EuR 4, § 6 Rn. 41; vgl. *Koutrakos*, ELR 2001, 391 (394); *Mayer*, EuR 2003, 793 (813); in diese Richtung auch *Oliver* und *Roth*, wenn sie davon ausgehen, dass die Frage des Marktzuganges im Hintergrund der Keck-Kategorien steht, *Oliver/Roth*, CMLR 2004, 407 (413); *Snell*, CMLR 2010, 437 (447); *Tryfonidou*, ELR 2010, 36 (48f.) differenziert zwischen der impliziten und expliziten Verwendung des Marktzugangskriteriums; vgl. *Wennerås/Bøe Moen*, ELR 2001, 387 (393, 398).

Produkte in rechtlich und tatsächlich gleicher Weise – die stärkere Behinderung des Marktzugangs für ausländische Produkte geprüft[517]. Darin kann bereits eine erste Verselbstständigung[518] bzw. verstärkte Betonung des Marktzugangskriteriums gesehen werden, welches bei Etablierung des Drei-Stufen-Tests auf der dritten Stufe aus dem Begründungsansatz der Keck-Formel herausgelöst wird[519]. Doch letztlich handelt es sich nur um eine positive Benennung und Erweiterung des Resümees der Keck-Formel, sodass eine Verbindungslinie zwischen den Entscheidungen Keck und Mithouard und Kommission/Italien zu erkennen ist[520]. Mithin handelt es sich um ein zusätzliches Kriterium, um eine Maßnahme gleicher Wirkung begründen zu können[521], welches der Europäische Gerichtshof in der Ent-

---

517 *EuGH*, Urt. v. 11.12.2003, Rs. C-322/01, ECLI:EU:C:2003:664 – Deutscher Apothekerverband, Rn. 74f.; *Holst*, EuR 2018, 87 (94f.). *Lang*, CMLR 2005, 189 (195) stellt fest, dass bereits die Generalanwältin das Kriterium des Marktzuganges in den Vordergrund gestellt hat: Generalanwältin *Stix-Hackl*, Schlussanträge v. 11.03.2003, Rs. C-322/01, ECLI:EU:C:2003:147 – Deutscher Apothekerverband, Rn. 73ff.

518 *Holst*, EuR 2018, 87 (95), dieser sieht das Marktzugangskriterium als alleiniges Prüfungsmerkmal, welches neben dem Drei-Stufen-Test steht, an.

519 Vgl. *Kingreen*, in: Calliess/Ruffert, Art. 36 AEUV Rn. 53; vgl. *Leible/T. Streinz*, in: Grabitz/Hilf/Nettesheim, Art. 34 AEUV Rn. 86.

520 *Brigola*, EuZW 2012, 248 (252f.); vgl. *Derlén/Lindholm*, CJEL 2010, 191 (202); vgl. *Leible/T. Streinz*, in: Grabitz/Hilf/Nettesheim, Art. 34 AEUV Rn. 86; *Snell*, CMLR 2010, 437 (456).

521 *Cremer/Bothe*, EuZW 2015, 413 (415); *Derlén/Lindholm*, CJEL 2010, 191 (224, 226f., 230); *Holst*, EuR 2018, 87 (96); *Horsley*, CMLR 2009, 2001 (2018f.); *Kingreen*, in: Calliess/Ruffert, Art. 36 AEUV Rn. 51; *Snell*, CMLR 2010, 437 (456). Diese Auslegung steht in Einklang mit der Aussage von *Gormley*, Fordham ILJ 2007, 1637 (1690): „one-size-fits-all legal solutions tend not to work out in practice, and are often inelegant in conception and even worse in implementation". *Dietz/Streinz*, EuR 2015, 50 (69), *Wennerås/Bøe Moen*, ELR 2010, 387 (398f.); *Pecho*, LIEI 2009, 257 (262, 271); *Spaventa*, ELR 2009, 914 (928f.) gehen hingegen von einer Ersetzung der Keck-Formel aus. *Dietz/Streinz*, EuR 2015, 50 (60ff.); *Horsley*, CMLR 2009, 2001 (2014); *Pecho*, LIEI 2009, 257 (264); *Prete*, LIEI 2008, 133 (149ff.); *Spaventa*, ELR 2009, 914 (923ff.) setzen sich mit der Auslegung des Begriff des Marktzugangs auseinander.Teilweise wird über das Verhältnis der Kriterien zueinander vertieft nachgedacht: Eine Lesart wäre, dass es sich bei dem Marktzugangskriterium um ein übergreifendes Kriterium handele, wobei die Möglichkeit verbleibe, dass auch andere Maßnahmen eine Verletzung der Warenverkehrsfreiheit darstellen könnten. Man könne die Rechtsprechung aber auch so verstehen, dass das Kriterium nur eine Kategorie für solche Maßnahmen darstelle, die nicht unter die herkömmlichen Kriterien fallen (ausführlich dazu: *Craig/de Búrca*, S. 689ff. m.w.N.). Letztendlich kommt es darauf nicht an, da beide Ansätze den Marktzugang als weiteren Prüfansatz akzeptieren.

scheidung Deutsche Parkinson Vereinigung als alleiniges Kriterium zugrundegelegt hat[522].

(cc) Preisbindung als Maßnahme gleicher Wirkung

Die Fortgeltung der Keck-Rechtsprechung in ihrer ursprünglichen Form lag auch dem Beschluss des Gemeinsamen Senats der obersten Gerichtshöfe des Bundes aus dem Jahr 2012 zugrunde[523]. In dieser Entscheidung wurde eine vorübergehende Klärung für die Frage herbeigeführt, ob das deutsche Arzneimittelpreisrecht auch im grenzüberschreitenden Verkehr Anwendung findet[524]. Diese Klärung wurde durch eine Vorlage des Bundesgerichtshofs notwendig[525], da dieser eine Entscheidung entgegen der Rechtsprechung des Bundesozialgerichtes treffen wollte[526]. Im Beschluss des Gemeinsamen Senats der obersten Gerichtshöfe wird die Keck-Formel in ihrer ursprünglichen Ausgestaltung herangezogen[527] und führt durch das Eingreifen derselben zur Verneinung einer Maßnahme gleicher Wirkung[528]. Nach dieser Entscheidung auf nationaler Ebene und der Verneinung einer Vorlagenotwendigkeit[529] zum Europäischen Gerichtshof durch den Gemeinsamen Senat der obersten Bundesgerichtshöfe folgte 2012 die Aufnahme des § 78 Abs. 1 S. 4 AMG in das Arzneimittelgesetz[530]. Damit wurde die Geltung der Arzneimittelpreisbindung im grenzüberschreitenden Verkehr durch den Gesetzgeber normiert. Damit erschien diese Frage hinreichend geklärt und Rechtssicherheit erreicht. Dementsprechend unerwartet kam 2015 die Vorlage des Oberlandesgerichts Düsseldorf[531] an den Europäischen Gerichtshof[532]. Das Oberlandesgericht Düsseldorf legte dem Europäischen Gerichtshof unter anderem die Frage vor, ob

---

522 S.u. B., II., 3., b), bb), (2), (b), (cc), S. 96ff.
523 *GmS-OGB*, Beschluss v. 22.08.2012 – GmS-OGB 1/10, GRUR 2013, 417.
524 *GmS-OGB*, Beschluss v. 22.08.2012 – GmS-OGB 1/10, GRUR 2013, 417.
525 *BGH*, Beschluss v. 09.09.2010 – I ZR 72/08, GRUR 2010, 1130. Mit diesem Beschluss wurde die Frage zur Entscheidung an den GmS-OBG vorgelegt.
526 *BSGE* 101, 161 (166f.).
527 *GmS-OGB*, Beschluss v. 22.08.2012 – GmS-OGB 1/10, GRUR 2013, 417 Rn. 41ff.
528 *GmS-OGB*, Beschluss v. 22.08.2012 – GmS-OGB 1/10, GRUR 2013, 417 Rn. 39, 41ff.
529 *GmS-OGB*, Beschluss v. 22.08.2012 – GmS-OGB1/10, GRUR 2013, 417 Rn. 47.
530 BGBl. 2012 I, 2192 (2212).
531 *OLG Düsseldorf*, Beschluss v. 24.03.2015 – I-20 U 149/13, GRUR-Int. 2015, 1054.
532 *Riegger*, GRUR-Prax 2015, 359 (359).

§ 78 Abs. 1 S. 4 AMG eine Maßnahme gleicher Wirkung im Sinne des Art. 34 AEUV ist[533].

Der Europäische Gerichtshof argumentierte in seiner Entscheidung anders als der Gemeinsame Senat der obersten Bundesgerichtshöfe, er stellte nicht nur eine Maßnahme gleicher Wirkung fest, sondern thematisiert auch die Frage nach der Behinderung des Marktzuganges[534]. Im Ergebnis befindet sich der Europäische Gerichtshof damit auf einer Linie mit den Schlussanträgen des Generalanwaltes *Szpunar*, auch dieser stellte das Vorliegen einer Maßnahme gleicher Wirkung fest[535]. Argumentativ geht *Szpunar* aber anderes als der Europäische Gerichtshof vor, er bringt die Keck-Formel in ihrer Ursprungsform zur Sprache[536], hat dann aber Schwierigkeiten bei der Anwendung auf den vorgelegten Fall. Diese Schwierigkeiten sieht Generalanwalt *Szpunar* darin, dass die Festlegung eines Preises nicht selten auch zu einer Veränderung am Produkt führen könnte, da Waren oftmals mit einem Preisetikett versehen sind[537]. Ferner kann nach *Szpunar* ein Vergleich zwischen anderen als Verkaufsmodalitäten eingestuften Maßnahmen und der Preisbindung nicht gelingen[538]. Stellt man das Verbot des Verkaufs zum Verlustpreis[539] oder Festlegungen zu den Öffnungszeiten eines Ladens[540] der Preisbindung für verschreibungspflichtige Arzneimittel gegenüber, liegt die Andersartigkeit der Preisbindung zumindest nahe. Doch unterstellt man, ebenso wie es *Szpunar* in seinen Schlussanträgen vorgeschlagen hat, das Vorliegen einer Verkaufsmodalität[541], scheitert man doch bei der Frage der gleichen Berührung in- und ausländischer Er-

---

533 *OLG Düsseldorf*, Beschluss v. 24.03.2015 – I-20 U 149/13, GRUR-Int. 2015, 1054.

534 *EuGH*, Urt. v. 19.10.2016, Rs. C-148/15, ECLI:EU:C:2016:776 – Deutsche Parkinson Vereinigung, Rn. 23ff.

535 Generalanwalt *Szpunar*, Schlussanträge v. 02.06.2016, Rs. C-148/15, ECLI:EU:C:2016:394 – Deutsche Parkinson Vereinigung, Rn. 37f.

536 Generalanwalt *Szpunar*, Schlussanträge v. 02.06.2016, Rs. C-148/15, ECLI:EU:C:2016:394 – Deutsche Parkinson Vereinigung, Rn. 20ff.

537 Generalanwalt *Szpunar*, Schlussanträge v. 02.06.2016, Rs. C-148/15, ECLI:EU:C:2016:394 – Deutsche Parkinson Vereinigung, Rn. 25.

538 Generalanwalt *Szpunar*, Schlussanträge v. 02.06.2016, Rs. C-148/15, ECLI:EU:C:2016:394 – Deutsche Parkinson Vereinigung, Rn. 25.

539 *EuGH*, Urt. v. 24.11.1993, verb. Rs. C-267, 268/91, ECLI:EU:C:1993:905 – Keck und Mithouard, Rn. 18.

540 *EuGH*, Urt. v. 02.06.1994, verb. Rs. C-69, 258/93, ECLI:EU:C:1994:226 – Punto Casa und PPV, Rn. 12ff.

541 Generalanwalt *Szpunar*, Schlussanträge v. 02.06.2016, Rs. C-148/15, ECLI:EU:C:2016:394 – Deutsche Parkinson Vereinigung, Rn. 26.

zeugnisse in rechtlicher und tatsächlicher Hinsicht[542] und muss eine Maßnahme gleicher Wirkung bejahen. In rechtlicher Hinsicht gilt die Arzneimittelpreisbindung für verschreibungspflichtige Arzneimittel, die in Deutschland an den Endverbraucher abgegeben werden und für Medikamente, die durch ausländische Versandapotheken an den deutschen Endverbraucher abgeben werden, in gleichem Umfang[543]. Demgegenüber gibt es auf tatsächlicher Ebene eine ungleiche Berührung, diese begründet sich dadurch, dass Internet-Apotheken aus dem Ausland der Zugang zum deutschen Markt in Form einer Präsenzapotheke durch die Fortgeltung des Fremdbesitzverbotes verwehrt ist[544]. Die durch das Fremdbesitzverbot nicht gegebene Möglichkeit, durch physische Präsenz Arzneimittel abzusetzen, macht den Preis zum entscheidenden Kriterium[545]. An dieser Stelle lassen sich dann auch Parallelen zwischen den Schlussanträgen des Generalanwalts und der Entscheidung des Europäischen Gerichtshofs erkennen. Während der Europäische Gerichtshof betont, dass sich einheitliche Abgabepreise für Rx-Arzneimittel für ausländische Apotheken stärker auf den Marktzugang auswirken als für deutsche Apotheken[546], stellt Generalanwalt *Szpunar* fest, dass durch die nationale Maßnahme eine Beschränkung des Wettbewerbs und des Marktzugangs für ausländische Wirtschaftsteilnehmer gegeben ist[547]. Beide Argumentationsstränge gründen auf der Berücksichtigung des Fremdbesitzverbotes als Hintergrundfolie und der da-

---

542 Generalanwalt *Szpunar*, Schlussanträge v. 02.06.2016, Rs. C-148/15, ECLI:EU:C:2016:394 – Deutsche Parkinson Vereinigung, Rn. 27ff.

543 Generalanwalt *Szpunar*, Schlussanträge v. 02.06.2016, Rs. C-148/15, ECLI:EU:C:2016:394 – Deutsche Parkinson Vereinigung, Rn. 27.

544 S.o. A., I., S. 19.

545 Vgl. Generalanwalt *Szpunar*, Schlussanträge v. 02.06.2016, Rs. C-148/15, ECLI:EU:C:2016:394 – Deutsche Parkinson Vereinigung, Rn. 25, 29; *EuGH*, Urt. v. 19.10.2016, Rs. C-148/15, ECLI:EU:C:2016:776 – Deutsche Parkinson Vereinigung, Rn. 24; vgl. *Frank*, GRUR 2016, 1246 (1247); *Köhler*, PharmR 2016, 165 (167); *Ludwigs*, NVwZ 2016, 1793 (1797); *Ludyga*, ZVertriebsR 2017, 95 (96); vgl. *Mand*, WRP 2015, 950 (953); *Mittwoch*, EuZW 2016, 936 (937); *Witt/Gregor*, PharmR 2016, 481 (483).

546 *EuGH*, Urt. v. 19.10.2016, Rs. C-148/15, ECLI:EU:C:2016:776 – Deutsche Parkinson Vereinigung, Rn. 26; ähnlich in der Argumentation, aber noch vor dem Urteil des EuGH: *Mand*, PharmR 2008, 582 (586f.); *ders.*, NJW 2014, 3200 (3201); *ders.*, WRP 2015, 950 (953).

547 Vgl. Generalanwalt *Szpunar*, Schlussanträge v. 02.06.2016, Rs. C-148/15, ECLI:EU:C:2016:394 – Deutsche Parkinson Vereinigung, Rn. 38.

mit verbundenen Unmöglichkeit für ausländische Kapitalgesellschaften, eine Präsenzapotheke in Deutschland zu gründen[548].

Diese Herangehensweise wurde bereits nach den Schlussanträgen im Vorlageverfahren in der Rechtssache Deutscher Apothekerverband[549] aus dem Jahr 2003 durch *Sander* und *Sigloch* kritisiert[550]. *Sander* und *Sigloch* stellen fest, dass durch diese Argumentation, die 2016 in der Rechtssache Deutsche Parkinson Vereinigung wieder aufgegriffen wurde, eine Vermischung von zwei Problemkreisen stattfinde[551]. Mit der Heranziehung der Unmöglichkeit der Gründung einer Präsenzapotheke durch das Fremdbesitzverbot vermische man eine Frage der Niederlassung mit einer Frage zur Warenverkehrsfreiheit[552]. Diese Kritik kann aber auch heute nicht durchschlagen. Dies ergibt sich aus den Eigenheiten des Vorlageverfahrens gemäß Art. 267 AEUV. Gemäß Art. 267 Abs. 1 lit. a AEUV äußert sich der Europäische Gerichtshof im Rahmen eines Vorabentscheidungsverfahrens zu Fragen der Auslegung der Verträge. Durch die Stellung von Fragen, die sich auf die Auslegung des Vertragstextes beziehen müssen, begrenzt sich der Umfang der Anwort des Europäischen Gerichtshofs[553], denn der Europäische Gerichtshof darf sich nur zur Auslegung des Unionsrechts äußern[554]. Eine Kompetenz zur Entscheidung über das nationale Recht kommt ihm im Vorlageverfahren nicht zu[555]. Damit erklärt sich, dass sowohl 2003 als auch 2016 richtigerweise die Situation durch das Fremdbesitzverbot bei der Beurteilung des Vorliegens einer Maßnahme gleicher Wirkung berücksichtigt wurde. Mithin stellt die Preisbindung für verschreibungspflichtige Arzneimittel eine Maßnahme gleicher Wirkung dar.

---

548 Vgl. Generalanwalt *Szpunar*, Schlussanträge v. 02.06.2016, Rs. C-148/15, ECLI:EU:C:2016:394 – Deutsche Parkinson Vereinigung, Rn. 30; *EuGH*, Urt. v. 19.10.2016, Rs. C-148/15, ECLI:EU:C:2016:776 – Deutsche Parkinson Vereinigung, Rn. 24f.

549 Generalanwältin *Stix-Hackl*, Schlussanträge v. 11.03.2003, Rs. C-322/01, ECLI:EU:C:2003:147 – Deutscher Apothekerverband; *EuGH*, Urt. v. 11.12.2003, Rs. C-322/01, ECLI:EU:C:2003:664 – Deutscher Apothekerverband.

550 *Sander/Sigloch*, PharmR 2003, 371 (375f.).

551 *Sander/Sigloch*, PharmR 2003, 371 (375f.).

552 *Sander/Sigloch*, PharmR 2003, 371 (375f.).

553 *Ehricke*, in: Streinz, Art. 267 AEUV Rn. 13f.

554 *Gaitanides*, in: v. der Groeben/Schwarze/Hatje, Art. 267 AEUV Rn. 26f.; *Schwarze*, in: Schwarze, Art. 267 AEUV Rn. 15.

555 *EuGH*, Urt. v. 06.03.2007, verb. Rs. C-338, 359 und 360/04, ECLI:EU:C:2007:133 – Placanica, Rn. 36; *EuGH*, Urt. v. 08.09.2009, Rs. C-42/07, ECLI:EU:C:2009:519 – Liga Portuguesa de Futebol Profissional und Bwin International, Rn. 37.

Legt man diese Auslegung zugrunde, kann eine Preisbindungsregelung für Rx-Medikamente ohne Probleme als Maßnahme gleicher Wirkung eingeordnet werden. Dem steht auch nicht die Rechtsprechung des Europäischen Gerichtshofs aus dem Jahre 1985 in der Rechtssache Leclerc entgegen[556]. In dieser Entscheidung hatte der Europäische Gerichtshof über eine französische Regelung zu befinden, die einen Abgabepreis für Bücher festsetzte[557]. Dabei hat der Europäische Gerichtshof festgestellt, dass eine solche Festlegung grundsätzlich eine Maßnahme gleicher Wirkung darstellt, dies sei nur dann nicht der Fall, wenn aus objektiven Umständen erkennbar ist, dass die Waren nur ausgeführt und dann in das Herkunftsland wieder eingeführt werden, um die Preisbindungsregelungen zu umgehen[558].

Dem steht zunächst entgegen, dass einer solchen Wiedereinfuhr-Konstellation denknotwendig zugrundeliegt, dass im vorliegenden Fall die Arzneimittel aus Deutschland in ein europäisches Land ausgeführt werden, um die Arzneimittel dann wieder nach Deutschland einzuführen. Da aber auch die Situation denkbar ist, dass in einem anderen Land ein Medikament hergestellt wird, welches für den deutschen Markt zugelassen und auf den deutschen Markt hin ausgerichtet ist[559], stellt dies eine andere Konstellation als die reine Reimportkonstellation im Sinne der Leclerc-Rechtsprechung dar. Sodann kann in der Einordnung der Preisbindungsregelung durch den Europäischen Gerichtshof als Maßnahme gleicher Wirkung ohne weitere Betonung der Transportwege der abzugebenden Arzneimittel und einer damit verbundenen möglichen Umgehungsabsicht der nationalen Vorschriften zumindest eine immanente Abkehr von der Leclerc-Rechtsprechung gesehen werden[560], sodass sich auch unter Einbezug dieser Entscheidung keine andere Beurteilung ergibt.

c) Rechtfertigung

Durch die Ebene der Rechtfertigung wird eine Ausnahme von dem Grundsatz statuiert, „dass alle Hindernisse für den freien Warenverkehr

556 *EuGH*, Urt. v. 10.01.1985, Rs. C-229/83, ECLI:EU:C:1985:1– Leclerc; *Dettling*, S. 222f.; *Meyer*, A&R 2017, 11 (12).

557 *EuGH*, Urt. v. 10.01.1985, Rs. C-229/83, ECLI:EU:C:1985:1– Leclerc.

558 *EuGH*, Urt. v. 10.01.1985, Rs. C-229/83, ECLI:EU:C:1985:1– Leclerc, Rn. 26f.

559 S.o. B., II., 3., a), aa), (2), S. 78ff.

560 A.A. *Meyer*, A&R 2017, 11 (13).

von den Mitgliedstaaten zu beseitigen sind“[561]. Die damit in Verbindung stehende Verhältnismäßigkeit löst den Zielkonflikt zwischen den mitgliedstaatlichen Spielräumen und dem Geltungsanspruch der Grundfreiheiten auf[562].

aa) Kategorien von Rechtfertigungsgründen

Neben den geschriebenen Rechtfertigungsgründen wurde durch eine weitere Leitentscheidung des Europäischen Gerichtshofs, der Cassis de Dijon-Entscheidung[563], eine Kategorie der ungeschriebenen Rechtfertigungsgründe[564] etabliert, danach können unterschiedslos geltende Maßnahmen

---

561 Vgl. *EuGH*, Urt. v. 25.01.1977, Rs. 46/76, ECLI:EU:C:1977:6, Bauhuis, Rn. 12/15; vgl. *Schroeder*, in: Streinz, Art. 36 AEUV Rn. 1. Diese beiden Fundstellen beziehen sich nur auf den geschriebenen Rechtfertigungsgrund des Art. 36 AEUV, der Gedanke kann aber verallgemeinert werden.

562 *Dünnes-Zimmermann*, S. 381.

563 *EuGH*, Urt. v. 20.02.1979, Rs. 120/78, ECLI:EU:C:1979:42 – Cassis de Dijon; vgl. *Brigola*, EuZW 2012, 248 (248); *Dauses/Brigola*, in: Dauses/Ludwigs, C. I. Grundregeln, Rn. 138; vgl. *Kingreen*, in: Calliess/Ruffert, Art. 36 AEUV Rn. 50; *Maduro*, S. 104; *Leible/T. Streinz*, in: Grabitz/Hilf/Nettesheim, Art. 34 AEUV Rn. 82; *Streinz*, EuZW 2003, 37 (40).

564 Die Einordnung der zwingenden Gründe des Allgemeinwohls als Rechtfertigungsgründe wird von der Literatur teilweise kritisiert und eine Einordnung als negative Tatbestandsvoraussetzung präferiert (siehe dazu nur: *Müller-Graff*, in: v. der Groeben/Schwarze/Hatje, Art. 34 AEUV Rn. 183ff.). Diese Annahme begründet sich insbesondere durch die Cassis-Rechtsprechung, damals wurden die zwingenden Erfordernisse in die Nähe der Prüfung einer Maßnahme gleicher Wirkung gerückt (*EuGH*, Urt. v. 20.02.1979, Rs. 120/78, ECLI:EU:C:1979:42 – Cassis de Dijon, Rn. 6ff.; *Becker*, in: Schwarze, Art. 34 AEUV Rn. 107; *Fremuth*, EuR 2006, 866 (867f.)). Auch wenn die Berücksichtigung auf Tatbestandsebene auf den ersten Blick besser mit dem Grundsatz harmoniert, dass Art. 36 AEUV als Ausnahmetatbestand eng auszulegen ist (*EuGH*, Urt. v. 17.06.1981, Rs. 113/80, ECLI:EU:C:1981:139 – Kommission/Irland, Rn. 7; *Becker*, in: Schwarze, Art. 36 AEUV Rn. 1; *Craig/de Búrca*, S. 696; *Lux*, in: Lenz/Borchardt, Art. 36 AEUV Rn. 2; *Müller-Graff*, in: v. der Groeben/Schwarze/Hatje, Art, 36 AEUV Rn. 23), ist festzustellen, dass der EuGH die zwingenden Gründe des Allgemeinwohls inzwischen in engem Zusammenhang mit Art. 36 AEUV prüft (beispielsweise: *EuGH*, Urt. v. 02.02.1989, Rs. C-274/87, ECLI:EU:C:1989:51 – Kommission/Deutschland, Rn. 6ff., 12ff.) und die zwingenden Gründe des Allgemeinwohls auch als Rechtfertigungsmöglichkeit benennt (*EuGH*, Urt. v. 09.07.1997, verb. Rs. C-34-36/95, ECLI:EU:C:1997:344 – De Agostini u. TV-Shop, Rn. 46). Diese Einordnung führt auch zu keiner Änderung im Ergebnis (*Haltern*, in: Pechstein/Nowak/Häde, Art. 36 AEUV Rn. 16; vgl. *Mayer*, EuR

durch zwingende Gründe des Allgemeinwohls gerechtfertigt werden[565]. Anlass zur Schaffung ungeschriebener Rechtfertigungsgründe kann in der Erweiterung gesehen werden, die mit der Dassonville-Formel verbunden war – diese sollte eingegrenzt werden[566]. Unter die geschriebenen Rechtfertigungsgründe fallen insbesondere die benannten Vorbehalte in den jeweiligen Abschnitten der Grundfreiheiten. Im Bereich der Warenverkehrsfreiheit sind gemäß Art. 36 AEUV Beeinträchtigungen durch die Mitgliedstaaten zum Schutze bestimmter Rechtsgüter möglich[567]. Ferner können die Grundrechte als allgemeine Rechtsgrundsätze[568] sowie die Grundrechte der Grundrechte-Charta, welche gemäß Art. 6 Abs. 1 Hs. 2 EUV den Vertragstexten gleichstehen, als Rechtfertigungsgründe dienen[569].

bb) Verhältnis der Rechtfertigungsgründe zueinander

Die hier im Vordergrund stehenden Rechtfertigungsgründe des Art. 36 AEUV und die zwingenden Erfordernisse im Sinne der Cassis de

---

2003, 793 (799)), sodass die Einordnung als Rechtfertigungsgrund näherliegt (*Fremuth*, EuR 2006, 866 (877)). Ferner tritt dies auch nicht in Konflikt mit einer engen Auslegung des Art. 36 AEUV, denn die Anerkennung von Rechtfertigungsmöglichkeiten außerhalb eines geschriebenen Rechtfertigungsgrundes hat nichts mit einer (er)weiten Auslegung des Art. 36 AEUV zu tun (*Fremuth*, EuR 2006, 866 (876)). In der englischen Literatur ist eine solche Differenzierung nicht zu finden (dies entspricht auch der Situation in der ausländischen Literatur bis 2003, dazu: *Mayer*, EuR 2003, 793 (799)). Diese befasst sich hingegen mehr damit, welche Gründe unter die Cassis-Formel gefasst werden können (beispielsweise *Craig/de Búrca*, S. 704ff.; *Gormley*, Fordham ILJ 2007, 1637 (1684ff.)).

565 *EuGH*, Urt. v. 20.02.1979, Rs. 120/78, ECLI:EU:C:1979:42 – Cassis de Dijon, Rn. 8.

566 *Becker*, in: Schwarze, Art. 36 AEUV Rn. 35; *Haltern*, in: Pechstein/Nowak/Häde, Art. 36 AEUV Rn. 12.

567 *Kingreen*, in: Calliess/Ruffert, Art. 36 AEUV Rn. 76.

568 S.u. B., II., 4., S. 117ff.

569 Diese Entwicklung begann in der Entscheidung Schmidberger (*EuGH*, Urt. v. 12.06.2003, Rs. C-112/00, ECLI:EU:C:2003:333 – Schmidberger, Rn. 71ff.); wobei nach *Schorkopf* in der Rechtssache Schmidberger unklar bleibe, ob der EuGH nationale Grundrechte oder die Grundrechte der Union als allgemeine Rechtsgrundsätze angewendet habe (dazu: *Schorkopf*, ZaöRV 2004, 125 (132)). *Kahl* und *Schwind* nehmen an, dass sich dies mit der vorhergehenden Rechtsprechung decke bzw. diese fortführe, denn der EuGH habe Ziele als zwingende Gründe des Allgemeinwohls anerkannt, die zugleich auch durch die Unionsgrundrechte geschützt wurden (*Kahl/Schwind*, EuR 2014, 170 (172f.)).

Dijon-Rechtsprechung gleichen sich strukturell[570]. Eine Unterscheidung ergibt sich aber bei der Beurteilung der legitimen Ziele, bei deren Vorliegen eine Rechtfertigung gelingen kann[571]. Während Art. 36 AEUV eine abschließende Festlegung trifft, welche Schutzgüter zu einer Rechtfertigung führen können[572], ist der Begriff der „zwingenden Erfordernisse" offen und Veränderungen zugänglich[573]. Art. 36 AEUV kann sowohl für diskriminierende als auch für nichtdiskriminierende Maßnahmen zur Rechtfertigung herangezogen werden[574]. Die Rechtfertigung mithilfe der „zwingenden Erfordernisse" nach der Cassis-Rechtsprechung greift grundsätzlich nur bei unterschiedslos geltenden Maßnahmen ein[575] und hat damit einen limitierteren Anwendungsbereich.

cc) Anwendung des Art. 36 S. 1 AEUV auf den einheitlichen Abgabepreis für verschreibungspflichtige Arzneimittel

Der einheitliche Abgabepreis für verschreibungspflichtige Medikamente kann durch den Schutz der Gesundheit gemäß Art. 36 S. 1 AEUV gerechtfertigt werden.

---

570 *Haltern*, in: Pechstein/Nowak/Häde, Art. 36 AEUV Rn. 17.

571 *Haltern*, in: Pechstein/Nowak/Häde, Art. 36 AEUV Rn. 17.

572 *Haltern*, in: Pechstein/Nowak/Häde, Art. 36 AEUV Rn. 10; *Kellerhals*, in: Enzyklopädie EuR 4, § 6 Rn. 47.

573 *Craig/de Búrca*, S. 709; *Derlén/Lindholm*, CJEL 2010, 191 (196); *Haltern*, in: Pechstein/Nowak/Häde, Art. 36 AEUV Rn. 17; *Kellerhals*, in: Enzyklopädie EuR 4, § 6 Rn. 37; *Khan/Eisenhut*, in: Vedder/Heintschel von Heinegg, Art. 34 AEUV Rn. 38; *Prete*, LIEI 2008, 133 (137); *Smith*, The Evolution of Cultural Policy in the European Union, in: The Evolution of EU Law, S. 869 (876).

574 *Haltern*, in: Pechstein/Nowak/Häde, Art. 36 AEUV Rn. 17; *Jarass*, EuR 2000, 705 (717); *Lux*, in: Lenz/Borchardt, Art. 36 AEUV Rn. 1.

575 *Haltern*, in: Pechstein/Nowak/Häde, Art. 36 AEUV Rn. 17. Zum Teil wird darüber diskutiert, ob und inwieweit auch diskriminierende Maßnahmen durch die zwingenden Gründe des Allgemeinwohls gerechtfertigt werden können (*Schroeder*, in: Streinz, Art. 36 AEUV Rn. 34 m.w.N.).

(1) Gefährdungslage für ein Schutzgut des Art. 36 S. 1 AEUV

Auch wenn der Generalanwalt in seinen Schlussanträgen[576] und der Europäische Gerichtshof in seinem Urteil[577] zur Arzneimittelpreisbindung im Rahmen der Rechtfertigung unmittelbar die Geeignetheit der Preisbindung zum Schutze der Gesundheit prüft, erscheint es überzeugender, in einer Vorfrage eine Gefährdungslage[578] für die Gesundheit und das Leben zu bejahen, um dann zur Geeignetheitsprüfung überzugehen. Dies stellt den strukturell korrekteren Weg dar, ändert im Ergebnis aber nichts, da es sich bei der Bejahung einer Gefährdungslage und der Frage nach der Geeignetheit der Maßnahme zum Schutze der Gesundheit um zwei Seiten einer Medaille handelt[579]. Denn im Rahmen der Beurteilung einer Gefährdungslage wird überprüft, ob ohne die in Rede stehende staatliche Regulierungsmaßnahme eine Gefahr für das jeweilige Schutzgut besteht. Kann dies angenommen werden, ist auch die Geeignetheit der staatlichen Regulierungsmaßnahme im Umkehrschluss gegeben.

Sichtet man die Gesetzgebungsmaterialien, die Literatur und die Rechtsprechung zu diesem Thema so lassen sich die Argumente wie folgt zusammenfassen:

Durch die Arzneimittelpreisbindung soll ein ruinöser Preiswettbewerb zwischen den Apotheken im Bereich der verschreibungspflichtigen Arzneimittel verhindert werden[580], denn durch einen ruinösen Preiswettbewerb besteht die Gefahr, dass Apotheken nicht mehr rentabel betrieben werden können und keine ausreichende Anzahl an Apotheken zu einer ausreichenden Versorgung vorhanden sind[581].

---

576 Generalanwalt *Szpunar*, Schlussanträge v. 02.06.2016, Rs. C-148/15, ECLI:EU:C:2016:394 – Deutsche Parkinson Vereinigung, Rn. 48ff.

577 *EuGH*, Urt. v. 19.10.2016, Rs. C-148/15, ECLI:EU:C:2016:776 – Deutsche Parkinson Vereinigung, Rn. 34ff.

578 *Müller-Graff*, in: v. der Groeben/Schwarze/Hatje, Art. 36 AEUV Rn. 95ff.; *Zierke*, S. 124.

579 Ähnlich: *Zierke*, S. 99, in der Verhältnismäßigkeit müsse häufig zur Gefährdung des Rechtsgutes Stellung genommen werden, zugleich würden diese Fragen oftmals ineinandergreifen.

580 *BVerfG*, Beschluss v. 19.02.2002 – 1 BvR 1385/01, NJW 2002, 3693 (3694f.); *GmS-OGB*, Beschluss v. 22.08.2012 – GmS-OGB 1/10, GRUR 2013, 417 (418); *Witt/Gregor*, PharmR 2016, 481 (481).

581 *OLG Hamm*, Urt. v. 21.09.2004 – 4 U 74/04, MMR 2005, 101 (104); *Dettling*, PharmR 2003, 401 (407); *ders.*, GRUR-Prax 2013, 177 (178); *Hofmann*, in: Kügel/Müller/Hofmann, § 78 AMG Rn. 13; *Ludyga*, ZVertriebsR 2017, 95 (96); *Tamke*,

Ferner soll auch gewährleistet werden, dass ein kranker und auf das Medikament angewiesener Patient weder einen Preisvergleich noch Preisverhandlungen vornehmen muss[582]. Durch das Verbot von Rabatten und anderen Vorteilen, die mit dem Einkauf in Verbindung stehen, wird ein verantwortungsvoller Umgang mit der Inanspruchnahme von Arzneimitteln durch die Versicherten gewährleistet[583].

Zusammenfassend kann festgestellt werden, dass der Sinn und Zweck eines einheitlichen Abgabepreises für verschreibungspflichtige Arzneimittel die Sicherstellung einer flächendeckenden und ordnungsgemäßen Arzneimittelversorgung[584] und damit der Schutz der Gesundheit und des Lebens der Menschen ist. Mithin kann aus den Begründungsansätzen für die Arzneimittelpreisbindung für verschreibungspflichtige Arzneimittel gefolgert werden, dass im Umkehrschluss ohne staatliche Regulierungsmaßnahme das Eintreten einer Gefahr für Gesundheit und Leben zumindest naheliegend ist.

Unklar ist, wie hoch die Anforderungen an die Mitgliedstaaten sind, um eine solche Gefahr für die Gesundheit und das Leben der Menschen nachzuweisen[585]. Der Europäische Gerichtshof spricht den Mitgliedstaaten im Gesundheitsbereich einen Wertungsspielraum zu, dieser wird in formelhafter Art und Weise in den Urteilen entweder in einer Art Vorbemer-

---

S. 38f. Mit verschreibungspflichtigen Arzneimitteln erwirtschaften Apotheken ca. 80% des Gesamtumsatzes: *Korf/Bauer*, PZ 2017, 20 (26).

582 BT-Drucks. 17/9341, S. 66; *Dettling*, PharmR 2003, 401 (407); vgl. *ders.*, GRUR-Prax 2013, 177 (178); vgl. *Heßhaus*, in: Spickhoff, § 78 AMG Rn. 2; vgl. *Kieser*, Rn. 235; *Kozianka/Hußmann*, PharmR 2017, 10 (12); *May/Bauer/Dettling*, S. V, 13; *Tamke*, S. 38f.; vgl. *Witt/Gregor*, PharmR 2016, 481 (482).

583 *Witt/Gregor*, PharmR 2016, 481 (482).

584 *GmS-OGB*, Beschluss v. 22.08.2012 – GmS-OGB 1/10, GRUR 2013, 417 (418); *BGH*, Urt. v. 05.03.2015 – I ZR 185/13, GRUR 2015, 1033 (1034); BT-Drucks. 11/5373, S. 27; BT-Drucks. 17/9341, S. 66; *Dettling*, A&R 2008, 118 (120); *Hofmann*, in: Kügel/Müller/Hofmann, § 78 AMG Rn. 50; vgl. *Köhler*, PharmR 2016, 165 (167); *Mand*, NJW 2010, 3681 (3682); *ders.*, WRP 2015, 950 (951f.); *May/Bauer/Dettling*, S. 10ff.

585 Die Frage der Anforderungen an den Nachweis durch die Mitgliedstaaten kann man ebenso in der Geeignetheit der Maßnahme stellen, in diese Richtung: *Kellerhals*, in: Enzyklopädie EuR 4, § 6 Rn. 48.

kung[586] dargestellt oder in die Rechtfertigung der Maßnahme[587] einbezogen. Unter Berücksichtigung der Rechtsprechung des Europäischen Gerichtshofs zum Fremdbesitzverbot aus 2009[588] erfolgt durch das Schrifttum eine Einordnung des Urteils Deutsche Parkinson Vereinigung[589] aus dem Jahre 2016 und das Urteil erfährt deutliche Kritik. Diese Kritik konzentriert sich vor allem auf eine angeblich massive Verschiebung der Darlegungs- und Beweislast im Bereich der Verhältnismäßigkeit[590], welche durch den Europäischen Gerichtshof im Jahr 2016 vorgenommen worden sein soll[591]. *Rixen* formuliert dies so, dass der Europäische Gerichtshof in seiner Rechtsprechung noch nie einen solch hohen Erkenntnisstand wie die Erbringung statistischer Daten durch die Mitgliedstaaten für den Nachweis einer Maßnahme gefordert habe[592].

Die Annahme einer massiven Verschiebung der Darlegungs- und Beweislast gründet aber auf einer Fehleinordnung der Rechtsprechung des Europäischen Gerichtshofs. Die Literatur zieht eine Verbindungslinie zwischen der Rechtsprechung des Europäischen Gerichtshofs zum Fremdbe-

---

586 *EuGH*, Urt. v. 10.03.2009, Rs. C-169/07, ECLI:EU:C:2009:141 – Hartlauer, Rn. 30; *EuGH*, Urt. v. 19.05.2009, verb. Rs. C-171, 172/07, ECLI:EU:C:2009:316 – Apothekerkammer des Saarlandes u.a., Rn. 19; *EuGH*, Urt. v. 01.06.2010, verb. Rs. C-570, 571/07, ECLI:EU:C:2010:300 – Péréz/Gómez, Rn. 44.

587 *EuGH*, Urt. v. 02.12.2010, Rs. C-108/09, ECLI:EU:C:2010:725 – Ker-Optika, Rn. 58; *EuGH*, Urt. v. 26.09.2013, Rs. C-539/11, ECLI:EU:C:2013:591 – Ottica New Line di Accardi Vincenzo, Rn. 44; *EuGH*, Urt. v. 12.11.2015, Rs. C-198/14, ECLI:EU:C:2015:751 – Visnapuu, Rn. 118; *EuGH*, Urt. v. 19.10.2016, Rs. C-148/15, ECLI:EU:C:2016:776 – Deutsche Parkinson Vereinigung, Rn. 30.

588 *EuGH*, Urt. v. 19.05.2009, verb. Rs. C-171, 172/07, ECLI:EU:C:2009:316 – Apothekerkammer des Saarlandes u.a.

589 *EuGH*, Urt. v. 19.10.2016, Rs. C-148/15, ECLI:EU:C:2016:776 – Deutsche Parkinson Vereinigung.

590 *Artetxe* kritisiert unter anderem, dass mit keinem Wort das Kriterium einer Verkaufsmodalität geprüft wurde und der EuGH seine Aufgabe als Gericht überschritten habe: *Artetxe*, LIEI 2017, 315 (317f., 319); *Dettling* nennt dieses Urteil einen „Betriebsunfall" und kritisiert insbesondere auch eine falsche Tatsachenwürdigung durch den EuGH (*Dettling*, A&R 2016, 251 (251)); *Witt/Gregor* kritisieren eine unvollständige Betrachtung der Ziele der Preisbindung (*Witt/Gregor*, PharmR 2016, 481 (483)).

591 *Artetxe*, LIEI 2017, 315 (320); *Brigola*, NJW 2016, 3761 (3763); *Dettling*, A&R 2016, 251 (259f.); *MacCulloch* beschreibt die Rechtsprechung und nimmt an, dass ein neuer Art von Nachweisanforderungen in diesem Urteil enthalten seien; *MacCulloch*, Evidencing the Effectiveness of Health Interventions in Free Movement Cases; vgl. *Meyer*, A&R 2016, 243 (248ff.); *Rücker*, EuGH widerspricht sich selbst; *Witt/Gregor*, PharmR 2016, 481 (483).

592 *Rixen*, EuR 2017, 744 (750f.).

sitzverbot[593] aus dem Jahr 2009 und dem Urteil zu einheitlichen Abgabepreisen[594] aus dem Jahr 2016[595]. Bei einer näheren Betrachtung sind indessen zwei abweichende Rechtsprechungslinien zu erkennen, die nach der einschlägigen Grundfreiheit differenzieren. Während bei der Niederlassungsfreiheit die Grenze der Verhältnismäßigkeit durch den Wertungsspielraum recht weit gezogen wird und die Darlegung plausibler Gründe ausreicht[596], sind die Anforderungen an die Darlegungs- und Beweislast der Mitgliedstaaten im Bereich der Warenverkehrsfreiheit höher angelegt[597]. Die weite Berücksichtigung von Vorbringen der Mitgliedstaaten bei der Niederlassungsfreiheit im Gesundheitsbereich zeigt sich insbesondere durch die Rechtsprechung im Bereich der territorialen Beschränkungen[598]. Dabei begnügte sich der Europäische Gerichtshof in der Rechtssache Venturini bei der Beurteilung der Geeignetheit damit, dass es ausreichend ist, wenn „nicht auszuschließen ist…“, dass sich Apotheken ohne

593 *EuGH*, Urt. v. 19.05.2009, verb. Rs. C-171, 172/07, ECLI:EU:C:2009:316 – Apothekerkammer des Saarlandes u.a.

594 *EuGH*, Urt. v. 19.10.2016, Rs. C-148/15, ECLI:EU:C:2016:776 – Deutsche Parkinson Vereinigung.

595 Vorsichtig: *Brigola*, NJW 2016, 3761 (3763); ohne Benennung der Rechtsprechung zum Fremdbesitzverbot, nimmt aber auch ein „Hochschrauben“ der Beweisanforderungen im Urteil zu den einheitlichen Abgabepreisen bei verschreibungspflichtigen Arzneimitteln an: *Di Fabio*, Gutachten, S. 3; *Henssler/Kleen/Riegler*, EuZW 2017, 723 (725); *Mittwoch*, EuZW 2016, 936 (938); *Rücker*, EuGH widerspricht sich selbst; *Witt/Gregor*, PharmR 2016, 481 (484).

596 Als Ausnahme ist eine Entscheidung des EuGH über griechische Optiker zu nennen: *EuGH*, Urt. v. 21.04.2005, Rs. C-140/03, ECLI:EU:C:2005:242 – Kommission/Griechenland, Rn. 31ff. *Kirschner* ordnet diese Entscheidung als eine Verschärfung ein und die Entscheidung des EuGH zum Fremdbesitzverbot für Apotheker (*EuGH*, Urt. v. 19.05.2009, verb. Rs. C-171 u. 172/07, ECLI:EU:C:2009:316 – Apothekerkammer des Saarlandes u.a.) als Ausreißer (*Kirschner*, S. 204ff.). Unter dem hier angelegten Blickwinkel ist eher die Entscheidung über die griechischen Optiker als Ausreißer einzuordnen, da in den nachfolgenden Entscheidungen im Bereich der Niederlassungsfreiheit die Auslegung aus dem Jahr 2009 auch fortgeführt wurde (*EuGH*, Urt. v. 01.06.2010, verb. Rs. C-570, 571/07, ECLI:EU:C:2010:300 – Peréz/Gómez, Rn. 75; *EuGH*, Urt. v. 05.12.2013, verb. Rs. C-159-161/12, ECLI:EU:C:2013:791 – Venturini, Rn. 46, 52; dafür spricht auch die neueste Entscheidung des EuGH: *EuGH*, Urt. v. 01.03.2018, Rs. C-297/16, ECLI:EU:C:2018:141 – CMRVO, Rn. 64ff., 82). *Hancher/Sauter*, CMLR 2010, 117 (137) üben Kritik an dieser weiten Auslegung.

597 *Zierke*, S. 129.

598 *EuGH*, Urt. v. 01.06.2010, verb. Rs. C-570, 571/07, ECLI:EU:C:2010:300 – Peréz/Gómez, Rn. 75; *EuGH*, Urt. v. 05.12.2013, verb. Rs. C-159-161/12, ECLI:EU:C:2013:791 – Venturini, Rn. 46, 52.

solche Beschränkungen auf rentable Gebiete konzentrieren und in weniger rentablen Gebieten eine Unterversorgung entstehen kann[599]. In diese Linie passt sich die Rechtssache Apothekerkammer des Saarlandes ein, in welcher das Fremdbesitzverbot für unionsrechtskonform befunden wurde. In diesem Urteil wurde unter Einbezug des Vorsorgeprinzips festgestellt, dass die Beurteilung, ob durch den Betrieb einer Apotheke durch einen Nicht-Apotheker eine Gefahr für Gesundheit und Leben der Bevölkerung ausgeht, den Mitgliedstaaten im Rahmen ihres Wertungsspielraums unterliegt[600] und es ausreichend ist, wenn die Maßnahme der Mitgliedstaaten in kohärenter und systematischer Weise verfolgt wird[601]. Dem steht in Einzelbereichen die Rechtsprechung des Europäischen Gerichtshofs zur Warenverkehrsfreiheit im Gesundheitssektor gegenüber. In diesen Urteilen zur Warenverkehrsfreiheit, welche mit dem Schutz der Gesundheit der Bevölkerung argumentierten, ist erkennbar, dass ein Nachweis für das Vorliegen einer Gefahr für das Rechtsgut gefordert wurde bzw. ein Nachweis über die Geeignetheit der Maßnahme vorgebracht werden musste[602]. Diese Urteile sind überwiegend im Bereich der Nahrungsergänzungsmittel[603] bzw.

599 *EuGH*, Urt. v. 05.12.2013, verb. Rs. C-159-161/12, ECLI:EU:C:2013:791 – Venturini, Rn. 52.

600 *EuGH*, Urt. v. 19.05.2009, verb. Rs. C-171, 172/07, ECLI:EU:C:2009:316 – Apothekerkammer des Saarlandes u.a., Rn. 30, 39f. In diese Richtung geht auch das Urteil des EuGHs zu einer rumänischen Regelung wonach nur Tierärzte Tierarzneimittel an den Endverbraucher abgeben dürfen und auch nur Tierärzte eine Beteiligung an Veterinärapotheken/Veterniärpharmaziegeschäften erlaubt ist: *EuGH*, Urt. v. 01.03.2018, Rs. C-297/16, ECLI:EU:C:2018:141 – CMRVO, Rn. 64f., 82.

601 *EuGH*, Urt. v. 10.03.2009, Rs. C-169/07, ECLI:EU:C:2009:141 – Hartlauer, Rn. 55; *EuGH*, Urt. v. 19.05.2009, verb. Rs. C-171, 172/07, ECLI:EU:C:2009:316 – Apothekerkammer des Saarlandes u.a., Rn. 42.

602 *EuGH*, Urt. v. 11.07.1984, Rs. 51/83, ECLI:EU:C:1984:261 – Kommission/Italien, Rn. 17; *EuGH*, Urt. v. 14.07.1994, Rs. C-17/93, ECLI:EU:C:1994:299 – Van der Veldt, Rn. 17f.; *EuGH*, Urt. v. 23.09.2003, Rs. C-192/01, ECLI:EU:C:2003:492 – Kommission/Dänemark, Rn. 46f.; *EuGH*, Urt. v. 29.04.2004, Rs. C-150/00, ECLI:EU:C:2004:237 – Kommission/Österreich, Rn. 100.

603 *EuGH*, Urt. v. 29.04.2010, Rs. C-446/08, ECLI:EU:C:2010:233 – Solgar Vitamin France u.a., Rn. 55; diese Rechtsprechung wurde durch den EuGH auch nach der Entscheidung zu den einheitlichen Abgabepreisen für verschreibungspflichtige Arzneimittel fortgeführt: *EuGH*, Urt. v. 27.04.2017, Rs. C-672/15, ECLI:EU:C:2017:310 – Noria Distribution, Rn. 48f.

angereicherter Lebensmittel[604] und Genussmittel[605] ergangen. Damit ein Mitgliedstaat das Inverkehrbringen eines zum Verzehr geeigneten Gegenstandes verbieten kann, muss er hinreichende wissenschaftliche Daten vorlegen, die ohne das Verbot eine Gesundheitsgefahr belegen[606]. Mit dieser Forderung nach wissenschaftlichen Daten[607] in der Rechtssache Deutsche Parkinson Vereinigung[608] wird eine ähnliche Nachweisstufe durch den Europäischen Gerichtshof wie in den Urteilen zu Nahrungsergänzungsmitteln, angereicherten Lebensmitteln und Genussmitteln gefordert. Sollte ein Nachweis nicht gelingen, weil die Daten der vorgelegten Studie unzureichend, unschlüssig oder ungenau sind, die Wahrscheinlichkeit eines Gefahreintritts aber immer noch besteht, greift das Vorsorgeprinzip ein[609]. Zu der Frage, ob das Vorsorgeprinzip eingreifen kann, konnte der Europäische Gerichtshof in der Entscheidung Deutsche Parkinson Vereinigung

604 *EuGH*, Urt. v. 23.09.2003, Rs. C-192/01, ECLI:EU:C:2003:492 – Kommission/Dänemark, Rn. 46f.; *EuGH*, Urt. v. 05.02.2004, Rs. C-24/00, ECLI:EU:C:2004:70 – Kommission/Frankreich, Rn. 53ff.

605 *EuGH*, Urt. v. 26.04.2012, Rs. C-456/10, ECLI:EU:C:2012:241 – ANETT, Rn. 50f.; *EuGH*, Urt. v. 23.12.2015, Rs. C-333/14, ECLI:EU:C:2015:845 – The Scotch Whisky Association, Rn. 54.

606 *EuGH*, Urt. v. 23.09.2003, Rs. C-192/01, ECLI:EU:C:2003:492 – Kommission/Dänemark, Rn. 46; *EuGH*, Urt. v. 05.02.2004, Rs. C-24/00, ECLI:EU:C:2004:70 – Kommission/Frankreich, Rn. 53; *EuGH*, Urt. v. 29.04.2010, Rs. C-446/08, ECLI:EU:C:2010:233 – Solgar Vitamin France u.a., Rn. 55; diese Rechtsprechung wurde durch den EuGH auch nach der Entscheidung zu den einheitlichen Abgabepreisen für verschreibungspflichtige Arzneimittel fortgeführt: *EuGH*, Urt. v. 27.04.2017, Rs. C-672/15, ECLI:EU:C:2017:310 – Noria Distribution, Rn. 48f.

607 *EuGH*, Urt. v. 14.07.1994, Rs. C-17/93, ECLI:EU:C:1994:299 – Van der Veldt, Rn. 17f. fordert „relevante wissenschaftliche Untersuchungen"; *EuGH*, Urt. v. 23.09.2003, Rs. C-192/01, ECLI:EU:C:2003:492 – Kommission/Dänemark, Rn. 46f., *EuGH*, Urt. v. 05.02.2004, Rs. C-24/00, ECLI:EU:C:2004:70 – Kommission/Frankreich, Rn. 53ff. fordern von den Mitgliedstaaten die Berücksichtigung der internationalen wissenschaftlichen Forschung; *EuGH*, Urt. v. 29.04.2004, Rs. C-150/00, ECLI:EU:C:2004:237 – Kommission/Österreich, Rn. 100 fordert den Nachweis eines realen Risikos für die Gesundheit der Bevölkerung; die Urteile *EuGH*, Urt. v. 29.04.2010, Rs. C-446/08, ECLI:EU:C:2010:233 – Solgar Vitamin France u.a., Rn. 55; *EuGH*, Urt. v. 27.04.2017, Rs. C-672/15, ECLI:EU:C:2017:310 – Noria Distribution, Rn. 48f. fordern die Berücksichtigung der internationalen wissenschaftlichen Forschung. In diese Richtung argumentierend: *Ludwigs*, NVwZ 2017, 1793 (1797).

608 *EuGH*, Urt. v. 19.10.2016, Rs. C-148/15, ECLI:EU:C:2016:776 – Deutsche Parkinson Vereinigung, Rn. 34ff.

609 *EuGH*, Urt. v. 19.01.2017, Rs. C-282/15, ECLI:EU:C:2017:26 – Queisser Pharma, Rn. 57.

nicht vordringen, da offenbar durch die Bundesregierung keinerlei wissenschaftliche Daten vorgelegt wurden[610]. Damit ergibt sich, dass die Forderung nach wissenschaftlich haltbaren Belegen in der Entscheidung des Europäischen Gerichtshofs Deutsche Parkinson Vereinigung weniger überraschend ist, als angenommen. Die Überraschung der Literatur gründet auf einer abweichenden Einordnung der bisherigen Rechtsprechung des Europäischen Gerichtshofs[611].

Die Notwendigkeit des Nachweises wissenschaftlicher Daten für die Rechtfertigung bemisst sich nicht alleine an dem Wertungsspielraum, der den Mitgliedstaaten auch im Apotheken- und Arzneimittelbereich zuerkannt wird[612], sondern ergibt sich vielmehr auch aus der einschlägigen

---

610 *EuGH*, Urt. v. 19.10.2016, Rs. C-148/15, ECLI:EU:C:2016:776 – Deutsche Parkinson Vereinigung, Rn. 35ff.

611 Teilweise wird ferner unzutreffend argumentiert, dass der Ansatz einer freien Preisgestaltung auch nicht im Einklang mit der Rechtsprechung des Europäischen Gerichtshofs zu Universaldienstleistungen stehe (*Dettling*, GRUR-Prax 2013, 177 (178); *ders.*, A&R 2016, 251 (260); *ders.*, A&R 2017, 111 (112)). Gemäß Art. 106 II AEUV gelten die Regelungen der Verträge für Unternehmen, die mit Dienstleistungen von allgemeinem wirtschaftlichen Interesse betraut sind nur, wenn diese Vorschriften die Erfüllung der übertragenen Aufgaben nicht in rechtlicher oder tatsächlicher Form behindern. Die Auslegung des Begriffs „Dienstleistungen von allgemeinem wirtschaftlichem Interesse" gehört zu den kompliziertesten Begriffen des Unionsrechts (*Krajewski*, in: Pechstein/Nowak/Häde, Art. 106 AEUV Rn. 46). Ob es sich bei der Versorgung der Bevölkerung mit Arzneimitteln um eine Dienstleistung mit allgemeinem wirtschaftlichen Interesse handelt (in diese Richtung tendiert wohl die Entscheidung Hanner des EuGH: *EuGH*, Urt. v. 31.05.2005, Rs. C-438/02, ECIL:EU:C:2005:332 – Hanner, Rn. 47) kann dahinstehen, denn Art. 106 II AEUV greift nur ein, wenn das Unternehmen mit dieser Aufgabe betraut wurde. Von einer Betrauung kann nicht gesprochen werden, wenn das Unternehmen diese Tätigkeit nur erledigt (*Schweitzer*, S. 103 m.w.N.), vielmehr muss durch einen besonderen Akt diese Aufgabe an den Unternehmer übertragen werden (*Krajewski*, in: Pechstein/Nowak/Häde, Art. 106 AEUV Rn. 76). Ein solch besonderer Akt der Übertragung könnte in der Erteilung der Apothekenbetriebserlaubnis gemäß § 1 II ApoG gesehen werden. Dem steht aber die Rechtsprechung des Europäischen Gerichtshofs entgegen, wonach strenge Anforderungen an den Betrauungsakt zu stellen sind (*EuGH*, Urt. v. 14.07.1981, Rs. 172/80, ECIL:EU:C:1981:178 – Züchner/Bayerische Vereinsbank, Rn. 7; *Mann*, JZ 2002, 819 (822f.); *van Vormizeele*, in: Schwarze, Art. 106 AEUV Rn. 61) und eine bloße Erteilung einer Genehmigung nicht ausreichend ist (*Hellermann*, S. 117; *Krajewski*, in: Pechstein/Nowak/Häde, Art. 106 AEUV Rn. 76). Mithin scheitert eine Anwendung der Grundsätze dieser Rechtsprechung bereits am Vorliegen der Tatbestandsmerkmale des Art. 106 AEUV.

612 S.o. B., II., 3., c), cc), (1), S. 104ff.

Grundfreiheit. Mithin ist der Wertungsspielraum eine Art Ziehharmonika, der sich zusammenzieht oder auseinandergeht, je nachdem welche Grundfreiheit durch die staatliche Regulierungsmaßnahme beschränkt wird. Damit kann festgestellt werden, dass das Urteil des Europäischen Gerichtshofs aus dem Jahr 2016 unter dem Aspekt der Anforderungen an die Nachweise durch die Mitgliedstaaten mitnichten ein Betriebsunfall ist, vielmehr wird eine bisherige Rechtsprechungslinie zur Warenverkehrsfreiheit fortgeführt.

Sollte es durch das OLG Köln[613] oder das OLG München[614] in diesen immer noch schwebenden Verfahren zu einer erneuten Vorlage beim Europäischen Gerichtshof über die Vereinbarkeit des einheitlichen Abgabepreises für verschreibungspflichtige Arzneimittel mit der Warenverkehrsfreiheit kommen[615], täte die Bundesregierung gut daran, diesen Nachweisanforderungen auf tatsächlicher Ebene nachzukommen. Ein Anfang dazu wurde mit dem Gutachten von *May/Bauer/Dettling* gemacht[616].

(2) Geeignetheit der Arzneimittelpreisbindung

Der einheitliche Abgabepreis für verschreibungspflichtige Arzneimittel muss auch geeignet sein, dem Schutz der Gesundheit zu dienen. Die Geeignetheit ist gegeben, wenn die Maßnahme, die die Grundfreiheit beeinträchtigt, zumindest zur Zielerreichung beiträgt[617]. Der Europäische Gerichtshof fordert in seinem Urteil Deutsche Parkinson Vereinigung erst auf dieser Ebene hinreichende wissenschaftliche Nachweise[618] Dies ändert im Ergebnis nichts an der Beurteilung der Rechtfertigung des einheitlichen Abgabepreises für verschreibungspflichtige Arzneimittel. Um die Arzneimittelpreisbindung für verschreibungspflichtige Arzneimittel auch im grenzüberschreitenden Verkehr beibehalten zu können, müsste Deutschland in einem möglichen zweiten Vorlageverfahren vor dem Europäischen

---

613 *Sucker-Sket*, Zweite Chance.

614 https://www.pharmazeutische-zeitung.de/index.php?id=74524 (Stand: 15.01.2019).

615 Bereits über eine erneute Vorlage hatte der BGH nachgedacht: *BGH*, Urt. v. 24.11.2016, I ZR 163/15, GRUR 2017, 635 Rn. 43, 48, 57; *Sucker-Sket*, Zweite Chance.

616 *May/Bauer/Dettling*, S. 43ff.

617 *Kingreen*, in: Calliess/Ruffert, Art. 36 AEUV Rn. 92.

618 *EuGH*, Urt. v. 19.10.2016, Rs. C-148/15, ECLI:EU:C:2016:776 – Deutsche Parkinson Vereinigung, Rn. 35ff.

Gerichtshof hinreichende Nachweise für die Geeignetheit der Arzneimittelpreisbindung für verschreibungspflichtige Arzneimittel zur Sicherstellung der flächendeckenden Versorgung beibringen[619].

(3) Erforderlichkeit der Arzneimittelpreisbindung

Die Erforderlichkeit des einheitlichen Abgabepreises für verschreibungspflichtige Arzneimittel ist gegeben, wenn keine gleich wirksamen Maßnahmen ersichtlich sind, die den Handel innerhalb der Mitgliedstaaten weniger behindern[620]. Auf dieser Prüfungsebene nimmt die Kontrolldichte der Prüfung durch den Europäischen Gerichtshof im Vergleich zur Ebene der Geeignetheit üblicherweise nochmals zu[621]. In der Entscheidung Deutsche Parkinson Vereinigung kann dies nicht festgestellt werden, denn die Notwendigkeit des Nachweises mithilfe statistischer Daten bezieht sich auf die Rechtfertigung im Allgemeinen und nicht nur auf die Geeignetheit der Arzneimittelpreisbindung zur Erhaltung einer ordnungsgemäßen Arzneimittelversorgung[622]. Als mildere, aber nicht gleich wirksame Möglichkeiten der Sicherstellung einer ordnungsgemäßen Arzneimittelversorgung kämen insbesondere Höchstpreisregelungen[623], ein sanfter Preiswettbewerb[624] oder eine Freigabe der Preise[625] in Frage. Die hierzu bereits dargelegten Argumente[626] müssten durch die Bundesrepublik Deutschland in einem erneuten Verfahren vor dem Europäischen Gerichtshof hinreichend untermauert werden, und zwar in einem verstärkten Maße gegenüber dem

---

619 Bei diesem Nachweis handelt es sich um den Umkehrschluss, der sich aus dem Nachweis einer Gefahr für die Gesundheit ohne Preisbindung für verschreibungspflichtige Arzneimittel ergibt, s.o. B., II., 3., c), cc), (1), S. 104ff. *Brauns* ging 2015 davon aus, dass dieser Nachweis nicht zu erbringen sei, unterlässt aber eine wissenschaftliche Beweisführung (*Brauns*, StoffR 2015, 20 (26ff.)).

620 *EuGH*, Urt. v. 21.12.2011, Rs. C-28/09, ECLI:EU:C:2011:854 – Kommission/Österreich, Rn. 139; *Kingreen*, in: Calliess/Ruffert, Art. 36 AEUV Rn. 93; vgl. *Müller-Graff*, in: v. der Groeben/Schwarze/Hatje, Art. 36 AEUV Rn. 135.

621 *Kingreen*, in: Calliess/Ruffert, Art. 36 AEUV Rn. 93.

622 *EuGH*, Urt. v. 19.10.2016, Rs. C-148/15, ECLI:EU:C:2016:776 – Deutsche Parkinson Vereinigung, Rn. 35f.

623 Generalanwalt *Szpunar*, Schlussanträge v. 02.06.2016, Rs. C-148/15, ECLI:EU:C:2016:394 – Deutsche Parkinson Vereinigung, Rn. 77.

624 *May/Bauer/Dettling*, S. 104f., 115f.

625 *EuGH*, Urt. v. 19.10.2016, Rs. C-148/15, ECLI:EU:C:2016:776 – Deutsche Parkinson Vereinigung, Rn. 38f.

626 S.o. B., I., 1., d), aa), (3), S. 62ff.

Nachweis auf nationaler Ebene. Für den Nachweis der Erforderlichkeit bei einer nationalen Grundrechtsprüfung genügt es, wenn die mit dem Gesetz verbundenen Überlegungen nicht so mit Fehlern behaftet sind, dass sie unter Berücksichtigung vernünftiger Maßstäbe geeignet sind, die staatliche Regelung zu tragen[627]. Mithin ist der Einschätzungs- und Prognosespielraum[628] des Gesetzgebers bei Erlass eines Gesetzes bei Berücksichtigung der nationalen Rechtslage ein anderer als bei der Berücksichtigung des Unionsrechts. Neben den bereits im Rahmen der nationalen Rechtslage dargelegten Gründen, warum diese Maßnahmen nicht milder und zugleich gleich wirksam sind, können auch noch weitere inhaltliche Kritikpunkte an den Argumenten des Europäischen Gerichtshofs in der Entscheidung Deutsche Parkinson Vereinigung gefunden werden. Die Richter am Europäischen Gerichtshof argumentieren, dass eine Apotheke in einem abgelegeneren Gebiet höhere Preise für die Medikamente aufrufen könne[629]. Diesem Argument können zwei Aspekte entgegengesetzt werden: Neben dem unsozialen Gedanken, dass ein kranker Patient aufgrund seiner Wohnsituation für seine Gesundheit einen höheren Preis zahlen müsste[630], übersieht diese Annahme die aktuelle Situation in Deutschland. Momentan sind ca. 73 Millionen Bürger in der Gesetzlichen Krankenversicherung versichert[631]. Im Rahmen der Gesetzlichen Krankenversicherung kann ein solcher Preiswettbewerb nicht einsetzen, da das Sachleistungsprinzip gilt und den Versicherten die notwendigen Leistungen in natura zur Verfügung gestellt werden[632]. Damit könnte diese Argumentation nur

---

627 *BVerfGE* 77, 84 (106).

628 *BVerfGE* 50, 290 (332ff.); 81, 156 (193f.); 90, 145 (173); auch ableitbar aus *Burk*, S. 122f.; *Hofmann*, in: Schmidt-Bleibtreu/Hofmann/Henneke, Art. 20 GG Rn. 72; *Povel*, S. 147.

629 *EuGH*, Urt. v. 19.10.2016, Rs. C-148/15, ECLI:EU:C:2016:776 – Deutsche Parkinson Vereinigung, Rn. 38.

630 *Meyer*, A&R 2016, 243 (249).

631 https://www.gkv-spitzenverband.de/gkv_spitzenverband/presse/zahlen_und_grafiken/zahlen_und_grafiken.jsp (Stand: 15.01.2019). Geht man von einer Bevölkerungsanzahl im Jahr 2018 von 82,9 Millionen Menschen in Deutschland aus: https://www.destatis.de/DE/ZahlenFakten/GesellschaftStaat/Bevoelkerung/Bevoelkerung.html (Stand: 15.01.2019), entsprechen die ca. 73,3 Millionen Gesetzlich Versicherten ca. 88,42 % der deutschen Bevölkerung.

632 *Joussen*, in: Rolfs/Giesen/Kreikebohm/Udsching, § 2 SGB V Rn. 5ff.; *Krauskopf*, in: Wagner/Knittel, § 2 SGB V Rn. 8f.; *Reese/Stallberg*, in: Dieners/Reese, § 17 Rn. 60. Dabei muss bedacht werden, dass die Terminologie des Sachleistungsprinzips eigentlich zu kurz greift, da auch Dienstleistungen in das Portfolio der gesetzlichen Krankenkassen fallen (vgl. *Joussen*, in: Rolfs/Giesen/Kreikebohm/Udsching, § 2 SGB V Rn. 5).

durchgreifen, wenn auch das Sachleistungsprinzip aufgehoben würde[633] oder der Fokus insbesondere auf die Privatversicherten gerichtet würde. In der Privaten Krankenversicherung gilt das sogenannte Kostenerstattungsprinzip gemäß § 192 Abs. 1 VVG, danach trägt der Privatversicherte die Kosten zunächst selbst und bekommt daran anschließend die Kosten durch die Versicherung erstattet[634]. Da nur knapp 9 Millionen Menschen privatversichert sind, werden sich diese möglicherweise durch eine Variabilität der Preise in ihren Entscheidungen beeinflussen lassen[635], sodass sich der Standortvorteil für einen Apotheker nur in einem geringen Maße auswirken wird.

Damit müsste der Nachweis der Erforderlichkeit der Preisbindung durch die Bundesrepublik Deutschland zu erbringen sein.

(4) Angemessenheit der Arzneimittelpreisbindung

Die Angemessenheit der nationalen Maßnahme, die den innerunionalen Handel beeinträchtigt, muss in einem angemessenen Verhältnis zum damit verbundenen Zweck stehen[636]. Diese Abwägung zwischen der Intensität der Handelsbeeinträchtigung und dem damit verbundenen Schutz wird in der Rechtsprechung des Europäischen Gerichtshofs oftmals mit in die Erforderlichkeitsprüfung eingefügt[637]. Sollte der Europäische Gerichtshof dieser Prüfungsebene Raum einräumen, sind die Begründungsanforderungen auch auf dieser Ebene zu berücksichtigen. Letztlich stehen sich die Handelsbeeinträchtigungen durch die Arzneimittelpreisbindung für ver-

633 Solange das Sachleistungsprinzip fortbesteht, ist nicht nachvollziehbar, welcher Preisvorteil einer Apotheke aus ihrem Standort zukommen könnte (*Dettling*, A&R 2017, 111 (114)).

634 *Papier/Krönke*, PharmR 2015, 269 (270); *Reese/Stallberg*, in: Dieners/Reese, § 17 Rn. 60; *Sodan*, in: Sodan, Krankenversicherungsrecht, § 1 Rn. 31.

635 https://de.statista.com/statistik/daten/studie/155823/umfrage/gkv-pkv-mitglieder-und-versichertenzahl-im-vergleich/ (Stand: 15.01.2019). Der Vollständigkeit halber muss auch noch darauf hingewiesen werden, dass auch nicht Versicherte und gesetzlich Versicherte, die Medikamente auf eigene Rechnung kaufen, den Preis der Medikamente in der Apotheke entrichten (BT-Drucks. 7/4557, S. 5).

636 *EuGH*, Urt. v. 26.06.1997, Rs. C-368/95, ECLI:EU:C:1997:325 – Familiapress, Rn. 19; *Kingreen*, in: Calliess/Ruffert, Art. 36 AEUV Rn. 98.

637 *EuGH*, Urt. v. 20.05.1976, Rs. 104/75, ECLI:EU:C:1976:67 – de Peijper, Rn. 14/18; *Khan/Eisenhut*, in: Vedder/Heintschel von Heinegg, Art. 36 AEUV Rn. 21; *Kingreen*, in: Calliess/Ruffert, Art. 36 AEUV Rn. 98; *Pache*, in: Schulze/Zuleeg/Kadelbach, § 10 Rn. 85; *Schroeder*, in: Streinz, Art. 36 AEUV Rn. 56.

schreibungspflichtige Arzneimittel und der damit angestrebte Schutz der Gesundheit durch die Erhaltung einer wohnortnahen und rechtzeitigen, mithin flächendeckenden Versorgung mit Arzneimitteln gegenüber. Unter Berücksichtigung dessen, dass die Arzneimittelpreisbindung inzwischen nur mehr für Rx-Medikamente gilt und der Handel auch mit verschreibungspflichtigen Medikamenten möglich bleibt, müsste der Nachweis der Angemessenheit der Preisbindung durch die Bundesrepublik Deutschland auch unter diesen Aspekten zu erbringen sein.

dd) Anwendung der zwingenden Gründe des Allgemeinwohls auf den einheitlichen Abgabepreis für verschreibungspflichtige Arzneimittel

Witt und *Gregor* kritisieren, dass der Europäische Gerichtshof nicht alle einschlägigen Rechtfertigungsgründe geprüft habe[638]. Der einheitliche Abgabepreis für verschreibungspflichtige Arzneimittel könne ferner zur Stabilität des Systems der Gesetzlichen Krankenversicherung beitragen und damit der Stabilität des Systems der Gesetzlichen Krankenversicherung als zwingenden Grund des Allgemeinwohls im Sinne der Cassis-Rechtsprechung dienen[639]. Für ein Eingreifen einer Rechtfertigung nach der Cassis-Formel müssen zwei negative und zwei positive Merkmale gegeben sein[640]. Als Negativvoraussetzung darf es zunächst keine abschließende Regelung im Unionsrecht geben[641], sodann darf es sich bei der zu rechtfertigenden Maßnahme grundsätzlich um keine offen diskriminierende Maßnahme handeln[642]. Als positive Merkmale muss es sich um ein zwingendes Erfordernis des Allgemeinwohls handeln und die Maßnahme muss verhältnismäßig sein[643].

---

638 *Witt/Gregor*, PharmR 2016, 481 (483).

639 *EuGH*, Urt. v. 20.02.1979, Rs. 120/78, ECLI:EU:C:1979:42 – Cassis de Dijon, Rn. 8.

640 *Khan/Eisenhut*, in: Vedder/Heintschel von Heinegg, Art. 34 AEUV Rn. 37.

641 *Khan/Eisenhut*, in: Vedder/Heintschel von Heinegg, Art. 34 AEUV Rn. 37.

642 *Khan/Eisenhut*, in: Vedder/Heintschel von Heinegg, Art. 34 AEUV Rn. 37.

643 *EuGH*, Urt. v. 20.02.1979, Rs. 120/78, ECLI:EU:C:1979:42 – Cassis de Dijon, Rn. 8; *Khan/Eisenhut*, in: Vedder/Heintschel von Heinegg, Art. 34 AEUV Rn. 37; *Prete*, LIEI 2008, 133 (137); *Steiner*, CMLR 1992, 749 (758).

Unabhängig von der Frage, ob und inwieweit die Cassis-Formel auf die Preisbindung für Rx-Medikamente überhaupt Anwendung finden kann[644], ist festzustellen, dass die Gesetzgebungsmaterialien die Gesundheit der Bevölkerung durch die Erhaltung einer flächendeckenden Versorgung in den Vordergrund stellen. Die Sicherung der Stabilität des Systems der Gesetzlichen Krankenversicherung ist zwar grundsätzlich ein zwingendes Erfordernis des Allgemeinwohls im Sinne der Cassis-Formel[645], im konkreten Fall der Arzneimittelpreisbindung kann dieses Ziel aber nur mittelbar darin erkannt werden, dass der Sinn und Zweck der Arzneimittelpreisbindung für verschreibungspflichtige Arzneimttel auch die Vermeidung eines Fehl- und Mehrgebrauchs ist[646]. Neben den Gesundheitsgefahren, die durch einen Fehl- und Mehrgebrauch von Arzneimitteln entstehen können, belasten diese entstehenden Mehrkosten auch die Gesetzliche Krankenversicherung. Betrachtet man die Begründung des Gesetzgebers aber in Gesamtheit, kann festgestellt werden, dass im Vordergrund dieser Regelung das Wohlergehen des Patienten und das Interesse des Gesetzgebers an der Erhaltung einer ordnungsgemäßen Arzneimittelversorgung steht[647], sodass sich die Nichtanwendung der Cassis-Formel durch den Europäischen Gerichtshof als zutreffend erweist.

644 In ihrer ursprünglichen Ausgestaltung war eine Rechtfertigung mit der Cassis-Formel nur bei unterschiedslosen Maßnahmen, also solche Maßnahmen, die einheimische und ausländische Produkte gleichermaßen betreffen, möglich (*EuGH*, Urt. v. 17.06.1981, Rs. 113/80, ECLI:EU:C:1981:139 – Kommission/Irland, Rn. 10f.). Inzwischen stellt sich die EuGH-Rechtsprechung unklar da, ob und inwieweit insbesondere auch versteckt diskriminierende Maßnahmen an der Cassis-Formel gemessen werden können, ausführlich zu dieser Situation mit weiteren Nachweisen zur Rechtsprechung: *Kingreen*, in: v. Bogdandy/Bast, S, 736ff. und einer ausführlichen Differenzierung zwischen unterschiedlichen unterschiedslos wirkenden Maßnahmen: *Mayer*, EuR 2003, 793 (802ff.). Eine versteckte Diskriminierung liegt vor, wenn die Regelung für alle Wirtschaftsteilnehmer gilt, aber rechtlich oder tatsächlich die ausländischen Waren verstärkt berührt werden (*Pache*, in: Schulze/Zuleeg/Kadelbach, § 10 Rn. 55). Legt man die Argumentation bei der Frage, ob eine Maßnahme gleicher Wirkung vorliegt, zugrunde (s.o. B., II., 3., b), bb), (2), (cc), S. 96ff.), kommt man zu dem Ergebnis, dass es sich unter Berücksichtigung der Vorgaben des Fremdbesitzverbotes um eine versteckte Diskriminierung handelt, denn durch die Preisbindung für Rx-Medikamente werden die aus dem Ausland eingeführten Medikamente stärker betroffen als die im Inland abgegebenen Medikamente.

645 *EuGH*, Urt. v. 28.04.1998, Rs. C-120/95, ECLI:EU:C:1998:167 – Decker, Rn. 39.

646 BT-Drucks. 17/9341, S. 67.

647 BT-Drucks. 17/9341, S. 66f.

4. Vereinbarkeit mit den europäischen Grundrechten[648]

Eine weitere mögliche Schutzdimension, welche sich auch zu einem Hindernis für die Preisbindung für Rx-Medikamente entwickeln könnte – die Grundrechte der Europäischen Union –, wurde bis dato im Schrifttum fast vollständig in der Bewertung ausgeblendet[649]. Neben den ungeschriebenen Grundrechten als allgemeine Rechtsgrundsätze muss diese staatliche Maßnahme auch mit den geschriebenen Grundrechten in der Grundrechte-Charta in Einklang stehen.

Bis zur Geltung der Grundrechte-Charta, die am 1. Dezember 2009 mit dem Vertrag von Lissabon in Kraft getreten ist[650] und gemäß Art. 6 Abs. 1 Hs. 2 EUV den Vertragstexten gleichsteht[651], fußte der Grundrechtsschutz der Europäischen Union ausschließlich auf einer richterlichen Rechtsfortbildung[652]. Diese Entwicklung begann mit der Entscheidung in der Rechtssache Stauder[653]. Daran anschließend erkannte der Europäische Gerichtshof in der Rechtssache Internationale Handelsgesellschaft an, dass es einen unionalen Grundrechtsschutz gibt, der sich aus den „gemeinsamen Verfassungsüberlieferungen der Mitgliedstaaten" entwickelt[654]. Neben diesen Verfassungsüberlieferungen der Mitgliedstaaten traten die von den Mitgliedstaaten abgeschlossenen völkerrechtlichen Verträge über den Schutz der Menschenrechte als weitere Erkenntnisquelle hinzu[655]. Dies konkretisierte sich immer mehr hin zu einer Berücksichtigung der EMRK und der Rechtsprechung des Europäischen Gerichtshofs für Menschen-

---

648 Der EuGH hätte sich in der Entscheidung Deutsche Parkinson Vereinigung zumindest inzident mit den Vorgaben der GRCh auseinandersetzen können. Eine getrennte Prüfung war ihm durch die gestellte Vorlagefrage im Vorlageverfahren verwehrt. Unklar ist, ob dieses Unterlassen als Abkehr von der bisherigen sehr weiten Rechtsprechung zur GRCh gewertet werden kann.

649 Nur *Ludwigs* hat in einem Satz eine mögliche Berührung von Unionsgrundrechten benannt: *Ludwigs*, NVwZ 2016, 1793 (1798).

650 *Terhechte*, in: v. der Groeben/Schwarze/Hatje, GRC Vorbemerkung, Rn. 16.

651 Dazu: *Craig/de Búrca*, S. 111.

652 *Craig/de Búrca*, S. 196; *Ehlers*, in: Ehlers, § 14 Rn. 5; *Kühling*, in: v. Bogdandy/Bast, S. 662; *Stern/Hamacher*, in: Stern/Sachs, A Rn. 5.

653 *EuGH*, Urt. v. 12.11.1969, Rs. 29/69, ECLI:EU:C:1969:57 – Stauder, Rn. 7; *Craig/de Búrca*, S. 383; *Frenz*, in: Hdb. EuR 4, Rn. 4; *Walter*, in: Ehlers, § 1 Rn. 27.

654 *EuGH*, Urt. v. 17.12.1970, Rs. 11/70, ECLI:EU:C:1970:114 – Internationale Handelsgesellschaft, Rn. 4.

655 *EuGH*, Urt. v. 14.05.1974, Rs. 4/73, ECLI:EU:C:1974:51 – Nold, Rn. 13; *Craig/de Búrca*, S. 384f.

rechte[656]. Die Verfassungsüberlieferungen der Mitgliedstaaten, die EMRK und die dazugehörige Rechtsprechung diente dem Europäischen Gerichtshof als Quelle zur Rechtsfindung durch wertende Rechtsvergleichung, woraus er die Unionsgrundrechte als ungeschriebenes Recht herausarbeitete[657]. Diese damals entwickelten Grundrechte als allgemeine Rechtsgrundsätze gelten auch nach Inkraftreten der Grundrechte-Charta noch fort, Art. 6 Abs. 3 EUV[658], dabei können die Grundrechte als allgemeine Rechtsgrundsätze gemäß Art. 52 Abs. 3, 4 GRCh nicht nur als Hilfe bei der Auslegung der geschriebenen Grundrechte in der Grundrechte-Charta herangezogen werden[659], sondern auch weiterhin als eigenständige Grundrechte eine eigene Schutzdimension entfalten[660]. Grundsätzlich besteht eine Vorrangigkeit der geschriebenen Grundrechte der Grundrechte-Charta[661], die ungeschriebenen Grundrechte als allgemeine Rechtsgrundsätze kommen zur Anwendung, wenn die Grundrechte der Grundrechte-Charta im Vergleich zu den Grundrechten als allgemeine Rechtsgrundsätze enger sind[662].

Zwei der grundlegenden Rechtsprechungslinien des Europäischen Gerichtshofs im Bereich der Anwendbarkeit der Grundrechte gehen auf diese Zeit vor Kodifikation der Grundrechte-Charta zurück[663]. Im Jahr 1989 hat der Europäische Gerichtshof in der Rechtssache Wachauf entschieden, dass die Mitgliedstaaten bei der Durchführung des Unionsrechts an die ungeschriebenen Grundrechte als allgemeine Rechtsgrundsätze gebunden sind[664]. Damit sind die im Rahmen der vorliegenden Arbeit nicht relevanten Konstellationen der Umsetzung von europäischem Recht in nationales

656 Vgl. *Craig/de Búrca*, S. 385f.; *Walter*, in: Ehlers, § 1 Rn. 31.

657 *Ehlers*, in: Ehlers, § 14 Rn. 6, 9.

658 Dazu: vgl. *Ehlers*, in: Ehlers, § 14 Rn. 13; *Mayer*, in: Grabitz/Hilf/Nettesheim, nach Art. 6 EUV Rn. 52. A.A. dazu *Frenz*, in: Hdb. EuR 4, Rn. 27, *Frenz* geht hingegen nicht überzeugend davon aus, dass Art. 6 III EUV keine Bedeutung mehr zukomme, da nun ein geschriebener Katalog an Grundrechten existiere. *Stern/Hamacher*, in: Stern/Sachs, A Rn. 22.

659 *Ehlers*, in: Ehlers, § 14 Rn. 11; *Rumler-Korinek/Vranes*, in: Holoubek/Lienbacher, Art. 52 GRCh Rn. 41f. zu den Verfassungsüberlieferungen der Mitgliedstaaten und zum Verhältnis von Art. 52 Abs. 4 GRCh zu Art. 52 Abs. 1 bis 3 GRCh.

660 *Ehlers*, in: Ehlers, § 14 Rn. 11.

661 *Streinz*, in: Streinz, Art. 6 EUV Rn. 35.

662 *Jarass*, in: Jarass, GRCh, Einleitung Rn. 34.

663 Zu diesen beiden Linien: *Coppel/O'Neill*, CMLR 1992, 669 (683ff.).

664 *EuGH*, Urt. v. 13.07.1989, Rs. 5/88, ECLI:EU:C:1989:321 – Wachauf, Rn. 19.

Recht oder der Vollzug des Unionsrechts durch mitgliedstaatliche Behörden und Organe erfasst[665].

In der Rechtssache ERT, die der Europäische Gerichtshof zwei Jahre nach der Rechtssache Wachauf entschieden hat, hat er festgestellt, dass Beeinträchtigungen der Grundfreiheiten auch am Maßstab der Unionsgrundrechte zu messen sind[666]. Danach waren die Rechtfertigungsgründe der Grundfreiheiten „im Lichte der allgemeinen Rechtsgrundsätze und insbesondere der Grundrechte auszulegen“[667]. Diese Entscheidung stand unter dem vom Europäischen Gerichtshof verwendeten Begriff des „Anwendungsbereich des Gemeinschaftsrechts“[668].

Diese vom Europäischen Gerichtshof verwendete Formulierung wurde bei der Kodifizerung der Grundrechte-Charta nicht übernommen, denn gemäß Art. 51 Abs. 1 S. 1 Hs. 2 GRCh gilt die Grundrechte-Charta für die Mitgliedstaaten „ausschließlich bei der Durchführung des Unionsrechts“.

Kontrovers diskutiert wird, ob und inwieweit diese Rechtsprechung, derzufolge die Beschränkung einer Grundfreiheit den Anwendungsbereich der Grundrechte-Charta eröffnet, nach dem Inkrafttreten der Grundrechte-Charta und der Kodifizierung des Art. 51 GRCh noch Geltung beanspruchen kann[669]. Der Begriff der Durchführung ist weder in der Grundrechte-Charta noch in anderen europäischen Verträgen legaldefiniert[670]. Obwohl der Wortlaut des Art. 51 Abs. 1 S. 1 Hs. 2 GRCh für die Geltung der Grundrechte-Charta für die Mitgliedstaaten mit der Formulierung „ausschließlich bei der Durchführung des Rechts der Union“ abweichend

---

665 Zu den von der Wachauf-Rechtsprechung umfassten Konstellationen: *Borowsky*, in: Meyer, Art. 51 GRCh Rn. 24ff.; *Holoubek/Lechner/Oswald*, in: Holoubek/Lienbacher, Art. 51 GRCh Rn. 18; *Kühling*, in: v. Bogdandy/Bast, S. 680f.

666 *EuGH*, Urt. v. 18.06.1991, Rs. C-260/89, ECLI:EU:C:1991:254 – ERT, Rn. 42f.

667 Während in der Entscheidung ERT ein geschriebener Rechtfertigungsgrund im Lichte der Unionsgrundrechte auszulegen war (*EuGH*, Urt. v. 18.06.1991, Rs. C-260/89, ECLI:EU:C:1991:254 – ERT, Rn. 43), wurde in der Entscheidung Familapress ein ungeschriebener Rechtfertigungsgrund im Lichte der Unionsgrundrechte ausgelegt (*EuGH*, Urt. v. 26.06.1997, Rs. C-368/95, ECLI:EU:C:1997:325 – Familiapress, Rn. 24).

668 *EuGH*, Urt. v. 18.06.1991, Rs. C-260/89, ECLI:EU:C:1991:254 – ERT, Rn. 42f.; *Sweet*, The European Court of Justice, in: The Evolution of EU Law, S. 121 (153).

669 *Borowsky*, in: Meyer, Art. 51 GRCh Rn. 24a; *Kingreen*, in: Calliess/Ruffert, Art. 51 GRCh Rn. 16ff. m.w.N. Bereits vor der Kodifikation wurde hinterfragt, ob die Beeinträchtigung einer Grundfreiheit unter die vom EuGH verwendete Formulierung „Anwendungsbereich des Gemeinschaftsrechts“ gefasst werden kann: *Gellermann*, DVBl 2000, 509 (516); *Störmer*, AöR 1998, 541 (565f.).

670 *Hatje*, in: Schwarze, Art. 51 GRCh Rn. 17.

ist von der vom Europäischen Gerichtshof geprägten Formulierung des „Anwendungsbereich des Unionsrechts“[671], hat der Europäische Gerichtshof im Jahr 2014 erstmals die Unionsgrundrechte neben einer Grundfreiheit geprüft[672] und damit die Entscheidung in der Rechtssache ERT ohne weitere Argumente bestätigt und sogar erweitert[673]. Mithin geht der Europäische Gerichtshof in seiner Rechtsprechung auch unter Zugrundelegung des Wortlautes des Art. 51 Abs. 1 S. 1 Hs. 2 GRCh davon aus, dass die Mitgliedstaaten bei der Beeinträchtigung von Grundfreiheiten Unionsrecht durchführen[674].

Die Richtigkeit dieser Rechtsprechung wird in der Literatur kontrovers diskutiert. Einerseits wird davon ausgegangen, dass trotz der Formulierung der „Durchführung“ eine Notwendigkeit der Bindung an die Unionsgrundrechte für die Fallgruppe der Beschränkung der Grundfreiheiten durch die Mitgliedstaaten besteht[675], da dies für die einheitliche Auslegung der unionsrechtlichen Begriffe notwendig sei[676].

Andererseits wird diese Auslegung kritisch beurteilt. Dies stützt sich zunächst auf den Wortlaut des Art. 51 Abs. 1 S. 1 Hs. 2 GRCh. Fokussiert man eine Auslegung des Wortlauts, liegt es nahe, dass die „Durchführung des Unionsrechts“ durch die Mitgliedstaaten eine engere Formulierung darstellt als die Formulierung in der Rechtsprechung des Europäischen Gerichtshofs vor Inkrafttreten der Grundrechte-Charta[677]. Dies zeigt sich auch in der Benennung der „Ausschließlichkeit“ – die Mitgliedstaaten sind „ausschließlich“ bei der Durchführung von Unionsrecht an die Grund-

---

671 Vgl. *Ladenburger/Vondung*, in: Stern/Sachs, Art. 51 GRCh Rn. 24.

672 *EuGH*, Urt. v. 30.04.2014, Rs. C-390/12, ECLI:EU:C:2014:281 – Pfleger u.a., Rn. 57ff.

673 *Ladenburger/Vondung*, in: Stern/Sachs, Art. 51 GRCh Rn. 28.

674 *EuGH*, Urt. v. 30.04.2014, Rs. C-390/12, ECLI:EU:C:2014:281 – Pfleger u.a., Rn. 57ff.

675 *Frenzel*, Der Staat 2014, 1 (10); *Jarass*, in: Jarass, GRCh, Art. 51 GRCh Rn. 24; *Kober*, S. 175ff.

676 *Ehlers*, in: Ehlers, § 14 Rn. 75; während *Mayer* dem im Kontext der ERT-Rechtsprechung in *Mayer*, EuR 2009, Beiheft 1, 87 (93) zustimmt, nimmt er dies in *Mayer*, in: Grabitz/Hilf/Nettesheim, nach Art. 6 EUV Rn. 50, 52 auch für die Formulierung des Art. 51 GRCh an.

677 *Borowsky*, in: Meyer, Art. 51 GRCh Rn. 24a m.w.N.; *Cremer*, EuGRZ 2011, 545 (551); *Kingreen*, in: Calliess/Ruffert, Art. 51 GRCh Rn. 18. Teilweise wird die Entstehungsgeschichte dieser Norm im Konvent dahingehend verstanden, dass kein einheitliches Bild besteht, ob und inwieweit eine Abwendung von der Rechtsprechung des EuGH gewollt war. Instruktiv dazu: *Kober*, S. 173ff.; *Lindner*, EuR 2008, 786 (791ff.).

rechte-Charta gebunden[678]. Betrachtet man die Entstehungsgeschichte dieser Norm im Konvent, kann festgestellt werden, dass sich kein einheitliches Bild ergibt, vielmehr ist die Entstehungsgeschichte von Ambivalenz geprägt[679], sodass daraus keine Rückschlüsse gezogen werden können, ob und inwieweit eine Abwendung von der Rechtsprechung des Europäischen Gerichtshofs gewollt war. Insbesondere *Kingreen* betont aber, dass im Falle einer gerechtfertigten Beeinträchtigung einer Grundfreiheit ein Mitgliedstaat gerade kein Unionsrecht durchführe, sondern durch den jeweiligen Rechtfertigungsgrund gerade vom Unionsrecht freigestellt werde[680]. Durch diese Freistellung von den Vorgaben des Unionsrechts könne auch das Argument der Notwendigkeit einer einheitlichen Anwendung des Unionsrechts nicht mehr eingreifen[681], denn durch die Rechtfertigung billige das Unionsrecht gerade eine uneinheitliche nationale Regelung[682]. Mithin nimmt *Kingreen* an, dass durch diese Billigung einer nationalen Maßnahme eine Zersplitterung hingenommen wird, sodass die einheitliche Auslegung des Unionsrechts und damit auch die praktische Wirksamkeit des Unionsrechts nicht mehr erheblich ist.

Letztendlich wird es nicht entscheidend sein, welcher Ansicht man zuneigt, da der Europäische Gerichtshof mit der Entscheidung Åkerberg Fransson im Jahr 2013 entschieden hat, dass die Unionsgrundrechte Anwendung finden, wenn der jeweilige Fall unter das Unionsrecht zu fassen ist[683]. Diese Gleichsetzung vom Anwendungsbereich der Grundrechte-Charta mit dem Anwendungsbereich des Unionsrechts findet sich auch in

678 *Borowsky*, in: Meyer, Art. 51 GRCh Rn. 24a; *Ladenburger/Vondung*, in: Stern/Sachs, Art. 51 GRCh Rn. 24; *Lindner*, EuR 2008, 786 (791f.).

679 Instruktiv dazu: *Kober*, S. 173ff., dieser geht von einer gebilligten Fortgeltung der bisherigen Rechtsprechung durch den Konvent aus. Demgegenüber steht *Borowsky*, in: Meyer, Art. 51 GRCh Rn. 24a, dieser geht von einer gewollten Verengung aus.

680 *Kingreen*, in: Calliess/Ruffert, Art. 51 GRCh Rn. 20; dies hat *Kingreen* bereits vor Inkrafttreten der GRCh auch für die weitere Formulierung des „Anwendungsbereich des Unionsrechts" betont: *Kingreen*, EuGRZ 2004, 570 (576).

681 *Kingreen*, in: Calliess/Ruffert, Art. 51 GRCh Rn. 19f.

682 Auch bereits vor Inkrafttreten der GRCh: *Kingreen*, EuGRZ 2004, 570 (576). *Kingreen*, in: Calliess/Ruffert, Art. 51 GRCh Rn. 20.

683 *EuGH*, Urt. v. 26.02.2013, Rs. C-617/10, ECLI:EU:C:2013:105 – Åkerberg Fransson, Rn. 19, 21. *Lange* und *Kingreen* stellen Åkerberg Fransson in eine Linie mit der Wachauf-Rechtsprechung (*Lange*, NVwZ 2014, 169 (169), *Kingreen*, in: Calliess/Ruffert, Art. 51 GRCh Rn. 8ff.), auch wenn das Urteil die Richtlinie 2006/12/EG des Rates vom 28.11.2006 über das gemeinsame Mehrwertsteuersystem zum Gegenstand hatte und die Mitgliedstaaten verpflichtet sind, die Erhebung der Mehrwertsteuer zu gewährleisten (*EuGH*, Urt. v. 26.02.2013,

den Erläuterungen zu Art. 51 GRCh wieder[684]. Das Bundesverfassungsgericht hat in seiner Entscheidung zur Antiterrordatei an dieser Rechtsprechung des Europäischen Gerichtshofs Kritik geübt[685]. In der nachfolgenden Rechtsprechung konkretisierte der Europäische Gerichtshof die Auslegung von Art. 51 GRCh[686]. In der Rechtssache Siragusa stellte der Europäische Gerichtshof fest, dass von einer Durchführung des Rechts der Union gesprochen werden kann, wenn „ein hinreichender Zusammenhang von einem gewissen Grad" besteht, „der darüber hinausgeht, dass die fraglichen Sachbereiche benachbart sind oder der eine von ihnen mittelbare Auswirkungen auf den anderen haben kann"[687]. Die Grundrechte sind hingegen unanwendbar, wenn die unionsrechtlichen Normen die Mitgliedstaaten für den jeweiligen Sachverhalt nicht verpflichten[688]. Mithin würde diese Rechtsprechung für die Anwendbarkeit der Unionsgrundrechte sprechen.

Eine weitere Entscheidung in diesem Zusammenhang ist die Rechtssache Taricco II[689]. Bei dieser Entscheidung ist unklar, in welchem Verhältnis sie zu der bereits dargestellten Entscheidung Åkerberg Fransson und

---

Rs. C-617/10, ECLI:EU:C:2013:105 – Åkerberg Fransson, Rn. 25), geht der Bedeutungsgehalt der Entscheidung Åkerberg Fransson über diesen Kontext hinaus. Dafür spricht auch, dass die in Åkerberg Fransson einschlägige Rechtsvorschrift nicht der Umsetzung der EU-Richtlinie diente (*Schorkopf*, in: Enzyklopädie EuR 2, § 3 Rn. 26). *Schorkopf* nimmt an, dass die Unionsgrundrechte aufgrund dieser Entscheidung in fast allen Kompetenzbereichen der Mitgliedstaaten zum Tragen kommen (*Schorkopf*, in: Enzyklopädie EuR 2, § 3 Rn. 26). Auch *Ludwigs/Sikora*, JuS 2017, 385 (390) und *Thym*, NVwZ 2013, 889 (890) lesen Åkerberg Fransson weit. *Thym* stellt schließlich fest, dass damit jegliche Versuche, die Grundrechte bei Beeinträchtigung der Grundfreiheiten nicht anzuwenden, hinfällig sind (*Thym*, NVwZ 2013, 889 (890)).

684 *EuGH*, Urt. v. 26.02.2013, Rs. C-617/10, ECLI:EU:C:2013:105 – Åkerberg Fransson, Rn. 20.

685 *BVerfGE* 133, 277 (316).

686 *EuGH*, Urt. v. 08.05.2013, Rs. C-87/12, ECLI:EU:C:2013:291 – Ymeraga, Rn. 41; *EuGH*, Urt. v. 06.03.2014, Rs. C-206/13, ECLI:EU:C:2014:126 – Siragusa, Rn. 25. *Ludwigs* und *Sikora* sehen das als Reaktion des EuGH auf die Kritik des BVerfG an, *Ludwigs/Sikora*, JuS 2017, 385 (390).

687 *EuGH*, Urt. v. 06.03.2014, Rs. C-206/13, ECLI:EU:C:2014:126 – Siragusa, Rn. 24.

688 *EuGH*, Urt. v. 06.03.2014, Rs. C-206/13, ECLI:EU:C:2014:126 – Siragusa, Rn. 26.

689 *EuGH*, Urt. v. 05.12.2017, Rs. C-42/17, ECLI:EU:C:2017:936 – M.A.S. und M.B. Dieses Urteil wird Taricco II genannt, da ein Zusammenhang mit der Entscheidung des *EuGH*, Urt. v. 08.09.2010, Rs. C-105/14, ECLI:EU:C:2015:555 – Taricco u.a. besteht. *Krajewski* stört sich daran, dass in der Entscheidung Taricco II zwar die Melloni-Formel genannt sei, aber die Entscheidung Åkerberg-Fransson zitiert werde: *Krajewski*, An Imperfect Illustration from Taricco II. Dem ist nicht

auch zu der ebenso mit den europäischen Grundrechten in Zusammenhang stehenden Entscheidung Melloni[690] steht. In Taricco II geht es ebenso wie in der Rechtssache Melloni um das Verhältnis zwischen den Unionsgrundrechten und den nationalen Grundrechten[691]. In der Rechtssache Melloni hat der Europäische Gerichtshof entschieden, dass es den Mitgliedstaaten freisteht, die nationalen Schutzstandards der Grundrechte anzuwenden, wenn dadurch weder das Schutzniveau der Charta, noch der Vorrang, die Einheit oder die Wirksamkeit des Unionsrechts gefährdet werden[692]. Neben diesen Einschränkungen stellte der Europäische Gerichtshof in Melloni fest, dass im Fall einer bestehenden Harmonisierung des Grundrechtsstandards die nationalen Grundrechte nicht mehr zur Anwendung gelangen dürfen[693]. Da der Europäische Gerichtshof in der Entscheidung Taricco II nun nur das Vorliegen einer möglichen Harmonisierung geprüft hat und die Kriterien der Melloni-Rechtsprechung zwar genannt, aber nicht angewendet hat[694], wird teilweise davon ausgegangen, dass durch die unterlassene Prüfung nun die weiteren Kriterien der Melloni-Rechtsprechung hinfällig seien[695] und nur mehr im Falle einer bestehenden Harmonisierung die europäischen Grundrechte ausschließlich zur Anwendung gelangen und es nicht mehr darauf ankomme, ob durch die Anwendung der nationalen Grundrechte der Vorrang, die Einheit oder die Wirksamkeit des Unionsrechts gefährdet werde[696]. Diese Rechtsprechung

---

zuzustimmen, da die Aussage, „dass es den nationalen Behörden und Gerichten, wenn ein Unionsrechtsakt nationale Durchführungsmaßnahmen erforderlich macht, weiterhin freisteht, nationale Schutzstandards für die Grundrechte anzuwenden, sofern durch diese Anwendung weder das Schutzniveau der Charta, wie sie vom Gerichtshof ausgelegt wird, noch der Vorrang, die Einheit und die Wirksamkeit des Unionsrechts beeinträchtigt werden.“ in beiden Entscheidungen enthalten ist: *EuGH*, Urt. v. 26.02.2013, Rs. C-617/10, ECLI:EU:C:2013:105 – Åkerberg Fransson, Rn. 29; *EuGH*, Urt. v. 26.02.2013, Rs. C-399/11, ECLI:EU:C:2013:107 – Melloni, Rn. 60.

690 *EuGH*, Urt. v. 26.02.2013, Rs. C-399/11, ECLI:EU:C:2013:107 – Melloni.

691 Zu Melloni, *Safferling*, NStZ 2014, 545 (548ff.).

692 *EuGH*, Urt. v. 26.02.2013, Rs. C-399/11, ECLI:EU:C:2013:107 – Melloni, Rn. 60.

693 *EuGH*, Urt. v. 26.02.2013, Rs. C-399/11, ECLI:EU:C:2013:107 – Melloni, Rn. 35-46, 51.

694 *EuGH*, Urt. v. 05.12.2017, Rs. C-42/17, ECLI:EU:C:2017:936 – M.A.S. und M.B, Rn. 44.

695 *Burchardt*, EuR 2018, 248 (255).

696 *Burchardt*, EuR 2018, 248 (255). Unklar bleibt bei dieser Auslegung, von welchem Harmonisierungsbegriff ausgegangen wird. *Thym*, NVwZ 2013, 889 (891) stellte im Rahmen der Melloni-Rechtsprechung auf die Vollharmonisierung ab.

ist nicht nur unter dem Gesichtspunkt des Vorrangs des Unionsrechts Kritik ausgesetzt[697].

Schlussendlich ergibt sich unabhängig von den dargestellten Entwicklungen der Rechtsprechung für die vorliegenden staatlichen Maßnahmen keine Änderung, auch wenn man die Grundrechte als allgemeine Rechtsgrundsätze oder auch die Grundrechte der Grundrechte-Charta anwendet. Dies begründet sich unter zwei Aspekten. Zunächst kann festgestellt werden, dass die Prüfdichte der Verhältnismäßigkeit im Rahmen von Grundrechtsprüfungen durch den Europäischen Gerichtshof herabgesetzt ist[698]. Dies zeigt sich auch in der Rechtssache Pfleger, darin prüft der Europäische Gerichtshof die Grundrechte erstmalig neben den Grundfreiheiten, verweist dann aber für die Verhältnismäßigkeitsprüfung nach oben in die Prüfung der einschlägigen Grundfreiheit[699], mithin fehlt es an einer davon losgelösten grundrechtlichen Verhältnismäßigkeitsprüfung vollständig.

Sieht man dies im Zusammenhang mit dem hier durch die staatlichen Maßnahmen verfolgten Gesundheitsschutz, dem nach der Rechtsprechung des Europäischen Gerichtshofs höchster Rang zukommt[700] und welcher mit Art. 35 GRCh auch in der Grundrechte-Charta enthalten ist, ist keine Konstellation vorstellbar, woraus sich ein Hindernis für die Preisbindung

---

697 *Bassini/Pollicino* gehen davon aus, dass der EuGH dieser Entscheidung möglicherweise einen weicheren Vorrangbegriff zugrundegelegt hat, sie gehen aber auch davon aus, dass mit dieser Entscheidung keine Verringerung des Vorrangs verbunden sei, *Bassini/Pollicino*, All roads Lead to rome. *Burchardt* geht von Auswirkungen auch auf den Vorrang aus, kritisiert aber auch die unklare Argumentation, *Burchardt*, EuR 2018, 248 (248, 255f., 263). *Rauchegger* hingegen nimmt an, dass mit dieser Entscheidung keine Änderung zur Vorrangfrage verbunden sei, *Rauchegger*, CMLR 2018, 1521 (1546). Nach der Ansicht von *Sarmiento* könne dieses Urteil so verstanden werden, dass es die Schwäche des EuGH und seine Schwäche mit Grundrechten umzugehen zeige; letztendlich sieht er aber ein vielversprechendes Urteil, *Sarmiento*, The bow at the rhythm of an Italian tune.

698 *Frenz*, in: Hdb. EuR 4, Rn. 8.

699 *EuGH*, Urt. v. 30.04.2014, Rs. C-390/12, ECLI:EU:C:2014:281 – Pfleger u.a., Rn. 57ff. Bis zu dieser Entscheidung wurden die Unionsgrundrechte und die Grundrechte als allgemeine Rechtsgrundsätze in der Verhältnismäßigkeit der Grundfreiheitsprüfung geprüft (s.o. B., II., 4., S. 117ff.), dazu *Mayer*, EuR 2003, 793 (817f.). Auch im Rahmen dieser Prüfung ergäbe sich keine andere Rechtslage.

700 *EuGH*, Urt. v. 01.06.2010, verb. Rs. C-570, 571/07, ECLI:EU:C:2010:300 – Péréz/Gómez, Rn. 44, vgl. *Lux*, in: Lenz/Borchardt, Art. 36 AEUV Rn. 12.

von verschreibungspflichtigen Arzneimitteln aus den Grundrechten ergeben möge[701].

III. Verhältnis des nationalen Rechts zum Europarecht

Nach der hier vertretenen Auffassung gibt es einen Gleichlauf zwischen Verfassungsrecht und Europarecht. Da die Preisbindung für Rx-Medikamente mit der Warenverkehrsfreiheit in Einklang steht und davon auszugehen ist, dass in einem erneuten Verfahren vor dem Europäischen Gerichtshof dies auch von diesem so entschieden werden würde, da nun ein Bewusstsein dafür besteht, welche Anforderungen der Europäische Gerichtshof an Nachweise stellt, wenn die Warenverkehrsfreiheit beschränkt wird. Bereits in dem Gutachten von *May/Bauer/Dettling* kann ein Anfang für die notwendigen wissenschaftlichen Nachweisen gesehen werden. Damit würde sich die nach dem Urteil des Europäischen Gerichtshofs in der Rechtssache Deutsche Parkinson Vereinigung bestehende Inländerdiskriminierung erübrigen[702].

---

701 Dies gilt ebenso für die unter C. (s.u. S. 126ff.) und D. (s.u. S. 168ff.) geprüften Maßnahmen, wobei eine Bedürfnisprüfung wie auch im nationalen Recht an der fehlenden Geeignetheit der Maßnahme scheitern wird (s.u. C., II., 2., c), (2), S. 143ff.), da die Verhältnismäßigkeit der Unionsgrundrechte auch die Frage der Geeignetheit kennt (siehe *Cornils*, Enzyklopädie EuR 2, § 5 Rn. 107ff.).

702 Mit dieser Frage musste sich auch der BGH auseinandersetzen, er ging davon aus, dass trotz der aktuell bestehenden Ungleichbehandlung von ausländischen Versandapotheken und inländischen Apotheken keine Verletzung des Art. 3 I GG vorliegt: *BGH*, Urt. v. 29.11.2018, I ZR 237/16, BeckRs 2018, 33297.

C. Bedürfnisprüfungen / territoriale Beschränkungen

Eine weitere staatliche Regulierungsmaßnahme, um eine hochwertige und flächendeckende Arzneimittelversorgung sicherzustellen, stellt die Normierung von Maßnahmen dar, die unmittelbar oder mittelbar die Niederlassung der Apotheker reglementieren. Eine solche Regulierungsmaßnahme ist in Deutschland in den letzten Jahrzehnten für das Apothekenwesen in Vergessenheit geraten. Dies mag sich mit der berühmten Entscheidung des Bundesverfassungsgerichts im Jahr 1958 – dem Apothekenurteil – erklären[703].

Gegenstand dieses Urteils war eine Regelung im bayerischen Gesetz über das Apothekenwesen, die besagte, dass eine Apothekenerlaubnis nur erteilt werden konnte, wenn neben weiteren zu erfüllenden Voraussetzungen auch ein öffentliches Interesse der Bevölkerung an der Versorgung mit Arzneimitteln bestand und anzunehmen war, dass die wirtschaftliche Grundlage sowohl der gründenden Apotheke als auch der bereits bestehenden Apotheken in der Nachbarschaft gesichert war[704]. Da für die Benennung solcher Regelungen über den Ort der Niederlassung einer Apotheke mehrere Begrifflichkeiten verwendet werden, ist eine Begriffsklärung für das nationale Recht (dazu I., 1.) und das Europarecht (dazu I., 2.) erforderlich.

I. Begriffsbestimmung

1. Begriffsbestimmung für das nationale Recht

Insbesondere im deutschen Recht werden Regelungen, die unmittelbar oder mittelbar den Ort der Niederlassung einer Apotheke regeln, als Niederlassungsbeschränkungen oder als Bedürfnisprüfungen bezeichnet. Für die rechtliche Beurteilung solcher Maßnahmen kommt es entscheidend darauf an, ob ein sachlicher Unterschied zwischen diesen beiden Begrifflichkeiten besteht.

---

703 *BVerfGE* 7, 377.
704 *BVerfGE* 7, 377 (380).

Im Apothekenurteil wurde vom Beschwerdeführer angeführt, dass durch die Inbezugnahme eines öffentlichen Interesses in Art. 3 Abs. 1 ApothekenG[705] eine Bedürfnisprüfung vorgenommen werde[706]. Das Bundesverfassungsgericht äußerte sich dazu nicht eindeutig, sprach aber zumindest an zwei Stellen davon, dass es sich bei der Vorgabe des Bayerischen Apothekengesetzes um eine Niederlassungsbeschränkung handele[707].

In der Literatur wird die Einordnung uneinheitlich vorgenommen. Einerseits wird die gesetzliche Regelung, die dem Urteil des Bundesverfassungsgerichts aus dem Jahr 1958 zugrunde liegt, auch von der Literatur als Niederlassungsbeschränkung eingeordnet[708]. Andererseits erfolgt in der Literatur auch eine Benennung als Bedürfnisprüfung[709]. Sowohl der Begriff der Niederlassungsbeschränkung als auch der Begriff der Bedürfnisprüfung wurde vom Gesetzgeber nicht legaldefiniert. Zur Begriffsklärung für das Apothekenwesen können aktuell geltende Normen und bereits aufgehobene Normen auch aus anderen Rechtsgebieten herangezogen werden.

Berücksichtigt man zunächst die geltende Fassung der Bundesnotarordnung in § 4 S. 1 BNotO, die wie folgt formuliert ist: „Es werden nur so viele Notare bestellt, wie es den Erfordernissen einer geordneten Rechtspflege entspricht". Sodann kann auch die Formulierung in der alten Fassung des bereits erwähnten § 3 ApothekenG a. F. herangezogen werden. Diese Norm besagte, dass „... für eine neu zu errichtende Apotheke (...) die Betriebserlaubnis nur erteilt werden" darf, „wenn die Errichtung der Apotheke zur Sicherung der Versorgung der Bevölkerung mit Arzneimitteln im öffentlichen Interesse liegt und anzunehmen ist, dass ihre wirtschaftliche Grundlage gesichert ist und durch sie die wirtschaftliche Grundlage der benachbarten Apotheken nicht so weit beeinträchtigt wird, dass die Voraussetzungen für den objektiven Apothekenbetrieb nicht mehr gewährleistet sind".

Es handelt sich bei beiden gesetzgeberischen Ausgestaltungen um einen unbestimmten Rechtsbegriff. Ebenso mit einem unbestimmten Rechtsbegriff versehen, aber doch anders formuliert, war eine Regelung im alten Gaststättengesetz. In § 1 Abs. 2 GastG a.F.[710] lautete die Regelung wie

---

705 In der Fassung des Gesetzes v. 10.12.1955 (GVBl. S. 267).

706 *BVerfGE* 7, 377 (384).

707 *BVerfGE* 7, 377 (415, 429).

708 *Burghart*, in: Leibholz/Rinck, Art. 12 GG Rn. 561; *Kieser*, in: Saalfrank, § 11 Rn. 6; *Scholz*, in: Maunz/Dürig, Art. 12 GG Rn. 372.

709 *Jarass*, in: Jarass/Pieroth, Art. 12 GG Rn. 49; *Starck*, VerwArchiv 1980, 1 (2); *Wieland*, in: Dreier, Art. 12 GG Rn. 138.

710 Gesetz in der Fassung v. 28.4.1930 (RGBl. I S. 146).

folgt: „Die Erlaubnis wird erteilt, wenn ein Bedürfnis [für den Betrieb einer Gaststätte] nachgewiesen ist".

Soweit möglich verwendet der Gesetzgeber einen bestimmten Rechtsbegriff, also einen klaren und eindeutigen Begriff, der in seiner Auslegung so hinreichend deutlich ist, dass er ohne eigenständige Wertung einer Subsumtion zugeführt werden kann[711]. In den hier beschriebenen Fällen liegt ein unbestimmter Rechtsbegriff vor, der durch den Rechtsanwender im Rahmen der herkömmlichen Auslegungsmethoden konkretisiert werden muss[712]. Mithin muss auch in der heutigen Zeit im Notarwesen und musste in früheren Zeiten auch im Apotheken- und Gaststättenwesen festgestellt werden, wann die Erhaltung einer ordnungsgemäßen Rechtspflege eine Neubestellung notwendig macht bzw. wann eine Neuerrichtung einer Apotheke im öffentlichen Interesse war oder wann ein Bedarf im Sinne des Gaststättenrechts bestand. Im Hintergrund dieser Formulierung des § 4 S. 1 NotO und der alten Fassung des § 3 ApothekenG steht die Frage, wann ein Bedarf gegeben ist, um die Rechtspflege oder auch das öffentliche Interesse an einer ordnungsgemäßen Arzneimittelversorgung sicherzustellen.

Eine andere Art der gesetzlichen Ausgestaltung, mit der die Verteilung von Apotheken gesteuert und damit eine flächendeckende Arzneimittelversorgung erreicht werden könnte, wäre die Etablierung von Vorgaben, in welchem Kilometerradius zu einer bereits bestehenden Apotheke eine neue, zusätzliche Apotheke eröffnet werden darf. Ferner kann zusätzlich oder alternativ eine Regelung enthalten sein, wie viele Einwohner durch eine Apotheke versorgt werden müssen. Diese Art der Regelung wird insbesondere in Österreich angewendet, wie sich in der Entscheidung des Europäischen Gerichtshofs Sokoll-Seebacher aus dem Jahr 2014 zeigte[713].

Eine Gemeinsamkeit zwischen dieser Art der Regelung und dem bereits dargelegten Bedarfskriterium ist die Nichtsteuerbarkeit der Voraussetzungen durch den Antragsteller, mithin hängt die berufliche Zukunft des Bewerbers von objektiven Voraussetzungen ab, die sich seinem Einfluss ent-

---

711 *Müller/Christensen*, Band 1, Rn. 67d.

712 *BVerfGE* 21, 209 (214f.); 79, 106 (120); 102, 254 (337); 103, 332 (384); 117, 71 (111f.); 118, 168 (188); 131, 88 (122, 125); *Müller/Christensen*, Band 1, Rn. 67d; *Sachs*, in: Sachs, Art. 20 GG Rn. 127.

713 *EuGH*, Urt. v. 13.02.2014, Rs. C-367/12, ECLI:EU:C:2014:68 – Sokoll-Seebacher, Rn. 3. Auch eine ähnliche Regelung lag der Entscheidung Pérez Gómez zugrunde: *EuGH*, Urt. v. 01.06.2010, verb. Rs. C-570, 571/01, ECLI:EU:C:2010:300 – Pérez/Gómez, Rn. 8.

ziehen[714]. Bereits in den 80er Jahren hat *Starck* am Beispiel des Apothekenrechts in Anlehnung an einen EG-Richtlinienentwurf[715] die Möglichkeiten der Niederlassungsbeschränkungen näher untersucht und vier Möglichkeiten von Niederlassungsbeschränkungen beschrieben[716].

Nach *Starck* gibt es die Möglichkeit einer starren oder einer flexiblen Ortsverteilung[717]. Wählt man als gesetzliches Regelungsmodell die starre Ortsverteilung, wird ein fester Apothekenbezirk mit genau einer Apotheke etabliert[718]. Im Rahmen einer flexiblen Ortsverteilung wird anhand der Einwohnerzahl eine bestimmte Anzahl von Apotheken zugelassen[719]. Neben diesen demografischen Kriterien können auch geografische Kriterien zur Niederlassungsbeschränkung herangezogen werden. Als geografisches Kriterium kann beispielsweise eine Pflicht zur Einhaltung einer Mindestentfernung zu einer anderen Apotheke etabliert werden[720]. Diese Pflicht zur Einhaltung einer Mindestentfernung kann auch mit der flexiblen Ortsverteilung kombiniert werden[721]. Letztlich könnte nach der Feststellung einer Grenze, wann eine Apotheke rentabel betrieben werden kann, auch ein Neugründungsstopp verhängt werden, wenn es durch eine zusätzliche Apotheke zu einer nicht ausreichenden wirtschaftlichen Absicherung der bestehenden Apotheke kommt[722]. Bei all diesen Beschränkungsmöglichkeiten bedarf es einer Berücksichtigung der Bevölkerungsdichte und -struktur, um durch ein ordnungsgemäßes Vergabesystem der künstlich herbeigeführten Knappheit der Apothekenbetriebserlaubnis zu begegnen[723].

All diesen unterschiedlichen Formulierungen lässt sich entnehmen, dass unmittelbar oder mittelbar an das Vorliegen eines Bedarfes angeknüpft wird. Damit liegt es nahe, den Begriff des Bedarfs als Oberbegriff zu wäh-

---

714 Vgl. *Starck*, VerwArchiv 1980, 1 (6). Zur Frage der Beherrschbarkeit der objektiven Kriterien wird in der Literatur zum Teil die Einschränkung gemacht, dass in einigen Fällen zumindest eine mittelbare Einflussmöglichkeit des Bewerbers gegeben ist; dabei wird als Beispiel die Möglichkeit eines Wohnortwechsels genannt, an einen Ort, an dem die objektiven Voraussetzungen leichter zu erfüllen sind (*Scholz*, in: Maunz/Dürig, Art. 12 GG Rn. 363).

715 Siehe Unterrichtung der Bundesregierung v. 21.12.1972, BT-Drucks. 7/43.

716 *Starck*, VerwArchiv 1980, 1 (6).

717 *Starck*, VerwArchiv 1980, 1 (6).

718 *Starck*, VerwArchiv 1980, 1 (6).

719 *Starck*, VerwArchiv 1980, 1 (6).

720 *Starck*, VerwArchiv 1980, 1 (6).

721 *Starck*, VerwArchiv 1980, 1 (6).

722 *Starck*, VerwArchiv 1980, 1 (6).

723 Vgl. *Starck*, VerwArchiv 1980, 1 (6f.).

len, der auch weiteren Ausgestaltungen durch den Gesetzgeber zugänglich ist, diese aber nicht notwendig vorgenommen werden müssen und damit die Auslegung auch bei dem Rechtsanwender verbleiben kann. Weitere Kriterien, die durch den Gesetzgeber zur Ausgestaltung herangezogen werden können, können solche sein, wie sie durch *Starck*[724] benannt wurden.

Für diese Auslegung spricht auch, dass eine trennscharfe Abgrenzung nicht möglich und aufgrund der rechtlichen Folgen auch nicht nötig ist, denn auch eine Beschränkung der Niederlassungsfreiheit durch demografische und/oder geografische Vorgaben als Konkretisierung einer Bedürfnisprüfung stellt ebenso eine objektive Berufszulassungsschranke[725] dar, die nur gerechtfertigt werden kann, wenn sie der Abwehr nachweisbarer oder höchstwahrscheinlich schwerwiegender Gefahren für ein überragend wichtiges Gemeinschaftsgut dient[726].

Schließlich kann auch eine gesetzliche Regelung, wie *Starck* sie beschrieben hat, dazu führen, dass bei Ausschöpfung des Kontingents keine neue Apotheke mehr gegründet werden kann[727]. Dies ist das gleiche Ergebnis, welches erreicht wird, wenn man das öffentliche Interesse an einer ordnungsgemäßen Arzneimittelversorgung ablehnt. Letztlich führen beide Instrumente dazu, dass der Apotheker bei der Neugründung einer Apotheke nicht frei in der Wahl des Standortes ist[728]. Mithin ist unter einer Bedürfnisprüfung der Oberbegriff zu verstehen, der auch einer Ausgestaltung mithilfe von demografischen und geografischen Kriterien zugänglich ist.

Da die beiden Begrifflichkeiten Bedürfnisprüfung und Niederlassungsbeschränkung im Verhältnis von Oberbegriff und Konkretisierung zueinanderstehen und der Gesetzgeber im nationalen Recht im Hinblick auf beides denselben Anforderungen im Hinblick auf eine Rechtfertigung unterliegt[729], wird vorliegend bei der Beurteilung der nationalen Rechtslage der Oberbegriff der Bedürfnisprüfungen zugrunde gelegt.

---

724 *Starck*, VerwArchiv 1980, 1 (6).

725 S.u. C., II., 2., b), bb), S. 140f.

726 *BVerfGE* 7, 377 (408); 11, 168 (183); 25, 1 (11); 40, 196 (218); 75, 284 (296); 84, 133 (151); 102, 197 (214f.); *Jarass*, in: Jarass/Pieroth, Art. 12 GG Rn. 48; *Mann*, in: Sachs, Art. 12 GG Rn. 133.

727 *Starck*, VerwArchiv 1980, 1 (7).

728 Dies hat der EuGH explizit für eine ähnliche Reglung im Optikerwesen entschieden: vgl. *EuGH*, Urt. v. 26.09.2013, Rs. C-539/11, ECLI:EU:C:2013:591 – Ottica New Line di Accardi Vincenzo, Rn. 30.

729 S.o. C., I., 1., S. 126ff.

2. Begriffsbestimmung für das Europarecht

Da für die verwendeten Begriffe im Europarecht eine autonome Auslegung gefordert ist[730], bedarf es einer vom nationalen Recht losgelösten Begriffsklärung für das Europarecht. Auch wenn es an einer europarechtlichen Legaldefinition fehlt, liegt für die europarechtliche Betrachtung eine gesonderte Begriffsbestimmung nahe.

In Anlehnung an den Wortlaut der Richtline 2005/36/EG[731] über die Anerkennung von Berufsqualifikationen, welche durch die Richtlinie 2013/55/EU[732] geändert wurde, bietet sich die Verwendung des Begriffs der territorialen Beschränkung an. Art. 21 Abs. 4 der Richtlinie 2013/55/EU statuiert eine Ausnahmeregelung für die Vorlage von Ausbildungsnachweisen für Apotheker in Ländern, in denen Apotheker keinen territorialen Beschränkungen unterliegen. Auch in Erwägungsgrund 23 der Richtlinie 2013/55/EU wird die Begrifflichkeit der territorialen Beschränkung verwendet. Mithin kann aus diesen Richtlinien geschlossen werden, dass territoriale Beschränkungen aus der Sicht des Europarechts zumindest möglich sind. Eine Bedürfnisprüfung im nationalen Sinne kann unter den Begriff einer territorialen Beschränkung im europarechtlichen Sinne gefasst werden. Dafür spricht, dass auch bei der vorrangigen Fragestellung, ob ein Bedarf besteht, doch nachrangig und mittelbar unter Umständen eine territoriale Beschränkung erfolgt. Nur wenn ein Bedarf besteht, darf sich ein Apotheker an einem bestimmten Ort niederlassen. Möglicherweise wird ihm ein Ort der Niederlassung zugeteilt, den er unter Umständen nicht frei gewählt hätte.

Für das Europarecht liegt es nahe, die Begrifflichkeit der territorialen Beschränkung zu verwenden. Dies begründet sich damit, dass dasselbe Ergebnis eintritt, egal ob sich ein Apotheker nur an einem bestimmten Ort niederlassen darf, weil sich dies aus einer gesetzgeberischen Maßnahme er-

---

730 *EuGH*, Urt. v. 02.04.1998, Rs. C-296/95, ECLI:EU:C:1998:152 – The Queen/Commissioners of Customs and Excise, Rn. 30; *Kaufmann*, in: Dauses/Ludwigs, P. II, Vorabentscheidungsverfahren, Rn. 63; *Möllers*, § 2 Rn. 71.

731 Richtlinie 2005/36/EG des Europäischen Parlaments und des Rates vom 7. September 2005 über die Anerkennung von Berufsqualifikationen, ABl. L 255 v. 30.09.2005, S. 22–142.

732 Richtlinie 2013/55/EU des Europäischen Parlaments und des Rates vom 20. November 2013 zur Änderung der Richtlinie 2005/36/EG über die Anerkennung von Berufsqualifikationen und der Verordnung (EU) Nr. 1024/2012 über die Verwaltungszusammenarbeit mit Hilfe des Binnenmarkt-Informationssystems („IMI-Verordnung"), ABl. L 354 v. 28.12.2013, S. 132–170.

gibt, die eine räumliche Vorgabe festschreibt, oder ob der Apotheker eine Apotheke nur an einem Ort betreiben darf, in dem ein Bedarf an Versorgung mit Arzneimitteln besteht.

II. Vereinbarkeit mit dem Grundgesetz

Unklar ist, ob und inwieweit Bedürfnisprüfungen mit dem Verfassungsrecht in Einklang gebracht werden können. Dies begründet sich zunächst damit, dass sich bereits der Parlamentarische Rat bei der Schaffung des Grundgesetzes nicht darüber einigen konnte, ob Bedürfnisprüfungen zulässig sein sollen[733]. Sodann hatte das Bundesverfassungsgericht bereits im Jahre 1958 über eine Bedürfnisprüfung im Apothekenwesen zu entscheiden[734]. Damals hatte das Bundesverfassungsgericht diese Regelung im damaligen bayerischen Apothekengesetz für verfassungswidrig erklärt[735].

Da § 31 Abs. 1 BVerfGG eine grundsätzliche Bindungswirkung der Rechtsprechung des Bundesverfassungsgerichts anordnet, könnte aus dem Urteil des Bundesverfassungsgerichts aus dem Jahr 1958 folgen, dass eine Abkehr von der Niederlassungsfreiheit[736] im Bereich des Apothekenwesens nicht mit dem Grundgesetz in Einklang zu bringen ist[737]. Mithin muss geklärt werden, ob der Gesetzgeber durch diese Entscheidung, welche 60 Jahre zurückliegt, noch gebunden wird (dazu 1.). Sollte dies nicht der Fall sein, ist entscheidend, ob die Einführung einer Bedürfnisprüfung in der aktuellen Situation des Apothekenmarktes eine verfassungskonforme Lösung wäre (dazu 2.).

---

733 Der parlamentarische Rat, Band 5/1, 5. Sitzung v. 29.09.1948, S. 99f.; Der parlamentarische Rat, Band 5/II, 23. Sitzung v. 19.11.1948, S. 617f.; *Schneider*, in: Handbuch der Grundrechte, Band V/II, § 113 Rn. 27; *Wieland*, in: Dreier, Art. 12 GG Rn. 6; *Bryde*, NJW 1984, 2177 (2178f.).

734 *BVerfGE* 7, 377.

735 *BVerfGE* 7, 377 (377ff.).

736 *BVerfGE* 7, 377 (379, 443).

737 *Starck*, VerwArchiv 1980, 1 (3).

1. Bindungswirkung des Apothekenurteils

a) § 31 Abs. 1 BVerfGG

Gemäß § 31 Abs. 1 BVerfGG[738] bindet die Rechtsprechung des Bundesverfassungsgerichts grundsätzlich alle Verfassungsorgane außer das Bundesverfassungsgericht[739] ebenso wie alle Gerichte und Behörden. Bei einem unbefangenen Blick wären damit auch die gesetzgebenden Organe gebunden.

Aus diesem Grund wird bereits über eine restriktive Auslegung der Normadressaten versucht, die gesetzgebenden Organe aus der Bindungswirkung des § 31 Abs. 1 BVerfGG auszunehmen, indem man Bundestag und Bundesrat nicht unter den Begriff der Verfassungsorgane fasst[740].

Dem steht aber der eindeutige Wortlaut des § 31 Abs. 1 BVerfGG entgegen, der ohne Einschränkung alle Verfassungsorgane in Bezug nimmt. Ein Verfassungsorgan ist jedes Rechtssubjekt, dessen Kompetenzen im Grundgesetz festgeschrieben sind[741]. Der Bundestag als Parlament und der Bundesrat gemäß Art. 50 GG sind Verfassungsorgane und damit grundsätzlich von der Bindungswirkung gemäß § 31 Abs. 1 BVerfGG betroffen und in ihren Handlungsoptionen eingeschränkt.

Trotz des Einschlusses der gesetzgebenden Organe als Verfassungsorgane könnte gegen eine Bindungswirkung sprechen, dass § 31 Abs. 1 BVerfGG eine Regelung auf Ebene des einfachen Rechts ist.

Durch die Ausgestaltung auf einfachgesetzlicher Ebene stünde es dem Gesetzgeber jederzeit frei, den § 31 Abs. 1 BVerfGG zu ändern oder abzuschaffen und damit der Bindungswirkung der Verfassungsentscheidungen die Grundlage zu entziehen[742]. Dem kann aber entgegengehalten werden, dass der Gesetzgeber diese Norm geschaffen und auch nicht aufgehoben

---

738 Dabei muss aber beachtet werden, dass das BVerfG immer nur auf der Grundlage der zum Zeitpunkt der Entscheidung vorliegenden Kenntnis und des allgemeinen Erfahrungsstandes seine Entscheidung treffen kann (*Taupitz*, S. 25).

739 *BVerfGE* 104, 151 (197).

740 Vgl. *BVerfGE* 77, 84 (104); *Korioth*, Der Staat 1991, 549 (556).

741 *Bethge*, in: Maunz/Schmidt-Bleibtreu/Klein/Bethge, § 31 BVerfGG Rn. 104; *Heusch*, in: Umbach/Clemens/Dollinger, § 31 BVerfGG Rn. 64; *v. Ungern-Sternberg*, in: Walter/Grünewald, § 31 BVerfGG Rn. 37.

742 Vgl. *Korioth*, Der Staat 1991, 549 (551, 556).

hat, sodass § 31 Abs. 1 BVerfGG auch Geltung beizumessen ist, solange der Gesetzgeber diese Norm im Bundesverfassungsgerichtsgesetz belässt[743].

Überdies kann noch angeführt werden, dass auch aus dem Verfassungsrecht mit dem Grundsatz der Verfassungsorgantreue[744] – als ein Gebot der gegenseitigen Rücksichtnahme[745] – eine Bindungswirkung abgeleitet werden kann[746]. Auch wenn der Grundsatz der Verfassungsorgantreue eine unbestimmte Vorgabe[747] ist, ergibt sich doch daraus eine Bindungswirkung des Gesetzgebers[748].

b) Umfang der Bindungswirkung

Nimmt man eine grundsätzliche Bindungwirkung der gesetzgebenden Organe durch die Rechtsprechung des Bundesverfassungsgerichts gemäß § 31 Abs. 1 BVerfGG bzw. aus dem Grundsatz der Verfassungsorgantreue an, wird kontrovers diskutiert, in welchem Umfang einem Urteil des Bundesverfassungsgerichts Bindungswirkung zukommt bzw. konkreter formuliert, welche Bestandteile eines Urteils des Bundesverfassungsgerichts Bindungswirkung entfalten[749].

Legt man den Wortlaut der Norm zugrunde, wird teilweise vertreten, dass das Wort „Entscheidung“ so auszulegen sei, dass nur der Entscheidungsformel Bindungswirkung zukomme[750].

---

743 So wohl auch *Korioth*, wenn er darauf abstellt, dass dies eine freiwillige Unterwerfung unter die Auslegung des Bundesverfassungsgerichts darstellt, dies aber nicht zu einer Bindung eines zukünftigen Gesetzgebers führen darf. Einer solchen Bindung kann der zukünftige Gesetzgeber entgehen, indem er § 31 BVerfGG abschafft (*Korioth*, Der Staat 1991, 549 (556)). Dann verbliebe nur noch die Bindung aus dem Grundgesetz.

744 *Voßkuhle*, NJW 1997, 2216. Zu der Sinnhaftigkeit der Begriffs „Verfassungsorgantreue“: *Lorz*, S. 89ff.

745 *Bethge*, in: Maunz/Schmidt-Bleibtreu/Klein/Bethge, § 31 BVerfGG Rn. 199; *Isensee*, Vorbehalt der Verfassung, in: FS Leisner, S. 394.

746 *Korioth*, Der Staat 1991, 549 (557).

747 Vgl. *Isensee*, Vorbehalt der Verfassung, in: FS Leisner, S. 394.

748 *Bethge*, in: Maunz/Schmidt-Bleibtreu/Klein/Bethge, § 31 BVerfGG Rn. 199; *Korioth*, Der Staat 1991, 549 (557, 566f.); *Schlaich/Korioth*, Rn. 484.

749 Diese Frage wird weitgehend anhand des § 31 BVerfGG diskutiert, da gerade die Rechtsprechung des Bundesverfassungsgerichts auf § 31 BVerfGG abstellt. Diese kann auf eine Bindung aus der Verfassungsorgantreue übertragen werden, da letztlich gleichgültig ist, woraus der Gesetzgeber an die Rechtsprechung des Bundesverfassungsgerichts gebunden ist.

750 *Schlaich/Korioth*, Rn. 485ff.

Wischermann geht hingegen davon aus, dass der Wortlaut uneindeutig sei und damit nicht festgestellt werden könne, ob sich die Bindungswirkung auf die Entscheidungsformel oder auch auf die tragenden Gründe beziehe[751].

Die ständige Rechtsprechung des Bundesverfassungsgerichts neigt einer extensiven Auslegung zu, sodass auch die „tragenden Gründe" der Entscheidung Bindungswirkung entfalten[752].

Dabei bleibt aber bis heute ungeklärt, welche Gründe eines Urteils „tragende Gründe" sind[753]. *Kriele* geht davon aus, dass sich die „tragenden" Gründe erst bei einer zukünftigen Entscheidung feststellen lassen, wenn das Bundesverfassungsgericht auf die vorhergehende Entscheidung Bezug nimmt[754]. Diese auf den ersten Blick überzeugende Herangehensweise übersieht, dass dies zu Rechtsunsicherheit führt, wenn sich erst von Fall zu Fall entwickelt, welche Gründe eines Urteils tragend sind und keine abstrakte Festlegung zumindest versucht wird. Sinnvoller ist damit eine abstrakte Festlegung.

Eine solche abstrakte Festlegung hat sich das Bundesverwaltungsgericht zu eigen gemacht, wenn es feststellt, dass den Leitsätzen erhebliche Bedeutung für die Feststellung der tragenden Gründe zukommt[755]. Dem wird teilweise entgegengehalten, dass es dann das Bundesverfassungsgericht in der Hand habe, durch die Inhalte der Leitsätze eine weitreichende Beeinflussung zu erzielen[756]. Das Bundesverfassungsgericht differenziert dahingehend, dass nur die Rechtssätze tragend sind, „die nicht hinweggedacht werden können, ohne dass das konkrete Entscheidungsergebnis nach dem in der Entscheidung zum Ausdruck gekommenen Gedankengang entfällt"[757]. Ein nicht tragender Entscheidungsgrund ist hingegen gegeben, wenn die Ausführungen des Bundesverfassungsgerichts nur bei Gelegenheit der Entscheidung gemacht werden[758].

---

751 *Wischermann*, S. 51f.

752 *BVerfGE* 1, 14 (37); 19, 377 (392); 20, 56 (87); 40, 88 (93f.); 112, 268 (277). Bereits im ersten Band der Entscheidungssammlung hat sich das Bundesverfassungsgericht für eine Erstreckung auf die tragenden Entscheidungsgründe entschieden (*BVerfGE* 1, 14 (37)).

753 *Schlaich/Korioth*, Rn. 488f.

754 *Kriele*, NJW 1976, 777 (779).

755 *BVerwGE* 73, 263 (268); 77, 258 (258).

756 *Schlaich/Korioth*, Rn. 489.

757 *BVerfGE* 96, 375 (404); 115, 97 (110); *Lenz/Hansel*, § 31 BVerfGG Rn. 28.

758 *BVerfGE* 96, 375 (404); 115, 97 (110); *Lenz/Hansel*, § 31 BVerfGG Rn. 28.

Auch wenn die Erweiterung der Bindungswirkung auf die Entscheidungsgründe an sich schon Kritik in der Literatur ausgesetzt[759] und auch die Auslegung des Begriffs der „tragenden Gründe" nicht unproblematisch ist, stellt dies unter mehreren Aspekten doch die richtige Herangehensweise dar[760]. Die Erweiterung der Bindungswirkung auf die Entscheidungsgründe lässt sich damit begründen, dass das Bundesverfassungsgericht nicht nur wie die sonstige Gerichtsbarkeit vorgegebenes Recht anwendet, sondern die Verfassungsrechtsprechung auch politisch geprägt ist[761]. Durch diese weite Auslegung der Bindungswirkung wird vermieden, dass die Aussagen des Bundesverfassungsgerichts nur in kleinen Bruchstücken relevant werden und bleiben[762]. Ferner wird dies auch der Stellung des Bundesverfassungsgerichts als Hüter der Verfassung gerecht[763]. Damit bezieht sich die Bindungswirkung grundsätzlich auch auf die tragenden Entscheidungsgründe.

c) Abweichungsmöglichkeit des Gesetzgebers

Es liegt nahe, dass diese grundsätzliche Bindungswirkung keine absolute Bindung herstellt, denn ansonsten käme es zu einer Erstarrung der Rechtsordnung[764]. Mit anderen Worten geht es darum, ob und inwieweit der Gesetzgeber von dieser Bindungswirkung abweichen kann bzw. ob und inwieweit ein Normwiederholungsverbot[765] für den Gesetzgeber besteht.

Diese Frage wird von den Senaten des Bundesverfassungsgerichts immer noch uneinheitlich beantwortet.

Bereits im ersten Band der Entscheidungssammlung geht der Zweite Senat des Bundesverfassungsgerichts davon aus, dass ein absolutes Normwie-

759 *Hoffmann-Riem* lehnt die Bindungswirkung allgemein ab: *Hoffmann-Riem*, Der Staat 1974, 335 (362ff.); *Landfried*, S. 173; *Schlaich/Korioth*, Rn. 485ff.; *Wischermann*, S. 121f.

760 *Bethge*, in: Maunz/Schmidt-Bleibtreu/Klein/Bethge, § 31 BVerfGG Rn. 96ff.; *Heusch*, in: Umbach/Clemens/Dollinger, § 31 BVerfGG Rn. 59; *Lenz/Hansel*, § 31 BVerfGG Rn. 27; *Lechner/Zuck*, § 31 BVerfGG Rn. 30f.

761 Vgl. *Eckertz*, Der Staat 1978, 183 (201); *Hesse*, Rn. 564.

762 *Lenz/Hansel*, § 31 BVerfGG Rn. 27.

763 *V. Ungern-Sternberg*, AöR 2013, 1 (17).

764 *BVerfGE* 77, 84 (104); *Korioth*, Der Staat, 1991, 549 (568).

765 Ausführlich zum Normwiederholungsverbot: *Korioth*, Der Staat 1991, 549.

derholungsverbot bestehe, wenn eine Norm durch das Bundesverfassungsgericht für nichtig erklärt wurde[766].

Dem steht die Ansicht des Ersten Senates gegenüber, der annimmt, dass eine normverwerfende Entscheidung des Bundesverfassungsgerichts den Gesetzgeber nicht am erneuten Erlass einer ähnlichen oder gleichen Rechtsnorm hindert[767].

Für die Auslegung des Ersten Senates, welche im Ergebnis auch von der Literatur befürwortet wird[768], spricht, dass der Gesetzgeber gemäß Art. 20 Abs. 3 GG nur an die verfassungsgemäße Ordnung, nicht aber an die einfachen Gesetze gebunden ist, denn diese unterliegen gerade der Veränderlichkeit durch den Gesetzgeber[769]. Die Bindungswirkung soll den Gesetzgeber auch nicht daran hindern, eine inhaltlich ähnliche oder gleiche Regelung erneut zu erlassen, wenn er sie für erforderlich hält[770]. Ein solches „für Erforderlich halten" ist immer dann gegeben, wenn eine Änderung der Umstände in rechtlicher oder tatsächlicher Hinsicht eingesetzt hat, die eine erneute Normierung für notwendig erscheinen lässt[771].

Dabei ergibt sich aber eine Grenze des Missbräuchlichen[772]. Erlässt der Gesetzgeber erneut ein Gesetz mit identischem Inhalt nur mit dem Ziel die Entscheidung des Bundesverfassungsgerichts auszuhebeln, greift doch ein Normwiederholungsverbot ein[773]. Dieser Mittelweg zwischen Bindungswirkung und Erhaltung einer gewissen Flexibilität führt zu einem Ausgleich zwischen dem Aufgabenbereich des Bundesverfassungsgerichts und der Gesetzgebungsorgane und beugt einer „Erstarrung" der Rechtsordnung vor[774].

Damit ergibt sich trotz der grundsätzlich bestehenden Bindungswirkung von bundesverfassungsgerichtlichen Urteilen, die wie dargestellt aus

---

766 *BVerfGE* 1, 14 (37).

767 *BVerfGE* 77, 84 (103f.).

768 *Battis*, in: HStR XII, § 275 Rn. 97; *Bethge*, in: Maunz/Schmidt-Bleibtreu/Klein/Bethge, § 31 BVerfGG Rn. 71; *Heusch*, in: Umbach/Clemens/Dollinger, § 31 BVerfGG Rn. 64; vgl. *Lechner/Zuck*, § 31 BVerfGG Rn. 35; *Lenz/Hansel*, § 31 BVerfGG Rn. 27; *Schlaich/Korioth*, Rn. 484; *Stricker*, DÖV 1995, 978 (982).

769 *BVerfGE* 77, 84 (103f.).

770 *BVerfGE* 77, 84 (103f.).

771 *Battis* spricht von einem Verfassungswandel, *Battis*, in: HStR XII, § 275 Rn. 97, § 165 Rn. 60. Vgl. *Lechner/Zuck*, § 31 BVerfGG Rn. 35; *Starck*, VerwArchiv 1980, 1 (3).

772 *Bethge*, in: Maunz/Schmidt-Bleibtreu/Klein/Bethge, § 31 BVerfGG Rn. 199; vgl. *Schlaich/Korioth*, Rn. 484.

773 *Bethge*, in: Maunz/Schmidt-Bleibtreu/Klein/Bethge, § 31 BVerfGG Rn. 199.

774 *BVerfGE* 77, 84 (104); *Korioth*, Der Staat, 1991, 549 (568); vgl. *Landfried*, S. 173.

§ 31 Abs. 1 BVerfGG folgt, eine Abweichungsmöglichkeit des Gesetzgebers vom Urteil des Bundesverfassungsgerichts aus dem Jahr 1958.

In den letzten 60 Jahren kam es im Bereich des Apothekenwesens insbesondere durch die Digitalisierung zu einem Umbruch und zu einer veränderten Situation.

Hierfür sollen nur zwei Beispiele genannt werden: Seit der Liberalisierung des Verbotes des Versandhandels mit Arzneimitteln im Jahr 2004 ist es möglich, dass sowohl verschreibungspflichtige wie auch verschreibungsfreie Arzneimittel über den Versandweg bezogen werden können[775].

Ferner wollte die niederländische Kapitalgesellschaft DocMorris im Jahr 2017 einen Apothekenautomaten etablieren[776]. Dieser Automat sollte per Internet mit der Firmenzentrale in den Niederlanden verbunden sein und von dort aus durch einen Apotheker gesteuert werden. Dieser Automat wurde in den Räumlichkeiten einer geschlossenen Präsenzapotheke in Hüffenhardt aufgebaut und mithilfe eines Kommissionierautomaten, der eine hohe Zahl an gekühlten und ungekühlten Medikamenten auf Lager hatte, sollten die Menschen wohnortnah mit Arzneimitteln versorgt werden[777].

Bereits diese beiden Beispiele sprechen dafür, dass die Rechtsprechung des Bundesverfassungsgerichts aus dem Jahre 1958 für die gesetzgebenden Organe keine Bindungswirkung mehr entfaltet, da ein enormer Wandel eingetreten ist. Mithin ist eine erneute Normierung einer Bedürfnisprüfung nicht von vornherein ausgeschlossen, soweit dies nach der heutigen Bewertung mit Art. 12 Abs. 1 GG in Einklang zu bringen ist.

Dafür spricht überdies auch die Formulierung im Apothekenurteil, worin das Bundesverfassungsgericht die Feststellung der Verfassungswidrigkeit einer Bedürfnisprüfung in den Kontext der Gegenwärtigkeit stellt[778].

---

775 S.u. D., S. 168ff.

776 S.o. A., I., S. 21f.

777 S.o. A., I., S. 21f.

778 *BVerfGE* 7, 377 (379, 443): „Auf dem Gebiet des Apothekenrechts entspricht der Verfassungslage *gegenwärtig* allein die Niederlassungsfreiheit, verstanden als das Fehlen objektiver Beschränkungen der Zulassung“. Vgl. *Starck*, VerwArchiv 1980, 1 (2f.).

2. Vereinbarkeit mit Art. 12 Abs. 1 GG

Da vom Apothekenurteil aus dem Jahre 1958 keine absolute Bindungswirkung ausgeht[779], ist zu prüfen, ob die Normierung einer Bedürfnisprüfung mit den aktuellen verfassungsrechtlichen Vorgaben des Art. 12 Abs. 1 GG in Einklang gebracht werden kann. Neben den Fragen der Schutzbereichseröffnung (dazu a)) und des Vorliegens eines Eingriffs (dazu b)), wird es darauf ankommen, ob eine solche staatliche Maßnahme verfassungsrechtlich gerechtfertigt werden kann (dazu c)).

a) Schutzbereich

Sowohl der sachliche Schutzbereich ist durch den selbständigen Betrieb einer Apotheke, der eine auf Dauer angelegte Tätigkeit darstellt und der Erhaltung des Lebensunterhaltes dient, als auch der persönliche Schutzbereich ist für inländische und EU-ausländische natürliche wie juristische Personen eröffnet[780].

b) Eingriff

Durch eine Bedürfnisprüfung wird in die Berufsfreiheit eingegriffen. Durch den Eingriffsbegriff werden diejenigen staatlichen Handlungen im Hinblick auf den zu schützenden Gegenstand sichtbar gemacht, die das Grundrecht nur dann nicht verletzen, wenn sie sich rechtfertigen lassen[781].

aa) Vorliegen eines Eingriffs

In einer gesetzlichen Normierung, dass Apotheken nur in Betrieb genommen werden dürfen, wenn ein Bedarf besteht, geht es dem Staat gerade darum, den Apothekerberuf zu regeln, um die Gesundheit der Bevölkerung zu schützen[782], sodass die gesetzliche Regelung trotz der Vorrangigkeit des Ziels des Gesundheitsschutzes doch unmittelbar die Berufsbetäti-

---

779 S.o. C., II., 1., S. 133ff.
780 S.o. B., I., 1., b), S. 36ff.
781 *Dietlein*, in: StaatsR IV/1, S. 1841f.
782 *BVerfGE* 7, 377 (414).

gung des Apothekers zum Gegenstand hat und damit ein finaler Eingriff in die Berufsfreiheit im Sinne des klassischen Eingriffsbegriffs[783] gegeben ist.

Durch die Feststellung des Vorliegens eines Eingriffs ist aber noch nicht geklärt, welche Intensität das konkrete staatliche Handeln hat.

bb) Intensität des Eingriffs

Nach der Frage, ob ein Eingriff in den Schutzbereich des Art. 12 Abs. 1 GG vorliegt, muss geprüft werden, welcher Teilbereich[784] des einheitlichen Grundrechts der Berufsfreiheit durch die Normierung von Bedürfnisprüfungen betroffen ist. Nach der Rechtsprechung des Bundesverfassungsgerichts kann auf drei Stufen in das Grundrecht der Berufsfreiheit eingegriffen werden[785].

(1) Stufenzuordnung

Die Feststellung, ob ein Bedarf besteht oder auch die demografischen oder geografischen Kriterien erfüllt sind, um die Betriebserlaubnis für eine Apotheke zu erhalten, sind grundsätzlich der Beeinflussung durch den Antragsteller entzogen, sodass von einer objektiven Zulassungsschranke auszugehen ist und es sich um einen Eingriff auf der dritten Stufe handelt.

---

783 Um einen klassischen Eingriff bejahen zu können, müsste bei Nichtbeachtung der gesetzlichen Vorgaben eine Möglichkeit zur zwangsweisen Durchsetzung bestehen (*Jarass*, in: Jarass/Pieroth, Vorb. vor Art. 1 GG Rn. 27). Würde eine solche Regelung nicht bestehen, könnte wohl immer noch ein Eingriff im Sinne des modernen Verständnisses mit einer berufsregelnden Tendenz bejaht werden.

784 S.o. B., I., 1., a), S. 35, Fn. 133.

785 *BVerfGE* 7, 377 (405ff.). Statt vieler aus der Literatur: *Mann*, in: Sachs, Art. 12 GG Rn. 125; *Manssen*, in: v. Mangoldt/Klein/Starck, Art. 12 GG Fn. 139ff. *Mann* stellt heraus, dass die Drei-Stufen-Theorie heute nicht mehr sklavisch angewendet wird, es zeigt sich aber immer noch, dass eine Abstufung innerhalb des Grundrechts der Berufsfreiheit notwendig und erforderlich ist (*Mann*, in: Sachs, Art. 12 GG Rn. 125).

(2) Objektivität als Kriterium

Dem Objektivitätskriterium wird zum Teil entgegengehalten, dass man von einer objektiven Zulassungsschranke nur sprechen könne, wenn das Kriterium einer menschlichen Beeinflussung vollends entzogen sei[786]. Dies wiederum würde bedeuten, dass die Entscheidung weder mit einer Beeinflussung des Bewerbers und Grundrechtsträgers noch mit einer Beeinflussung durch den jeweiligen Behördenmitarbeiter in Zusammenhang stehen dürfte[787]. Je nach gesetzgeberischer Ausgestaltung ist aber bereits durch die Verwendung eines unbestimmten Rechtsbegriffes auf Tatbestandsebene eine subjektive Komponente gegeben, da ein unbestimmter Rechtsbegriff einer Auslegung durch die Behörde zugänglich ist und damit in den Grenzen der Auslegungsmethoden einer subjektiven Komponente unterliegt[788].

Diese Einwirkungsmöglichkeit der Behörde bzw. ihrer Bediensteten darf aber nicht zu einer Einordnung einer Bedürfnisprüfung als subjektive Zulassungsschranke auf der zweiten Stufe der Drei-Stufen-Theorie führen.

Dies begründet sich damit, dass für die Einstufung einer staatlichen Maßnahme nur die Beeinflussbarkeit durch den Grundrechtsträger erheblich sein kann[789]. Würde man bereits die Beeinflussbarkeit durch die Behörde ausreichen lassen, um ein Herabstufen auf die zweite Stufe vorzunehmen, führt dies zu einem Absinken des Grundrechtsschutzes, da sich der Gesetzgeber durch die Verwendung eines unbestimmten Rechtsbegriffes den erhöhten Rechtfertigungsanforderungen entziehen könnte. Mithin könnte der Gesetzgeber unter vereinfachten Voraussetzungen Beschränkungen der Berufsfreiheit etablieren. Um dies zu vermeiden, darf für die Einstufung nur entscheidend sein, ob die Zulassungsschranke vom Grundrechtsträger beeinflusst werden kann.

cc) Zwischenbefund

Das Vorliegen der Voraussetzungen einer Bedürfnisprüfung kann durch den Apotheker nicht beeinflusst werden, sodass dies eine objektive Berufs-

---

786 *Scholz*, in: Maunz/Dürig, Art. 12 GG Rn. 363.
787 *Scholz*, in: Maunz/Dürig, Art. 12 GG Rn. 363.
788 Vgl. *Scholz*, in: Maunz/Dürig, Art. 12 GG Rn. 363.
789 Vgl. *Scholz*, in: Maunz/Dürig, Art. 12 GG Rn. 363.

wahlregelung und damit einen Eingriff auf der dritten Stufe der Berufsfreiheit darstellt[790].

c) Verfassungsrechtliche Rechtfertigung

Die Normierung einer Bedürfnisprüfung wäre mit Art. 12 Abs. 1 GG in Einklang zu bringen, wenn sie auf einer gesetzlichen Grundlage beruhte[791] und überdies verhältnismäßig wäre.

aa) Verhältnismäßigkeit einer gesetzlichen Regelung

Die Verhältnismäßigkeit einer gesetzgeberischen Maßnahme ist gegeben[792], wenn ein legitimes Ziel[793] verfolgt wird, welches geeignet[794], erforderlich[795] und angemessen[796] ist.

(1) Legitimer Zweck

Die Normierung einer Bedürfnisprüfung müsste einem legitimen Zweck dienen. Ein legitimer Zweck ist gegeben, wenn das Handeln des Gesetzgebers am Gemeinwohl orientiert ist[797]. Bei der Beurteilung der jeweiligen

---

790 *BVerfGE* 7, 377 (431ff.); *Jarass*, in: Jarass/Pieroth, Art. 12 GG Rn. 49; *Scholz*, in: Maunz/Dürig, Art. 12 GG Rn. 363; *Sodan*, in: Sodan, Art. 12 GG Rn. 33.

791 S.o. B., I., 1., d), S. 56ff.

792 *BVerfGE* 94, 372 (389f.); 101, 331 (347); 102, 197 (213); 106, 181 (191f.); 117, 163 (182); 121, 317 (346); *Hofmann*, in: Schmidt-Bleibtreu/Hofmann/Henneke, Art. 12 GG Rn. 53; *Kloepfer*, VerfassungsR II, § 70 Rn. 76.

793 *BVerfGE* 36, 47 (59); 128, 1 (48); *Dreier*, in: Dreier, Vorb. Rn. 146; *Ruffert*, in: Epping/Hillgruber, Art. 12 GG Rn. 89; *Sodan*, in: Sodan, Art. 12 GG Rn. 29, Vorb. Art. 1 Rn. 63.

794 *Hesse*, Rn. 318; *Jarass*, in: Jarass/Pieroth, Art. 12 GG Rn. 42; *Kloepfer*, VerfassungsR II, § 70 Rn. 76; *Sodan*, in: Sodan, Art. 12 GG Rn. 29, Vorb. Art. 1 Rn. 64.

795 *Hesse*, Rn. 318; *Jarass*, in: Jarass/Pieroth, Art. 12 GG Rn. 43; *Manssen*, in: v. Mangoldt/Klein/Starck, Art. 12 GG Rn. 137.

796 *Dreier*, in: Dreier, Vorb. Rn. 149; *Hesse*, Rn. 318; *Hofmann*, in: Schmidt-Bleibtreu/Hofmann/Henneke, Art. 12 GG Rn. 53; *Ipsen*, Rn. 680; *Sodan*, in: Sodan, Art. 12 GG Rn. 29, Vorb. Art. 1 Rn. 66.

797 *BVerfGE* 36, 47 (59); *Ipsen*, Rn. 673; vgl. *Kämmerer*, in: v. Münch/Kunig, Art. 12 GG Rn. 57.

Zwecke kommt dem Gesetzgeber ein weiter Beurteilungsspielraum zu[798] und es wird nur in den seltensten Fällen an einem legitimen Zweck einer gesetzgeberischen Entscheidung mangeln[799]. Da die bereits erwähnte Arzneimittelpreisbindung für verschreibungspflichtige Arzneimittel vom Gesetzgeber als mildere Maßnahme und Alternative im Verhältnis zu einer Bedürfnisprüfung eingeführt wurde[800], können die Ziele der Arzneimittelpreisbindung auf die Bedürfnisprüfung übertragen werden. Mithin dient eine Bedürfnisprüfung letztlich dem Schutz und der Erhaltung der Volksgesundheit[801].

(2) Fehlende Geeignetheit der Maßnahme

Die gesetzliche Festlegung, dass Apotheken nur noch neu gegründet werden dürfen, wenn ein Bedarf besteht, müsste geeignet sein. Eine Maßnahme ist dann geeignet, wenn dadurch der gemeinwohlorientierte Zweck gefördert wird[802]. Dabei kommt dem Gesetzgeber ein recht weitgehender Einschätzungsspielraum zu[803], sodass auf dieser Ebene grundsätzlich nur offenkundige Mittelverfehlungen des Gesetzgebers auszuschließen sind[804]. Bejaht man bereits eine evidente Mittelverfehlung, ist eine weitergehende Beurteilung der Geeignetheit entbehrlich[805].

(a) Evidente Mittelverfehlung

(aa) Mittelverfehlung

Die aktuelle Situation des Apothekenmarktes, welche davon geprägt ist, dass insbesondere die Versandapotheken aus dem europäischen Ausland

---

798 Vgl. *BVerfGE* 81, 156 (189); *Ipsen*, Rn. 673.
799 *Dreier*, in: Dreier, Vorb. Rn. 146.
800 Wissenschaftlicher Dienst des Bundestages, WD 9-3000-065/16, S. 10; *Dettling*, APR 2008, 10 (13); *ders.*, A&R 2008, 118 (120); *ders.*, GRUR-Prax 2013, 177 (178); *Kieser*, Rn. 235; *Mand*, WRP 2015, 950 (951).
801 *BVerfGE* 7, 377 (414f.); *Bachof*, JZ 1958, 468 (471).
802 *Ipsen*, Rn. 675; *Stern*, in: StaatsR III/2, S. 776ff.
803 Vgl. *Breuer*, in: HStR VIII, § 171 Rn. 23; *Ipsen*, Rn. 675; *Wieland*, in: Dreier, Art. 12 GG Rn. 116ff.
804 *Dreier*, in: Dreier, Vorb. Rn. 147.
805 S.o. B., I., 1., d), aa), (2), S. 59ff.

immer zahlreicher auf den deutschen Markt drängen[806], führt dazu, dass die Wiedereinführung von Bedürfnisprüfungen eine Mittelverfehlung darstellen würde.

Sinn und Zweck einer Bedürfnisprüfung war und ist es, eine Überzahl von Apotheken in einem bestimmten Gebiet zu vermeiden[807]. Existieren zu viele Apotheken in einem Gebiet, besteht die Gefahr, dass ein Konkurrenzkampf entsteht, was letztlich dazu führen könnte, dass die Apotheker ihren gesetzlichen Pflichten im Hinblick auf die Beschäftigung geschulter Mitarbeiter, ordnungsgemäße Lagerung oder ähnliches unter Umständen nicht mehr oder nur noch schwerlich nachkommen können[808].

Die aktuelle Entwicklung deutet aber in eine andere Richtung. Durch das Urteil des Europäischen Gerichtshofs zur Arzneimittelpreisbindung für verschreibungspflichtige Medikamente im Jahr 2016[809] besteht die Gefahr, dass in absehbarer Zeit insbesondere im ländlichen Raum durch die Schließung von Apotheken eine Versorgungslücke entsteht[810]. Die aktuelle Situation könnte dazu führen, dass es zu einem Verdrängungswettbewerb durch ausländische Versandapotheken kommt und damit das Ergebnis identisch mit der Situation ist, in der sich eine Überzahl von Apotheken auf dem Markt befindet. Denn beide Szenarien können dazu führen dazu, dass die Präsenzapotheken ihre Aufgaben unter Umständen nicht mehr

---

806 Dies wird meist mit DocMorris verbunden: *Schüller*, Apotheken-Zalando. Der Mutterkonzern, die Zur Rose Group AG, ist im Jahr 2017 an die Börse gegangen: http://www.handelszeitung.ch/invest/zur-rose-erreicht-bei-boersengang-das-maximum-1442618 (Stand: 15.01.2019).

807 *Hebeler*, JA 2008, 413 (413f.); *Starck*, VerwArchiv 1980, 1 (3). Unklar bleibt dabei oftmals, ob es sich um eine Überversorgung bezogen auf das komplette Bundesgebiet handeln muss. Näher liegt die Annahme, dass eine punktuelle Überversorgung schon ausreichend ist, um diese unerwünschten Wirkungen zu erzielen und es nicht nur auf eine Überversorgung für das komplette Bundesgebiet ankommen kann. Mithin soll durch eine Bedürfnisprüfung eine flächendeckende Versorgung durch eine Verschiebung von sehr beliebten, meist städtischen Gebieten in weniger beliebte, meist ländliche Bereiche sichergestellt werden. Auch die vertragsärztliche Bedarfsplanung dient der Reglementierung von Arztpraxen in überversorgten Gebieten (*BSGE* 82, 41).

808 *BVerfGE* 7, 377 (414); vgl. *Hebeler*, JA 2008, 413 (413f.).

809 *EuGH*, Urt. v. 19.10.2016, Rs. C-148/15, ECLI:EU:C:2016:776 – Deutsche Parkinson Vereinigung.

810 https://www.deutsche-apotheker-zeitung.de/news/artikel/2017/03/28/mehr-als-1-000-orte-auf-dem-land-verlieren-ihre-einzige-apotheke (Stand: 15.01.2019). Bereits seit 2009 sinkt die Zahl der Apotheken – die aktuellsten Zahlen wurden 2018 ausgewertet: https://www.abda.de/fileadmin/assets/ZDF/ZDF_2018/ABDA_ZDF_2018_, S. 10 (Stand: 15.01.2019); vgl. *Dettling*, A&R 2016, 251 (257ff.).

ordnungsgemäß und in der gesetzlich vorgeschriebenen Form erfüllen können[811] und im schlimmsten Fall schließen müssen. Trotzdem ist die Einführung von Bedürfnisprüfungen trotz des identischen Ergebnisses anders zu beurteilen. Im Unterschied zu der Situation zur Zeit der Entscheidung des Bundesverfassungsgerichts im Jahr 1958[812] besteht heute wohl nicht mehr die Gefahr einer Überzahl an Inbetriebnahmen von Apotheken im Nationalstaat, auch wenn in Deutschland niedergelassene Apotheken gemäß § 11a S. 1 Nr. 1 ApoG neben einer Präsenzapotheke einen Versandhandel betreiben können.

Durch die Schaffung des § 73 Abs. 1 S. 1 Nr. 1a AMG drängen Wettbewerber aus dem EU-Ausland auf den deutschen Apothekenmarkt, die gerade keine Präsenzapotheke in Deutschland betreiben, sondern die Medikamente von ihrem Firmensitz im europäischen Ausland auf dem Postweg nach Deutschland versenden und damit an den Endverbraucher abgeben. Diese Versandhandelsapotheken außerhalb Deutschlands wären von der Frage, ob ein Bedürfnis für die Erteilung einer Erlaubnis für eine Präsenzapotheke besteht, nicht betroffen. Es käme in diesem Szenario also zu einem Überangebot an Apotheken trotz Bedürfnisprüfung, sodass diese ins Leere ginge. Damit stellt die Etablierung einer Bedürfnisprüfung im Hinblick auf den Schutz der Volksgesundheit eine Mittelverfehlung dar.

(bb) Evidenz

Die Evidenz der Mittelverfehlung ergibt sich bereits daraus, dass die Regelung über eine Bedürfnisprüfung keinen Einfluss auf ausländische Versandapotheken haben kann. Dies wäre anders zu beurteilen, wenn das Rx-Versandhandelsverbot eingeführt werden würde[813]. Wäre der Versandhandel mit Rx-Arzneimitteln verboten, würde die Beeinflussung des Umsatzes durch ausländische Versandapotheken im absatzstärksten Bereich der Apotheke vor Ort enden, denn damit erwirtschaften Präsenzapotheken ca. 80 % ihres Umsatzes[814]. Solange die Rechtslage einen Versand von verschreibungspflichtigen und verschreibungsfreien Arzneimitteln aus dem europäischen Ausland nach Deutschland zulässt, stellt eine Bedürfnisprüfung eine evident ungeeignete Maßnahme dar.

---

811 S.o. B., I., 1., d), aa), (2), S. 61.
812 *BVerfGE* 7, 377.
813 S.u. D., S. 168ff.
814 *Korf/Bauer*, PZ 2017, 20 (26); *May/Bauer/Dettling*, S. 13.

(b) Zwischenbefund

Damit wäre die Mittelverfehlung bei der Normierung einer Bedürfnisprüfung evident, sodass die Maßnahme nicht geeignet ist.

bb) Zwischenbefund

Damit scheitert die verfassungsrechtliche Rechtfertigung einer erneuten Normierung einer Bedürfnisprüfung bereits auf der Ebene der Geeignetheit. Würde man die Geeignetheit der Maßnahme nach einem Verbot des Versandhandels mit Rx-Medikamenten möglicherweise annehmen können, würde man auf der Ebene der Erforderlichkeit scheitern, da die Preisbindung für Rx-Medikamente nach der hier vertretenen Auffassung ein milderes Mittel ist, welches auch mit Verfassungsrecht und Europarecht in Einklang gebracht werden kann.

3. Ergebnis

Eine Bedürfnisprüfung ist nicht mit Art. 12 Abs. 1 GG in Einklang zu bringen.

III. Vereinbarkeit mit dem Europarecht

Auch wenn eine Bedürfnisprüfung nicht mit dem Verfassungsrecht in Einklang gebracht werden kann, ist zu prüfen, ob und wenn ja, unter welchen Voraussetzungen nach dem europäischen Recht eine solche Maßnahme zulässig ist. Hierbei kommt es wieder darauf an, ob einschlägiges Sekundärrecht besteht, welches eine Regelung zu territorialen Beschränkungen enthält (dazu 1.). Ist dies nicht der Fall, kommt die primärrechtliche Niederlassungsfreiheit zur Anwendung (dazu 2.).

1. Vorrangiges Sekundärrecht

Hat die Europäische Union für die Frage der Zulässigkeit territorialer Beschränkungen Sekundärrecht erlassen, müssen sich die mitgliedstaatlichen Maßnahmen am Sekundärrecht messen lassen, soweit durch das Sekundärrecht eine abschließende Regelung getroffen wird[815], wobei bei der Auslegung des Sekundärrechts das Primärrecht Berücksichtigung finden muss[816].

Als einschlägige sekundärrechtliche Regelungen über die Normierung territorialer Beschränkungen kommt nur die Richtlinie 2005/36/EG über die Anerkennung von Berufsqualifikationen, welche durch die Richtlinie 2013/55/EU geändert wurde, in Frage[817].

In Art. 21 Abs. 4 der Richtlinie 2013/55/EU erfolgt nur die Festlegung einer Ausnahmeregelung für die Vorlage von Ausbildungsnachweisen für Apotheker in Ländern, in denen Apotheker keinen territorialen Beschränkungen unterliegen. Durch diese Festlegung einer Ausnahme für Mitgliedstaaten ohne territoriale Beschränkungen kann geschlossen werden, dass grundsätzlich territoriale Beschränkungen auf mitgliedstaatlicher Ebene möglich sind, diese aber nicht von der Richtlinie umfasst werden. Dafür spricht auch der Erwägungsgrund 23 der Richtlinie 2013/55/EU. Darin wird normiert, dass losgelöst von der Frage der Anerkennung von Diplomen, Prüfungszeugnissen und sonstigen Befähigungsnachweisen diskriminierungsfreie territoriale Beschränkungen beibehalten werden können, denn in diesem Bereich erfolgte durch die Richtlinie keine Koordinierung.

Unklar ist, wie der Wortlaut des Erwägungsgrundes 23 der Richtlinie 2013/55/EU zu verstehen ist, wenn von einer „Beibehaltung" von territorialen Beschränkungen gesprochen wird. Darunter könnte zu verstehen sein, dass eine Neueinführung einer territorialen Beschränkung durch einen Mitgliedstaat von der Richtlinie verhindert wird. Dem steht aber der Wortlaut der durch die Richtlinie 2013/55/EU zu ändernden Richtlinie 2005/36/EG entgegen, die immer noch in Kraft ist. Der Erwägungsgrund 26 der Richtlinie 2005/36/EG besagt, dass insbesondere die geografische Verteilung der Apotheken in der Zuständigkeit der Mitgliedstaaten verbleiben soll. Mithin ergibt eine Zusammenschau dieser beiden Richtlinien, dass territoriale Beschränkungen durch die Mitgliedstaaten grund-

---

815 *EuGH*, Urt. v. 14.03.2013, Rs. C-216/11, ECLI:EU:C:2013:162 – Kommission/Frankreich, Rn. 26ff.; *Kingreen*, in: Calliess/Ruffert, Art. 36 AEUV Rn. 18; *Leible/T. Streinz*, in: Grabitz/Hilf/Nettesheim, Art. 34 AEUV Rn. 42, Art. 35 AEUV Rn. 22.

816 Beispielsweise: *EuGH*, Urt. v. 13.12.1983, Rs. 218/82, ECLI:EU:C:1983:369 – Kommission/Rat, Rn. 15; *EuGH*, Urt. v. 21.03.1991, Rs. C-314/89, ECLI:EU:C:1991:143 – Rauh, Rn. 17; *EuGH*, Urt. v. 27.01.1994, Rs. C-98/91, ECLI:EU:C:1994:24 – Herbrink, Rn. 9.

817 Ausführlich zur RL 2005/36/EG im Kontext des Apothekerberufs: *Storr*, in: Enzyklopädie EuR 5, § 2 Rn. 88ff.

sätzlich weiterhin eingeführt werden können. Daher besteht kein vorrangiges, einschlägiges Sekundärrecht, sodass territoriale Beschränkungen am Maßstab der primärrechtlichen Niederlassungsfreiheit zu messen sind.

2. Vereinbarkeit mit der Niederlassungsfreiheit

Durch die Niederlassungsfreiheit kommt dem aus der Niederlassungsfreiheit Berechtigten[818] ein subjektiv-öffentliches Recht[819] unter anderem gegenüber den Mitgliedstaaten[820] zu, welches ihn gemäß Art. 49 Abs. 2 AEUV dazu berechtigt, einer selbstständige Erwerbstätigkeit nachzukommen oder auch die Gründung und Führung eines Unternehmens und/oder einer Zweigniederlassung in einem anderen Mitgliedstaat der Europäischen Union vorzunehmen.

a) Art. 53 Abs. 2 AEUV

Der Anwendbarkeit der Niederlassungsfreiheit steht auch Art. 53 Abs. 2 AEUV nicht entgegen, auch wenn diese Norm für die schrittweise Aufhebung der Beschränkungen für ärztliche, arztähnliche und pharmazeutische Berufe die Koordinierung der Bedingungen für die Ausübung dieser Berufe in den einzelnen Mitgliedstaaten voraussetzt.

Zum Teil wird aus dem Wortlaut dieser Vorschrift geschlossen, dass es bei dem Fehlen einer Koordinierung bei den Beschränkungen der jeweili-

---

818 S.u. C., III., 2., b), bb), S. 154.

819 *EuGH*, Urt. v. 05.02.1963, Rs. 26/62, ECLI:EU:C:1963:1 – van Gend en Loos, S. 25; *Jarass*, in: Jarass, GRCh, Art. 53 GRCh Rn. 10; *Kingreen*, in: Calliess/Ruffert, Art. 36 AEUV Rn. 9; *Müller-Graff*, in: Dauses/Ludwigs, A. I. Verfassungsziele der Europäischen Union, Rn. 129; *Müller-Graff*, in: Streinz, Art. 49 AEUV Rn. 9.

820 *Forsthoff*, in: Grabitz/Hilf/Nettesheim, Art. 49 AEUV Rn. 71; *Kainer*, in: Pechstein/Nowak/Häde, Art. 49 AEUV Rn. 35; *Müller-Graff*, in: Streinz, Art. 49 AEUV Rn. 33f. Mit weiteren Ausführungen zu anderen Normadressaten: *Khan/Eisenhut*, in: Vedder/Heintschel von Heinegg, Art. 49 AEUV Rn. 14; *Korte*, in: Calliess/Ruffert, Art. 49 AEUV Rn. 40ff.; *Müller-Graff*, in: Streinz, Art. 49 AEUV Rn. 33ff.; *Pache*, in: Schulze/Zuleeg/Kadelbach, § 10 Rn. 182f.

gen Mitgliedstaaten verbliebe und dadurch die Niederlassungsfreiheit nicht zur Anwendung käme[821].

Dem steht aber die Rechtsprechung des Europäischen Gerichtshofs entgegen. Der Europäische Gerichtshof hat dieser Norm auch in ihrer alten Fassung keine weitere Bedeutung beigemessen und hat ohne Erwähnung dieser Norm auf die Niederlassungsfreiheit abgestellt[822]. Im Übrigen nimmt auch die Literatur an, dass Art. 53 Abs. 2 AEUV weitgehend obsolet ist[823] und nicht dazu führen soll, dass diese Berufe vom Anwendungsbereich der Niederlassungsfreiheit ausgenommen werden sollen[824]. Ferner ergibt sich eine Aufhebung der Beschränkungen bereits durch die unmittelbare Anwendbarkeit der Grundfreiheiten[825], sodass durch Art. 53 Abs. 2 AEUV nur noch aufgezeigt wird, dass das Gesundheitswesen ein besonders sensibler Bereich ist[826], der auch einem beschränkenden Handeln der Mitgliedstaaten in einem größeren Umfang offensteht[827].

---

821 *Kiefer*, S. 65f. Dieser trifft eine Aussage zu Art. 47 III EGV, welcher aber wortgleich in den AEUV übernommen wurde (*Khan/Eisenhut*, in: Vedder/Heintschel von Heinegg, Art. 53 AEUV Rn. 1).

822 Beispielhaft: *EuGH*, Urt. v. 30.04.1986, Rs. 96/85, ECLI:EU:C:1986:189 – Kommission/Frankreich, Rn. 11; *EuGH*, Urt. v. 16.06.1992, Rs. C-351/90, ECLI:EU:C:1992:266 – Kommission/Luxemburg, Rn. 11ff.; *EuGH*, Urt. v. 10.03.2009, Rs. C-169/07, ECLI:EU:C:2009:141 – Hartlauer, Rn. 33; *EuGH*, Urt. v. 19.05.2009, verb. Rs. C-171, 172/07, ECIL:EU:C:2009:316 – Apothekerkammer des Saarlandes u.a., Rn. 22; *EuGH*, Urt. v. 01.06.2010, verb. Rs. C-570, 571/01, ECLI:EU:C:2010:300 – Pérez/Gómez, Rn. 53.

823 *Forsthoff*, in: Grabitz/Hilf/Nettesheim, Art. 53 AEUV Rn. 22; *Khan/Eisenhut*, in: Vedder/Heintschel von Heinegg, Art. 53 AEUV Rn. 1; *Müller-Graff*, in: Streinz, Art. 53 AEUV Rn. 31; *Schlag*, in: Schwarze, Art. 53 AEUV Rn. 28. In der englischen Literatur scheint man sich damit nicht zu befassen: *Barnard*, EU 'Social' Policy from Employment law to labour market reform, in: The Evolution of EU law, S. 641 (670); *Craig/de Búrca*, S. 802; *Smith*, The Evolution of Cultural Policy in the European Union, in: The Evolution of EU Law, S. 869 (883) benennen und befassen sich zwar mit Art. 53 AEUV, gehen aber nicht auf Art. 53 II AEUV ein.

824 *Kiefer*, S. 65f.; *Streinz/Herrmann*, EuZW 2006, 455 (456), wobei der Aufsatz von *Streinz/Herrmann* eine Aussage zur Vorgängerregelung Art. 47 III EGV enthält.

825 *Forsthoff*, in: Grabitz/Hilf/Nettesheim, Art. 53 AEUV Rn. 22.

826 *Forsthoff*, in: Grabitz/Hilf/Nettesheim, Art. 53 AEUV Rn. 22; *Korte*, in: Calliess/Ruffert, Art. 53 AEUV Rn. 6; ähnlich: *Müller-Graff*, in: Streinz, Art. 53 AEUV Rn. 31.

827 *Forsthoff*, in: Grabitz/Hilf/Nettesheim, Art. 53 AEUV Rn. 22.

b) Anwendungsbereich der Niederlassungsfreiheit

Der Anwendungsbereich der Niederlassungsfreiheit ist in sachlicher, persönlicher und räumlicher Hinsicht eröffnet[828].

aa) Sachlicher Anwendungsbereich

Der sachliche Anwendungsbereich der Niederlassungsfreiheit umfasst Niederlassungen, die grundsätzlich mit einem grenzüberschreitenden Vorgang[829] in Verbindung stehen. Dies erfolgt durch eine primäre oder sekundäre[830] Sitznahme durch einen Unionsbürger oder durch eine ihm gemäß Art. 54 AEUV gleichgestellte Gesellschaft oder eine sonstige juristische Person[831]. Mithin werden Abläufe, die sich nur innerhalb eines Mitgliedstaates abspielen grundsätzlich nicht von Art. 49 AEUV erfasst[832]. Nach der Rechtsprechung des Europäischen Gerichtshofs genügt aber bereits ein potentiell grenzüberschreitender Vorgang. Danach ist es auch im Bereich des Apothekenwesens ausreichend, wenn nicht auszuschließen und damit möglich ist, dass Staatsangehörige aus anderen Mitgliedstaaten ein Interesse daran haben könnten, in einem Mitgliedstaat eine Apotheke zu eröff-

---

828 *Korte*, in: Calliess/Ruffert, Art. 49 AEUV Rn. 5.

829 *Kainer*, in: Pechstein/Nowak/Häde, Art. 49 AEUV Rn. 10; *Kotzur*, in: Geiger/Khan/Kotzur, Art. 49 AEUV Rn. 1; *Müller-Graff*, in: Streinz, Art. 49 AEUV Rn. 10.

830 Eine primäre Sitznahme liegt vor, wenn ein beruflicher Hauptsitz in dem jeweiligen Mitgliedstaat genommen wird (*Kainer*, in: Enzyklopädie EuR 4, § 4 Rn. 40ff.; *Müller-Graff*, in: Streinz, Art. 49 AEUV Rn. 22; *Siekemeier/Wendland*, in: Enzyklopädie EuR 4, § 3 Rn. 21). Eine sekundäre Sitznahme liegt hingegen dann vor, wenn keine Hauptniederlassung gegründet wird, sondern gemäß Art. 49 I 2 AEUV Zweigniederlassungen, Tochtergesellschaften oder auch Agenturen gebildet werden, die von einer anderen Niederlassung in einem anderen Mitgliedstaat abhängig sind (*Khan/Eisenhut*, in: Vedder/Heintschel von Heinegg, Art. 49 AEUV Rn. 13; *Kainer*, in: Enzyklopädie EuR 4, § 4 Rn. 86ff.; *Müller-Graff*, in: Streinz, Art. 49 AEUV Rn. 23; *Siekemeier/Wendland*, in: Enzyklopädie EuR 4, § 3 Rn. 29). Da Art. 49 AEUV nach diesem Aspekt nicht differenziert, ist die Unterteilung nicht weiter gewinnbringend (*Lackhoff*, S. 171ff.).

831 *Kainer*, in: Pechstein/Nowak/Häde, Art. 49 AEUV Rn. 29.

832 *EuGH*, Urt. v. 19.07.2008, Rs. C-104/08, ECLI:EU:C:2008:357 – Kurt, Rn. 23; *Kainer*, in: Pechstein/Nowak/Häde, Art. 49 AEUV Rn. 10; *Kotzur*, in: Geiger/Khan/Kotzur, Art. 49 AEUV Rn. 1.

nen[833]. Mithin genügt ein rein nationaler Sachverhalt, wenn ein potentiell grenzüberschreitender Bezug gegeben ist.

Neben der Frage des grenzüberschreitenden Bezuges ist die Defintion des Begriffes der Niederlassung entscheidend für die Reichweite der Niederlassungsfreiheit. Dieser Begriff erfährt in den Art. 49ff. AEUV keine Legaldefinition, vielmehr muss eine Auslegung insbesondere unter Berücksichtigung der systematischen Stellung zur Dienstleistungsfreiheit und Arbeitnehmerfreizügigkeit erfolgen[834].

Die Dienstleistungsfreiheit ermöglicht für einen begrenzten Zeitraum eine selbstständige Tätigkeit in einem anderen Mitgliedstaat[835]. Eine Abgrenzung zwischen der Niederlassungsfreiheit und der Dienstleistungsfreiheit erfolgt durch das Kriterium der Dauerhaftigkeit[836]. Während für ein Eingreifen der Niederlassungsfreiheit ein dauerhaftes Verbleiben in einem anderen Mitgliedstaat notwendig ist, kommt die Dienstleistungsfreiheit zur Anwendung, wenn ein Angehöriger eines Mitgliedstaates ohne dauerhafte Verlegung des Sitzes in einen anderen Mitgliedstaat seine Dienste anbietet[837]. Von Bedeutung ist dabei, dass es für die Anwendung der Dienstleistungsfreiheit nur auf den nicht dauerhaften Verbleib des Dienstleistungserbringers in einem anderen Mitgliedstaat ankommt[838], die Dienstleistung hingegen kann dauerhaft oder für eine längere Zeit erbracht werden[839].

---

833 *EuGH*, Urt. v. 01.06.2010, verb. Rs. C-570, 571/07, ECLI:EU:C:2010:300 – Pérez/Gómez, Rn. 40; *EuGH*, Urt. v. 05.12.2013, verb. Rs. C-159-161/12, ECLI:EU:C:2013:791 – Venturini, Rn. 25; *EuGH*, Urt. v. 13.02.2014, Rs. C-367/12, ECLI:EU:C:2014:68 – Sokoll-Seebacher, Rn. 10. Für den Vertrieb von Kraftstoffen: *EuGH*, Urt. v. 11.03.2010, Rs. C-384/08, ECLI:EU:C:2010:133 – Attanasio Group, Rn. 23f.

834 Vgl. *Müller-Graff*, in: Streinz, Art. 49 AEUV Rn. 11.

835 *Kluth*, in: Calliess/Ruffert, Art. 57 AEUV Rn. 1; *Kotzur*, in: Geiger/Khan/Kotzur, Art. 56 AEUV Rn. 1; *Müller-Graff*, in: Streinz, Art. 49 AEUV Rn. 11; *Pache*, in: Schulze/Zuleeg/Kadelbach, § 10 Rn. 130.

836 *EuGH*, Urt. v. 30.11.1995, Rs. C-55/94, ECLI:EU:C:1995:411 – Gebhard, Rn. 25ff.; *EuGH*, Urt. v. 17.06.1997, Rs. C-70/95, ECLI:EU:C:1997:30 – Sodemare, Rn. 24.

837 Zur Abgrenzung durch den EuGH: *EuGH*, Urt. v. 30.11.1995, Rs. C-55/94, ECLI:EU:C:1995:411 – Gebhard, Rn. 25ff.; *Craig/de Búrca*, S. 797; *Nettesheim*, in: Oppermann/Classen/Nettesheim, § 28 Rn. 7; *Pache*, in: Schulze/Zuleeg/Kadelbach, § 10 Rn. 130.

838 *Forsthoff*, in: Grabitz/Hilf/Nettesheim, Art. 49 AEUV Rn. 127; *Kluth*, in: Calliess/Ruffert, Art. 57 AEUV Rn. 15.

839 *EuGH*, Urt. v. 11.12.2003, Rs. C-215/01, ECLI:EU:C:2003:662 – Schnitzer, Rn. 30ff.; *Holoubek*, in: Schwarze, Art. 56, 57 AEUV Rn. 25.

Ferner ist die Dienstleistungsfreiheit gemäß Art. 57 Abs. 3 AEUV nur subsidiär.

Durch die Arbeitnehmerfreizügigkeit gemäß Art. 49ff. AEUV wird gewährleistet, dass Personen, die sich in einem abhängigen Beschäftigungsverhältnis befinden, eine unbeschränkte Mobilität im Binnenmarkt zukommt[840]. Durch die Inbezugnahme der Unselbstständigkeit[841] im Rahmen der Arbeitnehmerfreizügigkeit ergibt es sich, dass sich die Niederlassungsfreiheit und die Arbeitnehmerfreizügigkeit ausschließen[842].

Unter Zusammenschau dieser Abgrenzungskriterien kann festgestellt werden, dass eine Niederlassung zu bejahen ist, wenn eine selbstständige, wirtschaftliche Tätigkeit mittels einer festen Einrichtung auf unbestimmte Zeit in einem anderen Mitgliedstaat tatsächlich ausgeübt wird[843].

Von einer selbstständigen Tätigkeit wird in der Literatur gesprochen, wenn der Angehörige eines Mitgliedstaates nicht den Weisungen eines Dritten untersteht und die Aktivitäten in eigener Verantwortung bzw. auf eigene Rechnung erfolgen[844]. Eine Erwerbstätigkeit stellt grundsätzlich jede Aktivität dar, die dem wirtschaftlichen Fortkommen dient[845].

---

840 *EuGH*, Urt. v. 03.07.1986, Rs. 66/85, ECLI:EU:C:1986:284 – Lawrie-Blum, Rn. 16f.; *Herdegen*, § 16 Rn. 2; *Pache*, in: Schulze/Zuleeg/Kadelbach, § 10 Rn. 96.

841 *Forsthoff*, in: Grabitz/Hilf/Nettesheim, Art. 49 AEUV Rn. 126; *Kainer*, in: Pechstein/Nowak/Häde, Art. 49 AEUV Rn. 147; *Korte*, in: Calliess/Ruffert, Art. 49 AEUV Rn. 34; *Müller-Graff*, in: Streinz, Art. 49 AEUV Rn. 115.

842 *Forsthoff*, in: Grabitz/Hilf/Nettesheim, Art. 49 AEUV Rn. 126; *Kainer*, in: Pechstein/Nowak/Häde, Art. 49 AEUV Rn. 147; *Müller-Graff*, in: Streinz, Art. 49 AEUV Rn. 115; *Siekemeier/Wendland*, in: Enzyklopädie EuR 4, § 3 Rn. 112.

843 *EuGH*, Urt. v. 25.07.1991, Rs. C-221/89, ECLI:EU:C:1991:320 – Factortame, Rn. 20; *Craig/de Búrca*, S. 794f.; *Nettesheim*, in: Oppermann/Classen/Nettesheim, § 28 Rn. 16; *O'Leary*, Free Movement of Persons and Services, in: The Evolution of EU Law, S. 499 (529).

844 *Khan/Eisenhut*, in: Vedder/Heintschel von Heinegg, Art. 49 AEUV Rn. 8; *Nettesheim*, in: Oppermann/Classen/Nettesheim, § 28 Rn. 17; vgl. *Pache*, in: Schulze/Zuleeg/Kadelbach, § 10 Rn. 168. Der EuGH benennt den Begriff der selbstständigen Tätigkeit nur: *EuGH*, Urt. v. 30.11.1995, Rs. C-55/94, ECLI:EU:C:1995:411 – Gebhard, Rn. 23; *EuGH*, Urt. v. 11.03.2004, Rs. C-9/02, ECLI:EU:C:2004:138 – de Lasteyrie du Saillant, Rn. 40; *EuGH*, Urt. v. 04.07.2013, Rs. C-350/11, ECLI:EU:C:2013:447 – Argenta Spaarbank, Rn. 19. Im Bereich der Arbeitnehmerfreizügigkeit definiert der EuGH aber den Begriff der unselbstständigen Tätigkeit, sodass daraus ein Umkehrschluss möglich ist: beispielsweise: *EuGH*, Urt. v. 03.07.1986, Rs. 66/85, ECLI:EU:C:1986:284 – Lawrie-Blum, Rn. 17.

845 *Forsthoff*, in: Grabitz/Hilf/Nettesheim, Art. 49 AEUV Rn. 21; vgl. *Kotzur*, in: Geiger/Khan/Kotzur, Art. 49 AEUV Rn. 5; *Müller-Graff*, in: Streinz, Art. 49 AEUV Rn. 12; *Nettesheim*, in: Oppermann/Claasen/Nettesheim, § 28 Rn. 17.

Das Erfordernis der tatsächlichen Ausübung bzw. der beabsichtigten Aufnahme der Tätigkeit stellt sicher, dass die Niederlassungsfreiheit dann nicht eingreift, wenn ein Angehöriger eines Mitgliedstaates nur zum Schein handelt, um die Vorteile der Niederlassungsfreiheit zu genießen[846].

Als letztes Tatbestandsmerkmal der Definition der Niederlassung verbleibt noch das Kriterium der Dauerhaftigkeit der wirtschaftlichen Betätigung[847], welche auf einer festen Einrichtung gründen muss[848]. Um dieses Kriterium zu beurteilen, nimmt der Europäische Gerichtshof eine Gesamtschau der Aspekte des jeweiligen Einzelfalls vor[849]. Für das Vorliegen einer festen Einrichtung ist es schon ausreichend, wenn eine Teilnahme am Wirtschaftsleben eines anderen Mitgliedstaates in „stabiler und kontinuierlicher Weise" möglich ist[850].

Lässt sich ein Apotheker nieder und möchte Arzneimittel vertreiben, handelt es sich um eine selbstständige, wirtschaftliche Tätigkeit mittels einer festen Einrichtung, die auf unbestimmte Zeit tatsächlich ausgeübt wird, sodass der sachliche Anwendungsbereich der Niederlassungsfreiheit eröffnet ist.

---

846 *Forsthoff*, in: Grabitz/Hilf/Nettesheim, Art. 49 AEUV Rn. 24.

847 *EuGH*, Urt. v. 25.07.1991, Rs. C-221/89, ECLI:EU:C:1991:320 – Factortame, Rn. 20; *EuGH*, Urt. v. 30.11.1995, Rs. C-55/94, ECLI:EU:C:1995:411 – Gebhard, Rn. 25ff.; *Khan/Eisenhut*, in: Vedder/Heintschel von Heinegg, Art. 49 AEUV Rn. 9; *Müller-Graff*, in: Streinz, Art. 49 AEUV Rn. 16; *Pache*, in: Schulze/Zulegg/Kadelbach, § 10 Rn. 169.

848 *EuGH*, Urt. v. 25.07.1991, Rs. C-221/89, ECLI:EU:C:1991:320 – Factortame, Rn. 20; *Müller-Graff*, in: Streinz, Art. 49 AEUV Rn. 16; *Pache*, in: Schulze/Zuleeg/Kadelbach, § 10 Rn. 169, *Pache* weist berechtigerweise darauf hin, dass auch im Rahmen der Dienstleistungsfreiheit die Nutzung einer festen Einrichtung zumindest möglich ist: *EuGH*, Urt. v. 30.11.1995, Rs. C-55/94, ECLI:EU:C:1995:411 – Gebhard, Rn. 27.

849 *Pache*, in: Schulze/Zuleeg/Kadelbach, § 10 Rn. 169. Als Beispiele für eine solche Einzelfallbetrachtung: *EuGH*, Urt. v. 25.07.1991, Rs. C-221/89, ECLI:EU:C:1991:320 – Factortame, Rn. 20; *EuGH*, Urt. v. 30.11.1995, Rs. C-55/94, ECLI:EU:C:1995:411 – Gebhard, Rn. 27.

850 *EuGH*, Urt. v. 11.03.2010, Rs. C-384/08, ECLI:EU:C:2010:133 – Attanasio Group, Rn. 36; *EuGH*, Urt. v. 26.10.2010, Rs. C-97/09, ECLI:EU:C:2010:632 – Schmelz, Rn. 37.

bb) Persönlicher Anwendungsbereich

Durch den persönlichen Anwendungsbereich wird definiert, welchen Personen und Gesellschaften grundsätzlich der Schutz der Niederlassungsfreiheit zukommt[851].

Der persönliche Anwendungsbereich der Niederlassungsfreiheit ist gemäß Art. 49 Abs. 1 AEUV eröffnet, wenn der Anspruchsteller zumindest auch[852] Staatsangehöriger eines Mitgliedstaates der Europäischen Union ist (Unionsbürger gemäß Art. 20 Abs. 1 AEUV). Gemäß Art. 54 Abs. 1 AEUV werden Gesellschaften, die nach den Rechtsvorschriften eines Mitgliedstaates gegründet wurden und ihren satzungsmäßigen Sitz, ihre Hauptverwaltung oder Hauptniederlassung innerhalb der Union haben, den natürlichen Personen, die Angehörige eines Mitgliedstaates sind, gleichgestellt[853].

cc) Territorialer Anwendungsbereich

Der territoriale Anwendungsbereich der Warenverkehrsfreiheit erstreckt sich auf den Geltungsbereich der Verträge, Art. 349, 355 AEUV, Art. 52 EUV, mithin auf das Hoheitsgebiet der Mitgliedstaaten[854].

c) Beeinträchtigung

Eine Beeinträchtigung einer Grundfreiheit – im vorliegenden Fall der Niederlassungsfreiheit – ist nur zu bejahen, wenn ein durch die Grundfreiheiten Verpflichteter (dazu aa)) diskriminierend oder beschränkend gehandelt hat (dazu bb)).

---

851 *Tiedje*, in: v. der Groeben/Schwarze/Hatje, Vorb. Art. 49-55 AEUV Rn. 35.

852 *EuGH*, Urt. v. 07.07.1992, Rs. C-369/90, ECLI:EU:C:1992:295 – Micheletti, Rn. 11f.; *Khan/Eisenhut*, in: Vedder/Heintschel von Heinegg, Art. 49 AEUV Rn. 5; *Korte*, in: Calliess/Ruffert, Art. 49 AEUV Rn. 6; *Pache*, in: Schulze/Zuleeg/Kadelbach, § 10 Rn. 172; *Tiedje*, in: v. der Groeben/Schwarze/Hatje, Vorb. Art. 49 – 55 AEUV Rn. 35.

853 Dazu: *Kainer*, in: Enzyklopädie EuR 4, § 4 Rn. 37.

854 *Korte*, in: Calliess/Ruffert, Art. 49 AEUV Rn. 38; *Tiedje*, in: v. der Groeben/Schwarze/Hatje, Vorb. Art. 49-55 AEUV Rn. 36.

aa) Verpflichtungsadressat

Die Normierung einer territorialen Beschränkung stellt eine mitgliedstaatliche Maßnahme dar. Da durch die Grundfreiheiten primär die Mitgliedstaaten verpflichtet werden[855], insbesondere keine beeinträchtigenden Maßnahmen zu erlassen, beizubehalten oder durch ihr Unterlassen zu fördern[856], stellt dies eine Handlung eines aus den Grundfreiheiten Verpflichteten dar, vor dessen Regelungen gerade durch die Grundfreiheiten Schutz gewährt werden soll.

bb) Diskriminierung oder Beschränkung

Eine Beeinträchtigung könnte in Form einer Diskriminierung oder einer Beschränkung vorliegen[857]. In seiner ursprünglichen Ausgestaltung wurde Art. 49 AEUV als eine spezielle Ausgestaltung des allgemeinen Diskriminierungsverbots, welches heute in Art. 18 AEUV normiert ist, ausgelegt[858]. Dies begründete sich mit dem Wortlaut des Art. 49 Abs. 2 AEUV, welcher darauf abstellt, dass eine Behandlung entsprechend den Bestimmungen des Aufnahmestaates für Angehörige eines anderen Mitgliedstaates zu gewährleisten ist[859]. Damit ergibt sich nach dem Gebot der Inländergleichbehandlung[860] ein rechtfertigungsbedürftiger Eingriff, wenn eine Ungleichbehandlung aufgrund der Staatsangehörigkeit erfolgt[861] (offene Diskrimi-

---

855 *Fischer*, in: Lenz/Borchardt, Art. 49 AEUV Rn. 8; *Haratsch/Koenig/Pechstein*, Rn. 848, 1000; *Kainer*, in: Pechstein/Nowak/Häde, Art. 49 AEUV Rn. 35f.; *Khan/Eisenhut*, in: Vedder/Heintschel von Heinegg, Art. 49 AEUV Rn. 14; *Korte*, in: Calliess/Ruffert, Art. 49 AEUV Rn. 40; *Müller-Graff*, in: Streinz, Art. 49 AEUV Rn. 33ff.

856 *Fischer*, in: Lenz/Borchardt, Art. 49 AEUV Rn. 8; *Korte*, in: Calliess/Ruffert, Art. 49 AEUV Rn. 40; *Müller-Graff*, in: Streinz, Art. 49 AEUV Rn. 33ff.; vgl. *Nettesheim*, in: Oppermann/Classen/Nettesheim, § 28 Rn. 30.

857 *Khan/Eisenhut*, in: Vedder/Heintschel von Heinegg, Art. 49 AEUV Rn. 15f., 18; *Korte*, in: Calliess/Ruffert, Art. 49 AEUV Rn. 44ff.; *Kotzur*, in: Geiger/Khan/Kotzur, Art. 49 AEUV Rn. 8ff., 15ff.; *Nettesheim*, in: Oppermann/Classen/Nettesheim, § 28 AEUV Rn. 33f.

858 *Haratsch/Koenig/Pechstein*, Rn. 851; *Nettesheim*, in: Oppermann/Claasen/Nettesheim, § 28 Rn. 33.

859 *Korte*, in: Calliess/Ruffert, Art. 49 AEUV Rn. 44.

860 *Haratsch/Koenig/Pechstein*, Rn. 851; *Korte*, in: Calliess/Ruffert, Art. 49 AEUV Rn. 44; *Nettesheim*, in: Oppermann/Claasen/Nettesheim, § 28 Rn. 33.

861 *Haratsch/Koenig/Pechstein*, Rn. 851; *Pache*, in: Schulze/Zuleeg/Kadelbach, § 10 Rn. 184; *Schlag*, in: Schwarze, Art. 49 AEUV Rn. 33.

nierung)[862] oder auch eine Maßnahme erlassen wird, die unterschiedslos eingreift und dabei Ausländer stärker benachteiligt als Inländer (versteckte Diskriminierung)[863].

Seit der Rechtsache Gebhard ist anerkannt, dass Art. 49 AEUV auch als ein Beschränkungsverbot zu verstehen ist[864]. Dies untermauert auch der Wortlaut des Art. 49 Abs. 1 AEUV, der von „Beschränkungen" spricht[865], sodass unter Art. 49 AEUV auch solche nationalen Maßnahmen fallen, die zwar unterschiedslos anwendbar, aber dazu geeignet sind, die Ausübung der durch den Vertrag gewährleisteten Grundfreiheiten zu unterbinden, zu behindern oder weniger attraktiv zu machen[866].

---

862 *Fischer*, in: Lenz/Borchardt, Art. 49 AEUV Rn. 9; *Pache*, in: Schulze/Zuleeg/Kadelbach, § 10 Rn. 184. *Forsthoff*, in: Grabitz/Hilf/Nettesheim, Art. 49 AEUV Rn. 79 wählt dafür den Begriff der direkten Diskriminierung; zum Teil wird auch der Begriff der unmittelbaren Diskriminierung verwendet (*Schlag*, in: Schwarze, Art. 49 AEUV Rn. 34).

863 *Fischer*, in: Lenz/Borchardt, Art. 49 AEUV Rn. 9; *Haratsch/Koenig/Pechstein*, Rn. 851; vgl. *Korte*, in: Calliess/Ruffert, Art. 49 AEUV Rn. 47; *Kotzur*, in: Geiger/Khan/Kotzur, Art. 49 AEUV Rn. 14. Dabei wird zum Teil noch weiter unterschieden, ob es sich um eine versteckte oder eine mittelbare bzw. indirekte Diskriminierung handelt (wohl so zu verstehen: *Schlag*, in: Schwarze, Art. 49 AEUV Rn. 35f. mit Verweis auf *Tiedje*, in: v. der Groeben/Schwarze/Hatje, Art. 49 AEUV Rn. 74ff.). Während bei einer versteckten Diskriminierung gerade nicht auf die Staatsangehörigkeit abgestellt werden dürfe, handele es sich um eine mittelbare bzw. indirekte Diskriminierung, wenn nicht die Berufstätigkeit an sich durch die Maßnahme betroffen sei, sondern das private Umfeld und dies sich nur mittelbar auf den Beruf auswirke (*Tiedje*, in: v. der Groeben/Schwarze/Hatje, Art. 49 AEUV Rn. 75). Letztlich handelt es sich dabei wohl um Begriffsdogmatik.

864 *EuGH*, Urt. v. 30.11.1995, Rs. C-55/94, ECLI:EU:C:1995:411 – Gebhard, Rn. 37; *EuGH*, Urt. v. 09.03.1999, Rs. C-212/97, ECLI:EU:C:1999:126 – Centros, Rn. 34; *EuGH*, Urt. v. 11.05.1999, Rs. C-255/97, ECLI:EU:C:1999:240, Pfeiffer, Rn. 19; *EuGH*, Urt. v. 01.02.2001, Rs. C-108/96, ECLI:EU:C:2001:67 – MacQuen u.a., Rn. 26; *Craig* und *de Búrca* gehen davon aus, dass „The Gebhard ruling gave the clearest indication of the Court's broad interpretation of Article 49 TFEU.", *Craig/de Búrca*, S. 805; in eine ähnliche Richtung wie *Craig/de Búrca*: *O'Leary*, Free Movement of Persons and Services, in: The Evolution of EU Law, S. 499 (529); *Pache*, in: Schulze/Zuleeg/Kadelbach, § 10 Rn. 186; *Tiedje*, in: v. der Groeben/Schwarze/Hatje, Art. 49 AEUV Rn. 98.

865 *Korte*, in: Calliess/Ruffert, Art. 49 AEUV Rn. 45.

866 *EuGH*, Urt. v. 30.11.1995, Rs. C-55/94, ECLI:EU:C:1995:411 – Gebhard, Rn. 37; *EuGH*, Urt. v. 09.03.1999, Rs. C-212/97, ECLI:EU:C:1999:126 – Centros, Rn. 34; *EuGH*, Urt. v. 01.02.2001, Rs. C-108/96, ECLI:EU:C:2001:67 – MacQuen u.a., Rn. 26; *Khan/Eisenhut*, in: Vedder/Heintschel von Heinegg, Art. 49 AEUV Rn. 18; *Tiedje*, in: v. der Groeben/Schwarze/Hatje, Art. 49 AEUV Rn. 98.

Bei der Etablierung von territorialen Beschränkungen im Bereich des Gesundheitswesens könnte es sich um eine versteckte Diskriminierung dergestalt handeln, dass die nationale Regelung zwar unterschiedslos eingreift, die ausländischen Apotheker aber tatsächlich stärker beeinträchtigt werden. Eine solche stärkere Beeinträchtigung der ausländischen Apotheker liegt nicht nahe, da diese sich im gleichen Umfang wie die inländischen Apotheker an den jeweiligen tatsächlichen Gegebenheiten des Mitgliedstaates orientieren müssen, ob eine Notwendigkeit für die Neueröffnung einer Apotheke gegeben ist. Vielmehr benachteiligt eine solche staatliche Regelung die Inländer und die Ausländer in gleicher Art und Weise und führt dazu, dass die Ausübung der Niederlassungsfreiheit für die ausländischen Apotheker zumindest behindert oder weniger attraktiv wird[867], so dass eine Beschränkung der Niederlassungsfreiheit gegeben wäre[868]. Damit läge ein Eingriff in die Niederlassungsfreiheit vor.

d) Rechtfertigung

Grenzen der Niederlassungsfreiheit ergeben sich aus möglichen Rechtfertigungsgründen[869].

aa) Arten von Rechtfertigungsgründen

Ebenso wie bei der Warenverkehrsfreiheit erfolgt auch bei der Niederlassungsfreiheit eine Differenzierung zwischen geschriebenen und ungeschriebenen Rechtfertigungsgründen[870]. Als geschriebene Rechtfertigungsgründe können Art. 52 Abs. 1 AEUV und die Unionsgrundrechte in der

867 Zu Zahnambulatorien: *EuGH*, Urt. v. 10.03.2009, Rs. C-169/07, ECLI:EU:C:2009:141 – Hartlauer, Rn. 36, 38. *Tiedje*, in: v. der Groeben/Schwarze/Hatje, Art. 49 AEUV Rn. 95.

868 Dies hat der EuGH explizit zu einer vergleichbaren österreichischen Regelung für Zahnambulatorien entschieden: *EuGH*, Urt. v. 10.03.2009, Rs. C-169/07, ECLI:EU:C:2009:141 – Hartlauer, Rn. 36, 38. *Streinz/Herrmann*, EuZW 2006, 455 (457); *Tiedje*, in: v. der Groeben/Schwarze/Hatje, Art. 49 AEUV Rn. 95; *Tietje*, in: Ehlers, § 10 Rn. 54.

869 *Nettesheim*, in: Oppermann/Classen/Nettesheim, § 28 Rn. 35ff.

870 *Craig/de Búrca*, S. 795; *Haratsch/Koenig/Pechstein*, Rn. 1008ff., 1011f.; *Korte*, in: Calliess/Ruffert, Art. 49 AEUV Rn. 61f., 63f.; *Nettesheim*, in: Oppermann/Classen/Nettesheim, § 28 Rn. 35ff.; *Siekemeier/Wendland*, in: Enzyklopädie EuR 4, § 3 Rn. 80.

Grundrechte-Charta[871], welche gemäß Art. 6 Abs. 1 Hs. 2 EUV den Vertragstexten gleichstehen, genannt werden. Überdies können auch andere Normen, welche auf der Stufe des Primärrechts stehen, einer Rechtfertigung dienen[872], dafür können insbesondere die Querschnittsklauseln herangezogen werden[873]. Ferner kann eine Rechtfertigung auch durch zwingende Gründe des Allgemeinwohls erfolgen[874], dabei handelt es sich um ungeschriebene Rechtfertigungsgründe[875]. Diskriminierende staatliche Maßnahmen können grundsätzlich über Art. 52 Abs. 1 AEUV gerechtfertigt werden[876]. Durch Art. 52 Abs. 1 AEUV wird eine Ausnahme von der Niederlassungsfreiheit normiert, sodass diese eng auszulegen ist[877]. Liegt eine Beschränkung der Niederlassungsfreiheit vor, kann diese durch die

---

871 *Korte*, in: Calliess/Ruffert, Art. 49 AEUV Rn. 61. In der Rechtssache Schmidberger (*EuGH*, Urt. v. 12.06.2003, Rs. C-112/00, ECLI:EU:C:2003:333 – Schmidberger, Rn. 71ff.) kamen Grundrechte zur Anwendung. In der Rechtssache Schmidberger ist aber unklar, ob der EuGH nationale Grundrechte oder die Grundrechte der Union als allgemeine Rechtsgrundsätze angewendet hat (dazu: *Schorkopf*, ZaöRV 2004, 125 (132)). *Kahl* und *Schwind* nehmen an, dass sich dies mit der vorhergehenden Rechtsprechung decke bzw. diese fortführe, denn der EuGH habe Ziele als zwingende Gründe des Allgemeinwohls anerkannt, die zugleich auch durch die Unionsgrundrechte geschützt wurden (*Kahl/Schwind*, EuR 2014, 170 (172f.)).

872 *Mayer*, EuR 2003, 793 (807) zieht diese Schlussfolgerung aus dem Urteil Preussen Elektra (*EuGH*, Urt. v. 13.03.2001, Rs. C-379/98, ECLI:EU:C:2001:160 – Preussen-Elektra).

873 *Korte*, in: Calliess/Ruffert, Art. 49 AEUV Rn. 61. Zum Gesundheitswesen als Querschnittsmaterie: s.o. B., II., 1., b), S. 71ff.

874 *EuGH*, Urt. v. 30.11.1995, Rs. C-55/94, ECLI:EU:C:1995:411 – Gebhard, Rn. 37; *EuGH*, Urt. v. 05.10.2004, Rs. C-442/02, ECLI:EU:C:2004:586 – CaixaBank France, Rn. 17; *EuGH*, Urt. v. 14.10.2004, Rs. C-299/02, ECLI:EU:C:2004:620 – Kommission/Niederlande, Rn. 17; *EuGH*, Urt. v. 21.04.2005, Rs. C-140/03, ECLI:EU:C:2005:242 – Kommission/Griechenland, Rn. 34; *Korte*, in: Calliess/Ruffert, Art. 49 AEUV Rn. 63; *Nettesheim*, in: Oppermann/Classen/Nettesheim, § 28 Rn. 36; *O'Leary*, Free Movement of Persons and Services, in: The Evolution of EU Law, S. 499 (508f.).

875 *Haratsch/Koenig/Pechstein*, Rn. 1011; *Korte*, in: Calliess/Ruffert, Art. 49 AEUV Rn. 63f. *Müller-Graff*, in: Streinz, Art. 49 AEUV Rn. 81ff. spricht von immanenten Schranken.

876 *Nettesheim*, in: Oppermann/Classen/Nettesheim, § 28 Rn. 35. Ob und inwieweit die anderen geschriebenen Rechtfertigungsgründe für eine Rechtfertigung einer Diskriminierung herangezogen werden können, ist weitestgehend unklar, hierzu mit weiteren Nachweisen: *Korte*, in: Calliess/Ruffert, Art. 49 AEUV Rn. 62.

877 *Forsthoff*, in: Grabitz/Hilf/Nettesheim, Art. 49 AEUV Rn. 122; *Kainer*, in: Pechstein/Nowak/Häde, Art. 52 AEUV Rn. 1 mit Verweis auf *Kocher*, in: Pechstein/Nowak/Häde, Art. 45 AEUV Rn. 83.

ungeschriebenen Rechtfertigungsgründe der zwingenden Allgemeinwohlerfordernisse gerechtfertigt werden[878].

bb) Verhältnis der Rechtfertigungsgründe zueinander

Kontrovers diskutiert wird, in welchem Verhältnis diese Rechtfertigungsgründe zueinander stehen[879]. Unklar ist, ob nur offene Diskriminierungen durch Art. 52 Abs. 1 AEUV gerechtfertigt werden können. Der Wortlaut des Art. 52 Abs. 1 AEUV mit der Formulierung „Sonderregelungen für Ausländer" könnte dafür sprechen, dass nur eine Anwendung auf offene Diskriminierung vom Gesetzgeber gewollt ist[880]. Während *Khan* und *Eisenhut* eng am Wortlaut verbleiben[881] und Art. 52 Abs. 1 AEUV auf beschränkende Maßnahmen nicht anwenden, könnte eine Anwendung des argumentum a fortiori Arguments hingegen näher liegen[882]. Dies würde dazu führen, dass durch Art. 52 Abs. 1 AEUV grundsätzlich diskriminierende wie auch beschränkende Maßnahmen gerechtfertigt werden können[883].

Der Europäische Gerichtshof geht indes in einigen Entscheidungen, in denen auch der Gesundheitsschutz als Rechtfertigungsgrund zur Anwendung kam[884], einen abweichenden Weg, er wendet bei unterschiedslos geltenden Maßnahmen Art. 52 Abs. 1 AEUV nicht unmittelbar an, sondern

---

878 *EuGH*, Urt. v. 11.05.1999, Rs. C-255/97, ECLI:EU:C:1999:240, Pfeiffer, Rn. 19; *Kainer*, in: Pechstein/Nowak/Häde, Art. 49 AEUV Rn. 71; *Kotzur*, in: Geiger/Khan/Kotzur, Art. 49 AEUV Rn. 15.

879 *Forsthoff*, in: Grabitz/Hilf/Nettesheim, Art. 49 AEUV Rn. 123. Ungeklärt ist die Frage, ob der ungeschriebene Rechtfertigungsgrund auch zur Rechtfertigung von diskriminierenden Maßnahmen herangezogen werden kann (*Forsthoff*, in: Grabitz/Hilf/Nettesheim, Art. 49 AEUV Rn. 123).

880 Dies ansprechend, im Ergebnis aber ablehnend: *Haratsch/Koenig/Pechstein*, Rn. 1008.

881 *Khan/Eisenhut*, in: Vedder/Heintschel von Heinegg, Art. 52 AEUV Rn. 4.

882 *Forsthoff* geht davon aus, dass sowohl indirekt diskriminierende und beschränkende Maßnahmen von Art. 52 I AEUV gerechtfertigt werden können, dabei benennt er aber die Anwendung eines Erst-Recht-Schlusses nicht: *Forsthoff*, in: Grabitz/Hilf/Nettesheim, Art. 49 Rn. 123. *Haratsch/Koenig/Pechstein*, Rn. 1008.

883 Ähnlich: *Forsthoff*, in: Grabitz/Hilf/Netttesheim, Art. 49 AEUV Rn. 123. *Haratsch/Koenig/Pechstein*, Rn. 1008.

884 *EuGH*, Urt. v. 01.02.2001, Rs. C-108/96, ECLI:EU:C:2001:67 – MacQuen u.a., Rn. 28; *EuGH*, Urt. v. 19.05.2009, verb. Rs. C-171, 172/07, ECLI:EU:C:2009:316 – Apothekerkammer des Saarlandes u.a., Rn. 25ff.; *Schlag*, in: Schwarze, Art. 52 AEUV Rn. 3.

verwendet die in Art. 52 Abs. 1 AEUV benannten Gründe als zwingende Gründe des Allgemeinwohls im Rahmen des ungeschriebenen Rechtfertigungsgrundes[885]. Auch wenn dieser Ansatz in Einklang mit dem Wortlaut des Art. 52 Abs. 1 AEUV steht, kommt es letztendlich nicht entscheidend darauf an, da sich letztlich vergleichbare Ergebnisse wie bei Anwendung des Erst-Recht-Schlusses ergeben. Da der Europäische Gerichtshof in den benannten Urteilen die Maßnahmen am Maßstab der zwingenden Gründe des Allgemeinwohls geprüft hat, wird eine mögliche territoriale Beschränkung, die als Beschränkung der Niederlassungsfreiheit eingestuft werden kann, im Rahmen dieser Arbeit ebenso an diesem Maßstab geprüft, wobei die Gründe des Art. 52 Abs. 1 AEUV als zwingende Gründe des Allgemeinwohls eingestuft werden können, ferner muss dabei auch der Grundsatz der Verhältnismäßigkeit gewahrt werden.

cc) Anwendung auf territoriale Beschränkungen

Eine territoriale Beschränkung der Niederlassungsfreiheit kann nur gerechtfertigt werden, wenn die Beschränkung zwingenden Gründen des Allgemeinwohls dient und verhältnismäßig angewendet wird[886].

(1) Zwingender Grund des Allgemeinwohls

Als zwingende Gründe des Allgemeinwohls können alle Interessen der Allgemeinheit zur Anwendung kommen, die nicht nur von rein wirtschaftlichen Aspekten getragen sind[887]. Dies begründet sich damit, dass den Mit-

885 *EuGH*, Urt. v. 01.02.2001, Rs. C-108/96, ECLI:EU:C:2001:67 – MacQuen u.a., Rn. 28; unter Umständen auch so zu verstehen: *EuGH*, Urt. v. 11.07.2002, Rs. C-294/00, ECLI:EU:C:2002:442 – Gräbner, Rn. 42; wieder eindeutig: *EuGH*, Urt. v. 19.05.2009, verb. Rs. C-171, 172/07, ECLI:EU:C:2009:316 – Apothekerkammer des Saarlandes u.a., Rn. 25ff.; *Schlag*, in: Schwarze, Art. 52 AEUV Rn. 3.

886 *EuGH*, Urt. v. 30.11.1995, Rs. C-55/94, ECLI:EU:C:1995:411 – Gebhard, Rn. 37; *EuGH*, Urt. v. 09.03.1999, Rs. C-212/97, ECLI:EU:C:1999:126 – Centros, Rn. 34; *EuGH*, Urt. v. 01.02.2001, Rs. C-108/96, ECLI:EU:C:2001:67 – MacQuen u.a., Rn. 28; *Korte*, in: Calliess/Ruffert, Art. 49 AEUV Rn. 65.

887 *EuGH*, Urt. v. 10.07.1984, Rs. 72/83, ECLI:EU:C:1984:256 – Campus Oil, Rn. 35; *EuGH*, Urt. v. 26.04.1988, Rs. 352/85, ECLI:EU:C:1988:196 – Bond van Adverteerders, Rn. 34; *EuGH*, Urt. v. 06.06.2000, Rs. C-35/98, ECLI:EU:C:2000:294 – Verkooijen, Rn. 48; *EuGH*, Urt. v. 17.03.2005, Rs. C-109/04, ECLI:EU:C:2005:187 – Kranemann, Rn. 34; *EuGH*, Urt. v. 22.12.2010,

gliedstaaten Spielräume zur Erreichung von Gemeinwohlbelangen verbleiben sollen, dabei aber insbesondere abschottende Maßnahmen verhindert werden sollen[888].

Als ein zwingendes Allgemeininteresse anerkannt ist der Schutz der Gesundheit der Bevölkerung[889], auch wenn dieser Rechtfertigungsgrund in Art. 52 Abs. 1 AEUV normiert ist[890]. Diesem Ziel dient die Etablierung von territorialen Beschränkungen, denn dadurch soll sichergestellt werden, dass eine hochwertige und sichere Versorgung mit Arzneimitteln gewährleistet ist[891].

(2) Verhältnismäßigkeit der territorialen Beschränkungen

Territoriale Beschränkungen, die einem zwingenden Grund des Allgemeinwohls dienen, können gerechtfertigt sein, wenn sie geeignet sind, das verfolgte Ziel zu erreichen und nicht über das hinausgehen, was zur Zielerreichung notwendig ist[892].

Rs. C-338/09, ECLI:EU:C:2010:814 – Yellow Cab, Rn. 51; *EuGH*, Urt. v. 24.03.2011, Rs. C-400/08, ECLI:EU:C:2011:172 – Kommission/Spanien, Rn. 98; *Haratsch/Koenig/Pechstein*, Rn. 994; *Kainer*, in: Pechstein/Nowak/Häde, Art. 49 AEUV Rn. 78; *Lux*, in: Lenz/Borchardt, Art. 34 AEUV Rn. 43; *Müller/Graff*, in: Streinz, Art. 49 AEUV Rn. 85.

888 *Kainer*, in: Pechstein/Nowak/Häde, Art. 49 AEUV Rn. 77.

889 *EuGH*, Urt. v. 01.02.2001, Rs. C-108/96, ECLI:EU:C:2001:67 – MacQuen u.a., Rn. 28; *EuGH*, Urt. v. 10.03.2009, Rs. C-169/07, ECLI:EU:C:2009:141 – Hartlauer, Rn. 46; *EuGH*, Urt. v. 19.05.2009, Rs. C-171, 172/07, ECLI:EU:C:2009:316 – Apothekerkammer des Saarlandes u.a., Rn. 27.

890 S.o. C., III., 2., d), bb), S. 159f.

891 *EuGH*, Urt. v. 01.06.2010, verb. Rs. C-570, 571/07, ECLI:EU:C:2010:300 – Pérez/Gómez, Rn. 64; *EuGH*, Beschluss v. 17.12.2010, Rs. C-217/09, ECLI:EU:C:2010:796 – Polisseni; *EuGH*, Beschluss v. 29.09.2011, Rs. C-315/08, ECLI:EU:C:2011:618 – Grisoli; *EuGH*, Urt. v. 13.02.2014, Rs. C-367/12, ECLI:EU:C:2014:68 – Sokoll-Seebacher, Rn. 25.

892 *EuGH*, Urt. v. 10.03.2009, Rs. C-169/07, ECLI:EU:C:2009:141 – Hartlauer, Rn. 44; *EuGH*, Urt. v. 19.05.2009, verb. Rs. C-171, 172/07, ECLI:EU:C:2009:316 – Apothekerkammer des Saarlandes u.a., Rn. 25; *EuGH*, Urt. v. 01.06.2010, verb. Rs. C-570/, 571/07, ECLI:EU:C:2010:300 – Pérez/Gómez, Rn. 61; ähnlich: *Kainer*, in: Pechstein/Nowak/Häde, Art. 49 AEUV Rn. 84f.; *Kainer*, in: Pechstein/Nowak/Häde, Art. 49 AEUV Rn. 90 m.w.N. stellt noch heraus, dass der Europäische Gerichtshof nur in seltenen Fällen auch die Angemessenheit prüft.

(a) Geeignetheit der territorialen Beschränkungen

Die Geeignetheit von territorialen Beschränkungen bemisst sich am Gemeininteresse, welches durch die mitgliedstaatliche Maßnahme verwirklicht werden soll[893]. Dient die Maßnahme der Verwirklichung bzw. Förderung des angestrebten Interesses und verfolgt die staatliche Maßnahme das Ziel in kohärenter und systematischer Art und Weise[894], ist die Geeignetheit zu bejahen[895]. Dabei kommt dem jeweiligen Mitgliedstaat ein Beurteilungsspielraum zu, wobei gänzlich untaugliche Maßnahmen den Anforderungen nicht genügen[896].

Dabei muss Beachtung finden, dass die Festlegung einer territorialen Beschränkung mit einer zu erteilenden Genehmigung über die Ausübung des jeweiligen Berufes in Zusammenhang steht[897]. Eine solche Genehmigung, die losgelöst von einer territorialen Beschränkung betrachtet werden muss, ist unter bestimmten Voraussetzungen mit dem Europarecht in Einklang zu bringen, da dadurch sichergestellt wird, dass nur qualifiziertes Personal am Markt anbieten kann[898]. Eine solche Genehmigung muss von einer Behörde aufgrund vorher bekannter objektiver und nichtdiskriminierender Kriterien erteilt werden[899]. Durch diese Vorgaben soll der Er-

---

893 *Müller-Graff*, in: Streinz, Art. 49 AEUV Rn. 94.

894 *EuGH*, Urt. v. 10.03.2009, Rs. C-169/07, ECLI:EU:C:2009:141 – Hartlauer, Rn. 55; *EuGH*, Urt. v. 19.05.2009, verb. Rs. C-171, 172/07, ECLI:EU:C:2009:316 – Apothekerkammer des Saarlandes u.a., Rn. 42; *Schlag*, in: Schwarze, Art. 49 AEUV Rn. 57; die Kriterien des kohärenten und systematischen Vorgehens sind auch aus den Entscheidungen zum Glücksspielrecht bekannt: *EuGH*, Urt. v. 06.11.2003, Rs. C-243/01, ECLI:EU:C:2003:597 – Gambelli u.a., Rn. 67, 69; *EuGH*, Urt. v. 06.03.2007, Rs. C-338/04, ECLI:EU:C:2007:133 – Placanica, Rn. 53; bereits in der Entscheidung Zenatti hat der EuGH diese Kriterien angewandt, sie aber noch nicht mit den beiden Begrifflichkeiten belegt: *EuGH*, Urt. v. 21.10.1999, Rs. C-67/98, ECLI:EU:C:1999:514 – Zenatti, Rn. 35f.; *Müller-Graff*, in: Streinz, Art. 49 AEUV Rn. 94.

895 *Korte*, in: Calliess/Ruffert, Art. 49 AEUV Rn. 66; sich aus dem Umkehrschluss ergebend: *Siekemeier/Wendland*, in: Enzyklopädie EuR 4, § 3 Rn. 97.

896 *Müller-Graff*, in: Streinz, Art. 49 AEUV Rn. 94; *Siekemeier/Wendland*, in: Enzyklopädie EuR 4, § 3 Rn. 96.

897 *EuGH*, Urt. v. 13.02.2014, Rs. C-367/12, ECLI:EU:C:2014:68 – Sokoll-Seebacher, Rn. 24.

898 Vgl. *EuGH*, Urt. v. 10.03.2009, Rs. C-169/07, ECLI:EU:C:2009:141 – Hartlauer, Rn. 41f.; vgl. *EuGH*, Urt. v. 13.02.2014, Rs. C-367/12, ECLI:EU:C:2014:68 – Sokoll-Seebacher, Rn. 24.

899 *EuGH*, Urt. v. 20.02.2001, Rs. C-205/99, ECLI:EU:C:2001:107 – Analir u.a., Rn. 37f.; *EuGH*, Urt. v. 13.05.2003, Rs. C-385/99, ECLI:EU:C:2003:270 – Müller-Fauré und van Riet, Rn. 84f.; *EuGH*, Urt. v. 10.03.2009, Rs. C-169/07,

messensausübung der mitgliedstaatlichen Behörde Grenzen gesetzt und dadurch die praktische Wirksamkeit des Unionsrechts gewährleistet werden[900].

Je nach mitgliedstaatlicher Situation kann eine territoriale Beschränkung eine geeignete Maßnahme sein, um eine flächendeckende, hochwertige und sichere Arzneimittelversorgung zu gewährleisten. Territoriale Beschränkung im Apothekenwesen hat der Europäische Gerichtshof beispielsweise in Spanien[901] und Österreich[902] grundsätzlich für geeignet erachtet.

(b) Erforderlichkeit der territorialen Beschränkungen

Die territoriale Beschränkung darf nicht über das hinausgehen, was zur Zielerreichung notwendig ist[903]. Mit anderen Worten darf keine Maßnahme möglich sein, die zur Zielerreichung gleich geeignet, aber weniger belastend ist[904]. Auch im Rahmen der Erforderlichkeit kommt den Mitgliedstaaten ein gewisser Beurteilungsspielraum zu[905]. Dieser Beurteilungsspielraum besteht dahingehend, dass das Bestehen einer abweichenden Rege-

---

ECLI:EU:C:2009:141 – Hartlauer, Rn. 64; *EuGH*, Urt. v. 13.02.2014, Rs. C-367/12, ECLI:EU:C:2014:68 – Sokoll-Seebacher, Rn. 27.

900 *EuGH*, Urt. v. 20.02.2001, Rs. C-205/99, ECLI:EU:C:2001:107 – Analir u.a., Rn. 37; *EuGH*, Urt. v. 13.05.2003, Rs. C-385/99, ECLI:EU:C:2003:270 – Müller-Fauré und van Riet, Rn. 84; *EuGH*, Urt. v. 10.03.2009, Rs. C-169/07, ECLI:EU:C:2009:141 – Hartlauer, Rn. 64.

901 *EuGH*, Urt. v. 01.06.2010, verb. Rs. C-570, 571/07, ECLI:EU:C:2010:300 – Pérez/Gómez, Rn. 67ff.

902 *EuGH*, Urt. v. 13.02.2014, Rs. C-367/12, ECLI:EU:C:2014:68 – Sokoll-Seebacher, Rn. 39; *EuGH*, Beschluss v. 30.06.2016, Rs. C-634/15, ECLI:EU:C:2016:510 – Sokoll-Seebacher u.a., Rn. 18ff.

903 *EuGH*, Urt. v. 10.03.2009, Rs. C-169/07, ECLI:EU:C:2009:141 – Hartlauer, Rn. 44; *EuGH*, Urt. v. 19.05.2009, verb. Rs. C-171, 172/07, ECLI:EU:C:2009:316 – Apothekerkammer des Saarlandes u.a., Rn. 25; *EuGH*, Urt. v. 01.06.2010, verb. Rs. C-570, 571/07, ECLI:EU:C:2010:300 – Pérez/Gómez, Rn. 61; *Kainer*, in: Pechstein/Nowak/Häde, Art. 49 AEUV Rn. 87.

904 *Korte*, in: Calliess/Ruffert, Art. 49 AEUV Rn. 68; *Müller-Graff*, in: Streinz, Art. 49 AEUV Rn. 95.

905 *Kainer*, in: Pechstein/Nowak/Häde, Art. 49 AEUV Rn. 87; *Korte*, in: Calliess/Ruffert, Art. 49 AEUV Rn. 69.

lung in einem anderen Mitgliedstaat nicht zu einer Ablehnung der Erforderlichkeit führt[906].

Als milderes Mittel komme nach *Korte* insbesondere die Möglichkeit einer Marktöffnung in Frage[907]. Dieser Möglichkeit kann entgegengehalten werden, dass eine vollständige Marktöffnung möglicherweise zu gewissen Risiken für die Arzneimittelversorgung, insbesondere zur Ballung in städtischen Bereichen und zur Ausdünnung in weniger lukrativen, meist ländlichen Bereichen, führen kann[908]. Mithin kann ein Mitgliedstaat territoriale Beschränkungen insbesondere unter Beachtung des weiten Wertungsspielraums der Mitgliedstaaten, der ihnen im Bereich der Niederlassungsfreiheit zukommt[909], einführen.

(c) Angemessenheit der territorialen Beschränkungen

Üblicherweise kommt der Prüfung der Angemessenheit in der Rechtsprechung des Europäischen Gerichtshofs kein großer Raum zu[910]. Dies zeigt sich auch in der Rechtsprechung des Europäischen Gerichtshofs zu territorialen Beschränkungen[911]. Auch im Rahmen der Angemessenheitsprüfung bei der Niederlassungsfreiheit steht eine Zweck-Mittel-Relation zwischen dem Ziel, welches durch den Eingriff erreicht werden soll und der Schwere des Eingriffs im Vordergrund. Wertet man die bisherige Rechtspre-

906 *EuGH*, Urt. v. 10.05.1995, Rs. C-384/93, ECLI:EU:C:1995:126 – Alpine Investments, Rn. 51; *EuGH*, Urt. v. 12.12.1996, Rs. C-3/95, ECLI:EU:C:1996:487 – Reisebüro Broede, Rn. 42; *EuGH*, Urt. v. 21.10.1999, Rs. C-67/98, ECLI:EU:C:1999:514 – Zenatti, Rn. 34; *EuGH*, Urt. v. 01.02.2001, Rs. C-108/96, ECLI:EU:C:2001:67 – MacQuen u.a., Rn. 33; *Hancher/Sauter*, CMLR 2010, 117 (121); *Korte*, in: Calliess/Ruffert, Art. 49 AEUV Rn. 69; *Tiedje*, in: v. der Groeben/Schwarze/Hatje, Art. 49 AEUV Rn. 120; *Schlag*, in: Schwarze, Art. 49 AEUV Rn. 57; *Weatherill*, Consumer Policy, in: The Evolution of EU Law, S. 837 (841).

907 *Korte*, in: Calliess/Ruffert, Art. 49 AEUV Rn. 74.

908 *EuGH*, Urt. v. 01.06.2010, verb. Rs. C-570, 571/07, ECLI:EU:C:2010:300 – Pérez/Gómez, Rn. 73.

909 S.o. B., II., 3., c), cc), (1), S. 104ff.

910 *Korte*, in: Calliess/Ruffert, Art. 49 AEUV Rn. 86; *Wernsmann*, in: Schulze/Zuleeg/Kadelbach, § 30 Rn. 120.

911 *EuGH*, Urt. v. 10.03.2009, Rs. C-169/07, ECLI:EU:C:2009:141 – Hartlauer, Rn. 44; *EuGH*, Urt. v. 01.06.2010, verb. Rs. C-570, 571/07, ECLI:EU:C:2010:300 – Pérez/Gómez, Rn. 61; *EuGH*, Urt. v. 26.09.2013, Rs. C-539/11, ECLI:EU:C:2013:591 – Ottica New Line di Accardi Vincenzo, Rn. 33; *EuGH*, Urt. v. 05.12.2013, verb. Rs. C-159-161/12, ECLI:EU:C:2013:791 – Venturini, Rn. 37.

chung zu territorialen Beschränkungen aus, kann zunächst festgestellt werden, dass diese staatlichen Maßnahmen nicht von den Vorgaben des Europäischen Gerichtshofs im Urteil Deutsche Parkinson Vereinigung[912] berührt werden[913]. Der Europäische Gerichtshof hat in seiner Rechtsprechung zu territorialen Beschränkungen folgende Kriterien entwickelt:

Die mit einer territorialen Beschränkung in Verbindung stehende behördliche Genehmigung muss anhand vorher bekannter, objektiver und nichtdiskriminierender Kriterien erteilt werden[914].

Die staatliche Maßnahme muss in kohärenter und systematischer Art und Weise erfolgen[915]. Insbesondere das Gebot der Kohärenz macht es erforderlich, dass die territorialen Beschränkungen nicht starr sein dürfen, da dann die mitgliedstaatlichen Behörden nicht auf örtliche Besonderheiten eingehen könnten[916]. Dies wurde in einer Nachfolgeentscheidung zu der Rechtssache Sokoll-Seebacher aus dem Jahre 2014[917] dahingehend konkretisiert, dass dieses Verbot von starren Grenzen nicht nur für ländliche Gebiete gilt, sondern generell eine flexible Betrachtung unter Berücksichtigung der örtlichen Besonderheiten möglich sein muss[918].

---

912 *EuGH*, Urt. v. 19.10.2016, Rs. C-148/15, ECLI:EU:C:2016:776 – Deutsche Parkinson Vereinigung.

913 S.o. B., II., 3., c), cc), (1), S. 104ff.

914 *EuGH*, Urt. v. 20.02.2001, Rs. C-205/99, ECLI:EU:C:2001:107 – Analir u.a., Rn. 37f.; *EuGH*, Urt. v. 13.05.2003, Rs. C-385/99, ECLI:EU:C:2003:270 – Müller-Fauré und van Riet, Rn. 84f.; *EuGH*, Urt. v. 10.03.2009, Rs. C-169/07, ECLI:EU:C:2009:141 – Hartlauer, Rn. 64; *EuGH*, Urt. v. 13.02.2014, Rs. C-367/12, ECLI:EU:C:2014:68 – Sokoll-Seebacher, Rn. 27.

915 *EuGH*, Urt. v. 10.03.2009, Rs. C-169/07, ECLI:EU:C:2009:141 – Hartlauer, Rn. 55; *EuGH*, Urt. v. 19.05.2009, verb. Rs. C-171, 172/07, ECLI:EU:C:2009:316 – Apothekerkammer des Saarlandes u.a., Rn. 42; *Schlag*, in: Schwarze, Art. 49 AEUV Rn. 57; die Kriterien des kohärenten und systematischen Vorgehens sind auch aus den Entscheidungen zum Glücksspielrecht bekannt: *EuGH*, Urt. v. 06.11.2003, Rs. C-243/01, ECLI:EU:C:2003:597 – Gambelli u.a., Rn. 67, 69; *EuGH*, Urt. v. 06.03.2007, Rs. C-338/04, ECLI:EU:C:2007:133 – Placanica, Rn. 53; bereits in der Entscheidung Zenatti hat der EuGH diese Kriterien angewandt, sie aber noch nicht mit den beiden Begrifflichkeiten belegt: *EuGH*, Urt. v. 21.10.1999, Rs. C-67/98, ECLI:EU:C:1999:514 – Zenatti, Rn. 35f.; *Müller-Graff*, in: Streinz, Art. 49 AEUV Rn. 94.

916 *EuGH*, Urt. v. 13.02.2014, Rs. C-367/12, ECLI:EU:C:2014:68 – Sokoll-Seebacher, Rn. 51.

917 *EuGH*, Urt. v. 13.02.2014, Rs. C-367/12, ECLI:EU:C:2014:68 – Sokoll-Seebacher, Rn. 51.

918 *EuGH*, Beschluss v. 30.06.2016, Rs. C-634/15, ECLI:EU:C:2016:510 – Sokoll-Seebacher u.a., Rn. 32.

Ferner muss die Anwendung der Kriterien in transparenter Art und Weise erfolgen[919].

Mithin kann bei Betrachtung der Rechtsprechung des Europäischen Gerichtshofs zu territorialen Beschränkungen im Gesundheitswesen festgestellt werden, dass unter Einhaltung dieser Kriterien territoriale Beschränkungen auch als angemessen eingestuft werden können.

e) Zwischenbefund

Die Etablierung von territorialen Beschränkungen stellt grundsätzlich eine europarechtskonforme Lösung dar, um eine Arzneimittelversorgung in der Fläche erhalten zu können.

IV. Verhältnis des nationalen Rechts zum Europarecht

Im Rahmen der angestrebten Parallelbetrachtung des nationalen Rechts und des Europarechts kann festgestellt werden, dass die Vorgaben des Grundgesetzes im Hinblick auf die Berufsfreiheit restriktiver sind als die europarechtlichen Vorgaben. Dadurch zeigt sich die Schwierigkeit des nationalen Gesetzgebers, entweder gegen Verfassungsrecht oder gegen Europarecht zu verstoßen, denn die verfassungsrechtlich zulässige Preisbindung scheitert nach der aktuellen Rechtslage an den europarechtlichen Vorgaben[920]. Durch das Drängen der ausländischen Versandapotheker auf den deutschen Markt fehlt einer Bedürfnisprüfung/territorialen Beschränkung bereits die Geeignetheit, sodass man nur über ein Zusammenwirken von Rx-Versandverbot[921] und Bedürfnisprüfung/territorialer Beschränkung nachdenken könnte.

Geht man mit der hier vertretenen Ansicht von der Europarechtskonformität der Preisbindung für Rx-Medikamente aus, wäre diese als mildere Maßnahme einzustufen, sodass eine solche staatliche Maßnahme auf der Ebene der Erforderlichkeit der Berufsfreiheit scheitern würde.

---

919 *EuGH*, Urt. v. 26.09.2013, Rs. C-539/11, ECLI:EU:C:2013:591 – Ottica New Line di Accardi Vincenzo, Rn. 57; *Korte*, in: Calliess/Ruffert, Art. 49 AEUV Rn. 74.

920 Vgl. *Dettling*, S. 55ff.

921 S.u. D., S. 168ff.

V. Ergebnis

Die grundsätzliche Möglichkeit, durch Bedürfnisprüfungen bzw. territoriale Beschränkungen dem Apothekenmarkt Grenzen zu ziehen, scheitert in Deutschland aufgrund der Vorgaben der Berufsfreiheit und wäre damit keine rechtmäßige staatliche Maßnahme im Apothekenwesen.

D. Versandhandelsverbot für Rx-Medikamente

Eine weitere, viel diskutierte Lösungsmöglichkeit, eine flächendeckende Versorgung sicherzustellen, ist ein Verbot des Versandhandels mit verschreibungspflichtigen Arzneimitteln an den Endverbraucher. Auf den ersten Blick mag dies einen Widerspruch darstellen, denn auch der Versand von Arzneimitteln stellt grundsätzlich die Versorgung sicher. Bei dieser Argumentation dürfen aber die Besonderheiten des Versandhandels nicht unberücksichtigt bleiben. Wie noch ausführlich dargestellt wird, sind Versandapotheken von technischen Gegebenheiten abhängig und insbesondere in Notfallsituationen kann die Versorgung über den Versandweg zu lange dauern, sodass es für die Erhaltung einer flächendeckenden Arzneimittelversorgung auf das Bestehen von Präsenzapotheken ankommt. Setzt aber ein möglicher Verdrängungseffekt durch die Versandapotheken ein, könnte es zu einer Ausdünnung der Struktur der Präsenzapotheken kommen, sodass insbesondere in Notsituationen die Versorgung nicht mehr gewährleistet sein könnte[922].

Ein Verbot des Versandhandels mit Arzneimitteln geht auf eine wechselvolle Geschichte zurück. Bis zum 31.12.2003 war der Versand mit apothekenpflichtigen Arzneimitteln an den Endverbraucher, also mit verschreibungspflichtigen und verschreibungsfreien Medikamenten gemäß § 43 Abs. 1 AMG a.F.[923] verboten. Bereits im Herbst 2003 hat der Gesetzgeber den § 43 Abs. 1 AMG n.F. beschlossen, welcher zum 1. Januar 2004 in Kraft getreten ist. Damit hat sich der Gesetzgeber für eine vollständige Liberalisierung entschieden, sodass der Versand sowohl mit verschreibungsfreien als auch mit verschreibungspflichtigen Arzneimitteln gemäß § 11a ApoG bzw. § 73 Abs. 1 S. 1 Nr. 1a AMG zugelassen wurde. Dies stellte letztlich eine überschießende Liberalisierung im „vorauseilenden Gehorsam“[924] dar, da der Europäische Gerichtshof in seinem Urteil Deutscher Apothekerverband über das Versandhandelsverbot zu entscheiden hatte. Am 11. Dezember 2003 hat der Europäische Gerichtshof entschieden, dass

922 S.u. D., II., 2., c), aa), (1), S. 204ff.

923 Gesetz über den Verkehr mit Arzneimitteln (Arzneimittelgesetz) i.d.F.d. Bek. v. 11.12.1998 (BGBl. I, 1998, S. 3586).

924 *Dauses/Brigola*, in: Dauses/Ludwigs, C. I. Grundregeln, Rn. 233; vgl. *Henssler/Kleen/Riegler*, EuZW 2017, 723 (724); *Koch*, EuZW 2004, 50 (51).

ein Versandhandelsverbot für verschreibungspflichtige Arzneimittel mit Aspekten des Gesundheitsschutzes gerechtfertigt werden kann[925], während ein Versandverbot für nicht verschreibungspflichtige Arzneimittel nicht gerechtfertigt werden kann[926]. Seit der vollständigen Liberalisierung des Versandhandels mit apothekenpflichtigen Arzneimitteln gab es bereits 2008 die Idee, den Versandhandel auf das europarechtlich Notwendige zu beschränken[927].

Insbesondere als Reaktion auf das Urteil des Europäischen Gerichtshofs zur Preisbindung für verschreibungspflichtige Arzneimittel wird nun über ein Verbot des Versandhandels für verschreibungspflichtige Arzneimittel diskutiert[928]. Bereits in der 18. Legislaturperiode wurde durch das Bundesministerium für Gesundheit ein Referentenentwurf ausgearbeitet, welcher ein Verbot des Versandhandels an den Endverbraucher mit verschreibungspflichtigen Arzneimitteln enthielt[929]. Überdies wurde ein Antrag der Fraktion DIE LINKE über ein Versandhandelsverbot mit Rx-Medikamenten in einer ersten Lesung im Bundestag behandelt[930] und anschließend an den Gesundheitsausschuss überwiesen[931]. Beide Vorstöße, den Rx-Versandhandel zu verbieten, wurden nicht vor der Bundestagswahl am 24. September 2017 zum Abschluss gebracht[932] und müssen nun durch den Grundsatz der Diskontinuität bei Bestehen eines politischen Willens

---

925 *EuGH*, Urt. v. 11.12.2003, Rs. C-322/01, ECLI:EU:C:2003:664 – Deutscher Apothekerverband, Rn. 102ff. Dabei muss Beachtung finden, dass der EuGH auch noch zwischen in Deutschland zugelassenen und nicht in Deutschland zugelassenen Arzneimitteln unterschieden hat. Dabei hat er eine Prüfungsnotwendigkeit von zulassungspflichtigen, aber nicht zugelassenen Arzneimitteln verneint, da das Verbot des Inverkehrbringens solcher Arzneimittel mit Art. 6 Abs. 1 RL 2001/83/EG in Einklang steht (*EuGH*, Urt. v. 11.12.2003, Rs. C-322/01, ECLI:EU:C:2003:664 – Deutscher Apothekerverband, Rn. 52ff.).

926 *EuGH*, Urt. v. 11.12.2003, Rs. C-322/01, ECLI:EU:C:2003:664 – Deutscher Apothekerverband, Rn. 112ff.

927 BR-Drucks. 538/08.

928 *Dettling*, A&R 2016, 251 (251ff.); *Köhler*, PharmR 2016, 165 (170); *Kozianka/Hußmann*, PharmR 2017, 10 (16); *May/Bauer/Dettling*, S. 1.

929 https://www.bundesgesundheitsministerium.de/fileadmin/Dateien/3_Downloads/Gesetze_und_Verordnungen/GuV/V/Versandhandel-Verbot_RefE.pdf (Stand: 15.01.2019).

930 BT-Drucks. 18/10561.

931 https://www.bundestag.de/dokumente/textarchiv/2017/kw03-de-arzneimittelversorgung/487082 (Stand: 15.01.2019).

932 https://www.bundeswahlleiter.de/bundestagswahlen/2017/termine.html (Stand: 15.01.2019).

erneut eingebracht werden[933]. Im Rahmen zäher Koaltionsverhandlungen haben sich die CDU/CSU-Fraktion und die SPD Anfang 2018 in ihrem Koaltionsvertrag darauf geeinigt, in der laufenden Legislaturperiode den Rx-Versandhandel zu verbieten[934]. Im März 2018 wurde durch die gesundheitspolitische Sprecherin der CDU *Karin Maag* bekanntgegeben, dass erst zum Ende des Jahres 2018 mit einem erneuten Entwurf über ein Verbot des Rx-Versandhandels zu rechnen ist[935]. Im Juni 2018 erklärte Bundesgesundheitsminister *Spahn*, dass im Oktober 2018 ein erneuter Gesetzentwurf vorgelegt werden sollte[936]. Erst im Dezember 2018, im Rahmen der Mitgliederversammlung der Bundesvereinigung Deutscher Apothekerverbände e.V., hat sich Bundesgesundheitsminister *Spahn* mündlich zu einem möglichen Gesetzgebungsvorhaben geäußert. Anstelle eines Rx-Versandhandelsverbotes soll nun ein 8-Punkte-Plan umgesetzt werden, dieser sieht Folgendes vor:

- Einbindung der Arzneimittelpreisverordnung in § 129 SGB V
- Begrenzung der Rabattmöglichkeit für ausländische Versender auf 2,50 € pro Packung
- Prüfung des Marktanteils der ausländischen Versender, sollte dieser Marktanteil über 5 % steigen, soll die Gewährung von Rabatten erneut überprüft und eingeschränkt werden
- Erhöhung der Bezahlung von Nacht- und Notdiensten durch Aufstockung des Nacht- und Notdienstfonds
- Beibehaltung der freien Apothekenwahl
- Apotheker sollen zukünftig weitere bezahlte Dienstleistungen erbringen dürfen
- Erhöhung der Vergütung für Betäubungsmittel
- Verbesserung der Qualität bei Versandhandel und Botendienst[937].

Anhand des Referentenentwurfs aus der 18. Legislaturperiode wird im Folgenden gezeigt, unter welchen Voraussetzungen ein Rx-Versandverbot sowohl eine verfassungs- (dazu I.) als auch europarechtskonforme Lösung (dazu II.) darstellen könnte.

---

933 *Klein*, in: Maunz/Dürig, Art. 39 GG Rn. 52ff. Mit weiteren Ausnahmen für Gesetzesentwürfe der Bundesregierung, wenn schon alle notwendigen Organe damit befasst wurden (*Klein*, in: Maunz/Dürig, Art. 39 GG Rn. 58).

934 *Koalitionsvertrag* zwischen CDU/CSU und SPD, S. 15.

935 https://www.apotheke-adhoc.de/nachrichten/detail/politik/maag-bittet-um-geduld-beim-rx-versandverbot-arzneimittelmarkt/ (Stand: 15.01.2019).

936 https://www.apotheke-adhoc.de/nachrichten/detail/politik/spahns-masterplan-gegen-rx-versandverbot-honorarreform-fuer-apotheker/ (Stand: 15.01.2019).

937 *Sucker*-Sket, Spahns Pläne für den Apothekenmarkt.

I. Vereinbarkeit mit dem Grundgesetz

Die Wiedereinführung eines Verbotes des Versandhandels mit verschreibungspflichtigen Arzneimitteln muss sich an Art. 12 Abs. 1 GG und möglicherweise an Art. 14 Abs. 1 GG und Art. 3 Abs. 1 GG messen lassen.

1. Vereinbarkeit mit Art. 12 Abs. 1 GG

Die allgemeine Dogmatik zur Berufsfreiheit gemäß Art. 12 Abs. 1 GG wurde bereits im ersten Kapitel zur Preisbindung für verschreibungspflichtige Arzneimittel hinreichend erläutert[938].

a) Schutzbereich

Als problematisch erweist sich bei der Prüfung eines Verbotes über den Versandhandel mit verschreibungspflichtigen Medikamenten nur der sachliche Schutzbereich, der persönliche Schutzbereich des Art. 12 Abs. 1 GG ist, obwohl es sich um ein sogenanntes Deutschen-Grundrecht handelt, sowohl für inländische und ausländische natürliche Personen als auch für inländische und ausländische juristische Personen eröffnet[939].

aa) Sachlicher Schutzbereich

Auch der Versand von verschreibungspflichtigen Medikamenten durch einen Apotheker gemäß § 11a ApoG oder § 73 Abs. 1 S. 1 Nr. 1a AMG stellt grundsätzlich einen Beruf im Sinne der Berufsfreiheit gemäß Art. 12 Abs. 1 GG dar. Kontrovers diskutiert wird aber die Frage, ob die Erlaubtheit der Tätigkeit ein zusätzliches notwendiges Kriterium ist, um einen Beruf im Sinne des Art. 12 Abs. 1 GG bejahen zu können[940]. Das Kri-

---

938 S.o. B., I., 1., S. 33ff.

939 S.o. ausführlich: B., I., 1., b), bb), S. 37ff.

940 Befürwortend: *BVerfGE* 7, 377 (397); 14, 19 (22); *BVerwGE* 22, 286 (288f.); ablehnend: *BVerfGE* 50, 290 (362); *BVerwGE* 96, 293 (296f.); 96, 302 (308f.); differenzierend nach der Art der verbotenen Tätigkeit: *Bachof*, in: Grundrechte III/1, S. 155 (189ff.); *Frotscher/Kramer*, S. 61; *Stein/Frank*, S. 371. Das Merkmal vollstän-

terium der Erlaubtheit steht gerade bei einem Verbot des Versandhandels in Frage, da damit zumindest ein Teilbereich der Tätigkeit eines Apothekers, nämlich der Versand mit verschreibungspflichtigen Arzneimitteln, nicht mehr erlaubt und damit verboten wäre.

Das Kriterium der Erlaubtheit wird vom Bundesverfassungsgericht nicht mehr durchgehend benutzt[941] und auch in der Literatur wird das zusätzliche Merkmal abgelehnt[942] bzw. zumindest eine restriktive Auslegung, wie *Lerche*[943] sie vorschlägt, bevorzugt. Dies lässt sich damit begründen, dass es ansonsten in der Hand des Gesetzgebers liegen würde, über den Schutzbereich der Berufsfreiheit zu disponieren[944]. Es ist sachgerecht, dass solche Tätigkeiten nicht in den Schutzbereich der Berufsfreiheit fallen, die einem allgemeinen strafrechtlichen Verbot unterliegen und damit das Ausführen der Tätigkeit ein fortgesetzter strafrechtlicher Verstoß ist[945]. Auch wenn solchen Tätigkeiten innerhalb der Dogmatik des Art. 12 Abs. 1 GG begegnet werden kann[946], denn auch ohne Ausschluss einer Tätigkeit auf Ebene des Schutzbereichs können unter Anwendung der Drei-Stufen-Theorie diese verfassungskonform verboten werden[947], spricht doch der Gedanke der

---

dig ablehnend: *Hebeler*, JA 2008, 413 (416f.); *Suerbaum*, DVBl 1999, 1690 (1696f.). Für eine Beibehaltung des Merkmals, aber eine restriktive Auslegung: *Lerche*, in: FS Fikentscher, Die „nicht-erlaubte" Betätigung und das Grundrecht der Berufsfreiheit, S. 541 (545).

941 *BVerfGE* 50, 290 (362). In *BVerfGE* 102, 197 (213, 215) findet die Erlaubtheit keinen Eingang in die Definition, im weiteren Fortgang des Urteils erfolgt aber eine Inbezugnahme des nicht vorliegenden gesetzlichen Verbots der Tätigkeit. *Dietlein*, in: StaatsR IV/1, S. 1789.

942 Differenzierend nach der Art der verbotenen Tätigkeit: *Frotscher/Kramer*, S. 61; *Kämmerer*, in: v. Münch/Kunig, Art. 12 GG Rn. 17; *Manssen*, in: v. Mangoldt/Klein/Starck, Art. 12 GG Rn. 43. Ablehnend, aber Personen, die Verbrechen zu ihrem Beruf machen, sollen nicht den Schutz von Art. 12 I GG genießen: *Stein/Frank*, S. 371. Das Merkmal vollständig ablehnend: *Suerbaum*, DVBl 1999, 1690 (1696f.); *Voßkuhle*, VerwArchiv 1996, 395 (409).

943 *Lerche*, Die „nicht-erlaubte" Betätigung und das Grundrecht der Berufsfreiheit, in: FS Fikentscher, S. 541 (545).

944 *Berg*, GewArchiv 1977, 249 (249); *Breuer*, in: HStR VIII, § 170 Rn. 69; *Hebeler*, JA 2008, 413 (416f.); *Kämmerer*, in: v. Münch/Kunig, Art. 12 GG Rn. 17; *Mann*, in: Sachs, Art. 12 GG Rn. 52; vgl. *Stein/Frank*, S. 371; *Voßkuhle*, VerwArchiv 1996, 395 (409).

945 *Bachof*, in: Grundrechte III/1, S. 155 (191); a.A.: *Breuer*, in: HStR VIII, § 170 Rn. 69.

946 *Breuer*, in: HStR VIII, § 170 Rn. 69.

947 *Breuer*, in: HStR VIII, § 170 Rn. 69; *Mann*, in: Sachs, Art. 12 GG Rn. 52.

Einheit der Rechtsordnung[948] gegen den Einschluss in den Schutzbereich. Ein Handeln, welches eine strafrechtliche Verurteilung nach sich ziehen kann, sollte nicht unter grundrechtlichem Schutz stehen. Durch die Ultima-Ratio-Funktion[949] des Strafrechts besteht in diesem, durch die besondere Sozialschädlichkeit eng umgrenzten Bereich, keine Gefahr, dass eine Aushöhlung des Schutzbereichs durch den Gesetzgeber erfolgt.

Auch wenn man strafrechtlich verbotene Tätigkeiten aus dem Schutzbereich ausnimmt, besteht kein Raum für den Ausschluss sozial unwertiger Tätigkeiten[950]. Neben der Veränderlichkeit der Auslegung einer sozialen Unwertigkeit – dies lässt sich gut an der veränderten Einstufung von Prostitution aufzeigen[951] – handelt es sich bei der Frage eines sozialen Unwerts um einen zu offenen Begriff, der zu sehr von den sozialethischen Vorstellungen der Bevölkerung geleitet wird[952]. Eine solche Begrifflichkeit sollte nicht zu einer Begrenzung des Schutzbereichs verwendet werden, sondern bei der Beurteilung der Grundrechtsschranken Eingang finden[953]. Mithin kann die Versendung von verschreibungspflichtigen Arzneimitteln erst recht nicht aus dem Schutzbereich der Berufsfreiheit herausfallen. Dies begründet sich einerseits damit, dass die soziale Unwertigkeit als Verengungskriterium des Tatbestandes abzulehnen ist und andererseits der Versand mit Rx-Medikamenten auch keine sozial unwertige Tätigkeit darstellt.

bb) Zwischenbefund

Der Schutzbereich des Art. 12 Abs 1 GG ist unter sachlichen und persönlichen Gesichtspunkten eröffnet.

---

948 Durch die Einheit der Rechtsordnung soll sichergestellt werden, dass sich die Gesamtheit der Rechtsordnung zu einem widerspruchslosen Ganzen zusammenfügt (*BGHSt* 13, 102 (117)).

949 *Heinrich*, Rn. 11; *Kühl*, in: Kühl/Heger, vor § 13 StGB Rn. 3.

950 *BVerwGE* 22, 286 (289); vgl. *Berg*, GewArchiv 1977, 249 (254); *Mann*, in: Sachs, Art. 12 GG Rn. 53; *Tettinger*, AöR 1983, 92 (98); *Voßkuhle*, VerwArchiv 1996, 395 (409); a.A. *BVerfGE* 115, 276 (300f.); 117, 126 (137); *Bachof*, in: Grundrechte III/1, S. 155 (191).

951 Die Prostitution ist inzwischen legalisiert: Prostitutionsgesetz v. 20.12.2001, BGBl. I, S. 3983; *Manssen*, in: v. Mangoldt/Klein/Starck, Art. 12 GG Rn. 43.

952 Vgl. *Tettinger*, AöR 1983, 92 (98).

953 *Voßkuhle*, VerwArchiv 1996, 395 (409).

b) Eingriff

Auch wenn in den wenigen Untersuchungen, die sich mit der Verfassungskonformität eines Verbotes des Versandhandels für Rx-Medikamente befassen, weitestgehend eine Einordnung in die herkömmlichen Kategorien – klassischer oder moderner Eingriff – unterbleibt[954] und sofort die Frage nach der Intensität des staatlichen Handelns in den Kategorien des Art. 12 Abs. 1 GG beantwortet wird, ist aus dogmatischen Gründen[955] diese Vorfrage zu klären, bevor dann eine Einstufung nach der Intensität zwischen Berufsausübungsregelungen, subjektiven und objektiven Berufswahlregelungen erfolgt.

aa) Vorliegen eines Eingriffs

Durch das Versandhandelsverbot für Rx-Medikamente wird je nach gesetzgeberischer Ausgestaltung bereits unter Zugrundelegung des klassichen Eingriffsbegriffs[956] in das Grundrecht des Art. 12 Abs. 1 GG eingegriffen, da das Verbot nicht nur als unbeabsichtigte Nebenfolge zu einer Verkürzung des Art. 12 Abs. 1 GG führt. Ferner tritt die Verkürzung des Grundrechts unmittelbar und rechtsförmig ein. Da davon auszugehen ist, dass das Verbot des Versandes mit Rx-Medikamenten auch mit Befehl und Zwang durchgesetzt werden kann, ist bereits nach dem engsten Eingriffsbegriff ein Eingriff in den Schutzbereich gegeben[957].

Neben dem klassichen Eingriffbegriffes kann auch ein Eingriff nach dem modernen Eingriffsbegriff bejaht werden, denn in dem geplanten Verbot kann sowohl eine objektive als auch eine subjektive berufsregelnde Tendenz erkannt werden. Eine objektive berufsregelnde Tendenz liegt vor, wenn sich das staatliche Handeln in beachtlichem Rahmen oder unmittelbar auf den Beruf auswirkt[958]. Dies ist nach der Rechtsprechung des Bun-

---

954 *Sodan*, Ausschussdruckssache 18(14)0257(11), S. 3; Wissenschaftlicher Dienst des Bundestages, WD 3-3000-241/16, S. 6; *Dettling*, S. 271f.; *Wodarz*, PharmR 2017, 131 (134). Anders hingegen *Koenig/Bache*, PharmR 2009, 261 (262). *Koenig/Bache* befassen sich aber mit dem Vorstoß der Länder Sachsen und Bayern aus dem Jahre 2008 (BR-Drucks. 538/08), welche eine Rückführung des Versandhandels auf ein europarechtlich gebotenes Maß gefordert hatten.

955 S.o. B., I., 1., c), bb), (1), S. 50ff.

956 S.o. B., I., 1., c), S. 48ff.

957 Vgl. *Koenig/Bache*, PharmR 2009, 261 (262).

958 *Wolff*, in: Hömig/Wolff, Art. 12 GG Rn. 6.

desverfassungsgerichts zu bejahen, wenn durch das staatliche Handeln die Rahmenbedingungen der Berufsausübung verändert werden und ein enger Zusammenhang zur Berufsausübung besteht[959]. Eine subjektive berufsregelnde Tendenz ist gegeben, wenn die Handlung des Staates gerade auf die Regelung des Berufes abzielt[960]. Durch das Verbot, verschreibungspflichtige Medikamente über den Versandweg an die Kunden abzugeben, werden die Rahmenbedingungen der Berufsausübung geändert, da in Abkehr zur bisherigen Rechtslage kein Versand nach Erteilung einer Versandhandelserlaubnis mehr möglich ist. Ferner zielt das Versandhandelsverbot auch auf die Änderung der Rechtslage für den Apotheker-Beruf, sodass auch eine subjektive berufsregelnde Tendenz in der gesetzlichen Regelung gesehen werden kann.

bb) Eingriffsintensität des Rx-Versandhandelsverbotes

Bei der Abgrenzung zwischen der konkreten Ausgestaltung einer Betätigung durch eine staatliche Maßnahme (Wie der Betätigung – Berufsausübung)[961] und den staatlichen Festlegungen über die Aufnahmemöglichkeiten einer beruflichen Betätigung (Ob der Tätigkeit – Berufswahl)[962] können in Einzelfällen Unklarheiten auftreten[963].

(1) Berufsbildlehre

Zur Klärung dieser Unklarheiten ist für eine grundlegende Einordnung die Berufsbildlehre heranzuziehen[964], die auf die Rechtsprechung des Bun-

---

959 *BVerfGE* 13, 181 (186); 111, 191 (213); *Wolff*, in: Hömig/Wolff, Art. 12 GG Rn. 6.

960 *Kloepfer*, VerfassungsR II, § 70 Rn. 56; *Wolff*, in: Hömig/Wolff, Art. 12 GG Rn. 6.

961 *BVerfGE* 7, 377 (405f.); *Sodan*, in: Sodan, Art. 12 GG Rn. 30; *Wieland*, in: Dreier, Art. 12 GG Rn. 69; *Wolff*, in: Hömig/Wolff, Art. 12 GG Rn. 8.

962 *Kingreen/Poscher*, Rn. 953. Bei der Beschränkung der Berufswahlfreiheit wird noch weitergehend zwischen subjektiven und objektiven Zulassungsschranken differenziert (s.o. B., I., 1., c), bb), (2), (a), S. 53ff.).

963 *Ipsen*, JuS 1990, 634 (634f.); *ders.*, Rn. 639; *Ossenbühl*, AöR 1990, 1 (10).

964 *BVerfGE* 7, 377 (397). Kritisch dazu: *Ipsen*, JuS 1990, 634 (634f.); *ders.*, Rn. 639. *Manssen*, in: v. Mangoldt/Klein/Starck, Art. 12 GG Rn. 53; ebenso kritisch: *Papier*, DVBl. 1984, 801 (803). Bei dem Einbezug der Berufsbildtheorie muss zwischen der Eröffnung des Schutzbereiches und der Frage nach der Eingriffsintensität differenziert werden. Im Rahmen des Schutzbereiches ist anerkannt, dass

desverfassungsgerichts im berühmten Kassenarzt-Urteil zurückzuführen ist[965]. Gegenstand dieses Urteils war die Frage, ob die Tätigkeit als „Kassenarzt“ ein eigener Beruf oder nur eine Facette des übergeordneten Berufs Arzt ist[966]. Je nach Einordnung handelte es sich bei der zu prüfenden staatlichen Maßnahme um eine Berufswahl- oder Berufsausübungsregelung[967].

Die Abgrenzung, ob es sich um eine besondere Facette eines Berufes und damit nur um eine Berufsausübungsregelung handelt, oder ob ein eigenständer Beruf reglementiert und damit eine Berufswahlregelung getroffen wird, bestimmt sich nach der Verkehrsanschauung[968]. Damit ist entscheidend, ob die Tätigkeit als Versandapotheker nach der Verkehrsanschauung ein eigenes vom herkömmlichen Apotheker in seiner Apotheke losgelöstes Berufsbild darstellt[969].

Auch wenn bei dem Versand von Arzneimitteln bestimmte Besonderheiten zu beachten sind, wie die Gewährleistung eines sicheren Arzneimittelversandes gemäß § 11a S. 1 Nr. 2 ApoG[970] und eine andere Art der Bera-

---

auch atypische Berufe, die keinem traditionellen Berufsbild entsprechen, einen Beruf darstellen und damit auch dem Schutzbereich der Berufsfreiheit unterfallen können (*Kingreen/Poscher*, Rn. 937; *Umbach*, in: Umbach/Clemens, Art. 12 GG Rn. 46 m.w.N.). Bei der Anwendung der Berufsbildlehre auf Eingriffsebene geht es vielmehr um eine Abgrenzung zwischen Berufsausübung und Berufwahl (vgl. *Jarass*, in: Jarass/Pieroth, Art. 12 GG Rn. 5, 38f.). Mithin ist *Bryde* zuzustimmen, wenn er davon ausgeht, dass bei der Prüfung der Berufsfreiheit von zwei Berufsbegriffen auszugehen ist; auf der Ebene des Schutzbereichs ist ein weiterer Berufsbegriff anzulegen als auf der Ebene des Eingriffs, wenn zwischen Berufsausübung und Berufswahl differenziert werden muss (*Bryde*, NJW 1984, 2177 (2181)). Die Kritik in der Literatur gründet wohl vordringlich auf der Anwendung der Berufsbildlehre auf der Ebene des Schutzbereichs (*Sodan*, in: Sodan, Art. 12 GG Rn. 10f.) und nicht als Differenzierungskriterium zwischen Berufsausübung und Berufswahlbeschränkung.

965 *BVerfGE* 11, 30.

966 *BVerfGE* 11, 30 (35f.).

967 *BVerfGE* 11, 30 (41). Diese Art der Differenzierung wurde auch noch in einem späteren Urteil bestätigt (*BVerfGE* 77, 84 (105ff.)).

968 *BVerfGE* 16, 147 (164) stellt auf eine „natürliche Betrachtung“ ab; *BVerfGE* 77, 84 (105); *Manssen*, in: v. Mangoldt/Klein/Starck, Art. 12 GG Rn. 53.

969 *Sodan*, Ausschussdrucksache 18(14)0257(11), S. 3; Wissenschaftlicher Dienst des Bundestages, WD 3-3000-241/16, S. 7; *Koenig/Bache*, PharmR 2009, 261 (263) differenziert zwischen einer Versandhandelsapotheke mit medizinischen Zusatzleistungen (Betrieb einer „Homecare-Apotheke“) und einer Präsenzapotheke; *Wodarz*, PharmR 2017, 131 (134).

970 Diese Qualitätsvorgaben gelten auch für den Versand aus einer ausländischen Apotheke, da § 73 I Nr. 1a Alt. 1 AMG die Vergleichbarkeit des ausländischen

tung als in einer Präsenzapotheke[971], überwiegen doch die Gemeinsamkeiten zum herkömmlichen Apothekerberuf[972], denn es geht sowohl bei der Versendung als auch bei der Übergabe in einer öffentlichen Apotheke um die Abgabe eines Arzneimittels und die Sicherstellung einer möglichst komplikationslosen Anwendung durch Erbringung einer Beratungsleistung. Ferner darf der Versand von Arzneimitteln gemäß § 11a S. 1 Nr. 1 ApoG nur aus einer öffentlichen Apotheke heraus erfolgen, dies gilt gemäß § 73 Abs. 1 Nr. 1a, S. 3 AMG auch für den Arzneimittelversand aus dem EU- bzw. EWR-Ausland, da ein Versand nach Deutschland nur möglich ist, wenn diese Apotheken nach dem deutschen Apothekenrecht gemäß § 73 Abs. 1 Nr. 1a Alt. 2 AMG zum Versandhandel befugt sind oder wenn die Vorgaben des jeweiligen nationalen Rechts den Vorgaben des deutschen Apothekenrechts entsprechen, § 73 Abs. 1 Nr. 1a Alt. 1 AMG[973]. Damit ist eine berufliche Aktivität als reiner Versandapotheker nicht möglich und der Versand von Arzneimitteln stellt einen zusätzlichen Vertriebsweg für Arzneimittel dar[974], sodass es sich um kein verselbstständigtes Berufsbild handelt und damit ein geplantes Versandverbot für Rx-Medikamente grundsätzlich nur eine Berufsausübungsregelung darstellt[975].

(2) Korrektur der Berufsbildlehre

Diese grundsätzliche Einordnung anhand der Berufsbildlehre könnte aber nach der Rechtsprechung des Bundesverfassungsgerichts zu korrigieren sein, wenn es sich um eine Berufsausübungsregelung handelt, die für den

Apothekenrechts mit dem deutschen Apothekenrecht anordnet bzw. § 73 I Nr. 1a Alt. 2 AMG auf die Vorgaben des deutschen Apothekenrechts abstellt.

971 Vgl. Wissenschaftlicher Dienst des Bundestages, WD 3-3000-241/16, S. 7.

972 Vgl. Wissenschaftlicher Dienst des Bundestages, WD 3-3000-241/16, S. 7.

973 Vgl. Wissenschaftlicher Dienst des Bundestages, WD 3-3000-241/16, S. 7; *Kügel*, in: Kügel/Müller/Hofmann, § 73 AMG Rn. 19, 24. Dies zeigt sich auch in der durch das Bundesministerim für Gesundheit veröffentlichten Liste gemäß § 73 I 3 AMG: veröffentlicht im Bundesanzeiger: BAnz. Nr. 91 v. 23.06.2010, S. 2172.

974 *Sodan*, Ausschussdruckssache 18(14)0257(11), S. 3; Wissenschaftlicher Dienst des Bundestages, WD 3-3000-241/16, S. 7; *Kieser*, in: Saalfrank, § 11 Rn. 271.

975 Im Ergebnis ebenso: *Di Fabio*, Gutachten, S. 4; *Sodan*, Ausschussdruckssache 18(14)0257(11), S. 3; Wissenschaftlicher Dienst des Bundestages, WD 3-3000-241/16, S. 7; *Dettling*, S. 272; *Starck*, DÖV 2008, 389 (393). Unentschieden: *Koenig/Bache*, PharmR 2009, 261 (263f.); auch unentschieden, aber wohl mit einer Tendenz zur Berufsausübung: *Wodarz*, PharmR 2017, 131 (134).

Grundrechtsträger wie eine Regelung über die Berufswahl wirkt und dann an erhöhten Rechtfertigungsanforderungen zu messen ist[976]. Zur Beurteilung, ob sich eine Regelung über die Berufsausübung in der Nähe einer Berufswahlregelung befindet, ist eine generalisierende Betrachtung vorzunehmen, mithin ist auf den betroffenen Berufszweig und dessen typische Schwere der Betroffenheit durch die staatliche Regelung abzustellen[977]. Es handelt sich insbesondere um eine Berufsausübungsregelung mit den Wirkungen einer Berufswahlregelung, wenn die Tätigkeit durch die staatliche Maßnahme unter generalisierenden Aspekten unmöglich gemacht wird oder eine Existenzgefährdung droht[978].

Als Beispiel, welches aufgrund der Zugehörigkeit zum Gesundheitssektor zumindest dem Versandhandelsverbot für Rx-Medikamente nahesteht, kann das Kassenarzt-Urteil des Bundesverfassungsgerichts herangezogen werden[979]. Auch wenn das Bundesverfassungsgericht in der damaligen Entscheidung keinen eigenen Beruf eines Kassenarztes angenommen und damit die Zulassung nicht als Berufswahlregelung, sondern nur als Berufsausübungsregelung eingestuft hat[980], führte es daran anschließend eine Art Kontrollüberlegung durch, ob sich die staatliche Zulassungsregelung nicht doch wie eine Berufswahlregelung auswirkt, da zu der damaligen Zeit ca. 80 %[981] der Bevölkerung über die Gesetzliche Krankenversicherung versichert waren. Ein Arzt ohne Kassenzulassung kann nur Personen behandeln, die privat versichert sind oder als Versicherte der Gesetzlichen Krankenversicherung eine Privatbehandlung als Selbstzahler vorziehen[982]. Mithin genügte die reine Versorgung von ca. 20 % Privatversicherten und

---

976 *BVerfGE* 11, 30 (42f.); 16, 147 (167); 32, 1 (34); 61, 291 (311); vgl. *Scholz*, in: Maunz/Dürig, Art. 12 GG Rn. 403; *Wodarz*, PharmR 2017, 131 (134); *Wolff*, in: Hömig/Wolff, Art. 12 GG Rn. 15. In der Literatur wird dieser Fall als „berufswahlnahe Ausübungsregelung" (*Clemens*, in: Umbach/Clemens, Anhang zu Art. 12 GG Rn. 81) oder durch den Wissenschaftlichen Dienst in seiner Abhandlung über die Verfassungskonformität eines Versandhandelsverbotes für Rx-Medikamente als „atypischer Fall" bezeichnet (Wissenschaftlicher Dienst des Bundestages, WD 3-3000-241/16, S. 7).

977 *Umbach*, in: Umbach/Clemens, Anhang zu Art. 12 GG Rn. 80.

978 *BVerfGE* 13, 181 (187); 16, 147 (165); *Hofmann*, in: Schmidt-Bleibtreu/Hofmann/Henneke, Art. 12 GG Rn. 63.

979 *BVerfGE* 11, 30.

980 *BVerfGE* 11, 30 (42).

981 *BVerfGE* 11, 30 (43). Aktuell sind ca. 90 % der Bevölkerung über die Gesetzliche Krankenversicherung versichert: https://www.gkv-spitzenverband.de/gkv_spitzenverband/presse/zahlen_und_grafiken/zahlen_und_grafiken.jsp (Stand: 15.01.2019).

982 *BVerfGE* 11, 30 (44).

Selbstzahlern zu der damaligen Zeit bei typisierender Betrachtung nicht, um eine ausreichende Existenz eines Arztes zu sichern, sodass die gesetzliche Regelung wie eine Berufswahlregelung wirkte und damit auf der Ebene der Rechtfertigung an den erhöhten Anforderungen zu messen war[983].

Ähnlich könnte sich die Situation für den Apothekerstand darstellen, wenn der Versand für Rx-Medikamente verboten werden sollte. Eine Versandhandelserlaubnis gemäß § 11a ApoG wurde nach einer statistischen Erhebung im Jahr 2017 für 2958 Apotheken erteilt, wobei nur ca. 150 Apotheken diese Erlaubnis auch aktiv nutzen[984]. Nicht in dieser Zahl enthalten sind die Apotheken, die gemäß § 73 Abs. 1 Nr. 1a Alt. 1 AMG nach dem jeweiligen nationalen Recht zum Versand befugt sind, da das nationale Recht mit dem deutschen Apothekenrecht vergleichbar ist. Mithin kann in der Anzahl der Versandhandelserlaubnisse im Verhältnis zu den 19.748 öffentlichen Apotheken im Jahr 2017[985] keine taugliche Beurteilungsgrundlage für eine typisierende Betrachtung des Apothekerberufs gesehen werden.

Zur Beurteilung der Auswirkungen eines Rx-Versandhandelsverbotes kann aber der Marktanteil der Versandapotheken herangezogen werden. Danach verteilt sich der Markt im Bereich der Rx-Medikamente wie folgt: 98,9 % der verschreibungspflichtigen Arzneimittel werden in einer öffentlichen Apotheke abgegeben, während nur 1,1% dieser Arzneimittel über eine Versandapotheke bezogen werden[986]. Bei den verschreibungsfreien Arzneimitteln liegen die Zahlen etwas anders, 86,8% der nicht verschreibungspflichtigen Medikamente werden in einer öffentlichen Apotheke abgegeben und 13,2% gelangen über den Versandhandel an den Kunden[987]. Damit zeigt sich, dass an sich das Geschäft mit OTC-Medikamenten[988] die Haupteinnahmequelle für Versandapotheken darstellt[989]. Dabei darf aber

983 *BVerfGE* 11, 30 (44f.).

984 https://www.abda.de/fileadmin/assets/ZDF/ZDF_2018/ABDA_ZDF_2018_, S. 16 (Stand: 15.01.2019).

985 https://www.abda.de/fileadmin/assets/ZDF/ZDF_2018/ABDA_ZDF_2018_, S. 14 (Stand: 15.01.2019). Wobei sich diese Apotheken in 15.236 Einzelapotheken und 4.512 Filialapotheken aufteilen, *Korf*, Apothekenwirtschaftsbericht 2018, S. 27.

986 *Korf*, Apothekenwirtschaftsbericht 2018, S. 44.

987 *Korf*, Apothekenwirtschaftsbericht 2018, S. 44. Dabei muss Beachtung finden, dass im Jahr 2018 auch sogenannte Nichtarzneimittel eingerechnet wurden. Dies war im Jahr 2017 noch nicht der Fall: *Korf/Bauer*, Apothekenwirtschaftsbericht 2017, S. 33.

988 Zur Bedeutung des Begriffes OTC-Medikamente s.o. A., I., S. 17f., Fn. 27.

989 *Dettling*, S. 143.

nicht übersehen werden, dass zumindest DocMorris nach dem Wegfall der Preisbindung für verschreibungspflichtige Arzneimittel auch im Bereich der Rx-Medikamente einen Aufschwung erlebt[990]. Da die Preisbindung für Rx-Medikamente nach der hier vertretenen Auffassung sowohl mit dem Verfassungsrecht als auch mit dem Europarecht in Einklang steht und davon auszugehen ist, dass der Europäische Gerichtshof bei einer erneuten Vorlage dies ebenso entscheiden wird, soll dieser Aufschwung bei einer generalisierenden Betrachtung der Auswirkungen eines Versandverbotes für Rx-Medikamenten auf den Apothekerberuf außer Betracht bleiben. Legt man nun die Absatzzahlen zu Grunde, kann festgestellt werden, dass aktuell die typische Abgabe von Medikamenten nicht über den Versandhandel erfolgt, sondern Arzneimittel weitestgehend immer noch, und insbesondere verschreibungspflichtige Arzneimittel, in einer Präsenzapotheke abgegeben werden[991], sodass sich das Verbot des Rx-Versandhandels unter Zugrundelegung einer generalisierenden Betrachtung der Betroffenheit des Apothekerberufs nicht als Berufsausübungsregelung mit den Auswirkungen einer Berufswahlregelung darstellt. Diese Auslegung wird auch dadurch untermauert, dass einerseits reine Versandapotheken nach der geltenden Rechtslage nicht möglich sind, sondern der Versandweg nur ein zusätzlicher Weg zur Umsatzgenerierung für den Apotheker darstellt[992] und andererseits der Versandhandel mit OTC-Medikamenten auch nach dem Verbot des Versandhandels mit Rx-Medikamenten weiterhin möglich bleibt[993].

c) Verfassungsrechtliche Rechtfertigung

Eine Berufausübungsregelung, welche einen Eingriff auf der ersten Stufe der Drei-Stufen-Theorie darstellt, kann durch vernünftige Gründe des Gemeinwohls gerechtfertigt werden[994]. Bei der Beurteilung der verfassungsrechtlichen Rechtfertigung eines Rx-Versandhandelsverbotes müssen ins-

990 *Rohrer*, DocMorris steigert Rx-Umsatz um 10,2 Prozent; *Dettling*, S. 143.

991 Vgl. *Dettling*, S. 262, 272.

992 *Sodan*, Ausschussdrucks. 18(14)0257(11), S. 5; vgl. Wissenschaftlicher Dienst des Bundestages, WD 3-3000-241/16, S. 7; *Dettling*, S. 262, 272; *Senge/Hadamitzky*, in: Erbs/Kohlhaas, § 11a ApoG Rn. 3.

993 *Dettling*, S. 272.

994 *BVerfGE* 7, 377 (405); 30, 336 (351); 65, 116 (125); 77, 308 (332); *Povel*, S. 137; *Ruffert*, in: Epping/Hillgruber, Art. 12 GG Rn. 94; *Schmidt*, in: Müller-Glöge/Preis/Schmidt, Art. 12 GG Rn. 27; *Scholz*, in: Maunz/Dürig, Art. 12 GG Rn. 343.

besondere die veränderten Gegebenheiten und die damit verbundenen Entwicklungen, die mit dem Urteil des Europäischen Gerichtshofs aus dem Jahre 2016 zur Preisbindung für verschreibungspflichtige Arzneimittel[995] in Zusammenhang stehen, Berücksichtigung finden[996].

aa) Legitimer Zweck

Bei der Beurteilung der Frage, ob eine gesetzgeberische Maßnahme einem legitimen Zweck dient, kommt dem Gesetzgeber ein weiter Gestaltungsspielraum zu[997]. Es ist bereits ausreichend, wenn das Handeln des Gesetzgebers am Gemeinwohl orientiert ist[998], sodass bei gesetzgeberischen Entscheidungen nur in den seltensten Fällen ein legitimer Zweck zu verneinen ist[999]. Unter Zugrundelegung des Referentenentwurfs aus der 18. Legislaturperiode soll durch das Versandverbot für verschreibungspflichtige Arzneimittel insbesondere die flächendeckende Versorgung mit Arzneimitteln durch Präsenzapotheken sichergestellt werden, indem der nach der aktuell geltenden Rechtslage noch mögliche Preiswettbewerb durch das Versandverbot für Rx-Medikamente unmöglich gemacht wird[1000]. Eine solche ausreichende Versorgung ist nach der Ansicht des Gesetzgebers nur gegeben, wenn auch außerhalb der Öffnungszeiten ein Bezug der Arzneimittel in einem für den Krankheitsfall angepassten Zeitfenster und mit ausreichender Beratung möglich ist[1001]. Ferner sollen Gesundheitsgefahren vermieden werden, die durch finanzielle Anreize gesetzt werden könnten, beispielsweise wenn der Patient für die Einsendung eines Rezepts Geld

---

995 *EuGH*, Urt. v. 19.10.2016, Rs. C-148/15, ECLI:EU:C:2016:776 – Deutsche Parkinson Vereinigung.

996 *Dettling*, S. 276, 260f.; ähnlich aber verengt auf die Neubeurteilung möglicher Gesundheitsgefahren: Wissenschaftlicher Dienst des Bundestages, WD 3-3000-241/16, S. 8.

997 Vgl. *BVerfGE* 81, 156 (189); *Ipsen*, Rn. 673; vgl. *Ruffert*, in: Epping/Hillgruber, Art. 12 GG Rn. 88f.

998 *BVerfGE* 36, 47 (59); *Ipsen*, Rn. 673; vgl. *Kämmerer*, in: v. Münch/Kunig, Art. 12 GG Rn. 57.

999 *Dreier*, in: Dreier, Vorb. Rn. 146.

1000 https://www.bundesgesundheitsministerium.de/fileadmin/Dateien/3_Downloads/Gesetze_und_Verordnungen/GuV/V/Versandhandel-Verbot_RefE.pdf, S. 2, 9 (Stand: 15.01.2019).

1001 https://www.bundesgesundheitsministerium.de/fileadmin/Dateien/3_Downloads/Gesetze_und_Verordnungen/GuV/V/Versandhandel-Verbot_RefE.pdf, S. 2, 9 (Stand: 15.01.2019).

oder Gutscheine erhalten kann, da dies möglicherweise auch zu einer Verzögerung der Einnahme führen kann, um das Medikament über den Versandhandel zu beziehen[1002]. Überdies soll die im System der Gesetzlichen Krankenversicherung etablierte Zuzahlungsregelung gemäß § 31 Abs. 3 S. 1 SGB V iVm § 61 S. 1 SGB V abgesichert werden, da ansonsten das solidarisch aufgebaute System der Gesetzlichen Krankenversicherung in Gefahr geraten würde[1003].

Diese vom Gesetzgeber benannten Ziele laufen weitgehend parallel mit der Argumentation, warum eine Preisbindung für verschreibungspflichtige Arzneimittel gerechtfertigt ist[1004]. Mithin wird durch ein Versandhandelsverbot für Rx-Medikamente vordringlich versucht, den Gefahren, die nun durch den im EU-Ausland möglichen Preiswettbewerb drohen, zu begegnen[1005]. Wünschenswert wäre unter Betrachtung der Einwirkungsmöglichkeiten des Europarechts der Einbezug von zwei Aspekten. Die zur Rechtfertigung eines Versandhandelsverbotes verwendeten Argumente und Begründungen müssen unter Berücksichtigung des Preisbindungsurteils aus dem Jahr 2016[1006] mit hinreichenden Daten und Nachweisen unterlegt werden[1007]. Überdies empfiehlt es sich unter Berücksichtigung des Urteils des Europäischen Gerichtshofs aus dem Jahr 2003, dass auch die Gefahren des Vertriebsweges[1008] in die Begründung aufgenommen werden. Der Europäische Gerichtshof hat 2003 ein Versandhandelsverbot für Rx-Medikamente aufgrund der damit verbundenen Gefahren, die durch die Abgabe von verschreibungspflichtigen Arzneimitteln im Wege des Versandes ohne Beratung in einem persönlichen Gespräch entstehen können,

1002 https://www.bundesgesundheitsministerium.de/fileadmin/Dateien/3_Downloads/Gesetze_und_Verordnungen/GuV/V/Versandhandel-Verbot_RefE.pdf, S. 11 (Stand: 15.01.2019).

1003 https://www.bundesgesundheitsministerium.de/fileadmin/Dateien/3_Downloads/Gesetze_und_Verordnungen/GuV/V/Versandhandel-Verbot_RefE.pdf, S. 2, 9 (Stand: 15.01.2019).

1004 S.o. B., I., 1., d), aa), (1), S. 57ff.; *Dettling*, S. 274f.

1005 Wissenschaftlicher Dienst des Bundestages, WD 3-3000-041/17, S. 4.

1006 *EuGH*, Urt. v. 19.10.2016, Rs. C-148/15, ECLI:EU:C:2016:776 – Deutsche Parkinson Vereinigung.

1007 S.o. B., II., 3., c), cc), (1), S. 104ff.

1008 Diese Differenzierung zwischen den Gefahren des Preiswettbewerbs und des Vertriebsweges ist auch in Wissenschaftlicher Dienst des Bundestages, WD 3-3000-241/16, S. 8; Wissenschaftlicher Dienst des Bundestages, WD 3-3000-041/17, S. 4 angelegt.

als gerechtfertigt eingestuft[1009]. Auch wenn diese europarechtlichen Aspekte für die Frage eines legitimen Zwecks im nationalrechtlichen Sinne unerheblich sind, da der gesetzgeberische Wertungsspielraum im Rahmen einer grundrechtlichen Prüfung nicht von den Vorgaben des Europäischen Gerichtshofs determiniert wird[1010], empfiehlt es sich doch, diese beiden Aspekte bei der Fassung eines Gesetzentwurfs zu beachten, um einer richterlichen Überprüfung nicht nur vor dem Bundesverfassungsgericht, sondern auch vor dem Europäischen Gerichtshof standhalten zu können.

bb) Geeignetheit der Maßnahme

Die Schaffung eines Verbotes für den Rx-Versandhandel ist geeignet, wenn dadurch ein gemeinwohlorientierter Zweck gefördert wird[1011], wobei bereits die Möglichkeit der Zweckerreichung als ausreichend eingestuft wird[1012]. Bei der Beurteilung der Frage der Geeignetheit kommt dem Gesetzgeber üblicherweise ein recht weitgehender Einschätzungsspielraum zu[1013]. Je nach der zu regelnden Sachmaterie, der Bedeutung der beeinträchtigten Rechtsgüter und den Erkenntnismöglichkeiten des Gesetzgebers[1014] misst das Bundesverfassunsgericht gesetzgebererische Maßnahme an einem Evidenzmaßstab[1015], an einer Vertretbarkeitskontrolle[1016] oder unterwirft besonders sensible Bereiche bereits auf dieser Ebene einer intensiveren inhaltlichen Kontrolle[1017]. Für die Einschlägigkeit einer inhaltlich strikteren Kontrolle bei der verfassungsrechtlichen Überprüfung eines Rx-Versandhandelsverbotes spricht das Urteil des Bundesverfassungsgerichts aus dem Jahr 2003, welches sich auch mit der Verfassungskonformität eines Versandhandelsverbotes zu befassen hatte, dabei stand der Versand

---

1009 *EuGH*, Urt. v. 11.12.2003, Rs. C-322/01, ECLI:EU:C:2003:664 – Deutscher Apothekerverband, Rn. 119.

1010 Wissenschaftlicher Dienst des Bundestages, WD 3-3000-241/16, S. 5.

1011 *Ipsen*, Rn. 675.

1012 *BVerfGE* 96, 10 (23); 100, 313 (373); 103, 293 (307); 113, 167 (234); 115, 276 (308); 116, 202 (224); 117, 163 (188f.); 126, 112 (144); *Sachs*, in: Sachs, Art. 20 GG Rn. 150.

1013 Vgl. *Breuer*, in: HStR VIII, § 171 Rn. 23; *Ipsen*, Rn. 675; *Wieland*, in: Dreier, Art. 12 GG Rn. 116ff.

1014 *BVerfGE* 50, 229 (332); Wissenschaftlicher Dienst des Bundestages, WD 3-3000-241/16, S. 5; *Sachs*, in: Sachs, Art. 20 GG Rn. 151.

1015 *Dreier*, in: Dreier, Vorb. Rn. 147.

1016 *BVerfGE* 25, 1 (12f., 17); 30, 250 (263); 39, 210 (225f.).

1017 *BVerfGE* 7, 377 (415); 11, 30 (45); 17, 269 (276ff.).

von Impfstoffen an Ärzte auf dem Prüfstand[1018]. Dabei betonte das Bundesverfassungsgericht mehrere auch im vorliegenden Fall wichtige Aspekte: Eine reine Behauptung über die Notwendigkeit einer staatlichen Maßnahme zum Schutz der Gesundheit ist im Falle eines Versandhandelsverbotes nicht ausreichend, vielmehr muss die Notwendigkeit auf der Basis von tatsächlichen Erkenntnissen hinreichend plausibel dargelegt werden[1019]. Ferner müssen neben Weiterentwicklungen im technischen Bereich, die zu einer Veränderung des Produktionsweges und des Vertriebsweges führen, auch die Erfahrungen in verwandten Rechtsgebieten und eine bereits bestehende mildere Rechtslage bei der Beurteilung einer staatlichen Regelung Beachtung finden[1020].

Da das Versandhandelsverbot für Rx-Medikamente in der Ausgestaltung des Referentenentwurfes von ähnlichen Argumenten getragen wird[1021] wie die Arzneimittelpreisbindung und es sich bei beiden Maßnahmen um eine Berufsausübungsregelung handelt, kann in zwei Beschlüssen des Bundesverfassungsgerichts zumindest ein Indiz für die Verhältnismäßigkeit des Rx-Versandhandelsverbotes gesehen und damit auch auf die Geeignetheit des Rx-Versandhandelsverbotes geschlossen werden[1022]. Bereits im Jahr 2015 hat das Bundesverfassungsgericht in einem obiter dictum[1023] die Vermutung geäußert, dass die Arzneimittelpreisbindung für verschreibungspflichtige Medikamente mit der Verfassung in Einklang zu bringen ist[1024]. Dies wurde in einem Beschluss des Bundesverfassungsgerichts im Jahre 2017 nochmals bekräftigt, bei dem es bei der Begründung einer Nichtannahme einer Verfassungsbeschwerde zur Entscheidung argumentiert, dass das Vorbringen des Beschwerdeführers eine Auseinandersetzung mit der Rechtsprechung zur Verhältnismäßigkeit der Preisbindung für Rx-Medikamente vermissen lässt[1025]. Diese Indizien sprechen für die Geeignetheit der Maßnahme, entbinden aber nicht von einer separaten Feststellung der Geeignetheit des Rx-Versandhandelsverbotes. Solange die Preisbindung für verschreibungspflichtige Arzneimittel im grenzüberschreitenden Verkehr nicht einzuhalten ist, ist das Versandhandelsverbot für Rx-Medikamente

---

1018 *BVerfGE* 107, 186 (187ff.).

1019 *BVerfGE* 107, 186 (197).

1020 *BVerfGE* 107, 186 (197).

1021 *Dettling*, S. 274; *Wodarz*, PharmR 2017, 131 (134).

1022 *Dettling*, S. 274.

1023 S.o. B., I., S. 33.

1024 *BVerfG*, Beschluss v. 04.11.2015 – 2 BvR 282/13, 2 BvQ 56/12, NJW 2016, 1436, Rn. 17.

1025 *BVerfG*, Beschluss v. 02.02.2017 – 2 BvR 787/16, BeckRS 2017, 102176, Rn. 31.

durch die mittelbare Ausschaltung des Preiswettbewerbes zumindest zweckfördernd, um die flächendeckende Versorgung mit Arzneimitteln sicherzustellen[1026]. Ferner wird auch die Steuerungsfunktion der Zuzahlung aufrechterhalten, da keine Kompensation der Zuzahlungspflicht gemäß § 31 Abs. 3 SGB V über Boni erfolgen kann[1027]. Die Aufrechterhaltung dieser Steuerungsinstrumente dient einem bedachten Umgang mit den gesundheitsfördernden und gesundheitserhaltenden Ressourcen und damit der Stabiliät des Systems der Gesetzlichen Krankenversicherung[1028]. Damit werden auch Fehlanreize vermieden, die zu einem überhöhten Arzneimittelkonsum führen könnten[1029].

Neben den Risiken durch den Preiswettbewerb mit ausländischen EU-Versandhandelsapotheken ist ein Rx-Versandhandelsverbot auch dazu geeignet, die Risiken zu vermeiden, die durch die Abgabe im Versandweg entstehen können[1030]. Bei der Argumentation mit den Risiken des Vertriebsweges muss Berücksichtigung finden, dass der Versandhandel seit 2004 sowohl für OTC- als auch für Rx-Medikamente freigeben ist und eine solche weniger in die Rechte des Grundrechtsträgers eingreifende Regelung bei einer Novellierung Beachtung finden muss[1031]. Wird dies durch den Gesetzgeber hinreichend berücksichtigt, ist davon auszugehen, dass das Rx-Versandhandelsverbot auch einer verstärkten inhaltlichen Kontrolle des Bundesverfassungsgerichts standhalten kann.

cc) Erforderlichkeit der Maßnahme

Das Versandhandelsverbot für Rx-Medikamente ist erforderlich, wenn keine gleich wirksame und mildere Maßnahme denkbar ist[1032]. Mit anderen Worten darf dem Gesetzgeber keine andere Möglichkeit der Regelung verbleiben, die das angestrebte Ziel in gleicher Weise erfüllt, aber die grund-

---

1026 *Sodan*, Ausschussdrucks. 18(14)0257(11), S. 4; Wissenschaftlicher Dienst des Bundestages, WD 3-3000-241/16, S. 8; vgl. *Dettling*, S. 274f.

1027 Wissenschaftlicher Dienst des Bundestages, WD 3-3000-041/17, S. 10f.

1028 Wissenschaftlicher Dienst des Bundestages, WD 3-3000-041/17, S. 11.

1029 Wissenschaftlicher Dienst des Bundestages, WD 3-3000-041/17, S. 11.

1030 Wissenschaftlicher Dienst des Bundestages, WD 3-3000-241/16, S. 8; *Starck*, DÖV 2008, 389 (391f.).

1031 *BVerfGE* 107, 186 (197).

1032 *BVerfGE* 53, 135 (145); 67, 157 (176); 68, 193 (218f.); *Dreier*, in: Dreier, Vorb. Rn. 148; vgl. *Hesse*, Rn. 318; *Huster/Rux*, in: Epping/Hillgruber, Art. 20 GG Rn. 196; *Jarass*, in: Jarass/Pieroth, Art. 20 GG Rn. 119.

rechtlichen Freiheiten weniger belastet[1033]. Bei der Beurteilung dieser Frage kommt dem Gesetzgeber ein weiter Einschätzungs- und Prognosespielraum zu[1034]. Im Falle von drohenden Gefahren für die Allgemeinheit ist der Spielraum des Gesetzgebers nach der Rechtsprechung des Bundesverfassungsgerichts erst überschritten, wenn die damit verbundenen Überlegungen so von Fehlern behaftet sind, dass sie unter Zugrundelegung vernünftiger Maßstäbe nicht geeignet sind, die angestrebte Maßnahme zu tragen[1035]. Dabei muss beachtet werden, dass dieser Einschätzungsspielraum dem Gesetzgeber insbesondere bei der Vorbereitung eines neuen Gesetzes zukommt[1036]. Stellt der Gesetzgeber anschließend fest, dass die mit dem Gesetz herbeigeführte Lösung unzureichend ist, muss er diese Entscheidung korrigieren[1037]. Als mildere und möglicherweise gleich wirksame Maßnahmen kommt einerseits eine komplette Preisfreigabe in Betracht oder das Wiederaufleben der Preisbindung für Rx-Medikamente auch im grenzüberschreitenden Verkehr. Dabei muss Beachtung finden, dass im vorliegenden Fall durch eine nicht ausreichende Arzneimittelversorgung eine drohende Gesundheitsgefahr für die Allgemeinheit entstehen kann und damit dem Gesetzgeber im nationalen Kontext ein weitgehender Spielraum zukommt.

(1) Preiswettbewerb

Unter dem Oberbegriff des Preiswettbewerbs können mehrere Unterfälle gebildet werden. Einerseits hat Generalanwalt *Szpunar* in seinen Schlussanträgen zur Entscheidung Deutsche Parkinsion Vereinigung Höchstprei-

---

1033 Zu der Erforderlichkeit im Allgemeinen: *BVerfGE* 100, 313 (375); 110, 141 (164); 115, 276 (309); 116, 202 (225); 117, 163 (189); 118, 168 (193f.); 120, 274 (321); *Hofmann*, in: Schmidt-Bleibtreu/Hofmann/Henneke, Art. 20 GG Rn. 72; *Huster/Rux*, in: Epping/Hillgruber, Art. 20 GG Rn. 196; *Leisner*, in: Sodan, Art. 20 GG Rn. 68; *Sommermann*, in: v. Mangoldt/Klein/Starck, Art. 20 Abs. 3 GG Rn. 314.

1034 *BVerfGE* 81, 156 (193f.); 90, 145 (173); 104, 337 (347f.); auch ableitbar aus *Burk*, S. 122f.; *Hofmann*, in: Schmidt-Bleibtreu/Hofmann/Henneke, Art. 20 GG Rn. 72; *Jarass*, in: Jarass/Pieroth, Art. 20 GG Rn. 123; *Povel*, S. 147.

1035 *BVerfGE* 30, 292 (317); 37, 1 (20); 77, 84 (106); 110, 141 (158).

1036 *BVerfGE* 25, 1 (17); *Jarass*, in: Jarass/Pieroth, Art. 20 GG Rn. 122.

1037 *BVerfGE* 25, 1 (13); 50, 290 (335); 57, 139 (162f.); 95, 267 (314f.); *Jarass*, in: Jarass/Pieroth, Art. 20 GG Rn. 122.

se als milderes, aber gleich wirksames Mittel präferiert[1038]. Andererseits wurde durch den Europäischen Gerichtshof eine Freigabe des Preiswettbewerbs angedacht[1039], der dann von *May/Bauer/Dettling* wieder aufgegriffen wurde[1040]. All diese Lösungsansätze wurden ebenso bei der Frage der Erforderlichkeit der Preisbindung für verschreibungspflichtige Arzneimittel vorgetragen, dies begründet sich damit, dass das Rx-Versandhandelsverbot vordringlich eingeführt werden soll, um den nun möglichen Preiswettbewerb durch ausländische Versandhandelsapotheken zu unterbinden[1041]. Bereits im Rahmen der Prüfung der Verfassungskonformität der Preisbindung für Rx-Medikamente zeigte sich, dass diese Maßnahmen zwar milder, aber nicht gleich wirksam sind, um die flächendeckende Versorgung zu erhalten[1042].

Bezieht man auch die möglichen Gesundheitsgefahren ein, denen durch das Versandhandelsverbot für Rx-Medikamente begegnet werden soll, kommen als mildere Maßnahmen Beratungs-, Dokumentations- und Kontrollpflichten für Versandhandelsapotheken in Frage, wie sie heute bereits in § 11a S. 1 Nr. 2, Nr. 3 ApoG; § 17 Abs. 2a ApBetrO bestehen[1043]. Dabei darf aber nicht vergessen werden, dass die Versandapotheken momentan neben den Präsenzapotheken bestehen und diese Pflichten bei einem Nebeneinander von Versandhandelsapotheken und Präsenzapotheken gelten. Den Präsenzapotheken kann möglicherweise im Falle des Versagens des

1038 Generalanwalt *Szpunar*, Schlussanträge v. 02.06.2016, Rs. C-148/15, ECLI:EU:C:2016:394 – Deutsche Parkinson Vereinigung, Rn. 77.

1039 *EuGH*, Urt. v. 19.10.2016, Rs. C-148/15, ECLI:EU:C:2016:776 – Deutsche Parkinson Vereinigung, Rn. 38.

1040 *May/Bauer/Dettling*, S. 115f.

1041 S.o. D., I., 1., c)., aa), S. 181ff.

1042 S.o. B., I., 1., d), aa), (3), S. 62ff.; explizit für die vorliegende Erforderlichkeit bei der Verhältnismäßigkeit eines Rx-Versandhandelsverbotes: *Sodan*, Ausschussdrucks. 18(14)0257(11), S. 4; Wissenschaftlicher Dienst des Bundestages, WD 3-3000-241/16, S. 9; a.A. *Wodarz*, PharmR 2017, 131 (135) dieser verneint ein Risiko für die flächendeckende Versorgung durch den Versandhandel mit Rx-Arzneimitteln und damit auch die Erforderlichkeit des Rx-Versandverbotes. *Hauck*, NZS 2017, 161 (163) verneint ohne differnzierte Prüfung die Verhältnismäßigkeit eines Rx-Versandverbotes.

1043 Vgl. Wissenschaftlicher Dienst des Bundestages, WD 3-3000-241/16, S. 8f.; ähnlich in der Argumentation, begründet aber die fehlende Erforderlichkeit auch mit dem Argument, dass mit Hinweisen, wie man mit Arzneimitteln ordnungsgemäß umgeht, den möglichen gesundheitsgefährdenden Fehlanreizen durch Boni nicht begegnet werden kann (Wissenschaftlicher Dienst des Bundestages, WD 3-3000-041/171, S. 12). *Kloesel/Cyran*, § 43 AMG Rn. 37a.

Versandhandels eine Art Back-up-Funktion zukommen[1044]. Diese Back-up-Funktion der Präsenzapotheken ist zum Schutz der Gesundheit umso wichtiger, wenn man bedenkt, dass Versandhandelsapotheken auf technische Hilfsmittel angewiesen sind[1045]. Die Beratung durch die Versandhandelsapotheken erfolgt durch Telefon und Video[1046]. Mag man der telefonischen Beratung bereits aufgrund der nicht physischen Wahrnehmbarkeit des Gegenübers die Vergleichbarkeit mit einer Face-to-Face-Beratung absprechen[1047], wird bei einer Video-Beratung zumindest ein Teil des kranken und mit Medikamenten zu versorgenden Menschen dargestellt. Neben dem Defizit, dass im Rahmen einer Videoberatung immer wechselnde Personen die Beratung ausführen[1048], setzt man durch die Notwendigkeit technischer Hilfsmittel, wie beispielsweise einer Videoübertragung, den sensiblen Bereich der Gesundheitsversorgung dem Risiko eines technischen Ausfalls aus. Fehlt es an einer flächendeckenden Versorgung kann ein solcher Ausfall der Technik bzw. des Internets nur mit entsprechenden Schwierigkeiten und Komplikationen durch eine Präsenzapotheke ausgeglichen werden. Ferner muss beachtet werden, dass in einer Notsituation eine zeitnahe Versorgung mit Arzneimitteln notwendig ist[1049], die auch bei einer komplikationslosen Versendung aufgrund der Bearbeitung der Bestellung, welche gemäß § 11a S. 1 Nr. 3 lit. a ApoG im Regelfall in zwei Arbeitstagen zu erfolgen hat und dann noch über den Versandweg zu dem Patienten gelangen muss, nicht gewährleistet werden kann. Mithin muss die Flächendeckung der Versorgung kumulativ mit den Risiken, der Verwendung von Technik und der mangelnden Handlungsfähigkeit des Versandhandels in Notsituationen bei der Beurteilung einer milderen Maß-

---

1044 Dieser Back-up-Funktion wird bereits heute zugeschrieben, dass in den Jahren des Versandhandels keine Gesundheitsgefahren eingetreten sind (*Dettling*, S. 168ff.). Ausführlich zu der Leistungsfähigkeit des Versandhandels die Studie von *Kaapke*, S. 5ff. Dabei wurden 400 Testkäufe durchgeführt, es zeigte sich zumindest, dass nicht alles reibungslos verlief, beispielsweise wurde die Kühltemperatur nicht immer eingehalten (*Kaapke*, S. 7, 50f.) oder das Paket wurde an andere Personen ausgehändigt oder abgestellt (*Kaapke*, S. 7, 50f., 53ff.).

1045 *Sodan*, Ausschussdrucks. 18(14)0257(11), S. 6.

1046 Als Beispiel können die Beratungsangebote von DocMorris genannt werden. Dort besteht bei einer Bestellung von Arzneimitteln die Beratungsmöglichkeit über Telefon (https://www.docmorris.de/ratgeber/beratung/persoenliche-beratung (Stand: 15.01.2019)) oder Video (https://www.docmorris.de/service/beratung/video-livechat (Stand:15.01.2019)).

1047 Vgl. *Dettling*, S. 158f.

1048 *Dettling*, S. 160f.

1049 *Sodan*, Ausschussdrucks. 18(14)0257(11), S. 6.

nahme als ein Rx-Versandhandelsverbot bedacht werden, sodass die Freigabe des Preiswettbewerbs, unabhängig in welcher Form, insbesondere auch unter Betrachtung der technischen Risiken und der damit verbundenen möglichen Gesundheitsgefahren keine mildere, gleich wirksame Maßnahme darstellt.

(2) Wiederaufleben der Preisbindung für Rx-Medikamente

Als mildere und gleich wirksame Maßnahme kommt der hier präferierte Weg, das Wiederaufleben der Preisbindung für Rx-Medikamente auch im grenzüberschreitenden Verkehr, in Betracht[1050], da dadurch die flächendeckende Versorgung erhalten bleibt, wie es zumindest die Studie von *May/ Bauer/Dettling* nahelegt, und dadurch die möglichen Gesundheitsgefahren für die Bevölkerung, die bei einem Versagen der Versandapotheken auftreten können, aufgefangen werden können[1051]. Da nach der aktuellen Rechtslage und entgegen der hier vertretenen Auffassung die Preisbindung für verschreibungspflichtige Arzneimittel im grenzüberschreitenden Verkehr aufgrund der Entscheidung des Europäischen Gerichtshofs vom 19.10.2016 und des Anwendungsvorrangs des Europarechts nicht eingreift, kann es sich dabei auch nicht um ein gleich wirksames, aber milderes Mittel handeln.

(3) Zwischenbefund

Mithin stellt das Versandhandelsverbot für Rx-Medikamente eine erforderliche Maßnahme dar.

dd) Angemessenheit der Maßnahme

Die Angemessenheit einer staatlichen Maßnahme kann bejaht werden, wenn ein angemessener Ausgleich zwischen der Schwere des Eingriffs in das Grundrecht und der Wichtigkeit des öffentlichen Zwecks, der mit der

---

1050 S.o. B., S. 32ff.
1051 *May/Bauer/Dettling*, S. 111.

Maßnahme verfolgt wird, gegeben ist[1052]. Mithin muss eine adäquate Zweck-Mittel-Relation gegeben sein[1053]. Das Rx-Versandhandelsverbot stellt eine Berufausübungsregelung dar[1054], die zur Erhaltung der flächendeckenden Versorgung beiträgt und damit die Volksgesundheit schützt und erhält.

Die Volksgesundheit kann als vernünftiger Grund des Gemeinwohls eingestuft werden, da mit dem Argument des Schutzes der Volksgesundheit sogar objektive Zulassungsschranken grundsätzlich gerechtfertigt werden können[1055]. Mehrere Aspekte sprechen dafür, dass das Versandhandelsverbot für Rx-Medikamente einen angemessenen Ausgleich zwischen den Interessen der Berufsträger und den Interessen der Allgemeinheit darstellt. Auch wenn den Versandapotheken der Umsatz mit der Versendung von Rx-Medikamenten entfällt[1056], verbleibt ihnen die Möglichkeit der Versendung von OTC-Medikamenten und die Abgabe von OTC- und Rx-Medikamenten in einer Präsenzapotheke, da ein reiner Versandhandel mit Arzneimitteln nach der geltenden Rechtslage nicht möglich ist[1057]. Überdies muss beachtet werden, dass Versandapotheken gemäß § 17 Abs. 2b ApoBetrO beispielsweise bestimmte Arzneimittelwirkstoffe nicht versenden dürfen[1058] oder von den Versandapothekern bestimmte Rezepturen gemäß § 7 ApoBetrO, deren Bereitstellung auch für eine ordnungsgemäße Versorgung mit Arzneimitteln notwendig ist, nicht hergestellt und vertrieben werden[1059]. Ferner kann unter den aktuellen technischen Gegebenheiten ein Medikament in einer Notsituation im Wege des Versandes nicht ausreichend schnell zur Verfügung gestellt werden[1060].

1052 *BVerfGE* 50, 217 (227); 99, 202 (212f.); 105, 17 (36); 115, 320 (345f.); 118, 168 (195f.); 120, 274 (321f.); 133, 277 (322f.); *Dreier*, in: Dreier, Vorb. Rn. 149.

1053 *Dreier*, in: Dreier, Vorb. Rn. 149.

1054 S.o. D., I., b), bb), S. 175ff.

1055 *BVerfGE* 7, 377 (414); 9, 39 (52); 17, 269 (276); *Povel*, S. 137; *Scholz*, in: Maunz/Dürig, Art. 12 GG Rn. 352; *Umbach*, in: Umbach/Clemens, Art. 12 GG Rn. 100f.

1056 Wissenschaftlicher Dienst des Bundestages, WD 3-3000-241/16, S. 9.

1057 *Dettling*, S. 277f.

1058 *Cyran/Rotta*, § 17 ApoBetrO Rn. 625ff.; *Kloesel/Cyran*, § 43 AMG Rn. 33.

1059 https://www.docmorris.de/rezepteinloesen?navnode=redeemPrescription (Stand: 15.0.2019).

1060 *Kaapke*, S. 7, 42ff. *Kaapke* anaylisiert auch die aktuelle Versanddauer. 69,1 % der Lieferungen benötigten 2-3 Arbeitstage.

Damit zeigt sich, dass durch die Versandhandelsapotheken keine Vollversorgung und keine Versorgung in einer Notsituation möglich ist[1061].

Mithin wird durch die verbleibenden Tätigkeitsbereiche einer versendenden Apotheke und der enormen Bedeutung einer ordnungsgemäßen Versorgung mit verschreibungspflichtigen Arzneimitteln ein angemessener Ausgleich zwischen den Interessen der Berufsträger und dem Gesundheitsschutz der Bevölkerung vorgenommen.

d) Ergebnis

Ein Versandhandelsverbot für Rx-Medikamente wäre mit der Berufsfreiheit in Einklang zu bringen[1062].

2. Vereinbarkeit mit Art. 14 Abs. 1 GG

Teilweise wird argumentiert, dass ein Versandhandelsverbot für Rx-Medikamente in das Eigentumsgrundrecht der versendenden Apotheken eingreifen würde[1063]. Mithin ist neben der Vereinbarkeit mit Art. 12 Abs. 1 GG fraglich, ob ein Rx-Versandhandelsverbot auch mit Art. 14 Abs. 1 GG in Einklang zu bringen ist[1064].

a) Verhältnis des Art. 14 Abs. 1 GG zu Art. 12 Abs. 1 GG

Da das Rx-Versandhandelsverbot bereits in den Schutzbereich der Berufsfreiheit gemäß Art. 12 Abs. 1 GG fällt, ist fraglich, ob und inwieweit neben dem Schutz durch die Berufsfreiheit dem Einzelnen auch noch Schutz über das Eigentumsgrundrecht zuteilwerden kann. Das Eigentumsgrund-

---

1061 Vgl. *EuGH*, Urt. v. 19.10.2016, Rs. C-148/15, ECLI:EU:C:2016:776 – Deutsche Parkinson Vereinigung, Rn. 24; vgl. *An der Heiden/Meyrahn*, Gutachten BMWi, S. 11; *Dettling*, S. 174.

1062 Im Ergebnis ähnlich: *Sodan*, Ausschussdrucks. 18(14)0257(11), S. 4ff.; Wissenschaftlicher Dienst des Bundestages, WD 3-3000-241/16, S. 8; Wissenschaftlicher Dienst des Bundestages, WD 3-3000-041/17, S. 12.

1063 https://www.pharmazeutische-zeitung.de/index.php?id=70761 (Stand: 15.01.2019).

1064 *Koenig/Bache*, PharmR 2009, 261 (267f.).

recht des Art. 14 Abs. 1 GG stellt ein normativ geprägtes Grundrecht[1065] dar, sodass unter den Eigentumsbegriff jedes vermögenswerte Recht gefasst werden kann, welches dem Berechtigten zur privaten Nutzung und zu eigener Verfügung durch die Rechtsordnung überlassen wurde[1066]. Nach der Rechtsprechung des Bundesverfassungsgerichts und Teilen der Literatur wird durch Art. 14 Abs. 1 GG der Bestand an vermögenswerten Gütern, die das Individuum durch Arbeit und Anstrengung erschaffen hat, mithin das Ergebnis einer Betätigung, also das bereits „Erworbene“ geschützt[1067]. Durch Art. 12 Abs. 1 GG wird hingegen der Erwerb geschützt[1068], also die Leistung eines Einzelnen und die Erhaltung seiner Existenz[1069]. *Wieland* verwendet als Gegensatzpaare die Objektbezogenheit des Eigentumsrechts, sodass dabei die „Innehabung und Verwendung vorhandener Vermögensgüter durch einen Akt öffentlicher Gewalt betroffen“ sein kann und die Zukunftsgerichtetheit der Berufsfreiheit, sodass die „individuelle Erwerbs- und Leistungstätigkeit“ durch einen Akt öffentlicher Gewalt betroffen sein kann[1070].

Eine etwas weitergehende Ansicht plädiert grundsätzlich auch für eine genaue Abgrenzung der beiden Grundrechte, nimmt aber in Ausnahmefällen an, dass ein Nebeneinanderstehen der Grundrechte möglich sei[1071]: Diene der Akt der öffentlichen Gewalt neben erwerbsbezogenen Zwecken auch objektbezogenen Zwecken, dann sei es möglich, dass die beiden Grundrechte nebeneinander stehen[1072].

Ferner wird in der Literatur teilweise vertreten, dass diese beiden Grundrechte immer in Idealkonkurrenz zueinander stünden, sodass beide

---

1065 *Axer*, in: Epping/Hillgruber, Art. 14 GG Rn. 7.

1066 *BVerfGE* 53, 257 (290); 89, 1 (6); 101, 239 (258); *Bryde*, in: v. Münch/Kunig, Art. 14 GG Rn. 12; *Jarass*, in: Jarass/Pieroth, Art. 14 GG Rn. 6. Dabei ist nicht der zivilrechtliche Eigentumsbegriff maßgeblich, eine Eigentumsposition im Sinne des Art. 14 I GG kann sich vielmehr auch aus dem öffentlichen Recht ergeben (*Bryde*, in: v. Münch/Kunig, Art. 14 GG Rn. 12, 25ff.; *Hesse*, Rn. 444; *Wieland*, in: Dreier, Art. 14 GG Rn. 48).

1067 *BVerfGE* 30, 292 (334f.); 65, 237 (248); 82, 209 (234f.); 102, 26 (40); *Jarass*, in: Jarass/Pieroth, Art. 12 GG Rn. 3; *Wieland*, in: Dreier, Art. 14 GG Rn. 202.

1068 *BVerfGE* 30, 292 (334f.); *Jarass*, in: Jarass/Pieroth, Art. 12 GG Rn. 3; *Wieland*, in: Dreier, Art. 14 GG Rn. 202.

1069 *Wieland*, in: Dreier, Art. 14 GG Rn. 202.

1070 *Wieland*, in: Dreier, Art. 14 GG Rn. 202.

1071 *BVerfGE* 8, 71 (79ff.); 21, 150 (154ff., 160); 50, 290 (339ff., 361ff.); *Kämmerer*, in: v. Münch/Kunig, Art. 12 GG Rn. 98; *Papier/Shirvani*, in: Maunz/Dürig, Art. 14 GG Rn. 353.

1072 *Kämmerer*, in: v. Münch/Kunig, Art. 12 GG Rn. 98; *Papier/Shirvani*, in: Maunz/Dürig, Art. 14 GG Rn. 353.

Grundrechte mit ihren jeweiligen Voraussetzungen nebeneinander geprüft werden könnten[1073].

Gegen die Idealkonkurrenz der Berufsfreiheit und des Eigentumgrundrechts spricht einerseits die dogmatische Klarheit und andererseits, dass mit der Anwendung beider Grundrechte nebeneinander für den Bürger meist kein verstärkter Grundrechtsschutz verbunden ist[1074], denn ein Akt der öffentlichen Gewalt, der einen verfassungsgemäßen Eingriff in die Berufsfreiheit darstellt, wird auch den verfassungsmäßigen Vorgaben des Art. 14 Abs. 1 GG genügen[1075].

aa) Aufnahme des Betriebes einer Apotheke mit Versandhandel

Unabhängig von der Frage, welcher der drei erstgenannten Ansichten man zuneigt, wird Apotheken, die nun den Versand von Arzneimitteln erst aufnehmen möchten, durch das Rx-Versandverbot nichts genommen, was ihnen bereits als Eigentumsposition zusteht, vielmehr entfällt durch das Rx-Versandhandelsverbot eine Erwerbschance in der Zukunft, nämlich durch die Versendung von Rx-Medikamenten Einnahmen zu generieren[1076]. Damit ist nach allen drei vertretenen Ansichten das Eigentumsgrundrecht gemäß Art. 14 Abs. 1 GG nicht einschlägig[1077], denn, um mit den Worten von *Wieland*[1078] zu sprechen, geht es bei der Aufnahme einer Tätigkeit als Versandhändler für verschreibungspflichtige Medikamente nicht um die

1073 *Mann*, in: Sachs, Art. 12 GG Rn. 197; so wohl auch zu verstehen *Scholz*, in: Maunz/Dürig, Art. 12 GG Rn. 130, dabei bezieht er sich auf ein Urteil des Bundesverfassungsgerichts (*BVerfGE* 50, 265 (262) mit dem Wortlaut, dass beide Grundrechte „selbstständige Bedeutung“ haben. Aus dieser Aussage ist der Schluss, dass zwischen den Grundrechten Idealkonkurrenz besteht zumindest nicht zwingend. *Wendt*, in: Sachs, Art. 14 GG Rn. 186 m.w.N.

1074 *Bryde*, in: v. Münch/Kunig, Art. 14 GG Rn. 104; *Kämmerer*, in: v. Münch/Kunig, Art. 12 GG Rn. 98; *Wieland*, in: Dreier, Art. 14 GG Rn. 203.

1075 *Bryde*, in: v. Münch/Kunig, Art. 14 GG Rn. 104; *Kämmerer*, in: v. Münch/Kunig, Art. 12 GG Rn. 98; *Papier/Shirvani*, in: Maunz/Dürig, Art. 14 GG Rn. 353; *Wieland*, in: Dreier, Art. 14 GG Rn. 203.

1076 *Koenig/Bache*, PharmR 2009, 261 (267); auch in diese Richtung, aber nicht differenzierend zwischen Apotheken, die eine Versandstruktur aufbauen möchten und Apotheken, die schon eine haben: *Starck*, DÖV 2008, 389 (393).

1077 Entweder verneint man bereits die Idealkonkurrenz zwischen diesen beiden Grundrechten oder es scheitert an dem nicht gegebenen Entzug eines vermögenswerten Rechts, sodass der Schutzbereich nicht eröffnet ist.

1078 S.o. D., I., 2., a), S. 191ff.

Verwendung einer bereits vorhandenen Infrastruktur zum Versand, sondern um die individuelle Ausübung der Erwerbstätigkeit.

bb) Apotheker mit bereits bestehender Versandstruktur

Da einige Versandapotheker in eine Unternehmensstruktur investiert haben, die insbesondere zur Abwicklung des Versandhandels genutzt wird, welcher aktuell verschreibungspflichtige und verschreibungsfreie Arzneimittel umfasst, liegt auf den ersten Blick Idealkonkurrenz nahe. Denn ein Teil dieser Strukur, also das bereits „Erworbene“, kann durch das Rx-Versandverbot nicht mehr oder nur noch für den OTC-Versand genutzt werden. Mithin wird durch das Rx-Versandverbot nicht nur der zukünftige „Erwerb“ mit dem Vertrieb von Rx-Medikamenten auf dem Versandweg unmöglich gemacht, sondern auch die bereits bestehende Struktur und damit die „Verwendung vorhandener Vermögensgüter durch einen Akt öffentlicher Gewalt betroffen“[1079]. Dem steht aber die überzeugende Rechtsprechung des Bundesverfassungsgerichts entgegen. Ist die Begrenzung der Verwendung eines vermögenswerten Rechts nur eine mittelbare Folge eines Eingriffs in die Berufsfreiheit, ist nur auf Art. 12 Abs. 1 GG abzustellen[1080]. In seiner Entscheidung zu den Nichtraucherschutzgesetzen der Länder Baden-Württemberg und Berlin im Jahre 2008 hat das Bundesverfassungsgericht entschieden, dass das Verbot, in einer Gaststätte zu rauchen, zwar auch das Hausrecht des Gaststättenbetreibers berührt, welches in den Schutzbereich des Art. 14 Abs. 1 GG fällt, doch dabei steht nicht eine Verkürzung des Art. 14 Abs. 1 GG im Vordergrund, sondern eine Beschränkung der individuellen Tätigkeit des Gastwirts, welche unter Art. 12 Abs. 1 GG zu fassen ist[1081]. Diese Argumentation lässt sich auch auf das Verbot des Versandhandels mit verschreibungspflichtigen Arzneimitteln übertragen. Denn ebenso, wie das Rauchverbot nur einen Teilbereich der Tätigkeit eines Gastwirts regelt – die Verköstigung von Kunden, die in der Lokalität rauchen möchten – betrifft auch das Rx-Versandverbot nur einen Teilbereich der Tätigkeit eines Versandhändlers mit Arzneimitteln, denn die vorhandene Struktur kann noch für den Versand von nicht ver-

1079 *Wieland*, in: Dreier, Art. 14 GG Rn. 202.

1080 *BVerfGE* 102, 26 (40); 126, 112 (135f.); *Jarass*, in: Jarass/Pieroth, Art. 12 GG Rn. 3.

1081 *BVerfGE* 121, 317 (344f.); *Hofmann*, in: Schmidt-Bleibtreu/Hofmann/Henneke, Art. 14 GG Rn. 106.

schreibungspflichtigen Arzneimitteln genutzt werden. Ferner verbleibt dem Versandapotheker die Abgabe von verschreibungspflichtigen und verschreibungsfreien Arzneimitteln in der Präsenzapotheke, die er zwingend neben einer Versandapotheke betreiben muss[1082]. Ebenso verbleibt dem Gastwirt trotz der Regelungen des Nichtraucherschutzes die Möglichkeit, die Gäste in gewohnter Art und Weise zu bewirtschaften, die Nichtraucher sind oder auf das Rauchen in der Gaststätte verzichten. Mithin ist Art. 14 Abs. 1 GG nicht einschlägig.

Auch wenn man das Eigentumsgrundrecht entgegen der hier vertretenen Auffassung als einschlägig erachtet, wäre mit einer Idealkonkurrenz für den Grundrechtsberechtigten im vorliegenden Fall kein verstärkter Grundrechtsschutz gegeben[1083]. Dies begründet sich damit, dass ein Akt der öffentlichen Gewalt, der einen verfassungsgemäßen Eingriff in die Berufsfreiheit darstellt, auch meist den verfassungsmäßigen Vorgaben des Art. 14 Abs. 1 GG genügen wird[1084]. Wie bereits erläutert, verbleibt dem Versandhändler der OTC-Versand und damit wird die geschaffene Struktur nicht wertlos. Ferner können Rx-Medikamente weiterhin über die zwingend erforderliche Präsenzapotheke abgegeben werden und es darf nicht unbeachtet bleiben, dass durch das Rx-Versandverbot der wichtige Aspekt der Gesundheit geschützt wird, da damit den Risiken des Preiswettbewerbs und des Vertriebsweges, die mit der Verwendung der Technik und der langen Versandzeit in Verbindung stehen, begegnet werden kann.

b) Ergebnis

Mithin ist auch kein verfassungsrechtlicher Konflikt mit Art. 14 Abs. 1 GG zu befürchten[1085].

1082 S.o. D., I., 1., b), bb), (1), S. 175ff.

1083 *Bryde*, in: v. Münch/Kunig, Art. 14 GG Rn. 104; *Kämmerer*, in: v. Münch/Kunig, Art. 12 GG Rn. 98; *Wieland*, in: Dreier, Art. 14 GG Rn. 203.

1084 *BVerfGE* 50, 290 (364f.); *Bryde*, in: v. Münch/Kunig, Art. 14 GG Rn. 104; *Hofmann*, in: Schmidt-Bleibtreu/Hofmann/Henneke, Art. 12 GG Rn. 107; *Kämmerer*, in: v. Münch/Kunig, Art. 12 GG Rn. 98; *Papier*, in: Maunz/Dürig, Art. 14 GG Rn. 222; *Wieland*, in: Dreier, Art. 14 GG Rn. 203.

1085 Dies gilt unabhängig davon, ob man die Einzelrechte der Versandapotheker in den Vordergrund der Prüfung stellt oder das Recht am eingerichteten und ausgeübten Gewerbebetrieb. Die Frage, ob dem eingerichteten und ausgeübten Gewerbebetrieb eine grundrechtliche Schutzdimension zukommt, ist hochumstritten: siehe dazu nur: *Depenheuer/Froese*, in: v. Mangoldt/Klein/Starck, Art. 14 GG Rn. 134ff.

3. Vereinbarkeit mit Art. 3 Abs. 1 GG

Das Versandverbot mit verschreibungspflichtigen Arzneimitteln könnte eine Ungleichbehandlung zwischen verschreibungspflichtigen und nicht verschreibungspflichtigen Arzneimitteln im Sinne des Art. 3 Abs. 1 GG dergestalt darstellen, dass der Versand mit nicht verschreibungspflichtigen Arzneimitteln weiterhin möglich bleibt[1086].

a) Verhältnis von Freiheitsrechten zu Gleichheitsrechten

Grundsätzlich können Freiheitsrechte und Gleichheitsrechte nebeneinander auf denselben Sachverhalt Anwendung finden, denn sie stehen nicht in einem Ausschließlichkeitsverhältnis zueinander[1087]. Art. 12 Abs. 1 GG und Art. 3 Abs. 1 GG stehen in einer Idealkonkurrenz zueinander[1088], sodass sie nebeneinander zur Anwendung gelangen können. Eine Ungleichbehandlung, die durch einen Eingriff im Sinne des Art. 12 Abs. 1 GG gegeben ist, kann nur dann mit Art. 3 Abs. 1 GG in Einklang gebracht werden, wenn die Maßnahme nicht willkürlich[1089] ist bzw. ein sachlicher Grund für die Ungleichbehandlung gefunden werden kann[1090]. Das Bundesverfassungsgericht prüft bei Erkennbarkeit eines Schwerpunktes, die Norm, die mit dem Sachverhalt am engsten in Verbindung steht[1091]. Dabei wird aber das im Hintergrund stehende Grundrecht bei der Auslegung mitberücksichtigt[1092]. Ist ein solcher Schwerpunkt nicht erkennbar, besteht Idealkonkurrenz[1093]. Im Vordergrund der rechtlichen Einordnung des Rx-Versandverbotes steht nicht die Frage, ob eine Ungleichbehandlung zwischen zwei Medikamentenarten erfolgt, sondern die Bedeutung des Verbotes für die

1086 Wissenschaftlicher Dienst des Bundestages, WD 3-3000-241/16, S. 10; Wissenschaftlicher Dienst des Bundestages, WD 3-3000-041/17, S. 12.

1087 *Boysen*, in: v. Münch/Kunig, Art. 3 GG Rn. 203; *Heun*, in: Dreier, Art. 3 GG Rn. 140; *Krieger*, in: Schmidt-Bleibtreu/Hofmann/Henneke, Art. 3 GG Rn. 93.

1088 *Scholz*, in: Maunz/Dürig, Art. 12 GG Rn. 152.

1089 *Kischel*, in: Epping/Hillgruber, Art. 3 GG Rn. 24ff.; *Nußberger*, in: Sachs, Art. 3 GG Rn. 8.

1090 *Scholz*, in: Maunz/Dürig, Art. 12 GG Rn. 153.

1091 *BVerfGE* 13, 180 (184ff.); 32, 1 (29f.); 34, 252 (256); 40, 371 (382ff.); *Heun*, in: Dreier, Art. 3 GG Rn. 140; *Jarass*, in: Jarass/Pieroth, Art. 3 GG Rn. 3; *Povel*, S. 162f.

1092 *BVerfGE* 65, 104 (112f.); 75, 382 (393); 82, 60 (86); *Jarass*, in: Jarass/Pieroth, Art. 3 GG Rn. 3; *Kischel*, in: Epping/Hillgruber, Art. 3 GG Rn. 4.

1093 *Jarass*, in: Jarass/Pieroth, Art. 3 GG Rn. 3.

Berufsausübung der Apotheker, mithin liegt der Schwerpunkt der Beurteilung auf Art. 12 Abs. 1 GG.

b) Zwischenbefund

Damit ist auch in Art. 3 Abs. 1 GG kein verfassungsrechtliches Problem für ein Rx-Versandverbot zu sehen.

4. Ergebnis

Mithin steht ein Verbot, verschreibungspflichtige Arzneimittel an den Endverbraucher auf dem Versandweg abzugeben, mit dem Verfassungsrecht in Einklang.

II. Vereinbarkeit mit Europarecht

Neben der Vereinbarkeit eines Versandverbotes für verschreibungspflichtige Arzneimittel mit dem Verfassungsrecht ist unklar, ob ein solches Verbot mit dem Europarecht in Einklang gebracht werden kann. Teilweise wird angenommen, dass ein Rx-Versandverbot europarechtswidrig wäre und sich die Bundesrepublik Deutschland durch ein solches Verbot einem Staatshaftungsrisiko im Sinne der Francovich-Rechtsprechung[1094] aussetzen würde[1095].

1094 *EuGH*, Urt. v. 19.11.1991, verb. Rs. C-6, 9/60, ECLI:EU:C:1991:428 – Francovich, Rn. 38ff.; *Lux*, in: Lenz/Borchardt, Art. 34 AEUV Rn. 8.

1095 BT-Drucks. 19/1414, S. 1ff.

1. Vorrangiges Sekundärrecht

a) RL 2011/83/EU

Als vorrangiges Sekundärrecht[1096] kommt Art. 4 der RL 2011/83/EU[1097] in Betracht, wonach die Mitgliedstaaten nicht zur Beibehaltung bzw. Einführung eines abweichenden Schutzniveaus für Verbraucher befugt sind, soweit diese Richtlinie dies nicht ausdrücklich vorsieht. Da diese Richtlinie gemäß Art. 3 Abs. 3 lit. b) RL 2011/83/EU Leistungen im Gesundheitswesen im Sinne des Art. 3 lit. a RL 2011/24/EU nicht umfasst – darunter sind auch Verschreibung, Abgabe und Bereitstellung von Medikamenten zu fassen – werden die Mitgliedstaaten durch die RL 2011/83/EU nicht an der Normierung eines Versandhandelsverbotes für verschreibungspflichtige Arzneimittel gehindert.

b) RL 2001/83/EG

Daneben kommt als vorrangiges Sekundärrecht Art. 85c Abs. 1 der RL 2001/83/EG[1098] in Frage. Danach haben die Mitgliedstaaten die in dieser Richtlinie benannten Vorgaben für einen Handel mit Arzneimitteln im Fernabsatz gegenüber der Öffentlichkeit sicherzustellen, wenn nicht der Versandhandel mit verschreibungspflichtigen Arzneimitteln durch nationale Rechtsvorschriften verboten wurde. Art. 85c Abs. 1 RL 2001/83/EG stellte keine Harmonisierung eines Versandhandelsverbotes für Rx-Medi-

1096 S.o. B., II., 2., S. 73f.

1097 Richtlinie 2011/83/EU des Europäischen Parlaments und des Rates vom 25. Oktober 2011 über die Rechte der Verbraucher, zur Abänderung der Richtlinie 93/13/EWG des Rates und der Richtlinie 1999/44/EG des Europäischen Parlaments und des Rates sowie zur Aufhebung der Richtlinie 85/577/EWG des Rates und der Richtlinie 97/7/EG des Europäischen Parlaments und des Rates, ABl. ABl. L 304 v. 22.11.2011, S. 64–88.

1098 Richtlinie 2001/83/EG des Europäischen Parlaments und des Rates vom 6. November 2001 zur Schaffung eines Gemeinschaftskodexes für Humanarzneimittel, ABl. L 311 v. 28.11.2001, S. 67–128. Art. 85c der RL 2001/83/EG wurde im Jahr 2011 durch die RL 2011/62/EU eingeführt: Richtlinie 2011/62/EU des Europäischen Parlaments und des Rates vom 8. Juni 2011 zur Änderung der Richtlinie 2001/83/EG zur Schaffung eines Gemeinschaftskodexes für Humanarzneimittel hinsichtlich der Verhinderung des Eindringens von gefälschten Arzneimitteln in die legale Lieferkette, ABl. L 174 v. 1.7.2011, S. 74–87.

kamente dar, denn eine Harmonisierung[1099] als Angleichung nationaler Rechtsvorschriften[1100] ist in dieser Festlegung nicht zu erkennen, vielmehr wird den Mitgliedstaaten die Einführung eines solchen Verbotes überlassen, wovon 21 von 28 Mitgliedstaaten auch Gebrauch gemacht haben[1101]. Mithin mangelt es an einer abschließenden Harmonisierung durch die Europäische Union im Bereich eines Versandhandelsverbotes für verschreibungspflichtige Arzneimittel, sodass es auf die Vereinbarkeit eines Rx-Versandhandelsverbotes mit dem Primärrecht ankommt[1102].

2. Vereinbarkeit mit der Warenverkehrsfreiheit

a) Anwendungsbereich

Sinn und Zweck der Warenverkehrsfreiheit[1103] ist es, den grenzüberschreitenden Warenverkehr vor mengenmäßigen Beschränkungen und Maßnah-

---

1099 Anstelle des Begriffs der Harmonisierung werden auch noch die Begriffe Angleichung, Vereinheitlichung und Koordinierung verwendet, wobei damit keine inhaltlichen Unterschiede verbunden seien (vgl. *Khan*, in: Geiger/Khan/Kotzur, Art. 114 AEUV Rn. 6; *Korte*, in: Calliess/Ruffert, Art. 114 Rn. 22; *Tietje*, in: Grabitz/Hilf/Nettesheim, Art. 114 Rn. 2).

1100 *Classen*, in: v. der Groeben/Schwarze/Hatje, Art. 114 AEUV Rn. 10. Zu den Unklarheiten der Auslegung des Begriffs der Harmonisierung instruktiv: *Hernfeld*, in: Schwarze, Art. 114 AEUV Rn. 29 m.w.N.

1101 https://www.abda.de/pressemitteilung/drei-viertel-aller-eu-staaten-verbieten-versandhandel-mit-rezeptpflichtigen-arzneimitteln/ (Stand: 15.01.2019).

1102 Vgl. *Dettling*, S. 215.

1103 Da ein Apotheker neben der Herausgabe der Ware auch eine Beratungsleistung erbringt, indem er über die Einnahme des Medikaments und mögliche Neben- oder Wechselwirkungen informiert, könnte auch die Dienstleistungsfreiheit gem. Art. 56 AEUV einschlägig sein. Dem steht aber entgegen, dass bei einer Gesamtleistung auf den Schwerpunkt der Leistung abzustellen ist (*Leible/T. Streinz*, in: Grabitz/Hilf/Nettesheim, Art. 34 AEUV Rn. 45; *Müller-Graff*, in: v. der Groeben/Schwarze/Hatje, Art. 34 AEUV Rn. 278ff.). Zum Teil stellt der EuGH auch auf die Zweitrangigkeit einer Grundfreiheit ab: *EuGH*, Urt. v. 26.05.2005, Rs. C-20/03, ECLI:EU:C:2005:307 – Burmanjer u.a., Rn. 35; *EuGH*, Urt. v. 02.12.2010, Rs. C-108/09, ECLI:EU:C:2010:725 – Ker Optika, Rn. 43. Die Beratung des Apothekers ohne die Herausgabe des Medikaments erzielt keinerlei Wirkung bei einem erkrankten Patienten, sodass der Schwerpunkt der Leistung bei der Warenverkehrsfreiheit liegt. Dadurch unterscheidet sich der Arzneimittelversand von der Übersendung eines Lotteriescheins durch einen Lotteriebetreiber. In diesen Fällen soll durch die Einfuhr der Ware „Lotterieschein“ nachgelagert eine Dienstleistung erbracht werden (*EuGH*,

men gleicher Wirkung zu schützen[1104]. Sowohl der sachliche Anwendungsbereich als auch der territoriale Anwendungsbereich[1105] der Warenverkehrsfreiheit ist ebenso wie bei der Preisbindung für verschreibungspflichtige Arzneimittel im grenzüberschreitenden Verkehr auch bei der Versendung von Rx-Arzneimitteln im grenzüberschreitenden Verkehr eröffnet[1106].

b) Beeinträchtigung

aa) Verpflichtungsadressat

Ebenso wie bei der Preisbindung für verschreibungspflichtige Arzneimittel handelt es sich bei einer Normierung eines Versandhandelsverbotes für Rx-Medikamente um eine Maßnahme durch einen Mitgliedstaat.

Da durch die Grundfreiheiten primär die Mitgliedstaaten[1107], mithin die gesamte staatliche Hoheitsgewalt[1108], verpflichtet werden, keine weiteren mengenmäßigen Beschränkungen oder Maßnahmen gleicher Wirkung zu erlassen[1109], bereits bestehende behindernde Maßnahmen zu beseitigen[1110] und die Berechtigten[1111] vor Beeinträchtigungen der freien Warenver-

---

Urt. v. 24.03.1994, Rs. C-275/92, ECLI:EU:C:1994:119 – Schindler, Rn. 24ff.; *Haltern*, in: Pechstein/Nowak/Häde, Art. 34 AEUV Rn. 14; *Müller-Graff*, in: v. der Groeben/Schwarze/Hatje, Art. 34 AEUV Rn. 279; *Pache*, in: Schulze/Zuleeg/Kadelbach, § 10 Rn. 66). Ferner ist die Dienstleistungsfreiheit gem. Art. 57 I a.E. AEUV subsidiär (*Becker*, in: Schwarze, Art. 34 AEUV Rn. 24).

1104 *Schroeder*, in: Streinz, Art. 34 AEUV Rn. 18.

1105 Der persönliche Anwendungsbereich ist bei der Warenverkehrsfreiheit nicht von Relevanz, s.o. B., II., 3., a), bb), S. 80f.

1106 S.o. B., II., 3., a), S. 76ff.

1107 *EuGH*, Urt. v. 24.11.1982, Rs. 249/84, ECLI:EU:C:1982:402 – Kommission/Irland, Rn. 27f.; *EuGH*, Urt. v. 28.09.2006, Rs. C-282/04, ECLI:EU:C:2006:608 – Kommission/Niederlande, Rn. 22; *Pache*, in: Schulze/Zuleeg/Kadelbach, § 10 Rn. 43, 69.

1108 *EuGH*, Urt. v. 05.11.2002, Rs. C-325/00, ECLI:EU:C:2002:633 – Kommission/Deutschland, Rn. 17; *EuGH*, Urt. v. 15.12.1993, Rs. C-292/92, ECLI:EU:C:1993:932 – Hünermund, Rn. 15ff.; *Becker*, in: Schwarze, Art. 34 AEUV Rn. 83; *Haltern*, in: Pechstein/Nowak/Häde, Art. 34 AEUV Rn. 29; *Khan/Eisenhut*, in: Vedder/Heintschel von Heinegg, Art. 34 AEUV Rn. 10.

1109 *Schroeder*, in: Streinz, Art. 34 AEUV Rn. 25f.

1110 *Schroeder*, in: Streinz, Art. 34 AEUV Rn. 25f.

1111 S.o. B., II., 3., a), bb), S. 80f.

kehrsfreiheit durch Dritte zu schützen[1112], stellt ein Rx-Versandhandelsverbot eine Maßnahme durch einen durch die Grundfreiheiten Verpflichteten dar, vor dessen Handlungen die Grundfreiheiten Schutz bieten.

bb) Beeinträchtigungsformen

(1) Mengenmäßige Einfuhrbeschränkung

Die Normierung eines Versandhandelsverbotes für verschreibungspflichtige Arzneimittel betrifft möglicherweise die Einfuhr der Arzneimittel aus einem Mitgliedstaat der Europäischen Union nach Deutschland, sodass eine mengenmäßige Ausfuhrbeschränkung gemäß Art. 35 AEUV bereits aus diesem Grund nicht in Frage kommt.

Von einer mengenmäßigen Einfuhrbeschränkung kann gesprochen werden, wenn es sich um ein vollständiges oder teilweises Verbot der Einfuhr handelt[1113]. Durch das Verbot, verschreibungspflichtige Medikamente im Wege des Versandes abzugeben, kommt die Einfuhr mit eben diesen Arzneimitteln vollständig zum Erliegen, mithin könnte darin ein „Nullkontingent“ zu sehen sein[1114] und es sich um eine Einfuhrbeschränkung handeln. Eine mengenmäßige Einfuhrbeschränkung findet ihre Gründe in der Abschottung des Marktes[1115].

Handelt es sich aber um ein Verbot, welches sich auf das Inverkehrbringen einer bestimmten Ware im Allgemeinen bezieht und bei dem kein Zusammenhang mit der Einfuhr besteht, handelt es sich um keine mengenmäßige Einfuhrbeschränkung[1116]. Durch das Versandhandelsverbot für

---

1112 *EuGH*, Urt. v. 09.12.1997, Rs. C-265/95, ECLI:EU:C:1997:595 – Kommission/Frankreich, Rn. 30; *EuGH*, Urt. v. 12.06.2003, Rs. C-112/00, ECLI:EU:C:2003:333 – Schmidberger, Rn. 57, 62; *Haltern*, in: Pechstein/Nowak/Häde, Art. 34 AEUV Rn. 29; *Pache*, in: Schulze/Zuleeg/Kadelbach, § 10 Rn. 71; *Schroeder*, in: Streinz, Art. 34 AEUV Rn. 25f.

1113 *EuGH*, Urt. v. 12.07.1973, Rs. 2/73, ECLI:EU:C:1973:89 – Geddo, Rn. 7; *Khan/Eisenhut*, in: Vedder/Heintschel von Heinegg, Art. 34 AEUV Rn. 19; *Kotzur*, in: Geiger/Khan/Kotzur, Art. 34 AEUV Rn. 6; *Pache*, in: Schulze/Zuleeg/Kadelbach, § 10 Rn. 73.

1114 *Khan/Eisenhut*, in: Vedder/Heintschel von Heinegg, Art. 34 AEUV Rn. 19.

1115 *Becker*, in: Schwarze, Art. 34 AEUV Rn. 33; *Müller-Graff*, in: v. der Groeben/Schwarze/Hatje, Art. 34 AEUV Rn. 27.

1116 *Becker*, in: Schwarze, Art. 34 AEUV Rn. 33. *Müller-Graff*, in: v. der Groeben/Schwarze/Hatje, Art. 34 AEUV Rn. 26 stellt darauf ab, ob sich die staatliche Maßnahme spezifisch auf die Einfuhr auswirkt.

verschreibungspflichtige Medikamente wird das Inverkehrbringen von Rx-Medikamenten an den Endkunden unabhängig von der Frage der Einfuhr – im vorliegenden Fall wäre dies die Versendung aus dem EU-Ausland – auch im Inland nicht mehr zugelassen, mithin steht das allgemeine Verbot des Inverkehrbringens von Rx-Medikamenten im Versandweg im Vordergrund und nicht die Abschottung des Marktes durch eine spezifische Verhinderung der Einfuhr, sodass es sich bei dem geplanten Versandhandelsvebotes für verschreibungspflichtige Arzneimittel nicht um eine mengenmäßige Einfuhrbeschränkung handelt[1117].

(2) Maßnahme gleicher Wirkung

Stellt man wie im Urteil des Europäischen Gerichtshofs zur Preisbindung für verschreibungspflichtige Arzneimittel aus dem Jahr 2016 das Marktzugangskriterium in den Vordergrund[1118], kann festgestellt werden, dass durch das Rx-Versandhandelsverbot der Marktzugang für ausländische Apotheken zumindest erschwert wird. Berücksichtigt man, dass in Deutschland Kapitalgesellschaften aufgrund des Fremdbesitzverbotes nur der Weg über den Versandhandel bleibt, um Arzneimittel an den Endverbraucher abgeben zu können, wird der Marktzugang für verschreibungspflichtige Medikamente sogar unmöglich gemacht[1119]. Mithin wird damit der Marktzugang für ausländische Produkte zumindest stärker beeinträch-

1117 Dies steht auch im Einklang mit dem Urteil des EuGH aus dem Jahr 2003, dort wird auf das Vorliegen einer mengenmäßigen Einfuhrbeschränkung nicht weiter eingegangen: *EuGH*, Urt. v. 11.12.2003, Rs. C-322/01, ECLI:EU:C:2003:664 – Deutscher Apothekerverband Rn. 53, 60. Ebenso hielt es auch Generalanwältin *Stix-Hackl*, Schlussanträge v. 11.03.2003, Rs. C-322/01, ECLI:EU:C:2003:147 – Deutscher Apothekerverband, Rn. 96. *Janda*, in: Enzyklopädie EuR 5, § 9 Rn. 101.

1118 Das Marktzugangskriterium erscheint in der Rechtsprechung des EuGH an unterschiedlichen Stellen, was sich mit einem fehlenden einheitlichen Konzept zur Begrenzung der Grundfreiheiten durch den Europäischen Gerichtshof erklären lässt (vgl. *Holst*, EuR 2018, 87 (96)).

1119 Diese Vermischung der Frage der Unmöglichkeit der Niederlassung für Kapitalgesellschaften, um eine Apotheke in Deutschland betreiben zu können mit der Beurteilung eines Versandhandelsverbotes wurde bereits im Jahr 2003 von *Sander/Sigloch*, PharmR 2003, 371 (375f.) ungerechtfertigterweise kritisiert (ausführlich s.o. B., II., 3., b), bb), (2), (b), (cc), S. 99f.).

tigt[1120], sodass grundsätzlich eine Maßnahme gleicher Wirkung zu bejahen ist[1121].

An dieser Einordnung ändert sich auch nichts durch die Rechtsprechung des Europäischen Gerichtshofs, wonach ein Mitgliedstaat grundsätzlich dazu ermächtigt ist, Maßnahmen zu ergreifen, die eine missbräuchliche Umgehung der nationalen Rechtsvorschriften verhindern[1122]. Im vorliegenden Fall kann festgestellt werden, dass die Vorgaben der Leclerc-Rechtsprechung, wie im Kapitel zur Preisbindung für verschreibungspflichtige Medikamente erläutert[1123], für das Vorliegen einer Umgehungskonstellation durch die Versendung von in Deutschland zugelassenen Arzneimitteln aus dem europäischen Ausland nicht erfüllt sind und in dem Urteil des Europäischen Gerichtshofs zur Preisbindung für verschreibungspflichtige Arzneimittel eine immanente Abkehr von der Leclerc-Rechtsprechung zu sehen ist[1124].

c) Rechtfertigung

Da davon auszugehen ist, dass der Europäische Gerichtshof das geplante Versandhandelsverbot für verschreibungspflichtige Arzneimittel als Maßnahme gleicher Wirkung einstufen wird, kommt es entscheidend darauf an, ob eine Rechtfertigung gelingen kann. Als mögliche Rechtfertigungsgründe kommt eine Rechtfertigung gemäß Art. 36 S. 1 AEUV und ein

1120 Unterabteilung Europa, Fachbereich Europa, PE 6-3000-149/16, S. 9; *Kingreen*, in: v. Bogdandy/Bast, S. 729 kritisiert im Kontext des ersten Urteils aus dem Jahr 2003 (*EuGH*, Urt. v. 11.12.2003, Rs. C-322/01, ECLI:EU:C:2003:664 – Deutscher Apothekerverband) eine nicht ausreichende Vergleichsgruppenbildung mit dem Argument, dass das Versandverbot nicht ausländische Apotheken gegenüber inländischen Apotheken schlechter stelle, sondern vielmehr die auswärtigen Apotheker gegenüber den sich vor Ort befindlichen Apotheken ungleich behandelt würden. Dabei bleibt wie bereits erläutert fälschlicherweise das Fremdbesitzverbot außer Betracht (s.o. B., II., 3., b), bb), (2), (b), (cc), S. 96f.).

1121 Unterabteilung Europa, Fachbereich Europa, PE 6-3000-149/16, S. 9; im Ergebnis ebenso, *Di Fabio*, Gutachten, S. 2; vgl. *Dettling*, S. 216ff.

1122 *EuGH*, Urt. v. 09.09.2003, Rs. C-137/00, ECLI:EU:C:2003:429 – Milk Marque und National Farmers' Union, Rn. 114f.

1123 S.o. B., II., 3., b), bb), (2), (b), (cc), S. 100.

1124 S.o. B., II., 3., b), bb), (2), (b), (cc), S. 100.

zwingender Grund des Allgemeinwohls nach der Cassis-Rechtsprechung des Europäischen Gerichtshofs in Frage[1125].

aa) Anwendung des Art. 36 S. 1 AEUV auf das Versandhandelsverbot für verschreibungspflichtige Medikamente

Das Versandhandelsverbot für verschreibungspflichtige Medikamente könnte durch den Schutz der Gesundheit gemäß Art. 36 S. 1 AEUV gerechtfertigt werden.

(1) Gefährdungslage für ein Schutzgut des Art. 36 S. 1 AEUV

Nach der hier vertreten Auffassung bedarf es der Feststellung einer Gefährdung für die Gesundheit im Sinne des Art. 36 S. 1 AEUV, die durch den Versandhandel mit verschreibungspflichtigen Medikamenten eintreten kann[1126]. Wie bereits im Rahmen der verfassungsrechtlichen Prüfung erläutert, zielte der Referentenentwurf aus der alten Legislaturperiode darauf, dass durch das Versandverbot für verschreibungspflichtige Arzneimittel insbesondere die flächendeckende Versorgung mit Arzneimitteln durch Präsenzapotheken sichergestellt werden soll, indem der nach der aktuell geltenden Rechtslage noch mögliche Preiswettbewerb durch das Versandverbot für Rx-Medikamente unmöglich gemacht wird[1127]. Eine ausreichende Versorgung ist nur gegeben, wenn auch außerhalb der Öffnungszeiten ein Bezug der Arzneimittel in einem für den Krankheitsfall angepassten Zeitfenster und mit ausreichender Beratung möglich ist[1128]. Ferner sollen Gesundheitsgefahren vermieden werden, die durch finanzielle Anreize gesetzt werden könnten, wenn dem Patienten für die Einsendung eines Rezepts Geld oder Gutscheine zugutekommen, da dies möglicherweise auch zu einer Verzögerung der Einnahme führen kann, um das Medikament

---

1125 S.o. B., II., 3., c), aa), S. 101f.

1126 S.o. B., II., 3., c), cc), (1), S. 104ff.

1127 https://www.bundesgesundheitsministerium.de/fileadmin/Dateien/3_Downloads/Gesetze_und_Verordnungen/GuV/V/Versandhandel-Verbot_RefE.pdf, S. 2, 9 (Stand: 15.01.2019).

1128 https://www.bundesgesundheitsministerium.de/fileadmin/Dateien/3_Downloads/Gesetze_und_Verordnungen/GuV/V/Versandhandel-Verbot_RefE.pdf, S. 2, 9 (Stand: 15.01.2019).

über den Versandhandel zu beziehen[1129]. Überdies soll die im System der Gesetzlichen Krankenversicherung etablierte Zuzahlungsregelung gemäß § 31 Abs. 3 S. 1 SGB V iVm § 61 S. 1 SGB V abgesichert werden, da ansonsten das solidarisch aufgebaute System der Gesetzlichen Krankenversicherung in Gefahr geraten würde[1130]. Mithin ergibt sich aus dem Umkehrschluss, dass sich ohne ein Rx-Versandhandelsverbot zumindest eine Gefahr für die Gesundheit und das Leben ergeben kann. Diese vom Gesetzgeber benannten Ziele laufen weitgehend parallel mit der Argumentation, warum eine Preisbindung für verschreibungspflichtige Arzneimittel gerechtfertigt ist[1131]. Mithin wird durch ein Versandhandelsverbot für Rx-Medikamente vordringlich versucht, den Gefahren, die nun durch den im EU-Ausland möglichen Preiswettbewerb drohen, zu begegnen[1132]. Mit diesen möglichen Gefahren zur Rechtfertigung eines Versandverbotes konnte sich der Europäische Gerichtshof im Jahr 2003 nicht auseinandersetzen, da damals ein entsprechender Vortrag durch die Verfahrensbeteiligten unterblieben ist[1133].

Neben diesen Gefahren, die momentan den Referentenentwurf tragen, sollten auch die Gefahren bedacht werden, die sich aus dem Vertriebsweg ergeben[1134]. Bei der Argumentation mit den Risiken des Vertriebsweges muss Berücksichtigung finden, dass der Versandhandel seit 2004 sowohl für OTC- als auch für Rx-Medikamente freigegeben ist[1135], auch wenn der Europäische Gerichtshof im Jahr 2003 ein Versandhandelsverbot für Rx-Medikamente als grundsätzlich mit den europäischen Verträgen in Einklang stehend befand wegen der Gefahren, die aus der Abgabe von verschreibungspflichtigen Arzneimitteln im Versandwege ohne persönliches

1129 https://www.bundesgesundheitsministerium.de/fileadmin/Dateien/3_Downloads/Gesetze_und_Verordnungen/GuV/V/Versandhandel-Verbot_RefE.pdf, S. 11 (Stand: 15.01.2019).

1130 https://www.bundesgesundheitsministerium.de/fileadmin/Dateien/3_Downloads/Gesetze_und_Verordnungen/GuV/V/Versandhandel-Verbot_RefE.pdf, S. 2, 9 (Stand: 15.01.2019).

1131 *Dettling*, S. 274f.

1132 Wissenschaftlicher Dienst des Bundestages, WD 3-3000-041/17, S. 4; *Di Fabio*, Gutachten, S. 2.

1133 *EuGH*, Urt. v. 11.12.2003, Rs. C-322/01, ECLI:EU:C:2003:664 – Deutscher Apothekerverband, Rn. 120ff.

1134 Diese Differenzierung zwischen den Gefahren des Preiswettbewerbs und des Vertriebsweges ist auch in Wissenschaftlicher Dienst des Bundestages, WD 3-3000-241/16, S. 8; Wissenschaftlicher Dienst des Bundestages, WD 3-3000-041/17, S. 4 angelegt.

1135 *Ludwigs*, NVwZ 2016, 1793 (1798).

Gespräch entstehen können[1136]. Betrachtet man die letzten 15 Jahre mit der Möglichkeit der Versendung von verschreibungspflichtigen Arzneimitteln und prüft, ob durch den Versandhandel relevante Gesundheitsgefahren aufgetreten sind, kann man feststellen, dass zu dieser Frage ein unklares Bild besteht. Einerseits wird vertreten, dass nichts negatives passiert sei[1137]. Andererseits wird argumentiert, dass sich diese nicht eingetretenen Gesundheitsgefahren dadurch erklären lassen, dass eine durch den Versandhandel aufgetretene Versorgungslücke durch die Apotheke vor Ort geschlossen werden konnte[1138]. Unabhängig davon, ob und inwieweit eine Gesundheitsgefahr durch den Versandhandel entstanden ist, muss Beachtung finden, dass die aktuell immer noch bestehende Europarechtswidrigkeit der Preisbindung für Rx-Arzneimittel eine Neubewertung der Gesundheitsgefahren möglich machen kann[1139]. Auch bei einer möglichen Neubewertung kann festgestellt werden, dass der Versandhandel mit Unwägbarkeiten verbunden war und ist. Versandapotheken sind zur Erbringung ihrer Beratungsleistung auf technische Hilfsmittel angewiesen[1140]. Die Beratung durch die Versandhandelsapotheken erfolgt durch Telefon und Video[1141]. Mag man der telefonischen Beratung bereits aufgrund der nicht physischen Wahrnehmbarkeit des Gegenübers die Vergleichbarkeit zu einer Face-to-Face-Beratung absprechen[1142], wird bei einer Video-Beratung zumindest ein Teil des kranken und mit Medikamenten zu versorgenden Menschen dargestellt. Durch die Notwendigkeit technischer Hilfsmittel, wie beispielsweise einer Videoübertragung, setzt man in dem sensiblen Bereich der Gesundheitsversorgung aber auch dem Risiko eines Ausfalls der Technik aus. Dabei darf jedoch nicht vergessen werden, dass in der aktuellen Situation die Versandapotheken neben den Präsenzapotheken bestehen. Fehlt es aber an einer flächendeckenden Versorgung kann

1136 *EuGH*, Urt. v. 11.12.2003, Rs. C-322/01, ECLI:EU:C:2003:664 – Deutscher Apothekerverband, Rn. 119.

1137 *Koenig*, PharmR 2017, 85 (87).

1138 *Dettling*, A&R 2016, 251 (266); *ders.*, S. 170ff.

1139 Wissenschaftlicher Dienst des Bundestages, WD 3-3000-241/16, S. 8.

1140 *Sodan*, Ausschussdrucks. 18(14)0257(11), S. 6.

1141 Als Beispiel können die Beratungsangebote des Marktführers DocMorris aus dem Jahr 2017 genannt werden (https://de.statista.com/statistik/daten/studie/313328/umfrage/fuehrende-versandapotheken-nach-umsatz-in-deutschland/ (Stand: 15.01.2019)). Dort besteht bei einer Bestellung von Arzneimitteln die Beratungsmöglichkeit über Telefon (https://www.docmorris.de/ratgeber/beratung/persoenliche-beratung (Stand: 15.01.2019)) oder Video (https://www.docmorris.de/service/beratung/video-livechat (Stand:15.01.2019)).

1142 Vgl. *Dettling*, S. 158f.; ähnlich: *Di Fabio*, Gutachten, S. 2.

ein solcher Ausfall der Technik bzw. des Internets nur mit entsprechenden Schwierigkeiten und Komplikationen durch eine Präsenzapotheke ausgeglichen werden. Ferner muss beachtet werden, dass in einer Notsituation eine zeitnahe Versorgung mit Arzneimitteln unbedingt gewährleistet sein muss[1143], die auch bei einer komplikationslosen Versendung aufgrund der Bearbeitung der Bestellung, welche gemäß § 11a S. 1 Nr. 3 lit. a ApoG im Regelfall in zwei Arbeitstagen zu erfolgen hat und dann noch über den Versandweg zu dem Patienten gelangen muss, nicht gewährleistet werden kann[1144]. Mithin muss das Ziel der Flächendeckung der Versorgung im Zusammenhang mit den Risiken, der Verwendung von Technik und der mangelnden Handlungsfähigkeit des Versandhandels in Notsituationen gesehen werden. Diese Betrachtung wird auch dadurch gestützt, dass Versandapotheken keine Vollversorgung gewährleisten können, denn gemäß § 17 Abs. 2b ApoBetrO dürfen bestimmte Arzneimittelwirkstoffe nicht versendet werden[1145]. Ferner werden von Versandapothekern bestimmte Rezepturen gemäß § 7 ApoBetrO, deren Bereitstellung auch für die ordnungsgemäße Versorgung mit Arzneimitteln notwendig sein kann, nicht hergestellt und vertrieben[1146]. Mithin sind die möglichen Gefahren durch den Preiswettbewerb und den Vertriebsweg gemeinsam zu betrachten. Es wäre wünschenswert, sollte durch die neue Bundesregierung ein erneuter Gesetzgebungsentwurf eingebracht werden, dass eben dieses Zusammenwirken herausgearbeitet wird und sich die Begründung nicht nur in der Wiederholung der Gründe für die Notwendigkeit einer Preisbindung für verschreibungspflichtige Arzneimittel erschöpft.

Wenn diese Gefahren, deren Nachweis eine tatsächliche und keine juristische Frage ist, entsprechend den Nachweisanforderungen, wie sie der Europäische Gerichtshof in seinem Urteil über die Preisbindung für verschreibungspflichtige Arzneimittel aus dem Jahre 2016 mit wissenschaftlichen Daten betont hat, belegt werden[1147], ist davon auszugehen, dass der

1143 *Sodan*, Ausschussdrucks. 18(14)0257(11), S. 6.

1144 Zur Lieferzeit auch: *Di Fabio*, Gutachten, S. 2.

1145 *Kloesel/Cyran*, § 43 AMG Rn. 33.

1146 https://www.docmorris.de/rezepteinloesen?navnode=redeemPrescription (Stand: 15.01.2019).

1147 Es existieren bereits einige Studien. Mit diesen hat sich *Dettling* auseinandergesetzt: *Dettling*, S. 237ff. Hervorzuheben ist insbesondere die Studie von *May/Bauer/Dettling* aus dem Jahr 2017, die sich explizit mit dem Versandverbot für verschreibungspflichtige Arzneimittel unter wettbewerbsökonomischen und gesundheitspolitischen Aspekten befasst.

Europäische Gerichtshof im Falle eines Falles eine entsprechende Gefährdungslage für die Gesundheit durch den Rx-Versandhandel bejahen wird.

(2) Geeignetheit des Rx-Versandhandelsverbotes

Die Geeignetheit einer staatlichen Regulierungsmaßnahme kann bejaht werden, wenn die Maßnahme, die die Grundfreiheit beeinträchtigt, zumindest zur Zielerreichung beiträgt[1148]. Der Europäische Gerichtshof fordert in seinem Urteil Deutsche Parkinson Vereinigung erst auf dieser Ebene hinreichende wissenschaftliche Nachweise[1149]. Dies ändert im Ergebnis nichts an der Beurteilung der Rechtfertigung des Versandverbotes für verschreibungspflichtige Arzneimittel, da es sich bei der Bejahung einer Gefährdungslage und der Frage nach der Geeignetheit der Maßnahme zum Schutze der Gesundheit um zwei Seiten einer Medaille handelt[1150]. Gelingt der Nachweis einer Gefährdung für die Gesundheitsversorgung ohne Rx-Versandhandelsverbot, ist auch die Geeignetheit dieser Maßnahme anzunehmen.

Einer solchen Regelung steht auch nicht das Urteil über die Preisbindung für verschreibungspflichtige Arzneimittel aus dem Jahr 2016 entgegen[1151]. Auch wenn diese nicht mit den Verträgen in Einklang gebracht werden kann[1152], kann ein Versandverbot für Rx-Medikamente eine geeignete Maßnahme sein, um die Gesundheit zu schützen. Diese Beurteilung verändert sich auch nicht durch einen grundsätzlich möglichen Erst-Recht-Schluss, der darauf abstellt, dass es sich bei der Preisbindung für Rx-Medikamente, wie es Generalanwalt *Szpunar* nennt, aus der Binnenmarktperspektive um das „kleinere Übel“ im Vergleich zu einem Versandhandelsverbot für Rx-Medikamente handele, denn dieser Erst-Recht-Schluss greift

1148 *Kingreen*, in: Calliess/Ruffert, Art. 36 AEUV Rn. 92.

1149 *EuGH*, Urt. v. 19.10.2016, Rs. C-148/15, ECLI:EU:C:2016:776 – Deutsche Parkinson Vereinigung, Rn. 35ff.

1150 Ähnlich: *Zierke*, S. 99, argumentiert, dass häufig in der Frage der Verhältnismäßigkeit auch zur Gefährdung des Rechtsguts Stellung genommen werden muss und diese Frage oftmals ineinandergreift.

1151 *EuGH*, Urt. v. 19.10.2016, Rs. C-148/15, ECLI:EU:C:2016:776 – Deutsche Parkinson Vereinigung.

1152 *EuGH*, Urt. v. 19.10.2016, Rs. C-148/15, ECLI:EU:C:2016:776 – Deutsche Parkinson Vereinigung, Rn. 45f.

zu kurz[1153]. Generalanwalt *Szpunar* begründet dies damit, dass jegliche Maßnahmen einer Überprüfung an den einschlägigen Vorgaben standhalten müssen[1154]. Auch wenn sich ein Mitgliedstaat für die Freigabe des Versandhandels entschieden hat, müssen die damit in Verbindung stehenden Regelungen und Vorgaben mit dem Europarecht in Einklang zu bringen sein, da sich die Mitgliedstaaten ansonsten in einem regulierungsfreien Raum befänden[1155]. Mithin kann daraus geschlossen werden, dass jede Maßnahme für sich betrachtet – also auch das Versandhandelsverbot für Rx-Medikamente – auf die Vereinbarkeit mit dem Europarecht und damit auch die Geeignetheit der jeweiligen Maßnahme zu überprüfen ist.

(3) Erforderlichkeit des Rx-Versandverbotes

Die Erforderlichkeit des Versandhandelsverbotes für verschreibungspflichtige Arzneimittel ist gegeben, wenn keine gleich wirksamen Maßnahmen ersichtlich sind, die den Handel innerhalb der Mitgliedstaaten weniger behindern[1156]. Auf dieser Prüfungsebene nimmt die Kontrolldichte der Prüfung durch den Europäischen Gerichtshof im Vergleich zur Ebene der Geeignetheit üblicherweise nochmals zu[1157]. In der Entscheidung Deutsche Parkinsion Vereinigung kann festgestellt werden, dass sich die Notwendigkeit des Nachweises mithilfe statistischer Daten auf die Rechtfertigung im Allgemeinen bezieht und nicht nur auf die Geeignetheit der Arzneimittelpreisbindung zur Erhaltung einer ordnungsgemäßen Arzneimittelversorgung[1158].

1153 Generalanwalt *Szpunar*, Schlussanträge v. 02.06.2016, Rs. C-148/15, ECLI:EU:C:2016:394 – Deutsche Parkinson Vereinigung, Rn. 79f.

1154 Generalanwalt *Szpunar*, Schlussanträge v. 02.06.2016, Rs. C-148/15, ECLI:EU:C:2016:394 – Deutsche Parkinson Vereinigung, Rn. 81.

1155 Generalanwalt *Szpunar*, Schlussanträge v. 02.06.2016, Rs. C-148/15, ECLI:EU:C:2016:394 – Deutsche Parkinson Vereinigung, Rn. 81.

1156 *EuGH*, Urt. v. 21.12.2011, Rs. C-28/09, ECLI:EU:C:2011:854 – Kommission/Österreich, Rn. 139; *Kingreen*, in: Calliess/Ruffert, Art. 36 AEUV Rn. 93; vgl. *Müller-Graff*, in: v. der Groeben/Schwarze/Hatje, Art. 36 AEUV Rn. 135.

1157 *Kingreen*, in: Calliess/Ruffert, Art. 36 AEUV Rn. 93.

1158 *EuGH*, Urt. v. 19.10.2016, Rs. C-148/15, ECLI:EU:C:2016:776 – Deutsche Parkinson Vereinigung, Rn. 35f.

(a) Preiswettbewerb

Als mildere, aber nicht gleich wirksame Möglichkeiten der Sicherstellung einer ordnungsgemäßen Arzneimittelversorgung käme ein Preiswettbewerb in Frage, der zumindest eine teilweise Variabilität der Preise ermöglichen würde, wie beispielsweise eine Höchstpreisregelung[1159], ein sanfter Preiswettbewerb[1160] oder eine Freigabe der Preise[1161]. All diese Lösungsansätze wurden ebenso bei der Frage der Erforderlichkeit der Preisbindung für verschreibungspflichtige Arzneimittel vorgetragen[1162]. Dies begründet sich dadurch, dass das Rx-Versandhandelsverbot vordringlich eingeführt werden soll, um den nun möglichen Preiswettbewerb durch ausländische Versandhandelsapotheken zu unterbinden. Bereits im Rahmen der Prüfung der Verfassungskonformität der Preisbindung für Rx-Medikamente zeigte sich, dass diese Maßnahmen zwar milder, aber nicht gleich wirksam sind, um die flächendeckende Versorgung zu erhalten[1163]. Da durch den Versandhandel mit verschreibungspflichtigen Arzneimitteln auch Gesundheitsgefahren möglich sind, die besonders bei einem Ausfall der Technik in den Vordergrund treten können, und Versandapotheken aktuell immer noch nicht in der Lage sind, eine Notdienstversorgung zu gewährleis-

---

1159 Generalanwalt *Szpunar*, Schlussanträge v. 02.06.2016, Rs. C-148/15, ECLI:EU:C:2016:394 – Deutsche Parkinson Vereinigung, Rn. 77.

1160 *May/Bauer/Dettling*, S. 115f.; *Monopolkommission*, 18. Hauptgutachten, BT-Drucks. 17/2600, S. 54ff.

1161 *EuGH*, Urt. v. 19.10.2016, Rs. C-148/15, ECLI:EU:C:2016:776 – Deutsche Parkinson Vereinigung, Rn. 38f.; etwas unklar zeigen sich die Aussagen der Monopolkommission, während diese in ihrem 18. Hauptgutachten einen „sanften Preiswettbewerb“ (*Monopolkommission*, 18. Hauptgutachten, BT-Drucks. 17/2600, S. 54ff.) präferiert hat, geht sie nun im 22. Hauptgutachten und im Policy Brief einerseits von einer Aufhebung des einheitlichen Abgabepreises aus, sieht aber andererseits vor, dass die Apotheken bis zur Höhe der Zuzahlung Rabatte gewähren dürften (*Monopolkommission*, 22. Hauptgutachten, Rn. 74; *Monopolkommission*, Policy Brief, Dezember 2018, S. 3f.).

1162 S.o. B., II., 3., c), cc), (3), S. 112ff.

1163 S.o. B., I., 1., d), aa), (3), S. 62ff.; explizit für die vorliegende Erforderlichkeit bei der Verhältnismäßigkeit eines Rx-Versandhandelsverbotes: *Sodan*, Ausschussdrucks. 18(14)0257(11), S. 4; Wissenschaftlicher Dienst des Bundestages, WD 3-3000-241/16, S. 9; a.A. *Wodarz*, PharmR 2017, 131 (135) verneint ein Risiko für die flächendeckende Versorgung durch den Versandhandel mit Rx-Arzneimitteln und damit auch die Erforderlichkeit des Rx-Versandverbotes. *Hauck*, NZS 2017, 161 (163) verneint ohne differnzierte Prüfung die Verhältnismäßigkeit eines Rx-Versandverbotes.

ten[1164], ist auch auf europarechtlicher Ebene davon auszugehen, dass ein Preiswettbewerb zwar eine mildere Maßnahme, aber nicht gleich wirksam ist, um die Gesundheit der Bevölkerung zu schützen[1165].

(b) Wiederaufleben der Preisbindung für Rx-Medikamente

Als mildere und gleich wirksame Maßnahme kommt der hier präferierte Weg, das Wiederaufleben der Preisbindung für Rx-Medikamente auch im grenzüberschreitenden Verkehr, in Betracht[1166], da dadurch die flächendeckende Versorgung erhalten bleibt, wie es zumindest die Studie von *May/Bauer/Dettling* nahelegt und dadurch die möglichen Gesundheitsgefahren für die Bevölkerung, die bei einem Versagen der Versandapotheken auftreten können, aufgefangen werden können. Da nach der aktuellen Rechtslage die Preisbindung für verschreibungspflichtige Arzneimittel im grenzüberschreitenden Verkehr aufgrund der Entscheidung des Europäischen Gerichtshofs vom 19.10.2016 und des Anwendungsvorrangs des Europarechts nicht eingreift, kann es sich dabei auch nicht um ein gleich wirksames, aber milderes Mittel handeln.

(4) Angemessenheit des Rx-Versandverbotes

Die Angemessenheit der nationalen Maßnahme, die den innerunionalen Handel beeinträchtigt, muss in einem angemessenen Verhältnis zum damit verbundenen Zweck stehen[1167]. Diese Abwägung zwischen der Intensität der Handelsbeeinträchtigung und dem damit verbundenen Schutz wird in der Rechtsprechung des Europäischen Gerichtshofs oftmals mit in die Erforderlichkeitsprüfung eingefügt[1168]. Sollte der Europäische Gerichtshof dieser Prüfungsebene Raum einräumen, sind die vom Europä-

1164 Ähnlich: *Kieser*, in: Saalfrank, § 11 Rn. 281. Dieser stellt nur auf die Bearbeitungsdauer ab.

1165 S.o. B., II., 3., c), cc), (3), S. 112ff.

1166 S.o. B., S. 32ff.

1167 *EuGH*, Urt. v. 26.06.1997, Rs. C-368/95, ECLI:EU:C:1997:325 – Familiapress, Rn. 19; *Kingreen*, in: Calliess/Ruffert, Art. 36 AEUV Rn. 98.

1168 *EuGH*, Urt. v. 20.05.1976, Rs. 104/75, ECLI:EU:C:1976:67 – de Peijper, Rn. 14/18; *Khan/Eisenhut*, in: Vedder/Heintschel von Heinegg, Art. 36 AEUV Rn. 21; *Kingreen*, in: Calliess/Ruffert, Art. 36 AEUV Rn. 98; *Pache*, in: Schulze/Zuleeg/Kadelbach, § 10 Rn. 85; *Schroeder*, in: Streinz, Art. 36 AEUV Rn. 56.

ischen Gerichtshof geforderten Nachweisanforderungen auch auf dieser Ebene zu berücksichtigen. Für die Möglichkeit des Erbringens des erforderlichen Nachweises spricht, dass die Handelsbeeinträchtigung, die durch das Rx-Versandhandelsverbot eintritt, vergleichweise gering ist, da den Versandhändlern das umsatzstärkere OTC-Versandgeschäft[1169] verbleibt, der Umsatz mit Rx-Medikamenten eher gering ausfällt und überdies der Absatz von OTC- und Rx-Medikamenten in einer Präsenzapotheke möglich bleibt, da ein reiner Versandhandel mit Arzneimitteln nach der geltenden Rechtslage nicht möglich ist[1170]. Demgegenüber steht das hohe Interesse der Allgemeinheit an einer ordnungsgemäßen Arzneimittelversorgung, denn der Gesundheit und dem Leben kommen nach der Rechtsprechung des Europäischen Gerichtshofs höchster Rang zu[1171]. Bezieht man in die Abwägung mit ein, dass Präsenzapotheken aktuell ca. 80% ihres Umsatzes mit verschreibungspflichtigen Arzneimitteln erwirtschaften[1172], liegt es zumindest nahe, dass die Apothekenzahl durch die aktuelle Möglichkeit der ausländischen Versandapotheken, verschreibungspflichtige Arzneimittel mit Boni nach Deutschland versenden zu können, zu einer Abnahme der Apothekendichte führen und damit eine Lücke in der ordnunsgemäßen Versorgung entstehen wird[1173]. Eine solche Lücke in der Struktur der Präsenzapotheken führt dazu, dass weiter entfernte Apotheken aufgesucht werden müssen oder es zu einer Ersetzung der Arzneimittelversorgung durch die Versandapotheken kommt, obwohl diese eben nicht zu Erbringung einer Vollversorgung und einer Notdienstversorgung in der Lage sind, mithin können Versandapotheken nur als Ergänzung einer ordnungsgemäßen Arzneimittelversorgung angesehen werden, nicht aber als Ersatz der Leistungen der Präsenzapotheken[1174]. *Becker* und *Hofferberth* haben diese Situation mit der Formulierung „Versandapotheken können nichts, was nicht auch Apotheken vor Ort könnten. Umgekehrt können Versandapotheken vieles nicht, was Apotheken vor Ort können.“ sehr

1169 S.o. D., I., 1., c), dd), S. 189ff.

1170 *Dettling*, S. 277f.

1171 *EuGH*, Urt. v. 01.06.2010, verb. Rs. C-570, 571/07, ECLI:EU:C:2010:300 – Pérez/Gómez, Rn. 44, vgl. *Lux*, in: Lenz/Borchardt, Art. 36 AEUV Rn. 12.

1172 S.o. B., I., 1., c), bb), (1), S. 52.

1173 *Dettling*, S. 238; *May/Bauer/Dettling*, S. 107f.

1174 Vgl. *EuGH*, Urt. v. 19.10.2016, Rs. C-148/15, ECLI:EU:C:2016:776 – Deutsche Parkinson Vereinigung, Rn. 24; vgl. *An der Heiden/Meyrahn*, Gutachten BMWi, S. 11; *Becker/Hofferberth*, in: Dettling, S. 6; *Dettling*, S. 174; *Kieser*, in: Saalfrank, § 11 Rn. 281.

treffend auf den Punkt gebracht[1175], sodass davon auszugehen ist, dass die Angemessenheit des Rx-Versandverbotes bejaht werden kann, wenn die benannten Nachweiserfordernisse erfüllt werden[1176].

bb) Anwendung zwingender Gründe des Allgemeinwohls auf das Rx-Versandverbot

Als weiterer Rechtfertigungsgrund kommt die Stabiliät des Systems der Gesetzlichen Krankenversicherung in Frage. Dabei handelt es sich um einen zwingenden Grund des Allgemeinwohls im Sinne der Cassis-Rechtsprechung[1177]. Bereits in seinem Urteil im Jahr 2003 hat der Europäische Gerichtshof diesen Rechtfertigungsgrund für das damals geltenden Versandverbot in Erwägung gezogen[1178]. Darauf wurde nicht weiter eingegangen, da es an einem Vortrag der Verfahrensbeteiligten mangelte[1179]. Durch das nun geplante Rx-Versandverbot soll auch die im System der Gesetzlichen Krankenversicherung etablierte Zuzahlungsregelung gemäß § 31 Abs. 3 S. 1 SGB V iVm § 61 S. 1 SGB V abgesichert werden, da ansonsten das solidarisch aufgebaute System der Gesetzlichen Krankenversicherung in Gefahr geraten würde[1180], denn durch die Möglichkeit, durch die Einsendung von Rezepten Geld oder Gutscheine zu erhalten, könnten Fehlanreize gesetzt werden, die in einem Solidarsystem untauglich sind[1181]. Soweit man davon ausgeht, dass die Cassis-Formel auch bei ver-

1175 *Becker/Hofferberth*, in: Dettling, S. 6.

1176 Im Ergebnis ebenso: *Di Fabio*, Gutachten, S. 3.

1177 *EuGH*, Urt. v. 20.02.1979, Rs. C-120/78, ECLI:EU:C:1979:42 – Cassis de Dijon, Rn. 8; *EuGH*, Urt. v. 28.04.1998, Rs. C-120/95, ECLI:EU:C:1998:167 – Decker, Rn. 39; *EuGH*, Urt. v. 19.05.2009, verb. Rs. C-171, 172/07, ECLI:EU:C:2009:316 – Apothekerkammer des Saarlandes u.a., Rn. 25, 34.

1178 *EuGH*, Urt. v. 11.12.2003, Rs. C-322/01, ECLI:EU:C:2003:664 – Deutscher Apothekerverband, Rn. 122.

1179 *EuGH*, Urt. v. 11.12.2003, Rs. C-322/01, ECLI:EU:C:2003:664 – Deutscher Apothekerverband, Rn. 123.

1180 https://www.bundesgesundheitsministerium.de/fileadmin/Dateien/3_Downloads/Gesetze_und_Verordnungen/GuV/V/Versandhandel-Verbot_RefE.pdf, S. 2, 9 (Stand: 15.01.2019).

1181 https://www.bundesgesundheitsministerium.de/fileadmin/Dateien/3_Downloads/Gesetze_und_Verordnungen/GuV/V/Versandhandel-Verbot_RefE.pdf, S. 2, 12 (Stand: 15.01.2019).

steckt diskriminierenden Maßnahmen eingreift[1182], dies sind Maßnahmen, die für alle Wirtschaftsteilnehmer gelten, die ausländische Ware rechtlich oder tatsächlich aber verstärkt berührt wird[1183], ist das Rx-Versandverbot, auch einer Rechtfertigung im Sinne der Cassis-Formel grundsätzlich zugänglich, wenn die Verhältnismäßigkeit gewahrt ist[1184]. Dabei muss Beachtung finden, dass es empfehlenswert ist, dass auch für diesen Rechtfertigungsgrund die Nachweise in der Qualität erbacht werden, wie sie der Europäische Gerichtshof im Urteil Deutsche Parkinson Vereinigung gefordert hat[1185].

III. Verhältnis des nationalen Rechts zum Europarecht

Damit lässt sich feststellen, dass ein Rx-Versandverbot sowohl mit dem Verfassungsrecht als auch mit dem Europarecht in Einklang gebracht werden kann, wenn der Nachweis der wissenschaftlichen Daten gelingt[1186], sodass ein Gleichlauf zwischen Verfassungsrecht und Europarecht gegeben ist.

Das europarechtliche Ergebnis wird noch durch drei Aspekte untermauert, die einer dogmatischen Einordnung nicht zugänglich sind, sondern vielmehr auf allgemeineren Beobachtungen beruhen. Aktuell ist in 21 Mitgliedstaaten der Europäischen Union der Versandhandel mit Rx-Medikamenten verboten[1187]. Es ist schwerlich vorstellbar, auch unter Einbezug des Urteils des Europäischen Gerichtshofs aus dem Jahr 2003, dass der Europäische Gerichtshof eine Regelung, die in der Mehrheit der Mitgliedstaa-

---

1182 In ihrer ursprünglichen Ausgestaltung war eine Rechtfertigung mit der Cassis-Formel nur bei unterschiedslosen Maßnahmen, also solche Maßnahmen, die einheimische und ausländische Produkte gleichermaßen betreffen, möglich (*EuGH*, Urt. v. 17.06.1981, Rs. 113/80, ECLI:EU:C:1981:139 – Kommission/Irland, Rn. 10f.). Inzwischen stellt sich die EuGH-Rechtsprechung unklar da, ob und inwieweit insbesondere auch versteckt diskriminierende Maßnahmen an der Cassis-Formel gemessen werden können, ausführlich zu dieser Situation mit weiteren Nachweisen zur Rechtsprechung: *Kingreen*, in: v. Bogdandy/Bast, S, 736ff.

1183 *Pache*, in: Schulze/Zuleeg/Kadelbach, § 10 Rn. 55.

1184 S.o. B., II., 3., c), dd), S. 115f.

1185 S.o. B., II., 3., c), cc), (1), S. 104ff.

1186 S.o. B., II., 3., c), cc), (1), S. 104ff.

1187 https://www.bundesgesundheitsministerium.de/fileadmin/Dateien/3_Downloads/Gesetze_und_Verordnungen/GuV/V/Versandhandel-Verbot_RefE.pdf, S. 2 (Stand: 15.01.2019).

ten aktuell als europarechtskonform angesehen und praktiziert wird, als europarechtswidrig einstufen wird[1188]. Diese Annahme wird auch dadurch untermauert, dass bis dato insbesondere noch keine Vertragsverletzungsverfahren gegen ein solches Verbot erhoben wurden.

Als weiteres Argument könnte die sogenannte sekundärrechtskonforme Auslegung des Primärrechts[1189] genannt werden, denn Art. 85c der RL 2001/83/EG überlässt den Mitgliedstaaten die Einführung eines Rx-Versandverbotes. Der Europäische Gerichtshof ziehe bei einer Auslegung des Primärrechts sekundärrechtliche Maßstäbe heran[1190], daraus resultiere auch die Benennung der „sekundärrechtskonformen Auslegung des Primärrechts“[1191]. Gegner dieser Annahme interpretieren diese genannten Urteile etwas anders, sie stellen darauf ab, dass der Europäische Gerichtshof keine Auslegung des Primärrechts am Sekundärrecht vornehme, sondern nur ein bereits gefundenes Ergebnis mit der sekundärrechtlichen Ausgestaltung untermauere und bestätige, mithin seien diese Urteile nur dahingehend zu verstehen, dass das Sekundärrecht der Bestätigung einer vorliegenden Auslegung des Primärrechts diene[1192].

1188 *Maduro* hat in seinem Buch systematisch Urteile zur Warenverkehrsfreiheit untersucht, kommt dabei zu dieser Beobachtung und nennt dies „the majoritarian approach“, *Maduro*, S. 72f; 78.

1189 *Leible/Domröse*, in: Riesenhuber 2. Auflage, § 9 Rn. 66.

1190 Beispielsweise: *EuGH*, Urt. v. 12.12.1974, Rs. 36/74, ECLI:EU:C:1974:140 – Walrave, Rn. 20/24; *EuGH*, Urt. v. 08.04.1976, Rs. 48/75, ECLI:EU:C:1976:57 – Royer, Rn. 19/23; *EuGH*, Urt. v. 24.10.1978, Rs. 15/78, ECLI:EU:C:1978:184 – Koestler, Rn. 4; *EuGH*, Urt. v. 12.10.1978, Rs. 13/78, ECLI:EU:C:1978:182 – Eggers, Rn. 23.

1191 *Leible/Domröse*, in: Riesenhuber 2. Auflage, § 9 Rn. 66. *Hesse* hatte dies für das Verfassungsrecht entwickelt und nannte dies die „gesetzeskonforme Auslegung“, *Hesse*, Rn. 85. *Mayer* benennt diese Problemstellung als „Wechselbeziehungen“ (*Mayer*, in: Grabitz/Hilf/Nettesheim, Art. 19 EUV Rn. 64f.). *Müller/Christensen* sprechen von einer „umgekehrten Konformauslegung“ (*Müller/Christensen*, Band 2, S. 444ff.). Wobei *Pernice* und *Mayer* auch im Kontext des Europarechts von einer „gesetzeskonformen Auslegung“ sprachen: *Pernice/Mayer*, in: Grabitz/Hilf, 40. Auflage 2009, Art. 220 EGV Rn. 51.

1192 Mit ausführlichen Beispielen: *Müller/Christensen*, Band 2, S. 444ff. Weitere Stimmen in der Literatur sehen in einigen Urteilen eine sekundärrechtskonforme Auslegung des Primärrechts, lehnen diese aber ab: *Anweiler*, S. 197f.; *Leible/Domröse*, in: Riesenhuber 2. Auflage, § 9 Rn. 66; *Möllers*, § 2 Rn. 70. Eine solche Bestätigung ist wohl auch nach Ansicht von *Anweiler*, *Leible/Domröse* und *Möllers* in: *EuGH*, Urt. v. 26.02.1991, Rs. C-292/89, ECLI:EU:C:1991:80 – Antonissen, Rn. 14 zu sehen.

Mag man auch mit der Annahme einer sekundärrechtskonformen Auslegung normhierarchische Probleme haben bzw. diese vollständig ablehnen[1193], verändert dies für den vorliegenden Fall nichts.

Dies begründet sich damit, dass zudem bei der Annahme, dass durch das Sekundärrecht nur eine Bestätigung eines gefundenen Auslegungsergebnisses erfolgen kann, in Art. 85c der RL 2001/83/EG eben diese Bestätigung zu sehen ist. Mithin untermauert die sekundärrechtliche Ausgestaltung das gefundene Ergebnis. In eine ähnliche Richtung wie Art. 85c der RL 2001/83/EG deutet auch die geplante Verordnung über Tierarzneimittel und zur Aufhebung der Richtlinie 2001/82/EG[1194]. In Art. 104 Abs. 1 der geplanten Verordnung wird der Versand von verschreibungspflichtigen Tierarzneimitteln grundsätzlich untersagt. Gemäß Art. 104 Abs. 2 der geplanten Verordnung ist es den Mitgliedstaaten möglich den Versand mit verschreibungspflichtigen Tierarzneimitteln innerhalb des Mitgliedstaates zuzulassen.

IV. Ergebnis

Damit ist die Normierung eines Rx-Versandverbotes eine grundsätzlich rechtlich umsetzbare Lösung, wenn den dargelegten Anforderungen genüge getan wird[1195]. Weiterhin kann sich dann kein Anspruch gegen Deutschland aus der Francovich-Rechtsprechung ergeben, da dieser bereits

1193 *Anweiler*, S. 197; *Leible/Domröse*, in: Riesenhuber 2. Auflage, § 9 Rn. 66; *Möllers*, § 2 Rn. 70; *Müller/Christensen*, Band 2, Rn. 559ff.

1194 Verordnung des Europäischen Parlaments und des Rates über Tierarzneimittel und zur Aufhebung der Richtlinie 2001/82/EG, noch nicht im Amtsblatt der Europäischen Union veröffentlicht; auffindbar unter: Dokument PE_45_2018_INIT.

1195 *Dettling* fordert bei Normierung drei Ausnahmetatbestände. Neben einer weiterhin möglichen Botenlieferung soll in besonderen Ausnahmefällen ein Versand mit Rx-Arzneimitteln an Endverbraucher möglich bleiben (*Dettling*, S. 253ff.; 289). Ferner betont *Dettling*, dass der Rx-Versandhandel weiterhin an Fachkreise möglich sein soll (*Dettling*, S. 254ff.). In der aktuellen Situation seit der Entscheidung des Europäischen Gerichtshof über die Arzneimittelpreisbindung für verschreibungspflichtige Arzneimittel stand und steht das Verhältnis zwischen Apotheke – und Endkunde bzw. Patient im Vordergrund, sodass die letztere Ausnahme zwar bedacht werden muss, aber nicht von großer Bedeutung ist.

an der ersten Voraussetzung, einem qualifizierten Verstoß gegen Unionsrecht, scheitert[1196].

Unklar ist, ob eine Notifizierung eines solchen Gesetzgebungsentwurfes gemäß Art. 5 Abs. 1 RL/2015/1535/EU[1197] notwendig ist[1198]. Diese Unsicherheit beruht auf der sekundärrechtlichen Regelung in Art. 85c Abs. 1 der RL 2001/83/EG, worin den Mitgliedstaaten eine Möglichkeit des Verbotes des Versandes mit Rx-Arzneimitteln zugesprochen wird. Dabei könnte es sich um eine Ausnahme im Sinne des Art. 7 Abs. 1 lit. c) RL/2015/1535/EU zu der grundsätzlich notwendigen Notifizierungspflicht handeln, wonach keine Pflicht zur Notifizierung besteht, wenn die mitgliedstaatliche Regelung der Ausfüllung einer Schutzklausel dient, die in einem verbindlichen Rechtsakt der Union enthalten ist.

Der Sinn und Zweck des Notifizierungsverfahrens ist das reibungslose Funktionieren des Binnenmarktes (Erwägungsgrund 3 der RL/2015/1535/EU). Um dies zu erreichen, ist eine Mitteilung der erforderlichen Informationen an die Kommission und die Mitgliedstaaten bereits vor Erlass der Vorschrift erforderlich (Erwägungsgrund 5 und 6 der RL/2013/1535/EU). Da bei Normierung des Art. 85c RL/2001/83/EG diese Aspekte bereits Eingang gefunden haben, kann der Sinn und Zweck des Notifizierungsverfahrens wohl nicht mehr erreicht werden, sodass das Notifizierungsverfahren entbehrlich ist[1199]. Nichtsdestotrotz wäre es nachvollziehbar, wenn die Bundesrepublik Deutschland ein Notifizierungsverfahren einleiten würde, um das Rx-Versandverbot europarechtlich auch unter diesem Aspekt auf möglichst sichere Beine zu stellen.

1196 *EuGH*, Urt. v. 19.11.1991, verb. Rs. C-6, 9/60, ECLI:EU:C:1991:428 – Francovich, Rn. 38ff.; allgemein zu den Voraussetzungen: *Lux*, in: Lenz/Borchardt, Art. 34 AEUV Rn. 8.

1197 Richtlinie (EU) 2015/1535 des Europäischen Parlaments und des Rates vom 9. September 2015 über ein Informationsverfahren auf dem Gebiet der technischen Vorschriften und der Vorschriften für die Dienste der Informationsgesellschaft, ABl. L 241 v. 17.09.2015, S. 1–15.

1198 *Dettling*, S. 269f.; *Koenig*, PharmR 2017, 233 (236ff.).

1199 https://www.apotheke-adhoc.de/nachrichten/detail/politik/eugh-urteil-gutachten-abkuerzung-zum-rx-versandverbot/ (Stand: 15.01.2019).

E. Schlussbetrachtung

Das Apothekenrecht ist ein Rechtsgebiet, welches trotz der Besonderheiten der Ware Arzneimittel von allgemeinen verfassungsrechtlichen und europarechtlichen Fragen überlagert und geprägt wird – dies zeigt sich an der vorliegenden Abhandlung. Neben wirtschaftlichen Interessen der einzelnen Beteiligten und einer Vielzahl von rechtlichen Vorgaben[1200] muss die Gesundheit des Einzelnen die Leitlinie des Vorgehens sein.

Im Rahmen des Kapitels zur Preisbindung für Rx-Medikamente konnte festgestellt werden, dass die Preisbindung mit dem Verfassungsrecht in Einklang steht. Problematischer stellte sich die europarechtliche Beurteilung dar. Eine der entscheidenden Weichenstellungen war die Frage, ob es sich bei der Preisbindung für Rx-Medikamente um eine Maßnahme gleicher Wirkung handelt. Entscheidend zur Beantwortung dieser Frage waren die Überlegungen zum Fortbestand der Keck-Formel. Nach Durchsicht der Rechtsprechung ergab sich folgendes Bild: Die Keck-Formel, welche zur Ablehnung einer Maßnahme gleicher Wirkung führt, besteht heute noch fort. Bereits in der Keck-Formel war das Marktzugangskriterium etabliert, dies wurde als Teilbereich des Drei-Stufen-Tests weiter verselbstständigt und dient der Begründung einer Maßnahme gleicher Wirkung. Ferner zieht der Europäische Gerichtshof das Marktzugangskriterium teilweise auch als alleiniges Kriterium zur Begründung einer Maßnahme gleicher Wirkung heran. Diese drei Kriterien stehen in der Rechtsprechung des Gerichtshofs nebeneinander. Der vorliegende Fall der Preisbindung mit Rx-Arzneimitteln konnte unter Zugrundelegung des Marktzugangskriteriums als Maßnahme gleicher Wirkung eingestuft werden.

Auf der Ebene der Rechtfertigung war zu klären, wie das Urteil des Europäischen Gerichtshofs aus dem Jahr 2016 über die Preisbindung für verschreibungspflichtige Arzneimittel einzuordnen ist. Ein teilweise vorgenommener Vergleich der Urteile des Europäischen Gerichtshofs aus dem Jahr 2009 zum Fremdbesitzverbot und dem Urteil aus dem Jahr 2016 zur Arzneimittelpreisbindung für verschreibungspflichtige Arzneimittel auf Ebene der Rechtfertigungsanforderungen ist nicht zielführend. Der Europäische Gerichtshof reiht das Urteil aus dem Jahr 2016 unter dem Aspekt des Wertungsspielraums im Gesundheitsbereich nicht hinter das Urteil aus

1200 *Kühling/Weck*, NVzW 2017, 1725 (1726).

dem Jahr 2009 ein, sondern hinter eine Rechtsprechungslinie zur Warenverkehrsfreiheit, die Nahrungsergänzungsmittel, angereicherte Lebensmittel und Genussmittel betrifft. Der Wertungsspielraum der Mitgliedstaaten im Gesundheitswesen verändet sich damit je nach einschlägiger Grundfreiheit – während das Urteil aus dem Jahr 2009 das Fremdbesitzverbot auf die Vereinbarkeit mit der Niederlassungsfreiheit hin überprüfte, stand im Jahr 2016 die Warenverkehrsfreiheit im Vordergrund. Mithin ist der Wertungsspielraum eine Art Ziehharmonika, der je nach einschlägiger Grundfreiheit auseinandergeht oder sich zusammenzieht. Damit kann davon ausgegangen werden, dass bei einem erneuten Vorlageverfahren durch das OLG Köln oder das OLG München der Europäische Gerichtshof bei Einhaltung der Nachweisanforderungen die Europarechtskonformität der Preisbindung für Rx-Medikamente annehmen wird. Oftmals vergessen und für die europarechtliche Einordnung doch grundsätzlich erheblich ist die Frage, ob und inwieweit der Grundrechte-Charta Einfluss auf die Beurteilung der Europarechtskonformität der Preisbindung für Rx-Medikamente zukommt. Ein solcher Einfluss ist aufgrund der Rechtsprechung des Europäischen Gerichtshofs grundsätzlich anzunehmen. Die rechtliche Beurteilung, der in dieser Arbeit geprüften Maßnahmen, verändert sich aufgrund des hohen Rangs des damit in Zusammenhang stehenden Gesundheitsschutzes nicht.

Im Rahmen des Kapitels zu Bedürfnisprüfungen/territorialen Beschränkungen musste zunächst geklärt werden, ob und inwieweit der Entscheidung des Bundesverfassungsgerichts aus dem Jahr 1958 im Jahr 2018 noch Bindungswirkung zukommt. Gegen eine solche Bindungswirkung sprechen der technische Fortschritt und die veränderten Gegebenheiten, sodass die Entscheidung des Bundesverfassungsgerichts aus dem Jahr 1958 über die Verfassungswidrigkeit einer Bedürfnisprüfung im bayerischen Apothekengesetz keine Wirkung mehr für das Jahr 2018 entfaltet. Trotzdem scheitert die Einführung einer solchen Maßnahme in der heutigen Zeit auf der Ebene der Geeignetheit, da eine solche Bedürfnisprüfung, welche die Eröffnung einer öffentlichen Apotheke unter das Vorliegen eines Bedürfnisses stellt, keinen Einfluss auf ausländische Versandapotheken haben kann. Sollte man den Rx-Versandhandel verbieten, wäre im umsatzstärksten Bereich der Präsenzapotheken kein Einfluss aus dem europäischen Ausland mehr gegeben, sodass man die Geeignetheit bejahen könnte. Mithin müssten die Bedürfnisprüfungen und das Rx-Versandverbot kumulativ eingeführt werden. Käme man über die Stufe der Geeignetheit durch die Etablierung eines Verbots des Versandhandels für Rx-Medikamente an den Endverbraucher hinweg, würde man wohl an der Erforderlichkeit der

Maßnahme scheitern. Nach der hier vertretenen Auffassung wird der Europäische Gerichtshof in einem erneuten Vorlageverfahren bei Einhaltung der Nachweisanforderungen die Preisbindung mit verschreibungspflichtigen Arzneimitteln für europarechtskonform erklären, sodass diese dann eine mildere und gleich wirksame Maßnahme wäre. Die Etablierung einer solchen Maßnahme, die im Europarecht als territoriale Beschränkung zu benennen ist, ist unter der Einhaltung bestimmter Voraussetzungen mit dem Europarecht in Einklang zu bringen. Mithin ergibt sich hier nach der aktuellen Rechtslage die umgekehrte Situation zur Preisbindung. Während die Preisbindung mit Rx-Medikamenten mit dem Verfassungsrecht, aber nach der Rechtsprechung des Europäischen Gerichtshofs nicht mit dem Europarecht in Einklang zu bringen ist, sind Bedürfnisprüfungen/Niederlassungsbeschränkungen nicht mit dem Verfassungsrecht in Einklang zu bringen, dafür aber mit dem Europarecht.

Im Kapitel zum Versandverbot mit verschreibungspflichtigen Arzneimitteln konnte festgestellt werden, dass ein solches Verbot ein verhältnismäßiger Eingriff in die Berufsfreiheit gemäß Art. 12 Abs. 1 GG ist. Auf die Vereinbarkeit mit der Eigentumsgarantie gemäß Art. 14 Abs. 1 GG und dem allgemeinen Gleichheitssatz gemäß Art. 3 Abs. 1 GG kommt es nicht weiter an. Selbst wenn man die Einschlägigkeit dieser beiden Normen annehmen sollte, würde es sich auch dabei um einen verhältnismäßigen Eingriff bzw. um eine verhältnismäßige Ungleichbehandlung handeln. Im Kontext des Europarechts konnte festgestellt werden, dass der Referentenentwurf aus der 18. Legislaturperiode einige Defizite aufweist. Die Begründung des Referentenentwurfs erschöpft sich fast vollständig in einer Wiederholung der Argumente, die zu einer Rechtfertigung der Preisbindung mit Rx-Medikamenten herangezogen wurden. Es wäre empfehlenswert gewesen, wenn dabei auch das erste Urteil des Europäischen Gerichtshofs zu DocMorris aus dem Jahr 2003 miteinbezogen worden wäre. In diesem Urteil stellte der Europäische Gerichtshof fest, dass ein Verbot des Versandes mit verschreibungspflichtigen Arzneimitteln an den Endverbraucher mit den möglichen Gefahren des Vertriebsweges gerechtfertigt werden kann. Eben diese Gefahren sollten bei einem erneuten Entwurf bedacht werden. Dabei ist entscheidend, dass Versandapotheken von technischen Einrichtungen abhängig sind. Sollten technische Probleme auftreten, müsste dies von den Präsenzapotheken kompensiert werden. Besteht keine ausreichende Versorgungsdichte über Präsenzapotheken, kann ein solcher technischer Ausfall zu einer Gesundheitsgefahr werden.

Letztlich können all diese rechtlichen Lösungen auf die beiden in der Einleitung benannten Aspekte zurückgeführt werden[1201]. Im Vordergrund der Existenz des Apothekenwesens steht die Gesundheit des Menschen. Gerade im Moment der Krankheit, welche man im Recht der Gesetzlichen Krankenversicherung als einen körperlichen oder geistigen Zustand definiert, der zumindest eine Heilbehandlung notwendig macht[1202], kommen Arzneimittel zum Einsatz. Diese Arzneimittel können der Gesundheit des Einzelnen einen Nutzen bringen, sie beinhalten aber auch ein Gefahrenpotential. Eben dieser Aspekt des Gesundheitsschutzes und die Ambivalenz des Gutes Arzneimittel tritt zu Tage, wenn man betont, dass die Versandapotheken nur eine Ergänzung zu den Präsenzapotheken sein können, da sie zu keiner Vollversorgung mit Arzneimitteln und ebenso zu keiner Notdienstversorgung in der Lage sind. Solange der ergänzende Versandhandel nicht in der Lage ist, die Aufgaben der zu ergänzenden Präsenzapotheke vollumfänglich zu übernehmen, ist es Aufgabe des Staates aufgrund des im Vordergrund stehenden Gesundheitsschutzes die Präsenzapotheken zu schützen[1203]. Diese Pflicht des Schutzes des Apothekenwesens, die dem Schutz der Gesundheit dient, ist kein Selbstzweck und endet dann, wenn die ergänzenden Versandapotheken in der Lage sind, die Leistung in selber Art, Güte und Geschwindigkeit zu erbringen wie eine Präsenzapotheke. Ab diesem Moment ist nach *Carstens* dem Binnenmarkt und der damit verbundenen Freiheit nach innen auch im Apothekenwesen Vorrang einzuräumen.

Unter dem Aspekt, dass *Krüger* bereits im Jahre 1959 betonte, dass es Berufe gebe, bei denen sich Menschen begegnen müssten, denn der persönliche Kontakt mache die Leistung aus[1204], mag es schwerlich vorstellbar sein, dass ein solch sensibles und persönliches Thema wie die Arzneimittelversorgung komplett ohne ein Vier Augen-Gespräch in gegenseitiger Anwesenheit gewährleistet werden kann. Andererseits könnte es sich bei diesem Empfinden auch nur um ein Übergangsphänomen von einer im Bereich der Arzneimittelversorgung doch noch sehr analogen Zeit hin zu einer digitalen Zeit handeln.

1201 S.o. A., III., S. 27ff.

1202 *Ricken*, in: Rolfs/Giesen/Kreikebohm/Udsching, ArbeitsR, § 3 EFZG Rn. 7.

1203 *Dettling*, S. 279ff. Zur Pflicht des Staates zum Schutz von Gesundheit und Leben, insbesondere durch Gestaltung der Rechtsordnung: *Di Fabio*, in: Maunz/Dürig, Art. 2 II GG Rn. 81, 86.

1204 *Krüger*, S. 47.

Es bleibt abzuwarten, ob dieser Übergang jemals eintreten wird. Dies wird entscheidend vom technischen Fortschritt in den nächsten Jahren und Jahrzehnten abhängen.

Literaturverzeichnis

Anweiler, Jochen, Die Auslegungsmethoden des Gerichtshofs der Europäischen Union, Frankfurt am Main 1997.

Artetxe, Simon López, Is Health Really the First Thing in Life, in: LIEI 2017, 315-322.

Bachof, Otto, Zum Apothekenurteil des Bundesverfassungsgerichts, in: JZ 1958, 468-471.

Bauer, Hartmut, Zum Grundrechtsschutz für die berufliche Betätigung von Ausländern, in: NVwZ 1990, 1152-1154.

Bauer, Hartmut/Kahl, Wolfgang, Europäische Unionsbürger als Träger von Deutschen-Grundrechten?, in: JZ 1995, 1077-1085.

Barnard, Catherine, Restricting Restrictions: Lessons for the EU from the US?, in: CMLR 2009, 575-606.

Dies., Fitting the remaining pieces into the goods and persons jigsaw?, in: ELR 2001, 35-59.

Becker, Ulrich, Arzneimittelrabatte und Verfassungsrecht – zur Zulässigkeit der Preisabschläge nach dem Beitragssatzsicherungsgesetz, in: NZS 2003, 561-568.

Berg, Wilfried, Berufsfreiheit und verbotene Berufe, in: GewArchiv 1977, 249-254.

Bettermann, Karl-August/Nipperdey, Hans-Carl/Scheuner, Ulrich (Hrsg.), Die Grundrechte – Handbuch der Theorie und Praxis der Grundrechte
Band III/1: Die Grundrechte, 2. Auflage, Berlin 1972. (zitiert: *Bearbeiter*, in: Grundrechte Band)

Bogdandy, Armin von/Bast Jürgen (Hrsg.), Europäisches Verfassungsrecht, 2. Auflage, Berlin 2009. (zitiert: *Bearbeiter*, in: v. Bogdandy/Bast)

Brauns, Philipp, Flächendeckende Arzneimittelversorgung im Preiswettbewerb und auf dem Rechtsweg, in: StoffR 2015, 20-35.

Brigola, Alexander, Die Preisbindung für Arzneimittel in der Falle des freien Warenverkehrs, in: NJW 2016, 3761-3764.

Ders., Die Metamorphose der Keck-Formel in der Rechtsprechung des EuGH – Ein Eckpfeiler im System des freien Warenverkehrs in neuem Körper, in: EuZW 2012, 248-253.

Bryde, Brun-Otto, Artikel 12 Grundgesetz – Freiheit des Berufs und Grundrecht der Arbeit, in: NJW 1984, 2177-2184.

Burchardt, Dana, Kehrtwende in der Grundrechts- und Vorrangrechtsprechung des EuGH? – Anmerkung zum Urteil des EuGH vom 5.12.2017 in der Rechtssache M.A.S. und M.B. (C-42/17, „Taric co II"), in: EuR 2018, 248-264.

Burk, Enno, Die Funktionen der unabhängigen Apotheke für die Arzneimittelversorgung der GKV und das Fremd- und Mehrbesitzverbot, Baden-Baden 2008.

Byrla, André, Das apothekenrechtliche Fremd- und Mehrbesitzverbot, in: A&R 2015, 154-159.

Calliess, Christian/Ruffert, Matthias (Hrsg.), EUV / AEUV – Das Verfassungsrecht der Europäischen Union mit Europäischer Grundrechtecharta – Kommentar, 5. Auflage, München 2016. (zitiert: *Bearbeiter*, in: Calliess/Ruffert)

Carstens, Karl, Die Errichtung des gemeinsamen Marktes in der Europäischen Wirtschaftsgemeinschaft, Atomgemeinschaft und Gemeinschaft für Kohle und Stahl, in: ZaöRV 1957, 459-525.

Chalmers, Damian, Free Movement of Goods within the European Community: An Unhealty Addiction to Scotch Whisky, in: ICLQ 1993, 269-294.

Coppel, Jason/O'Neill Aidan, The European Court of Justice: taking rights seriously, in: CMLR 1992, 669-692.

Craig, Paul/de Búrca, Gráinne, EU Law, Text, Cases, and Materials, 6. Auflage, Oxford 2015. (zitiert: *Craig/de Búrca*)

Craig, Paul/de Búrca, Gráinne (Hrsg.), The Evolution of EU Law, 2. Auflage, Oxford 2011. (zitiert: *Bearbeiter*, Titel, in: Craig/de Búrca)

Creifelds, Carl (Begr.)/*Weber, Klaus* (Hrsg.), Rechtswörterbuch, 22. Auflage, München 2017. (zitiert: *Creifelds*)

Cremer, Wolfram, Grundrechtsverpflichtete und Grundrechtsdimensionen nach der Charta der Grundrechte der Europäischen Union, in: EuGRZ 2011, 545-554.

Cremer, Wolfram/Bothe, Alexander, Die Dreistufenprüfung als neuer Baustein der warenverkehrsrechtlichen Dogmatik, in: EuZW 2015, 413-418.

Dauses, Manfred A. (Begr.)/*Ludwigs, Markus* (Hrsg.), Handbuch des EU-Wirtschaftsrechts, Loseblatt, Stand: 45. Ergänzungslieferung Juli 2018. (zitiert: *Bearbeiter*, in: Dauses/Ludwigs)

Dettling, Heinz-Uwe, Arzneimittelversorgung und flexibles Versandverbot für verschreibungspflichtige Arzneimittel – Eine unions- und verfassungsrechtliche Analyse, Eschborn 2018.

Ders., Gesundheit und Preiswettbewerb, in: A&R 2017, 111-118.

Ders., Arzneimittelpreisregulierung und Arzneimittelversorgung, in: A&R 2016, 251-267.

Ders., Jurisdiktion und Wettbewerb im internationalen Gesundheitswirtschaftsrecht, in: GRUR-Prax 2013, 177-178.

Ders., Höchstpreise, Sicherheit und Berufsfreiheit in der Arzneimittelversorgung (Teil 1), in: APR 2008, 10-14.

Ders., Höchstpreise, Sicherheit und Berufsfreiheit in der Arzneimittelversorgung (Teil 2), in: APR 2008, 34-45.

Ders., Anwendbarkeit des nationalen Arzneimittelpreisrechts auf ausländische Versandapotheken, in: A&R 2008, 118-125.

Ders., Die internationale Anwendbarkeit des deutschen Arzneimittelpreisrechts, in: PharmR 2003, 401-408.

Ders., Schlussanträge in Sachen DocMorris – Generalanwältin contra EuGH, Handelsware contra Heilmittel –, in: PharmR 2003, 194-202.

Derlén, Mattias/Lindholm, Johan, Article 28 E.C. and rules on use: A step towards a workable doctrine on measures having equivalent effect to quantitative restrictions, in: CJEL 2010, 191-231.

Dieners, Peter/Reese, Ulrich (Hrsg.), Handbuch des Pharmarechts, München 2010. (zitiert: *Bearbeiter*, in: Dieners/Reese)

Dietz, Sara/Streinz, Thomas, Das Marktzugangskriterium in der Dogmatik der Grundfreiheiten, in: EuR 2015, 50-73.

Dreier, Horst (Hrsg.), Grundgesetz Kommentar
Band I: Präambel, Artikel 1-19, 3. Auflage, Tübingen 2013. (zitiert: *Bearbeiter*, in: Dreier)

Due, Ole/Lutter, Marcus/Schwarze, Jürgen (Hrsg.), Festschrift für Ulrich Everling, Baden-Baden 1995, Band 1. (zitiert: *Bearbeiter*, Titel, in: FS Everling, Band 1)

Dünnes-Zimmermann, Sibylle, Gesundheitspolitische Handlungsspielräume der Mitgliedstaaten im Europäischen Gemeinschaftsrecht, Tübingen 2006.

Eckertz, Rainer, Die Kompetenz des Bundesverfassungsgerichts und die Eigenheit des Politischen, in: Der Staat 1978, 183-203.

Ehlers, Dirk, Die Weiterentwicklung des Staatshaftungsrechts durch das europäische Gemeinschaftsrecht, in: JZ 1996, 776-783.

Ehlers, Dirk /Becker, Ulrich (Hrsg.), Europäische Grundrechte und Grundfreiheiten, 4. Auflage, Berlin 2014. (zitiert: *Bearbeiter*, in: Ehlers)

Engel, Christiane, Die Apothekengeschichte Nürnbergs im 19. und 20. Jahrhundert bis zur Niederlassungsfreiheit, Stuttgart 2016.

Epping, Volker/Hillgruber, Christan (Hrsg.), Beck'scher Online Kommentar Grundgesetz, 39. Edition, München 2018. (zitiert: *Bearbeiter*, in: Epping/Hillgruber)

Erbs, Georg (Begr.)/*Kohlhaas, Max/Häberle, Peter* (Hrsg.), Strafrechtliche Nebengesetze, Loseblatt, Stand: 221. Ergänzungslieferung August 2018. (zitiert: *Bearbeiter*, in: Erbs/Kohlhaas)

Frank, Christian, Anforderungen des EuGH an die Rechtfertigung nationaler Einfuhrbeschränkungen – Zugleich Besprechung von EuGH „Deutsche Parkinson Vereinigung", in: GRUR 2016, 1246-1250.

Fremuth, Michael, „Cassis de Dijon" – Zu der dogmatischen Einordnung zwingender Erfordernisse, in: EuR 2006, 866-878.

Frenz, Walter, Handbuch Europarecht
Band 1: Europäische Grundfreiheiten, 2. Auflage, Berlin 2012.
Band 4: Europäische Grundrechte, Berlin 2009.
(zitiert: *Frenz*, Hdb. EuR, Band)

Frenzel, Eike Michael, Die Charta der Grundrechte als Maßstab für mitgliedstaatliches Handeln zwischen Effektivierung und Hyperintegration, in: Der Staat 2014, 1-29.

Friauf, Karl Heinrich, Verfassungsrechtliche Grenzen der Wirtschaftslenkung und Sozialgestaltung durch Steuergesetze, Tübingen 1966.

Frotscher, Werner/Kramer, Urs, Wirtschaftsverfassungs- und Wirtschaftsverwaltungsrecht, 7. Auflage, München 2019.

Fuhrmann, Stefan/Klein, Bodo/Fleischfresser, Andreas (Hrsg.), Arzneimittelrecht – Handbuch für die pharmazeutische Rechtpraxis, 2. Auflage, Baden-Baden 2014. (zitiert: *Bearbeiter*, in: Fuhrmann/Klein/Fleischfresser)

Ganster, Günther, Freier Beruf und Kapitalgesellschaft – das Ende der freien Professionen?, Berlin 2000.

Geiger, Rudolf/Khan, Daniel-Erasmus/Kotzur, Markus, EUV/AEUV Kommentar, 6. Auflage, München 2017. (zitiert: *Bearbeiter*, in: Geiger/Khan/Kotzur)

Gellermann, Martin, Das Stromeinspeisungsgesetz auf dem Prüfstand des Europäischen Gemeinschaftsrechts, in: DVBl 2000, 509-519.

Goette, Wulf/Habersack, Mathias (Hrsg.), Münchner Kommentar zum Aktiengesetz Band 1: §§ 1-75, 4. Auflage, München 2016.
(zitiert: *Bearbeiter*, in: Goette/Habersack)

Gormley, Laurence W., Silver Threads Among the Gold... 50 Years of the Free Movement of Goods, in: Fordham ILJ 2007, 1637-1691.

Grabitz, Eberhard (Begr.)/*Hilf, Meinhard,* Das Recht der Europäischen Union, Loseblatt, Stand: 40. Ergänzungslieferung Oktober 2009. (zitiert: *Bearbeiter*, in: Grabitz/Hilf)

Grabitz, Eberhard (Begr.)/*Hilf, Meinhard/Nettesheim, Martin* (Hrsg.), Das Recht der Europäischen Union, Loseblatt, Stand: 65. Ergänzungslieferung August 2018. (zitiert: *Bearbeiter*, in: Grabitz/Hilf/Nettesheim)

Großfeld, Bernhard/Sack, Rolf/Möllers, Thomas M. J./Drexl, Josef/Heinemann, Andreas (Hrsg.), Festschrift für Wolfgang Fikentscher zum 70. Geburtstag, Tübingen 1998. (zitiert: *Bearbeiter*, Titel, in: FS Fikentscher)

Guckelberger, Annette, Zum Grundrechtsschutz ausländischer juristischer Personen, in: AöR 2004, 618-638.

Hancher, Leigh/Sauter, Wolf, One step beyond: From Sodemare to Docmorris: The EU's freedom of establishment case law concerning healthcare, in: CMLR 2010, 117-146.

Haratsch, Andreas/Koenig, Christian/Pechstein, Matthias, Europarecht, 11. Auflage, Tübingen 2018.

Hatje, Armin/Müller-Graff, Peter-Christian (Gesamthrsg.), Enzyklopädie Europarecht

Grabenwarter, Christoph (Hrsg.), Band 2: Europäischer Grundrechteschutz, Baden-Baden 2014

Müller-Graff, Peter-Christian (Hrsg.), Band 4: Europäisches Wirtschaftsordnungsrecht, Baden-Baden 2014

Ruffert, Matthias (Hrsg.), Band 5: Europäisches Sektorales Wirtschaftsrecht, Baden-Baden 2013.
(zitiert: *Bearbeiter*, in: Enzyklopädie EuR Band)

Hauck, Ernst, Arzneimittel-Boni und kein Ende? Anmerkung zum Urteil des EuGH vom 19.10.2016 – C-148/15, in: NZS 2017, 161-163.

Hebeler, Timo, 50 Jahre Apotheken-Urteil des Bundesverfassungsgerichts – Was ist geblieben?, in: JA 2008, 413-417.

Heermann, Peter W., Artikel 30 EGV im Lichte der „Keck“-Rechtsprechung: Anerkennung sonstiger Verkaufsmodalitäten und Einführung eines einheitlichen Rechtfertigungstatbestandes?, in: GRUR Int. 1999, 579-595.

Heermann, Peter W./Schlingloff, Jochen (Hrsg.), Münchner Kommentar zum Lauterkeitsrecht, 2. Auflage, München 2014. (zititert: *Bearbeiter*, in: Hermann/Schlingloff)

Heinrich, Bernd, Strafrecht – Allgemeiner Teil, 5. Auflage, Stuttgart 2016.

Hellermann, Johannes, Örtliche Daseinsvorsorge und gemeindliche Selbstverwaltung, Tübingen 2000.

Helmstädter, Axel/Hermann, Jutta/Wolf, Evemarie, Leitfaden der Pharmaziegeschichte, 2. Auflage, Eschborn 2011.

Henssler, Martin/Kleen, Julia/Riegler, Andreas, DocMorris III und die Auswirkungen auf das deutsche Fremd- und Mehrbesitzverbot, in: EuZW 2017, 723-729.

Herdegen, Matthias, Europarecht, 20. Auflage, München 2018.

Ders., Internationales Wirtschaftsrecht, 11. Auflage, München 2017. (zitiert: *Herdegen*, Int. WirtschaftsR)

Hesse, Konrad, Grundzüge des Verfassungsrechts in der Bundesrepublik Deutschland, Neudruck der 20. Auflage, Heidelberg 1999.

Hömig, Dieter/Wolff, Heinrich Amadeus (Hrsg.), Grundgesetz für die Bundesrepublik Deutschland, 12. Auflage, Baden-Baden 2018. (*Bearbeiter*, in: Hömig/Wolff)

Hoffmann-Riem, Wolfgang, Beharrung oder Innovation – zur Bindungswirkung verfassungsgerichtlicher Entscheidungen, in: Der Staat 1974, 335-364.

Holoubek, Michael/Lienbacher, Georg (Hrsg.), GRC Kommentar, Wien 2014. (zitiert: *Bearbeiter*, in: Holoubek/Lienbacher)

Holst, Johannes, Keine einheitliche Dogmatik des EuGH für die sachgerechte Begrenzung des Anwendungsbereichs der Warenverkehrsfreiheit – ein Erklärungsversuch, in: EuR 2018, 87-105.

Horsley, Thomas, Anyone for Keck?, in: CMLR 2009, 2001-2019.

Ipsen, Hans Peter, Kartellrechtliche Preiskontrolle als Verfassungsfrage, Baden-Baden 1976. (zitiert: *Ipsen*, Kartellrechtliche Preiskontrolle)

Ipsen, Jörn, Staatsrecht II – Grundrechte, 21. Auflage, München 2018.

Ders., „Stufentheorie“ und Übermaßverbot – Zur Dogmatik des Art. 12 GG, in: JuS 1990, 634-638.

Isensee, Josef/Kirchhof, Paul (Hrsg.), Handbuch des Staatsrechts der Bundesrepublik Deutschland
Band VIII: Grundrechte: Wirtschaft, Verfahren, Gleichheit, 3. Auflage, Heidelberg 2010
IX: Allgemeine Grundrechtslehren, 3. Auflage, Heidelberg 2011
XII: Normativität und Schutz der Verfassung, 3. Auflage, Heidelberg 2014.
(zitiert: *Bearbeiter*, in: HStR Band)

Isensee, Josef/Lecheler, Helmut (Hrsg.), Freiheit und Eigentum – Festschrift für Walter Leisner zum 70. Geburtstag, Berlin 1999. (zitiert: *Bearbeiter*, Titel, in: FS Leisner)

Jarass, Hans, Charta der Grundrechte der Europäischen Union Kommentar, 3. Auflage, München 2016. (zitiert: *Bearbeiter*, in: Jarass, GRCh)

Ders., Elemente einer Dogmatik der Grundfreiheiten II, in: EuR 2000, 705-723.

Jarass, Hans/Pieroth, Bodo, Grundgesetz für die Bundesrepublik Deutschland Kommentar, 15. Auflage, München 2018. (zitiert: *Bearbeiter*, in: Jarass/Pieroth)

Joliet, René, Der freie Warenverkehr: Das Urteil Keck und Mithouard und die Neuorientierung der Rechtsprechung, in: GRUR Int. 1994, 979-987.

Kaapke, Andreas, Überprüfung der Leistungsfähigkeit des Arzneimittel-Versandhandels, Stuttgart 2018.

Kahl, Wolfgang/Waldhoff, Christian/Walter, Christian (Hrsg.), Bonner Kommentar zum Grundgesetz, Loseblatt, Stand: 194. Ergänzungslieferung November 2018. (zitiert: *Bearbeiter*, in: Bonner Kommentar)

Kahl, Wolfgang/Schwind, Manuel, Europäische Grundrechte und Grundfreiheiten – Grundbausteine einer Interaktionslehre, in: EuR 2014, 170-195.

Kanzler, Hans-Joachim, Beiläufiges über Beiläufiges – Das obiter dictum in der Rechtsprechung des Bundesfinanzhofs, in: DStR 2013, 1505-1509.

Kiefer, Wolfgang, Die Vereinbarkeit des Fremd- und Mehrbesitzverbotes für Apotheken mit der Niederlassungsfreiheit nach Art. 43, 48 EGV und die Nichtanwendung nationalen Rechts durch Verwaltungsbehörden, Stuttgart 2009.

Kieser, Timo, Apothekenrecht, 2. Auflage, Stuttgart 2015.

Kingreen, Thorsten, Theorie und Dogmatik der Grundrechte im europäischen Verfassungsrecht, in: EuGRZ 2004, 570-576.

Kingreen, Thorsten/Poscher, Ralf, Grundrechte – Staatsrecht II, 34. Auflage, Heidelberg 2018.

Kirschner, Julia, Grundfreiheiten und nationale Gestaltungsspielräume, München 2014.

Kloepfer, Michael, Verfassungsrecht
Band I – Grundlagen, Staatsorganisationsrecht, Bezüge zum Völker- und Europarecht, München 2011
Band II – Grundrechte, München 2010.
(zitiert: *Kloepfer*, VerfassungsR Band)

Kloesel, Arno/Cyran, Walter (Hrsg.), Arzneimittelrecht Kommentar, Loseblatt, Stand: 134. Ergänzungslieferung März 2018.

Kluth, Winfried, Das Grundrecht der Berufsfreiheit – Art. 12 Abs. 1 GG, in: JURA 2001, 371-376.

Kober, Martin, Der Grundrechtsschutz in der Europäischen Union, München 2009.

Koch, Benjamin, Eine erste Bewertung der Entscheidung „DocMorris" des EuGH, in: EuZW 2004, 50-51.

Köhler, Andrea, Paradigmenwechsel im Arzneimittelversandhandel – oder scheitert DocMorris mit seinem Preismodell am EuGH?, in: PharmR 2016, 165-170.

Koenig, Christian, Verbot der Bonusgewährung an Versicherte als EU-rechtskonforme Alternative zu einem RX-Arzneimittel-Versandhandelsverbot?, in: PharmR 2017, 233-238.

Ders., Versandhandelsverbot für verschreibungspflichtige Arzneimittel? Ein Frontalzusammenstoß mit der Rechtsprechung des EuGH!, in: PharmR 2017, 85-92.

Koenig, Christian/Bache, Volker, Verfassungsrechtliche Bewertung eines Versandhandelsverbots für verschreibungspflichtige Arzneimittel, in: PharmR 2009, 261-269.

Korf, Claudia/Bauer, Eckart, Ein erfolgreiches Jahr mit Risiken und Nebenwirkungen, in: PZ 2017, 20-35.

Korioth, Stefan, Die Bindungswirkung normverwerfender Entscheidungen des Bundesverfassungsgerichts für den Gesetzgeber, in: Der Staat, 1991, 549-571.

Koutrakos, Panos, On groceries, alcohol and olive oil: more on free movement of goods after Keck, in: ELR 2001, 391-407.

Kozianka, Wolfgang/Hußmann, Nils, Das EuGH-Urteil zu DocMorris' Rx-Boni – Bricht eine Säule oder doch nur ein Pyrrhussieg für DocMorris & Co.? –, in: PharmR 2017, 10-16.

Kriele, Martin, Recht und Politik in der Verfassungsrechtsprechung, in: NJW 1976, 777-783.

Kröger, Klaus, Juristische Personen des öffentlichen Rechts als Grundrechtsträger, in: JuS 1981, 26-29.

Krüger, Herbert, Legitime Gesichtspunkte und Gestaltungen staatlicher Berufsordnung und das Verbot von Mehrbesitz und Fremdbesitz an Apotheken, Frankfurt am Main 1959.

Kügel, Wilfried J./Müller, Rolf-Georg/Hofmann, Hans-Peter (Hrsg.), Arzneimittelgesetz Kommentar, 2. Auflage, München 2016. (zitiert: *Bearbeiter*, in: Kügel/Müller/Hofmann)

Kühl, Kristian/Heger, Martin, Strafgesetzbuch Kommentar, 29. Auflage, München 2018. (zitiert: *Bearbeiter*, in: Kühl/Heger)

Kühling, Jürgen/Weck, Thomas, Rechtliche Herausforderungen durch Arzneimittelautomaten – Gefahrenabwehrrecht ohne Grundfreiheiten?, in: NVwZ 2017, 1725-1730.

Kutzscher, Dirk Martin, Der grenzüberschreitende Sachverhalt in der Rechtsprechung des EuGH und deren Auswirkungen auf die Freizügigkeit der Unionsbürger, Frankfurt am Main 2011.

Lackhoff, Klaus, Die Niederlassungsfreiheit des EGV – nur ein Gleichheits- oder auch ein Freiheitsrecht, Berlin 2000.

Landfried, Christine, Bundesverfassungsgericht und Gesetzgeber, Baden-Baden 1984.

Lang, Richard, Case C-322/01, Deutscher Apothekerverband eV v. 0800 DocMorris NV and Jacques Waterval, judgment oft the Full Court of 11 December 2003, in: CMLR 2005, 189-204.

Lange, Friederike, Verschiebungen im europäischen Grundrechtssystem?, in: NVwZ 2014, 169-174.

Lechner, Hans/Zuck, Rüdiger, Bundesverfassungsgerichtsgesetz, 7. Auflage, München 2015.

Leibholz, Gerhard/Rinck, Hans-Justus (Begr.), Grundgesetz für die Bundesrepublik Deutschland Kommentar, Loseblatt, Stand: 77. Ergänzungslieferung November 2018. (zitiert: *Bearbeiter*, in: Leibholz/Rinck)

Leible, Stefan, KFZ-Parallelimporte und deutsches Irreführungsverbot – Einige Anmerkungen zu OLG Dresden, WRP 1997, 197, in: WRP 1997, 517-525.

Lenz, Carl Otto, Ein undeutlicher Ton, in: NJW 1994, 1633-1634.

Lenz, Carl Otto/Borchardt, Klaus-Dieter, EU-Verträge Kommentar, 6. Auflage, Köln 2013. (zitiert: *Bearbeiter*, in: Lenz/Borchardt)

Lenz, Christofer/Hansel, Ronald, Bundesverfassungsgerichtsgesetz – Handkommentar, 2. Auflage, Baden-Baden 2015. (zitiert: *Bearbeiter*, in: Lenz/Hansel)

Leupold, Andreas/Glossner, Silke, Münchner Anwaltshandbuch IT-Recht, 3. Auflage, München 2013. (zitiert: *Bearbeiter*, in: Leupold/Glossner)

Lindner, Josef Franz, Zur grundsätzlichen Bedeutung des Protokolls über die Anwendung der Grundrechtecharta auf Polen und das Vereinigte Königreich – zugleich ein Beitrag zur Auslegung von Art. 51 EGC-, in: EuR 2008, 786-800.

Lorz, Ralph Alexander, Interorganrespekt im Verfassungsrecht, Tübingen 2001.

Lübbe-Wolff, Gertrude, Die Grundrechte als Eingriffsabwehrrechte, Baden-Baden 1988.

Ludwigs, Markus, Anmerkung zu EuGH, Urt. v. 19.10. 2016, C-148/15, ECLI:EU:C:2016:394 – Deutsche Parkinson Vereinigung, in: NVwZ 2016, 1793-1798.

Ludwigs, Markus/Sikora, Patrick, Grundrechtsschutz im Spannungsfeld von Grundgesetz, EMRK und Grundrechtecharta, in: JuS 2017, 385-393.

Ludyga, Hannes, Das Ende der Apothekenpreise?, in: ZVertriebsR 2017, 95-98.

Maduro, Miguel Poiares, We The Court, Oxford 1998.

Mand, Elmar, Preisbindung für verschreibungspflichtige Arzneimittel vor dem EuGH – Eine kritische Besprechung von OLG Düsseldorf, Vorlagebeschluss vom 24.03.2015 – I-20 U 149/13, in: WRP 2015, 950-957.

Ders., Bindung EU-ausländischer Apotheken an das deutsche Arzneimittelpreisrecht, in: NJW 2014, 3200-3203.

Ders., Rabatte und Zugaben durch Apotheken, in: NJW 2010, 3681-3686.

Ders., Internationaler Anwendungsbereich des deutschen Preisrechts für Arzneimittel gemäß AMG, AMPreisV und § 130a SGB V – Zugleich eine Anmerkung zu BSG, Urt. v. 28.7.2008, Az. B 1 KR 4/08 R, in: PharmR 2008, 582-589.

Mand, Elmar/Burk, Enno, Totgesagte leben tatsächlich länger! – Die EuGH-Urteile zum apothekenrechtlichen Fremdbesitzverbot, in: A&R 2010, 51-58.

Mangoldt, Hermann von (Begr.)/*Klein, Friedrich/Starck, Christian* (fortgef.)/*Huber, Peter M./Voßkuhle Andreas* (Hrsg.), Grundgesetz Kommentar, 7. Auflage, München 2018
Band 1: Präambel, Art. 1-19
Band 2: Art. 20-82.
(zitiert: *Bearbeiter*, in: v. Mangoldt/Klein/Starck)

Mann, Thomas, Öffentliche Unternehmen im Spannungsfeld von öffentlichem Auftrag und Wettbewerb, in: JZ 2002, 819-826.

Martinek, Michael/Semler, Franz-Jörg/Flohr, Eckhard (Hrsg.), Handbuch des Vertriebsrechts, 4. Auflage, München 2016. (zitiert: *Bearbeiter*, in: Martinek/Semler/Flohr)

Maunz, Theodor/Dürig, Günter (Begr.), Grundgesetz Kommentar, Loseblatt, Stand: 84. Ergänzungslieferung August 2018. (zitiert: *Bearbeiter*, in: Maunz/Dürig)

Maunz, Theodor (Begr.)/*Schmidt-Bleibtreu, Bruno/Klein, Franz/Bethge, Herbert*, Bundesverfassungsgerichtsgesetz Kommentar, Loseblatt, Stand: 54. Ergänzungslieferung Juni 2018. (zitiert: *Bearbeiter*, in: Maunz/Schmidt-Bleibtreu/Klein/Bethge)

May, Uwe/Bauer, Cosima/Dettling, Heinz-Uwe, Versandverbot für verschreibungspflichtige Arzneimittel – Wettbewerbsökonomische und gesundheitspolitische Begründetheit, Stuttgart, 2017.

Mayer, Franz C., Der Vertrag von Lissabon und die Grundrechte, in: EuR 2009, Beiheft 1, 87-102.

Ders., Die Warenverkehrsfreiheit im Europarecht – eine Rekonstruktion, in: EuR 2003, 793-824.

Meilicke, Wienand/Graf v. Westphalen, Friedrich u.a., Partnerschaftsgesellschaftsgesetz, 3. Auflage, München 2015. (zitiert: *Bearbeiter*, in: Meilicke)

Merten, Detlef/Papier, Hans-Jürgen, Handbuch der Grundrechte in Deutschland und Europa
Band II: Allgemeine Lehren I, Heidelberg 2006
Band III: Allgemeine Lehren II, Heidelberg 2009
Band V: Grundrechte in Deutschland: Einzelgrundrechte II, Heidelberg 2013.
(zitiert: *Bearbeiter*, in: Handbuch der Grundrechte Band)

Meyer, Hilko J., Nach dem EuGH-Urteil zur Arzneimittelpreisbindung – Ist ein nationales Umgehungsverbot unionsrechtlich zulässig, in: A&R 2017, 11-14.

Ders., Abschied vom nationalen Wertungsspielraum in der Gesundheitspolitik?, in: A&R 2016, 243-250.

Meyer, Jürgen (Hrsg.), Charta der Grundrechte der Europäischen Union, 4. Auflage, Baden-Baden 2014. (zitiert: *Bearbeiter*, in: Meyer)

Mittwoch, Anne-Christin, Nationale Preisbindungsregelungen auf dem Prüfstand – Die Warenverkehrsfreiheit im Lichte der aktuellen DocMorris-Entscheidung, in: EuZW 2016, 936-939.

Möllers, Thomas M. J., Juristische Methodenlehren, München 2017.

Müller, Friedrich/Christensen, Ralph, Juristische Methodik
Band I – Grundlegung für die Arbeitsmethoden der Rechtspraxis, 11. Auflage, Berlin 2013
Band II – Europarecht, 3. Auflage, Berlin 2012.
(zitiert: *Müller/Christensen*, Band)

Müller-Glöge, Rudi/Preis, Ulrich/Schmidt, Ingo (Hrsg.), Erfurter Kommentar zum Arbeitsrecht, 19. Auflage, München 2019. (zitiert: *Bearbeiter*, in: Müller-Glöge/Preis/Schmidt)

Münch, Ingo von (Begr.)/*Kunig Philip* (Hrsg.), Grundgesetz Kommentar, 6. Auflage, München 2012
Band 1: Präambel, Art. 1 – Art. 69.
(zitiert: *Bearbeiter*, in: v. Münch/Kunig)

Nolte, Martin/Tams, Christian J., Grundfälle zu Art. 12 I GG, in: JuS 2006, 31-34.

Oliver, Peter J., Oliver on Free Movement of Goods in the European Union, 5. Auflage, Oxford 2010, (zitiert: *Bearbeiter*, in: Oliver)

Oliver, Peter/Roth, Wulf-Henning, The Internal Market and the Four Freedoms, in: CMLR 2004, 407-441.

Oppermann, Thomas/Classen, Claus Dieter/Nettesheim, Martin, Europarecht, 8. Auflage, München 2018. (zitiert: *Bearbeiter*, in: Oppermann/Claasen/Nettesheim)

Ossenbühl, Fritz, Die Freiheit des Unternehmers nach dem Grundgesetz, in: AöR 1990, 1-32.

Papier, Hans-Jürgen, Art. 12 GG – Freiheit des Berufs und Grundrecht der Arbeit, in: DVBl 1984, 801-814.

Papier, Hans-Jürgen/Krönke, Christoph, Verfassungswidrigkeit des Gesetzes über Rabatte für Arzneimittel, in: PharmR 2015, 269-286.

Pecho, Peter, Good-Bye Keck? A Comment on the Remarkable Judgment in Commission v. Italy, C-110/05, in: LIEI 2009, 257-272.

Pechstein, Matthias/Nowak, Carsten/Häde, Ulrich, Frankfurter Kommentar zu EUV, GRC und AEUV, Tübingen 2017
Band II: Artikel 1-100 AEUV
Band III: Artikel 101-215 AEUV.
(zitiert: *Bearbeiter*, in: Pechstein/Nowak/Häde)

Povel, Lara M., Das Fremd- und Mehrbesitzverbot für Apotheker – Eine Untersuchung am Maßstab des Verfassungs- und Gemeinschaftsrechts, Berlin 2009.

Prete, Luca, Of Motorcycle Trailers and Personal Watercrafts: the Battle over Keck, in: LIEI 2008, 133-155.

Rauchegger, Clara, National constitutional rights and the primacy of EU law: M.A.S., in: CMLR 2018, 1521-1548.

Rehmann, Wolfgang A., Arzneimittelgesetz Kommentar, 4. Auflage, München 2014. (zitiert: *Bearbeiter*, in: Rehmann)

Reich, Norbert, The „November Revolution" of the European Court of Justice: Keck, Meng and Audi Revisited, in: CMLR 1994, 459-492.

Rengeling, Hans-Werner/Middeke, Andreas/Gellermann, Martin (Hrsg.), Handbuch des Rechtsschutzes in der Europäischen Union, 3. Auflage, München 2014. (zitiert: *Bearbeiter*, in: Rengeling/Middeke/Gellermann)

Riegger, Hans-Georg, EuGH-Vorlage – Deutsches Arzneimittelpreisrecht auf holländische Versandapotheke anwendbar?, in: GRUR-Prax 2015, 359-359.

Riesenhuber, Karl (Hrsg.), Europäische Methodenlehre – Handbuch für Ausbildung und Praxis, 2. Auflage, Berlin 2010. (zitiert: *Bearbeiter*, in: Riesenhuber)

Rixen, Stephan, Versandapotheken und Warenverkehrsfreiheit: Beweisrechtliche Profilierung der Verhältnismäßigkeitsprüfung – Anmerkung zum Urteil des EuGH v. 19.10.2016, Rs. C-148/15, in: EuR 2017, 744-754.

Röhl, Hans Christian, Die Warenverkehrsfreiheit (Art. 28 EGV), in: JURA 2006, 321-330.

Römermann, Volker, Beck'scher Online Kommentar BORA, 21. Edition, München 2018. (zitiert: *Bearbeiter*, in: Römermann)

Rolfs, Christian/Giesen, Richard/Kreikebohm, Ralf, Beck'scher Online-Kommentar Arbeitsrecht, 51. Edition, München 2018. (zitiert: *Bearbeiter*, in: Rolfs/Giesen/Kreikebohm/Udsching, ArbeitsR)

Rolfs, Christian/Giesen, Richard/Kreikebohm, Ralf/Udsching, Peter (Hrsg.), Beck'scher Online-Kommentar Sozialrecht, 51. Edition, München 2018. (zitiert: *Bearbeiter*, in: Rolfs/Giesen/Kreikebohm/Udsching)

Roth, Wulf-Henning, Joined Cases C-267 and 268/91, Bernard Keck and Daniel Mithouard, Judgment of 24 November 1993 [1993] ECR I-6097; Case C-292/92, Ruth Hünermund et al. v. Landesapothekerkammer Baden-Württemberg, Judgment of 15 December 1993, [1993] ECR I-6787, in: CMLR 1994, 845-855.

Rotta, Christian (Hrsg.), Apothekenbetriebsordnung Kommentar, Loseblatt, Stand: 2. Aktualisierungslieferung zur 5. Auflage Januar 2018. (zitiert: *Cyran/Rotta*)

Rüfner, Wolfgang, Zur Bedeutung und Tragweite des Artikels 19 Abs. 3 des Grundgesetzes, in: AöR 1964, 261-322.

Saalfrank, Valentin (Hrsg.), Handbuch des Medizin- und Gesundheitsrechts, Loseblatt, Stand: 7. Aktualisierungslieferung März 2018. (zitiert: *Bearbeiter*, in: Saalfrank)

Sachs, Michael (Hrsg.), Grundgesetz Kommentar, 8. Auflage, München 2018. (zitiert: *Bearbeiter*, in: Sachs)

Ders., Ausländergrundrechte im Schutzbereich von Deutschengrundrechten, in: BayVBl. 1990, 385-390.

Safferling, Christoph, Der EuGH, die Grundrechtecharta und nationale Rechte: Die Fälle Åkerberg Fransson und Melloni, in: NStZ 2014, 545-551.

Sander, Gerald G./Sigloch, Daniel, Der Arzneimittelversand im Lichte der Keck-Rechtsprechung des EuGH – zugleich Anmerkung zu den Schlussanträgen in der Rechtssache C-322/01, in: PharmR 2003, 371-378.

Schlaich, Klaus/Korioth, Stefan, Das Bundesverfassungsgericht – Stellung, Verfahren, Entscheidungen, 11. Auflage, München 2018.

Schmidt-Bleibtreu, Bruno/Klein, Franz (Begr.)/*Hofmann, Hans/Henneke, Hans-Günther* (Hrsg.), GG – Kommentar zum Grundgesetz, 14. Auflage, München 2018. (zitiert: *Bearbeiter*, in: Schmidt-Bleibtreu/Hofmann/Henneke)

Schmitz, Rudolf, Geschichte der Pharmazie
Band I: Von den Anfängen bis zum Ausgang des Mittelalters, Eschborn 1998
Band II: Von der Frühen Neuzeit bis zur Gegenwart, Eschborn 2005.
(zitiert: *Schmitz*, Band)

Schorkopf, Frank, Nationale Grundrechte in der Dogmatik der Grundfreiheiten – Präzisierung des unionsverfassungsrechtlichen Verhältnisses von Europäischer Union und Mitgliedstaaten durch den EuGH?, in: ZaöRV 2004, 125-143.

Schulze, Reiner/Zuleeg, Manfred/Kadelbach, Stefan (Hrsg.), Europarecht – Handbuch für die deutsche Rechtspraxis, 3. Auflage, Baden-Baden 2015. (zitiert: *Bearbeiter*, in: Schulze/Zuleeg/Kadelbach)

Schulz-Pabst, Silke, Anmerkung zu EuGH, Urt. v. 19.10. 2016, C-148/15, ECLI:EU:C:2016:394 – Deutsche Parkinson Vereinigung, in: ZJS 2017, 370-374.

Schwabe, Jürgen, Die Stufentheorie des Bundesverfassungsgerichts zur Berufsfreiheit, in: DÖV 1969, 734-740.

Schwarze, Jürgen (Hrsg.), EU-Kommentar, 3. Auflage, Baden-Baden 2012. (zitiert: *Bearbeiter*, in: Schwarze)

Schweitzer, Heike, Daseinsvorsorge, „service public", Universaldienst, Baden-Baden 2001.

Stadler, Astrid, Allgemeiner Teil des BGB, 17. Auflage, München 2017.

Steiner, Josephine, Drawing the line: Uses an absuses of Articel 30 EEC, in: CMLR 1992, 749-774.

Semmroth, Wolfgang, DocMorris als Einfalltor für Normverwerfungskompetenz der Verwaltung?, in: NVwZ 2006, 1378-1382.

Snell, Jukka, The notion of market access: A concept or a slogan?, in: CMLR 2010, 437-472.

Sodan, Helge (Hrsg.), Grundgesetz Kommentar, 4. Auflage, München 2018. (zitiert: *Bearbeiter*, in: Sodan)

Ders., Handbuch des Krankenversicherungsrechts, 3. Auflage, München 2018. (zitiert: *Bearbeiter*, in: Sodan, Krankenversicherungsrecht)

Spaventa, Eleanor, Leaving Keck behind? The free movement of goods after the rulings in Commission v Italy an Mickelsson and Roos, in: ELR 2009, 914-931.

Spickhoff, Andreas (Hrsg.), Medizinrecht, 3. Auflage, München 2018. (zitiert: *Bearbeiter*, in: Spickhoff)

Ständige Deputation des Deutschen Juristentages, Verhandlungen des dreiundfünfzigsten Deutschen Juristentages, München 1980
Band I: Gutachten.
(zitiert: *Bearbeiter*, in: DJT, Band)

Starck, Christian, Die notwendige gesetzliche Neujustierung des Versandhandels mit apothekenpflichtigen Medikamenten, in: DÖV 2008, 389-395.

Ders., Die Vereinbarkeit des apothekenrechtlichen Fremd- und Mehrbetriebsverbotes mit den verfassungsrechtlichen Grundrechten und dem gemeinschaftsrechtlichen Niederlassungsrecht, Baden-Baden 1999.

Ders., Rechtliche Konsequenzen einer Niederlassungsbeschränkung für Apotheken, in: VerwArchiv 1980, 1-43.

Stein, Ekkehart/Frank, Götz, Staatsrecht, 21. Auflage, Tübingen 2010.

Steindorff, Ernst, Unvollkommener Binnenmarkt, in: ZHR 1994, 149-169.

Stern, Klaus, Das Staatsrecht der Bundesrepublik Deutschland
Band III/1: Allgemeine Lehren der Grundrechte 1. Halbband, München 1988
Band III/2: Allgemeine Lehren der Grundrechte 2. Halbband, München 1994
Band IV/1: Die einzelnen Grundrechte, München 2006.
(zitiert: *Bearbeiter*, in: StaatsR Band)

Stern, Klaus/Sachs, Michael (Hrsg.), Europäische Grundrechte-Charta, GRCh Kommentar, München 2016. (zitiert: *Bearbeiter*, in: Stern/Sachs)

Störmer, Rainer, Gemeinschaftsrechtliche Diskriminierungsverbote versus nationale Grundrechte?, in: AöR 1998, 541-576.

Storr, Stefan, Der Staat als Unternehmer, Tübingen 2001.

Streinz, Rudolf, Europarecht, 10. Auflage, Heidelberg 2016.

Ders. (Hrsg.), EUV/AEUV Kommentar, 3. Auflage, München 2018. (zitiert: *Bearbeiter*, in: Streinz)

Ders., Das Verbot des Apothekenversandhandels mit Arzneimitteln – Eine „Verkaufsmodalität" im Sinne der Keck-Rechtsprechung?, in: EuZW 2003, 37-44.

Streinz, Rudolf/Herrmann, Christoph, Und wieder DocMorris: Das apothekenrechtliche Mehr- und Fremdbesitzverbot aus der Perspektive des Gemeinschaftsrechts, in: EuZW 2006, 455-459.

Stricker, Gregor, Subjektive und objektive Grenzen der Bindungswirkung verfassungsgerichtlicher Entscheidungen gemäß § 31 Abs. 1 BVerfGG, in: DÖV 1995, 978-985.

Suerbaum, Joachim, Berufsfreiheit und Erlaubtheit, in: DVBl 1999, 1690-1697.

Tamke, Pia, Die Europäisierung des deutschen Apothekenrechts, Stuttgart 2009.

Taupitz, Jochen, Das apothekenrechtliche Verbot des „Fremd- und Mehrbesitzes" aus verfassungs- und europarechtlicher Sicht, Heidelberg, 1998. (zitiert: *Taupitz*)

Ders., Die GmbH als Organisationsform ambulanter heilkundlicher Tätigkeit, in: NJW 1992, 2317-2325.

Ders., Die Standesordnungen der freien Berufe, Berlin 1991. (zitiert: *Taupitz*, Standesordnungen)

Taupitz, Jochen/Schelling, Holger, Das apothekenrechtliche Verbot des „Mehrbesitzes" – auf ewig verfassungsfest?, in: NJW 1999, 1751-1757.

Tettinger, Peter J., Das Grundrecht der Berufsfreiheit in der Rechtsprechung des Bundesverfassungsgerichts, in: AöR 1983, 92-133.

Thym, Daniel, Die Reichweite der EU-Grundrechte-Charta – Zu viel Grundrechtsschutz?, in: NVwZ 2013, 889-896.

Tryfonidou, Alina, Further steps on the road to convergence among the market freedoms, in: ELR 2010, 36-56.

Dies., Was Keck a Half-baked Solution After All?, in: LIEI 2007, 167-182.

Umbach, Dieter C./Clemens, Thomas (Hrsg.), Grundgesetz – Mitarbeiterkommentar und Handbuch, Heidelberg 2002
Band I: Art. 1-37 GG.
(zitiert: *Bearbeiter*, in: Umbach/Clemens)

Umbach, Dieter C./Clemens, Thomas/Dollinger, Wilhelm (Hrsg.), Bundesverfassungsgerichtsgesetz – Mitarbeiterkommentar und Handbuch, 2. Auflage, Heidelberg 2005. (zitiert: *Bearbeiter*, in: Umbach/Clemens/Dollinger)

Ungern-Sternberg, Antje von, Normative Wirkung von Präjudizien nach der Rechtsprechung des Bundesverfassungsgerichts, in: AöR 2013, 1-59.

Vedder, Christoph/Heintschel von Heinegg, Wolfgang, Europäisches Unionsrecht EUV/AEUV/Grundrechte-Charta Handkommentar, 2. Auflage, Baden-Baden 2018. (zitiert: *Bearbeiter*, in: Vedder/Heintschel von Heinegg)

Von der Groeben, Hans/Schwarze, Jürgen/Hatje, Armin, Europäisches Unionsrecht, 7. Auflage, Baden-Baden 2015
Band 1: Art. 1 bis 55 EUV, Art. 1 bis 54 GRC, Art. 1-66 AEUV
Band 3: Art. 106 bis 173 AEUV
Band 4: Art. 174 bis 358 AEUV.
(zitiert: *Bearbeiter*, in: v. der Groeben/Schwarze/Hatje)

Voßkuhle, Andreas, Glücksspiel zwischen Staat und Macht, in: VerwArchiv 1996, 395-430.

Ders., Der Grundsatz der Verfassungsorgantreue und die Kritik am BVerfG, in: NJW 1997, 2216-2219.

Wagner, Regine/Knittel, Stefan (Hrsg.), Soziale Krankenversicherung – Pflegeversicherung Kommentar, Loseblatt, Stand: 99. Ergänzungslieferung Juni 2018. (zitiert: *Bearbeiter*, in: Wagner/Knittel)

Walter, Christian/Grünewald, Benedikt Beck'scher Online-Kommentar BVerfGG, 5. Edition, München 2018. (zitiert: *Bearbeiter*, in: Walter/Grünewald)

Weatherill, Stephen, After Keck: some thoughts on how to clarify the clarification, in: CMLR 1996, 885-906.

Weber, Klaus, Betäubungsmittelgesetz Kommentar, 5. Auflage, München 2017. (zitiert: *Bearbeiter*, in: Weber)

Wennerås, Pål/Bøe Moen, Ketil, Selling Arrangements, Keeping Keck, in: ELR 2010, 387-400.

Wernsmann, Rainer, Die Deutschengrundrechte des Grundgesetzes im Lichte des Europarechts, in: JURA 2000, 657-663.

Wesser, Sabine/Saalfrank, Valentin, Arzneimittel Automat Hüffenhardt, Stuttgart 2017.

Weyer, Hartmut, Freier Warenverkehr und nationale Regelungsgewalt in der Europäischen Union, Berlin 1997.

White, Eric L., In search oft the limits to Article 30 of the EEC treaty, in: CMLR 1989, 235-280.

Willenbruch, Klaus, Juristische Aspekte der Regulierung von Arzneimittelpreisen, in: PharmR 2010, 321-324.

Wischermann, Norbert, Rechtskraft und Bindungswirkung verfassungsgerichtlicher Entscheidungen, Berlin 1979.

Witt, Jörn/Gregor, Nikolas, Die Preisbindung für Arzneimittel ist europarechtswidrig: Das EuGH-Urteil und seine Folgen, in: PharmR 2016, 481-486.

Wodarz, Katharina, Wiedereinführung des Rx-Versandhandelsverbotes – verfassungsrechtlich zulässig?, in: PharmR 2017, 131-135.

Ziekow, Jan, Über Freizügigkeit und Aufenthalt, Tübingen 1997.

Ziemons, Hildegard/Jaeger, Carsten (Hrsg.), Beck'scher Online-Kommentar GmbHG, 36. Edition, München 2018. (zitiert: *Bearbeiter*, in: Ziemons/Jaeger)

Zierke, Katayun, Die Steuerungswirkung der Darlegungs- und Beweislast im Verfahren vor dem Gerichtshof der Europäischen Union, Tübingen 2015.

Zuck, Rüdiger/Lenz, Christofer, Der Apotheker in seiner Apotheke – Zur verfassungsrechtlichen und europarechtlichen Zulässigkeit des Fremd- und Mehrbesitzverbotes bei Apotheken, Stuttgart 1999.

Internetquellenverzeichnis

An der Heiden, Iris/Meyrahn, Frank, Ermittlung der Erforderlichkeit und des Ausmaßes von Anforderungen der in der Arzneimittelpreisverordnung (AmPreisV) geregelten Preise, abrufbar im Internet: https://www.bmwi.de/Redaktion/DE/Publikationen/Studien/ermittlung-der-erforderlichkeit-und-des-ausmasses-von-aenderungen-der-in-der-arzneimittelpreisverordnung.pdf?__blob=publicationFile&v=12 (Stand: 15.01.2019). (zitiert: *An der Heiden/Meyrahn*, Gutachten BMWi)

Bassini, Marco/Pollicino, Oreste, Defusing the Taricco Bomb through Fostering Constitutional Tolerance: All Roads Lead to Rome, Verfassungsblog v. 05.12.2017, abrufbar im Internet: https://verfassungsblog.de/defusing-the-taricco-bomb-through-fostering-constitutional-tolerance-all-roads-lead-to-rome/ (Stand: 15.01.2019). (zitiert: *Bassini/Pollicino*, All Roads Lead to Rome)

Di Fabio, Udo, ABDA-Zusammenfassung des Gutachtens vom November 2018 „Versandhandelsverbot für verschreibungspflichtige Arzneimittel – verfassungs- und europarechtliche Bewertung", abrufbar im Internet: https://www.abda.de/fileadmin/user_upload/assets/pdf/1Zusammenfassung_Gutachten_Prof._Di_Fabio_final.pdf (Stand: 15.01.2019). (zitiert: *Di Fabio*, Gutachten)

Koalitionsvertrag zwischen CDU, CSU und SPD, Ein neuer Aufbruch für Europa – Ein neue Dynamik für Deutschland – Ein neuer Zusammenhalt für unser Land v. 07.02.2018, abrufbar im Internet: https://www.mdr.de/nachrichten/politik/inland/download-koalitionsvertrag-quelle-spd-100-downloadFile.pdf (Stand: 15.01.2019). (zitiert: *Koalitionsvertrag* zwischen CDU/CSU und SPD)

Korf, Claudia, Apothekenwirtschaftsbericht 2018 für das Jahr 2017, abrufbar im Internet: https://www.abda.de/fileadmin/assets/Pressetermine/2018/WiFo_2018/Apothekenwirtschaftsbericht_2018_DAV_WiFo_Potsdam_Gesamt.pdf (Stand: 15.01.2019).

Korf, Claudia/Bauer, Eckart, Apothekenwirtschaftsbericht 2017, abrufbar im Internet: https://www.abda.de/fileadmin/assets/Pressetermine/2017/WiFo_2017/Apothekenwirtschaftsbericht_2017_DAV_Wirtschaftsforum_Berlin.pdf (Stand: 15.01.2019).

Krajewski, Michael, ‚Conditional' Primacy of EU Law and Its Deliberative Value: An Imperfect Illustration from Taricco II, European Law Blog v. 18.12.2017, abrufbar im Internet: http://europeanlawblog.eu/2017/12/18/conditional-primacy-of-eu-law-and-its-deliberative-value-an-imperfect-illustration-from-taricco-ii/ (Stand: 15.01.2019). (zitiert: *Krajewski*, An Imperfect Illustration from Taricco II)

MacCulloch, Angus, Evidencing the Effectiveness of Health Interventions in Free Movement Cases, EU Law Analysis v. 27.10.2016, abrufbar im Internet: http://eulawanalysis.blogspot.com/2016/10/evidencing-effectiveness-of-health.html (Stand: 15.01.2019). (zitiert: *MacCulloch*, Evidencing the Effectiveness of Health Interventions in Free Movement Cases)

Monopolkommission, Vergütung für Apotheken jetzt reformieren, Policy Brief v. 10.12.2018, abrufbar im Internet: http://monopolkommission.de/images/Policy_Brief/MK_Policy_Brief_1.pdf (Stand: 15.01.2019). (zitiert: *Monopolkommission*, Policy Brief)

Dies., Wettbewerb 2018 – XXII. Hauptgutachten der Monopolkommission gemäß § 44 Abs. 1 S. 1 GWB, abrufbar im Internet: https://www.monopolkommission.de/images/HG22/HGXXII_Gesamt.pdf (Stand: 15.01.2019).

Rohrer Benjamin, Spahn: Apothekenhonorar, PTA-Ausbildung und Versandhandel gebündelt regeln, DAZ.online v. 14.06.2018, abrufbar im Internet: https://www.deutsche-apotheker-zeitung.de/news/artikel/2018/06/14/spahn-apothekenhonorar-pta-ausbildung-und-versandhandel-gebuendelt-regeln (Stand: 15.01.2019). (zitiert: *Rohrer*, Vorschlag Spahn)

Ders., Erneutes Verbot für DocMorris-Automat, DAZ.online v. 15.02.2018, abrufbar im Internet: https://www.deutsche-apotheker-zeitung.de/news/artikel/2018/02/15/erneutes-verbot-fuer-docmorris-automat (Stand: 15.01.2019). (zitiert: *Rohrer*, Erneutes Verbot für DocMorris-Automat)

Ders., DocMorris steigert Rx-Umsatz um 10,2 Prozent, DAZ.online v. 24.01.2018, abrufbar im Internet: https://www.deutsche-apotheker-zeitung.de/news/artikel/2018/01/24/docmorris-steigert-rx-umsatz-um-10-2-prozent (Stand: 15.01.2019). (zitiert: *Rohrer*, DocMorris steigert Rx-Umsatz um 10,2 Prozent)

Ders., DocMorris nennt sich jetzt „Apotheke", DAZ.online v. 18.01.2018, abrufbar im Internet: https://www.deutsche-apotheker-zeitung.de/news/artikel/2018/01/18/docmorris-nennt-sich-jetzt-apotheke (Stand: 15.01.2019). (zitiert: *Rohrer*, DocMorris nennt sich jetzt „Apotheke")

Ders., Landgericht verbietet DocMorris-Automaten dauerhaft, DAZ.online v. 21.12.2017, abrufbar im Internet: https://www.deutsche-apotheker-zeitung.de/news/artikel/2017/12/21/landgericht-verbietet-docmorris-automaten-dauerhaft/chapter:2 (Stand: 15.01.2019). (zitiert: *Rohrer*, Dauerhaftes Verbot DocMorris-Automat)

Ders., DocMorris gibt Eilantrag auf Rx-Abgabe in Hüffenhardt auf, DAZ.online v. 23.06.2017, abrufbar im Internet: https://www.deutsche-apotheker-zeitung.de/news/artikel/2017/06/23/docmorris-gibt-eilantrag-auf-rx-abgabe-in-hueffenhardt-auf (Stand: 15.01.2019). (zitiert: *Rohrer*, Aufgabe Eilantrag Hüffenhardt)

Ders., Boni-Deckel für 2 Jahre, Versandhandel bleibt, DAZ.online v. 16.02.2017, abrufbar im Internet: https://www.deutsche-apotheker-zeitung.de/news/artikel/2017/02/16/spd-experten-wollen-boni-verbieten-versandhandel-erhalten (Stand: 15.01.2019). (zitiert: *Rohrer*, Boni-Deckel, Versandhandel)

Rücker, Daniel, EuGH widerspricht sich selbst, abrufbar im Internet: https://ptaforum.pharmazeutische-zeitung.de/index.php?id=9554 (Stand: 15.01.2019). (zitiert: *Rücker*, EuGH widerspricht sich selbst)

Sarmiento, Daniel, To bow at the rhythm of an Italian tune, Despite our Differences v. 05.12.2017, abrufbar im Internet: https://despiteourdifferencesblog.wordpress.com/2017/12/05/to-bow-at-the-rhythm-of-an-italian-tune/. (Stand: 15.01.2019). (zitiert: *Sarmiento*, The bow at the rhythm of an Italian tune)

Schüller, Thorsten, „Wir sind das Apotheken-Zalando", DAZ.online v. 23.06.2017, abrufbar im Internet: https://www.deutsche-apotheker-zeitung.de/news/artikel/2017/06/23/wir-sind-das-apotheken-zalando (Stand: 15.01.2019). (zitiert: *Schüller*, Apotheken-Zalando)

Sucker-Sket, Kirsten, Das sind Spahns Pläne für den Apothekenmarkt im Detail, DAZ.online v. 11.12.2018, abrufbar im Internet: https://www.deutsche-apotheker-zeitung.de/news/artikel/2018/12/11/das-sind-spahns-plaene-fuer-den-apothekenmarkt-im-detail (Stand: 15.01.2019). (zitiert: *Sucker-Sket*, Spahns Pläne für den Apothekenmarkt)

Dies., Hüffenhardt: Im April 2019 wird wieder vor Gericht verhandelt, DAZ.online v. 19.10.2018, abrufbar im Internet: https://www.deutsche-apotheker-zeitung.de/news/artikel/2018/10/19/hueffenhardt-im-april-2019-wird-wieder-vor-gericht-verhandelt (Stand: 15.01.2019). (zitiert: *Sucker-Sket*, Hüffenhardt: Im April 2019 wird wieder vor Gericht verhandelt)

Dies., Zweite Chance für die Apotheker vor dem EuGH, DAZ.online v. 08.05.2017, abrufbar im Internet: https://www.deutsche-apotheker-zeitung.de/news/artikel/2017/05/08/zweite-chance-vor-dem-eugh (Stand: 15.01.2019). (zitiert: *Sucker-Sket*, Zweite Chance)

Tebroke, Ev, Weitere Apotheken-Automaten geplant, Pharmazeutische Zeitung online, Ausgabe 38/2017, abrufbar im Internet: https://www.pharmazeutische-zeitung.de/index.php?id=71790 (Stand: 15.01.2019). (zitiert: *Tebroke*, Weitere Apotheken-Automaten)

Hinsichtlich der verwendeten Abkürzungen wird verwiesen auf:
Kirchner, Hildebert, Abkürzungsverzeichnis der Rechtssprache, 8. Auflage, Berlin 2015.

Kolibri 360 GmbH
Ferdinand-Jühlke-Straße 7
99095 Erfurt, Deutschland
produktsicherheit@kolibri360.de